WISDOM OF MODERN HUMANISTIC PHILOSOPHERS

西方哲人智慧丛书

佟　立◎主编

现代人本主义哲学家的智慧

马涛　孙瑞雪　于洋　等◎编著

天津出版传媒集团
天津人民出版社

图书在版编目(CIP)数据

现代人本主义哲学家的智慧 / 马涛等编著. -- 天津：天津人民出版社,2020.5

(西方哲人智慧丛书 / 佟立主编. 天津外国语大学“求索”文库)

ISBN 978-7-201-15673-6

Ⅰ. ①现… Ⅱ. ①马… Ⅲ. ①人本主义 Ⅳ. ①B087

中国版本图书馆 CIP 数据核字(2020)第 077373 号

现代人本主义哲学家的智慧

XIANDAI RENBENZHUYI ZHEXUEJIA DE ZHIHUI

出　　版　天津人民出版社
出 版 人　刘　庆
地　　址　天津市和平区西康路 35 号康岳大厦
邮政编码　300051
邮购电话　(022)23332469
网　　址　http://www.tjrmcbs. com
电子信箱　reader@ tjrmcbs. com

策划编辑　王　康
责任编辑　林　雨
装帧设计　明轩文化・王烨

印　　刷　三河市华润印刷有限公司
经　　销　新华书店
开　　本　710 毫米×1000 毫米 1/16
印　　张　33. 75
插　　页　2
字　　数　330 千字
版次印次　2020 年 5 月第 1 版　2020 年 5 月第 1 次印刷
定　　价　118. 00 元

天津外国语大学“求索”文库

天津外国语大学“求索”文库编委会

总序　展现波澜壮阔的哲学画卷

2017 年 5 月 12 日，在 56 岁生日当天，我收到天津外国语大学佟立教授的来信，邀请我为他主编的一套丛书作序。当我看到该丛书各卷的书名时，脑海里立即涌现出的就是一幅幅波澜壮阔的哲学画卷。

一、古希腊哲学：西方哲学的起点

如果从泰勒斯算起，西方哲学的发展历程已经走过了两千五百多年。按照德国当代哲学家雅斯贝斯在他的重要著作《历史的起源与目标》中所提出的“轴心时代文明”的说法，公元前 800—前 200 年所出现的各种文明奠定了后来人类文明发展的基石。作为晚于中国古代儒家思想和道家思想出现的古希腊思想文明，成为西方早期思想的萌芽和后来西方哲学的一切开端。英国哲学家怀特海曾断言：“两千五百年的西方哲学只不过是柏拉图哲学的一系列脚注而已。”[①] 在西方人看来，从来没有一个民族能比希腊人更公正地评价自己的天性和组织制度、道德及习俗，从

① 转引自［美］威廉·巴雷特：《非理性的人》，段德智译，上海译文出版社，2012 年，第 103 页。

来没有一个民族能以比他们更清澈的眼光去看待周围的世界，去凝视宇宙的深处。一种强烈的真实感与一种同等强烈的抽象力相结合，使他们很早就认识到宗教观念实为艺术想象的产物，并建立起凭借独立的人类思想而创造出来的观念世界以代替神话的世界，以“自然”解释世界。这就是古希腊人的精神气质。罗素在《西方哲学史》中如此评价古希腊哲学的出现：“在全部的历史里，最使人感到惊异或难以解说的莫过于希腊文明的突然兴起了。构成文明的大部分东西已经在埃及和美索不达米亚存在了好几千年，又从那里传播到了四邻的国家。但是其中却始终缺少着某些因素，直到希腊人才把它们提供出来。”① 亚里士多德早在《形而上学》中就明确指出：“不论现在还是最初，人都是由于好奇而开始哲学思考，开始是对身边所不懂的东西感到奇怪，继而逐步前进，而对更重大的事情发生疑问，例如关于月相的变化，关于太阳和星辰的变化，以及万物的生成。”② 这正是古希腊哲学开始于惊奇的特点。

就思维方式而言，西方哲学以理论思维或思辨思维为其基本特征，而希腊哲学正是思辨思维的发源地。所谓“思辨思维”或者“理论思维”也就是“抽象思维”(abstraction)，亦即将某种“属性”从事物中“拖”(traction) 出来，当作思想的对象来思考。当代德国哲学家文德尔班指出：“古代的科学兴趣，尤其在希腊人那里，被称为‘哲学’。它的价值不仅仅在于它是历史研究和文明发展研究中的一个特殊主题。实际上，由于古代思想的

① ［英］罗素：《西方哲学史》，李约瑟译，商务印书馆，1982 年，第 24 页。

② ［古希腊］亚里士多德：《形而上学》，吴寿彭译，商务印书馆，1997 年，第 31 页。

内容在整个西方精神生活的发展过程中有其独特的地位，因此它还蕴含着一种永恒的意义。”的确，希腊人把简单的认知提升到了系统知识或“科学”的层次，不满足于实践经验的积累，也不满足于因宗教需要而产生的玄想，他们开始为了科学本身的缘故而寻求科学。像技术一样，科学作为一种独立事业从其他文化活动中分离出来，所以关于古代哲学的历史探究，首先是一种关于普遍意义上的西方科学之起源的洞察。文德尔班认为，希腊哲学史同时也是各个分支科学的诞生史。这种分离的过程首先开始于思想与行动的区分、思想与神话的区分，然后在科学自身的范围内继续分化。随着事实经验的积累和有机整理，被希腊人命名为“哲学”的早期简单的和统一的科学，分化为各门具体科学，也就是各个哲学分支，继而程度不同地按照各自的线索得到发展。古代哲学中蕴含的各种思想开端对后世整个科学的发展有着非常重要的影响。尽管希腊哲学留下来的材料相对较少，但是它以非常简明扼要的方式，在对事实进行理智性阐述的方面搭建了各种概念框架；并且它以一种严格的逻辑，在探索世界方面拓展出了所有的基本视域，其中包括了古代思想的特质，以及属于古代历史的富有教育意义的东西。

事实上，古代科学的各种成果已经完全渗透到了我们今天的语言和世界观之中。古代哲学家们带有原始的朴素性，他们将单方面的思想旨趣贯彻到底，得出单边的逻辑结论，从而凸显了实践和心理层面的必然性——这种必然性不仅主导着哲学问题的演进，而且主导着历史上不断重复的、对这些问题的解答。按照文德尔班的解释，我们可以这样描绘古代哲学在各个发展阶段上的典型意义：起初，哲学以大无畏的勇气去探究外部世界，然而当它在这里遭遇阻碍的时候，它转向了内部世界，由这个视域出发，它以新的力量尝试去思考“世界-大全”。即使在服务社会和满足宗教需要的方面，古代思想赖以获取概念性知识的这种方式也具有一种超越历史的特殊意义。然而古代文明的显著特征就在于，它具有“容易识别”的精神生活，甚至是特别单纯和朴素的精神生活，而现代文明在相互关联中则显得复杂得多。

二、中世纪哲学：并非黑暗的时代

古希腊哲学的一幅幅画卷向我们展示了古代哲学家们的聪明才智，更向我们显示了西方智慧的最初源头。而从古希腊哲学出发，我们看到的是中世纪教父哲学和经院哲学在基督教的召唤下所形成的变形的思维特征。无论是奥古斯丁、阿伯拉尔，还是托马斯·阿奎那、奥卡姆，他们的思想始终处于理智的扭曲之中。这种扭曲并非说明他们的思想是非理智的，相反，他们是以理智的方式表达了反理智的思想内容，所以中世纪哲学往往被称作“漫长的黑暗时代”。一个被历史学家普遍接受的说法是，“中世纪黑暗时代”这个词是由14世纪意大利文艺复兴人文主义学者彼特拉克所发明的。他周游欧洲，致力于发掘和出版经典的拉丁文和希腊文著作，志在重新恢复罗马古典的拉丁语言、艺术和文化，对自罗马沦陷以来的变化与发生的事件，他认为不值得研究。人文主义者看历史并不按奥古斯丁的宗教术语，而是按社会学术语，即通过古典文化、文学和艺术来看待历史，所以人文主义者把这900年古典文化发展的停滞时期称为“黑暗的时期”。自人文主义者起，历史学家们对“黑暗的时期”和“中世纪”也多持负面观点。在16世纪与17世纪基督教新教徒的宗教改革中，新教徒也把天主教的腐败写进这段历史中。针对新教徒的指责，天主教的改革者们也描绘出了一幅与“黑暗的时期”相反的图画：一个社会与宗教和谐的时期，一点儿也不黑暗。而对“黑暗的时期”，许多现代的负面观点则来自于17世纪和18世纪启蒙运动中的伏尔泰和康德的作品。

然而在历史上，中世纪文明事实上来自于两个不同的但又相互关联的思想传统，即希腊文明和希伯来文明传统，它们代表着在理性与信仰之间的冲突和融合。基督教哲学，指的就是一种由信仰坚定的基督徒建构的、自觉地以基督教的信仰为指导的，但又以人的自然理性论证其原理的哲学形态。虽然基督教哲学对后世哲学的发展带来了巨大的负面影响，但其哲学思想本身却仍然具有重要的思想价值。例如，哲学的超验性在基督教哲学中就表现得非常明显。虽然希腊哲学思想中也不乏超验的思想（柏拉图），但是从主导方面看是现实主义的，而基督教哲学却以弃绝尘世的方式向人们展示了一个无限的超感性的世界，从而在某种程度上开拓并丰富了人类的精神世界。此外，基督教哲学强调精神的内在性特征，这也使得中世纪哲学具有不同于古希腊哲学的特征。基督教使无限的精神（实体）具体化于个人的心灵之中，与希腊哲学对自然的认识不同，它诉诸个人的内心信仰，主张灵魂的得救要求每个人的灵魂在场。不仅如此，基督教的超自然观念也是中世纪哲学的重要内容。在希腊人那里，自然是活生生的神圣的存在，而在基督教思想中自然不但没有神性，而且是上帝为人类所创造的可供其任意利用的“死”东西。基督教贬斥自然的观念固然不利于科学的发展，然而却从另一方面为近代机械论的自然观开辟了道路。当然，中世纪哲学中还有一个重要的观念值得关注，这就是“自由”的概念。因为在古希腊哲学中，“自由”是一个毋庸置疑的概念，一切自主的道德行为和对自然的追求一定是以自由为前提的。但在中世纪，自由则是一个需要讨论的话题，因为只有当人们缺乏自由意志但又以为自己拥有最大自由的时候，自由才会成为一个备受关注的话题。

三、文艺复兴与启蒙运动：人的发现

文艺复兴和思想启蒙运动是西方近代哲学的起点。虽然学界对谁是西方近代哲学的第一人还存有争议，但 17 世纪哲学一般被认为是近代哲学的开端，中世纪的方法，尤其是经院哲学在路德宗教改革的影响下衰落了。17 世纪常被称为“理性的时代”，既延续了文艺复兴的传统，也是启蒙运动的序曲。这段时期的哲学主流一般分为两派：经验论和唯理论，这两派之间的争论直到启蒙运动晚期才由康德所整合。但将这段时期中的哲学简单地归于这两派也过于简单，这些哲学家提出其理论时并不认为他们属于这两派中的某一派。而将他们看作独自的学派，尽管有着多方面的误导，但这样的分类直到今天仍被人们所认可，尤其是在谈论 17 世纪和 18 世纪的哲学时。这两派的主要区别在于，唯理论者认为，从理论上来说（不是实践中），所有的知识只能通过先天观念获得；而经验论者认为，我们的知识起源于我们的感觉经验。这段时期也诞生了一流的政治思想，尤其是洛克的《政府论》和霍布斯的《利维坦》。同时哲学也从神学中彻底分离开来，尽管哲学家们仍然谈论例如“上帝是否存在”这样的问题，但这种思考完全是基于理性和哲学的反思之上。

文艺复兴（Renaissance）一词的本义是“再生”。16 世纪意大利文艺史家瓦萨里在《绘画、雕刻、建筑的名人传》里使用了这个概念，后来沿用至今。这是一场从 14 世纪到 16 世纪起源于意大利，继而发展到西欧各国的思想文化运动，由于其搜集整理古希腊文献的杰出工作，通常被称为“文艺复兴”，其实质则是人文主义运动。它主要表现为“世界文化史三大思想运动”：古典文化的复兴、宗教改革（Reformation）、罗马法的复兴运动，主要特征是强调人的尊严、人生的价值、人的现世生活、人的个性自由和批判教会的腐败虚伪。莎士比亚在《哈姆雷特》中赞叹道：“人是多么了不起的一件作品！理想是多么高贵，力量是多么无穷，仪表和举止是多么端正，多么出色。论行动，多么像天使，论了解，多么像天神！宇宙的精华，万物的灵长！”[①] 恩格斯则指出，文艺复兴“是一次人类从来没有经历过的最伟大的、进步的变革，是一个需要巨人而且产生了巨人——在思维能力、热情和性格方面，在多才多艺和学识渊博方面的巨人的时代”[②]。

文艺复兴的重要成就是宗教改革、人的发现和科学的发现。

---

① ［英］莎士比亚：《莎士比亚全集》（第九卷），人民文学出版社，1978 年，第 49 页。

② 《马克思恩格斯全集》（第 3 卷），人民出版社，1960 年，第 445 页。

在一定意义上，我们可以把宗教改革看作人文主义在宗教神学领域的延伸，而且其影响甚至比人文主义更大更深远。宗教改革直接的要求是消解教会的权威，变奢侈教会为廉洁教会，而从哲学上看，其内在的要求则是由外在的权威返回个人的内心信仰：因信称义（路德）、因信得救（加尔文）。

“人文主义”(humanism) 一词起源于拉丁语的“人文学”(studia humanitatis)，指与神学相区别的那些人文学科，包括文法、修辞学、历史学、诗艺、道德哲学等。到了19世纪，人们开始使用“人文主义”一词来概括文艺复兴时期人文学者对古代文化的发掘、整理和研究工作，以及他们以人为中心的新世界观。人文主义针对中世纪抬高神、贬低人的观点，肯定人的价值、尊严和高贵；针对中世纪神学主张的禁欲主义和来世观念，要求人生的享乐和个性的解放，肯定现世生活的意义；针对封建等级观念，主张人的自然平等。人文主义思潮极大地推动了西欧各国文化的发展和思想的解放，文艺复兴由于“首先认识和揭示了丰满的、完整的人性而取得了一项尤为伟大的成就”，这就是“人的发现”。

文艺复兴时代两个重要的发现：一是发现了人；二是发现了自然，即“宇宙的奥秘与人性的欢歌”。一旦人们用感性的眼光重新观察它们，它们便展露出新的面貌。文艺复兴主要以文学、艺术和科学的发现为主要成就：文学上涌现出了但丁、薄伽丘、莎士比亚、拉伯雷、塞万提斯等人，艺术上出现了达·芬奇、米开朗基罗、拉斐尔等人，科学上则以哥白尼、特勒肖、伽利略、开普勒、哈维等人为代表，还有航海上取得的重大成就，以哥伦布、麦哲伦为代表。伽利略有一段广为引用的名言："哲学是写在那本永远在我们眼前的伟大书本里的——我指的是宇宙——但是，我们如果不先学会书里所用的语言，掌握书里的符号，就不能了解它。这书是用数学语言写出的，符号是三角形、圆形和别的几何图像。没有它们的帮助，是连一个字也不会认识的；没有它们，人就在一个黑暗的迷宫里劳而无功地游荡着。"①

实验科学的正式形成是在17世纪，它使用的是数学语言（公式、模型和推导）和描述性的概念（质量、力、加速度等）。这种科学既不是归纳的，也不是演绎的，而是假说-演绎的（hypothetico-deductive）。机械论的自然是没有活力的，物质不可能是自身运动的原因。17世纪的人们普遍认为上帝创造了物质并使之处于运动之中，有了这第一推动，就不需要任何东西保持物质的运动，运动是一种状态，它遵循的是惯性定律，运动不灭，动量守恒。笛卡尔说："我的全部物理学就是机械论。"新哲学家们抛弃了亚里士多德主义的质料与形式，柏拉图主义对万物的等级划分的目的论，把世界描述为一架机器、一架"自动机"（automaton），"自然是永远和到处同一的"。因此，自然界被夺去了精神，自然现象只能用自身来解释；目的论必须和精灵鬼怪一起为机械论的理解让路，不能让"天意成为无知的避难所"。所有这些导致了近代哲学的两个重要特征，即对确定性的追求和对能力或力量的追求。培根提出的"知识就是力量"，充分代表了近代哲学向以往世界宣战的口号。

马克思和恩格斯在《神圣家族》中指出："18世纪的法国启

① ［美］M. 克莱因：《古今数学思想》（第二册），北京大学数学系数学史翻译组译，上海科学技术出版社，1979年，第33页。

蒙运动，特别是法国唯物主义，不仅是反对现存政治制度的斗争，还是反对现存宗教和神学的斗争，而且还是反对一切形而上学，特别是反对笛卡尔、马勒伯朗士、斯宾诺莎和莱布尼茨的形而上学的公开而鲜明的斗争。”① 黑格尔在《哲学史讲演录》中写道：“我们发现法国人有一种深刻的、无所不包的哲学要求，与英国人和苏格兰人完全两样，甚至与德国人也不一样，他们是十分生动活泼的：这是一种对于一切事物的普遍的、具体的观点，完全不依靠任何权威，也不依靠任何抽象的形而上学。他们的方法是从表象、从心情去发挥；这是一种伟大的看法，永远着眼于全体，并且力求保持和获得全体。”② 当代英国哲学家柏林在《启蒙的时代》中认为：“十八世纪天才的思想家们的理智力量、诚实、明晰、勇敢和对真理的无私的热爱，直到今天还是无人可以媲美的。他们所处的时代是人类生活中最美妙、最富希望的乐章。”③ 本系列对启蒙运动哲学的描绘，让我们领略了作为启蒙思想的先驱洛克、三权分立的倡导者孟德斯鸠、人民主权的引领者卢梭、百科全书派的领路人狄德罗和人性论的沉思者休谟的魅力人格和深刻思想。

四、理性主义的时代：从笛卡尔到黑格尔

笛卡尔是西方近代哲学的奠基人之一，黑格尔称他为“现代

---

① 《马克思恩格斯全集》(第2卷)，人民出版社，1957年，第159页。

② ［德］黑格尔：《哲学史讲演录》(第四卷)，贺麟、王太庆译，商务印书馆，1983年，第220页。

③ ［英］以赛亚·柏林：《启蒙的时代》，孙尚扬译，光明日报出版社，1989年，第25页。

哲学之父”。他自成体系，熔唯物主义与唯心主义于一炉，在哲学史上产生了深远的影响。笛卡尔在哲学上是二元论者，并把上帝看作造物主。但他在自然科学范围内却是一个机械论者，这在当时是有进步意义的。笛卡尔堪称 17 世纪及其后的欧洲科学界最有影响的巨匠之一，被誉为“近代科学的始祖”。笛卡尔的方法论对于后来物理学的发展有重要的影响。他在古代演绎方法的基础上创立了一种以数学为基础的演绎法：以唯理论为根据，从自明的直观公理出发，运用数学的逻辑演绎推出结论。这种方法和培根所提倡的实验归纳法结合起来，经过惠更斯和牛顿等人的综合运用，成为物理学特别是理论物理学的重要方法。笛卡尔的普遍方法的一个最成功的例子是，运用代数的方法来解决几何问题，确立了坐标几何学，即解析几何学的基础。

荷兰的眼镜片打磨工斯宾诺莎，在罗素眼里是哲学家当中人格最高尚、性情最温厚可亲的人。罗素说：“按才智讲，有些人超越了他，但是在道德方面，他是至高无上的。”① 在哲学上，斯宾诺莎是一名一元论者或泛神论者。他认为宇宙间只有一种实体，即作为整体的宇宙本身，而“上帝”和宇宙就是一回事。他的这个结论是基于一组定义和公理，通过逻辑推理得来的。“斯宾诺莎的上帝”不仅仅包括了物质世界，还包括了精神世界。在伦理学上，斯宾诺莎认为，一个人只要受制于外在的影响，他就是处于奴役状态，而只要和上帝达成一致，人们就不再受制于这种影响，而能获得相对的自由，也因此摆脱恐惧。斯宾诺莎还主张“无知是一切罪恶的根源”。对于死亡，斯宾诺莎的名言是：“自

① ［英］罗素：《西方哲学史》（下卷），马元德译，商务印书馆，1976 年，第 92 页。

由人最少想到死，他的智慧不是关于死的默念，而是对于生的沉思。”[①] 斯宾诺莎是彻底的决定论者，他认为所有已发生事情的背后绝对贯穿着必然的作用。所有这些都使得斯宾诺莎在身后成为亵渎神和不信神的化身。有人称其为“笛卡尔主义者”，而有神论者诋毁之为邪恶的无神论者，但泛神论者则誉之为“陶醉于神的人”“最具基督品格”的人，不一而足。但所有这些身份都无法取代斯宾诺莎作为一位特征明显的理性主义者在近代哲学中的重要地位。

笛卡尔最为关心的是如何以理性而不是信仰为出发点，以自我意识而不是外在事物为基础，为人类知识的大厦奠定了一个坚实的地基；斯宾诺莎最为关心的是，如何确立人类知识和人的德性与幸福的共同的形而上学基础；而莱布尼茨的哲学兴趣是，为个体的实体性和世界的和谐寻找其形而上学的基础。笛卡尔的三大实体是心灵、物体和上帝，人被二元化了；斯宾诺莎的实体是唯一的神或自然，心灵和身体只是神的两种样式；而莱布尼茨则要让作为个体的每个人成为独立自主的实体，“不可分的点”。按照莱布尼茨的观点，宇宙万物的实体不是一个，也不是两个或者三个，而是无限多个。因为实体作为世界万物的本质，一方面必须是不可分的单纯性的，必须具有统一性；另一方面必须在其自身之内就具有能动性的原则。这样的实体就是“单子”。所谓“单子”就是客观存在的、无限多的、非物质性的、能动的精神实体，它是一切事物的“灵魂”和“隐德来希”(内在目的)。每

---

① ［荷］斯宾诺莎：《伦理学》，贺麟译，商务印书馆，1997年，第222页。

个单子从一种知觉到另一种知觉的发展，也具有连续性。“连续性原则”只能说明在静态条件下宇宙的连续性，而无法解释单子的动态的变化和发展。在动态的情况下，宇宙这个单子的无限等级序列是如何协调一致的呢？莱布尼茨的回答是，因为宇宙万物有一种“预定的和谐”。整个宇宙就好像是一支庞大无比的交响乐队，每件乐器各自按照预先谱写的乐谱演奏不同的旋律，而整个乐队所奏出来的是一首完整和谐的乐曲。莱布尼茨不仅用“预定的和谐”来说明由无限多的单子所组成的整个宇宙的和谐一致，而且以此来解决笛卡尔遗留下来的身心关系问题。一个自由的人应该能够认识到他为什么要做他所做的事。自由的行为就是“受自身理性决定”的行为。“被决定”是必然，但是“被自身决定”就是自由。这样，莱布尼茨就把必然和自由统一起来了。莱布尼茨哲学在西方哲学史上具有极其重要的历史地位。在他之后，沃尔夫（Christian Wolff）曾经把他的哲学系统发展为独断论的形而上学体系，长期统治着德国哲学界，史称“莱布尼茨—沃尔夫哲学”。黑格尔在他的《哲学史讲演录》中这样评价沃尔夫哲学：“他把哲学划分成一些呆板形式的学科，以学究的方式应用几何学方法把哲学抽绎成一些理智规定，同时同英国哲学家一样，把理智形而上学的独断主义捧成了普遍的基调。这种独断主义，是用一些互相排斥的理智规定和关系，如一和多，或简单和复合，有限和无限，因果关系等等，来规定绝对和理性的东西的。”①

康德哲学面临的冲突来自牛顿的科学和莱布尼茨的形而上学、

① ［德］黑格尔：《哲学史讲演录》(第四卷)，贺麟、王太庆译，商务印书馆，1978年，第188页。

理性主义的独断论和怀疑主义的经验论、科学的世界观和道德宗教的世界观之间的对立。因此，康德的努力方向就是要抑制传统形而上学自命不凡的抱负，批判近代哲学的若干立场，特别是沃尔夫等人的独断论，也要把自己的批判立场与其他反独断论的立场区分开来，如怀疑论、经验论、冷淡派（indifferentism）等。在反独断论和经验论的同时，他还要捍卫普遍必然知识的可能性，也就是他提出的“要限制知识，为信仰留下地盘”的口号，这就是为知识与道德的领域划界。他在《纯粹理性批判》中明确指出：“我所理解的纯粹理性批判，不是对某些书或体系的批判，而是对一般理性能力的批判，是就一切可以独立于任何经验而追求的知识来说的，因而是对一般形而上学的可能性和不可能性进行裁决，对它的根源、范围和界限加以规定，但这一切都是出自原则。”

费希特是康德哲学的继承者。他在《知识学新说》中宣称：“我还应该向读者提醒一点，我一向说过，而且这里还要重复地说，我的体系不外就是跟随康德的体系。”① 他深为批判哲学所引起的哲学革命欢欣鼓舞，但也对康德哲学二元论的不彻底性深感不满。因此，费希特一方面对康德保持崇敬的心情，另一方面也对康德哲学进行了批评。对费希特来说，康德的批判哲学是不完善的，理论理性和实践理性分属两个领域，各个知性范畴也是并行排列，没有构成一个统一的有机体系。康德不仅在自我之外设定了一个不可知的物自体，而且在自我的背后亦设定了一个不可知的“我自身”，这表明康德的批判也是不彻底的。按照费希特的观点，哲学的任务是说明一切经验的根据，因而哲学就是认识

① 梁志学主编：《费希特著作选集》（卷二），商务印书馆，1994年，第222页。

论，他亦据此把自己的哲学称为“知识学”(Wissenschaftslehre，直译为“科学学”)。于是费希特便为了自我的独立性而牺牲了物的独立性，将康德的理论理性和实践理性合为一体，形成了“绝对自我”的概念。从当代哲学的角度看，费希特的哲学是试图使客观与主观合一的观念论哲学，与实在论相对立。但他提供了丰富的辩证法思想，包括发展的观点、对立统一的思想、主观能动性的思想等。总之，费希特改进了纯粹主观的唯心论思想，推进了康德哲学的辩证法，影响了黑格尔哲学的形成。

正如周瑜的感叹“既生瑜何生亮”，与黑格尔同时代的谢林也发出了同样的感叹。的确，在如日中天的黑格尔面前，原本是他的同窗和朋友的谢林，最后也不得不承认自己生不逢时。但让他感到幸运的是，他至少可以与费希特并驾齐驱。谢林最初同意费希特的观点，即哲学应该是从最高的统一原则出发，按照逻辑必然性推演出来的科学体系。不过他很快也发现了费希特思想中的问题。在谢林看来，费希特消除了康德的二元论，抛弃了物自体，以绝对自我为基础和核心建立了一个知识学的体系，但他的哲学体系缺少坚实的基础，因为在自我之外仍然有一个无法克服的自然或客观世界。谢林认为，绝对自我不足以充当哲学的最高原则，因为它始终受到非我的限制。谢林改造了斯宾诺莎的实体学说，以自然哲学来弥补费希特知识学的缺陷，建立了一个客观唯心主义的哲学体系。谢林始终希望表明，他的哲学与黑格尔的哲学之间存在着某种根本的区别。这种区别就在于，他试图用一种积极肯定的哲学说明这个世界的存在根据，而黑格尔则只是把思想的观念停留在概念演绎之中。他对黑格尔哲学的批判动摇了唯心主义的权威，费尔巴哈的唯物主义为此要向谢林表示真诚的敬意，恩格斯称谢林和费尔巴哈分别从两个方面批判了黑格尔，从而宣告了德国古典唯心主义的终结。

作为德国古典哲学的最后代表和集大成者，黑格尔哲学面临的问题就是康德哲学的问题。的确，作为德国古典哲学的开创者和奠基人，康德一方面证明了科学知识的普遍必然性，另一方面亦通过限制知识而为自由、道德和形而上学保留了一片天地，确立了理性和自由这个德国古典哲学的基本原则。由于其哲学特有的二元论使康德始终无法建立一个完善的哲学体系，这就给他的后继者们提出了一个亟待解决的难题。黑格尔哲学面临的直接问题是如何消解康德的自在之物，将哲学建立为一个完满的有机体系，而就近代哲学而言，也就是思维与存在的同一性问题。自笛卡尔以来，近代哲学在确立主体性原则，高扬主体能动性的同时，亦陷入了思维与存在的二元论困境而不能自拔。康德试图以彻底的主体性而将哲学限制在纯粹主观性的范围之内，从而避免认识论的难题，但是他却不得不承认物自体的存在。费希特和谢林都试图克服康德的物自体，但是他们并不成功。费希特的知识学实际上是绕过了物自体；由于谢林无法解决绝对的认识问题，因而也没有完成这个任务。当费希特面对知识学的基础问题时，他只好诉诸信仰；当谢林面对绝对的认识问题时，他也只好诉诸神秘性的理智直观和艺术直观。

黑格尔扬弃康德自在之物的关键在于，他把认识看作一个由知识与对象之间的差别和矛盾推动的发展过程。康德对理性认识能力的批判基本上是一种静态的结构分析，而黑格尔则意识到，认识是一个由于其内在的矛盾而运动发展的过程。如果认识是一个过程，那么我们就得承认，认识不是一成不变的，而认识的发展变化则表明知识是处于变化更新的过程之中的，不仅如此，对象也一样处于变化更新的过程之中。因此，认识不仅是改变知识的过程，同样也是改变对象的过程，在认识活动中，不仅出现了新的知识，也出现了新的对象。黑格尔的《精神现象学》所展示的就是这个过程，它通过人类精神认识绝对的过程，表现了绝对自身通过人类精神而成为现实，成为“绝对精神”的过程。换句话说，人类精神的认识活动归根结底乃是绝对精神的自我运动，因为人类精神就是绝对精神的代言人，它履行的是绝对精神交付给它的任务。从这个意义上说，《精神现象学》也就是对于“绝对即精神”的认识论证明。

对黑格尔来说，这个艰苦漫长的“探险旅行”不仅是人类精神远赴他乡，寻求关于绝对的知识的征程，同时亦是精神回归其自身，认识自己的还乡归途。马克思曾经将黑格尔《精神现象学》的伟大成就概括为“作为推动原则和创造原则的否定的辩证法”[①]。在《精神现象学》中，黑格尔形象地把绝对精神的自我运动比喻为“酒神的宴席”：所有人都加入了欢庆酒神节的宴席，每个人都在这场豪饮之中一醉方休，但是这场宴席却不会因为我或者你的醉倒而终结，而且也正是因为我或者你以及我们大家的醉倒而成其为酒神的宴席。我们都是这场豪饮不可缺少的环节，而这场宴席本身则是永恒的。

---

① ［德］卡尔·马克思：《1844年经济学—哲学手稿》，刘丕坤译，人民出版社，1979年，第116页。

黑格尔是有史以来最伟大的形而上学家，他一方面使自亚里士多德以来哲学家们所怀抱的让哲学成为科学的理想最终得以实现，另一方面亦使形而上学这一古典哲学曾经漫步了两千多年的哲学之路终于走到了尽头。黑格尔哲学直接导致了马克思主义哲学的诞生：马克思和恩格斯在吸收了黑格尔辩证法的基础上打破了他的客观唯心主义思想体系，建立了辩证的唯物主义和历史的唯物主义，完成了哲学上的一场革命。黑格尔哲学是当代西方哲学批判的主要对象，也是西方哲学现代转型的重要起点。胡塞尔正是在摈弃了黑格尔本质主义的基础上建立了“描述的现象学”，弗雷格、罗素和摩尔等人也是在反对黑格尔哲学的基础上开启了现代分析哲学的先河。

五、20 世纪西方哲学画卷：从现代到后现代

本丛书的一个重要特征是重视现代哲学的发展，这从整个系列的内容排列中就可以明显地看出来：本丛书共有九卷，其中前五卷的内容跨越了两千多年的历史，而展现现代哲学的部分就有四卷，时间跨度只有百余年，但却占整个系列的近一半篇幅。后面的这四卷内容充分展现了现代西方哲学的整体概貌：既有分析哲学与欧洲大陆哲学的区分，也有不同哲学传统之间的争论；既有对哲学家思想历程的全面考察，也有对不同哲学流派思想来源的追溯。从这些不同哲学家思想的全面展示，我们可以清楚地看到，20 世纪西方哲学经历了从现代到后现代的历程。

从哲学自身发展的内在需要看，传统哲学的理性主义精神受

到了当代哲学的挑战。从古希腊开始，理性和逻辑就被看作哲学的法宝；只有按照理性的方式思考问题，提出的哲学理论只有符合逻辑的要求，这样的哲学家才被看作重要的和有价值的。虽然也有哲学家并不按照这样的方式思考，如尼采等人，但他们的思想也往往被解释成一套套理论学说，或者被纳入某种现成的学说流派中加以解释。这样哲学思维就被固定为一种统一的模式，理性主义就成为哲学的唯一标志。但是自20世纪60年代开始，从法国思想家中涌现出来的哲学思想逐渐改变了传统哲学的这种唯一模式。这就是后现代主义的哲学。

如今我们谈论后现代主义的时候，通常把它理解为一种反传统的思维方式，于是后现代主义中反复提倡的一些思想观念就成为人们关注的焦点，也由此形成了人们对后现代主义的一种模式化理解。但事实上，后现代主义在法国的兴起直接与社会现实问题，特别是与现实政治密切相关。我们熟知的“五月风暴”被看作法国后现代主义思想最为直接的现实产物，而大学生们对社会现实的不满才是引发这场革命的直接导火索。如果说萨特的自由主义观念是学生们的思想导师，那么学生们的现实运动则引发了像德里达这样的哲学家们的反思。在法国，政治和哲学从来都是不分家的，由政治运动而引发哲学思考，这在法国人看来是再正常不过的了，而这种从现实政治运动中产生的哲学观念，又会对现实问题的解决提供有益的途径。正是在这种意义上，后现代主义的兴起应当被看作西方哲学家的研究视角从纯粹的理论问题转向社会的现实问题的一个重要标志。

如今我们都承认，“后现代”并不是一个物理时间的概念，因为我们很难从年代的划分上区分“现代”与“后现代”。“后现代”这个概念主要意味着一种思维方式，即一种对待传统以及处理现实问题的视角和方法。从这个意义上来说，特别是从对待传统的不同态度上来看，我们在这里把“后现代”的特征描述为“重塑启蒙”。近代以来的启蒙运动都是以张扬理性为主要特征的，充分地运用理性是启蒙运动的基本口号，这也构成了现代哲学的主要特征。但在后现代主义者的眼里，启蒙不以任何先在的标准或目标为前提，当然不会以是否符合理性为标准。相反，后现代哲学家们所谓的启蒙恰恰是以反对现代主义的理性精神为出发点的。这样，启蒙就成为反对现代性所带来的一切思想禁令的最好标志。虽然不同的哲学家对后现代哲学中的启蒙有不同的理解和解释，但他们不约而同地把对待理性的态度作为判断启蒙的重要内容。尽管任何一种新的思维产生都会由于不同的原因而遭遇各种敌意和攻击，但对“后现代”的极端反应却主要是由于对这种思想运动本身缺乏足够的认识，而且这种情况还因为人们自以为对“现代性”有所了解而变得更为严重。其实，我们不必在意什么人被看作“后现代”的哲学家或思想家。我们应当关心的是，“后现代”的思想为现代社会带来的是一种新的启蒙。这种启蒙的意义就在于，否定关于真实世界的一切可能的客观知识，否定语词或文本具有唯一的意义，否定人类自我的统一，否定理性探索与政治行为、字面意义与隐晦意义、科学与艺术之间的区别，甚至否定真理的可能性。总之，这种启蒙抛弃了近代西方文明大部分的根本思想原则。在这种意义上，我们可以把“后现代主义”看作对近现代西方启蒙运动的一种最新批判，是对 18 世纪以来近代社会赖以确立的某些基本原则的批判，也是对以往一切批判的延续。归根结底，这种启蒙就是要打破一切对人类生活起着支配作用、占有垄断地位的东西，无论它是宗教信念还是理性本身。

历史地看，后现代对现代性的批判只是以往所有对现代性批判的一种继续，但西方社会以及西方思想从现代到后现代的进程却不是某种历史的继续，而是对历史的反动，是对历史的抛弃，是对历史的讽刺。现代性为人类所带来的一切已经成为现实，但后现代主义会为人类带来什么却尚无定数。如今，我们可以在尽情享受现代社会为我们提供的一切生活乐趣的同时对这个社会大加痛斥，历数恶果弊端，但我们却无法对后现代主义所描述的新世界提出异议，因为这原本就是一个不可能存在的世界，是一个完全脱离现实的世界。然而换一个角度说，后现代主义又是对现代社会的一个很好的写照，是现代性的一个倒影、副产品，也是现代性发展的掘墓人。了解西方社会从现代走向后现代的过程，也就是了解人类社会（借用黑格尔的话说）从“自在”状态到“自为”状态的过程，是了解人类思想从对自然的控制与支配和人类自我意识极度膨胀，到与自然的和谐发展和人类重新确立自身在宇宙中的地位的过程。尽管这是一个漫长的历史进程，对人类以及自然甚至是一个痛苦的过程，但人类正是在这个过程中真正认识了自我，学会了如何与自然和谐相处，懂得了发展是以生存为前提这样一个简单而又十分重要的道理。

最后，我希望能够对本丛书的编排体例说明一下。整个丛书按照历史年代划分，时间跨度长达两千五百多年，包括了四十九位重要哲学家，基本上反映了西方哲学发展历史中的重要思想。我特别注意到，本丛书中的各卷结构安排独特，不仅有对卷主的生平介绍和思想阐述，更有对卷主理论观点的专门分析，称为“术语解读与语篇精粹”，所选的概念都是哲学家最有特点、最为突出，也是对后来哲学发展产生重要影响的概念。这些的确为读者快速把握哲学家思想和理论观点提供了非常便利的形式。这种编排方式很是新颖，极为有效，能够为读者提供更为快捷的阅读体验。在这里，我要特别感谢该丛书的主编佟立教授，他以其宽阔的学术视野、敏锐的思想洞察力以及有效的领导能力，组织编写了这套丛书，为国内读者献上了一份独特的思想盛宴。还要感谢他对我的万分信任和倾力相邀，让我为这套丛书作序。感谢他给了我这样一个机会，把西方哲学的历史发展重新学习和仔细梳理了一遍，以一种宏观视角重新认识西方哲学的内在逻辑和思想线索。我还要感谢参加本丛书撰写工作的所有作者，是他们的努力才使得西方哲学的历史画卷如此形象生动地展现在读者面前！

是为序。

2017 年 8 月 18 日

前　言

西方哲人智慧，是人类精神文明成果的重要组成部分，也是人类社会历史发展的产物。从古希腊到当代，它代表了西方各历史时期思想文化的精华，影响着人类社会发展进步的方向。我们对待不同的文明，需要取长补短、交流互鉴、共同进步。如习近平指出："每种文明都有其独特魅力和深厚底蕴，都是人类的精神瑰宝。不同文明要取长补短、共同进步，文明交流互鉴成为推动人类社会进步的动力、维护世界和平的纽带。"① 寻求文明中的智慧，从中汲取营养，加强中外文化交流，为人们提供精神支撑和心灵慰藉，对于增进各国人民友谊，解决人类共同面临的各种挑战，维护世界和平，都具有重要的实践意义。习近平指出："对待不同文明，我们需要比天空更宽阔的胸怀。文明如水，润物无声。我们应该推动不同文明相互尊重、和谐共处，让文明交流互鉴成为增进各国人民友谊的桥梁、推动人类社会进步的动力、维护世界和平的纽带。我们应该从不同文明中寻求智慧、汲取营养，为人们提供精神支撑和心灵慰藉，携手解决人类共同面临的各种挑战。"② 本丛书坚持以马克思主义哲学为指导，深入考察西

① 习近平于2017 年 1 月 18 日在联合国日内瓦总部的演讲。

② 习近平于2014 年 3 月 27 日在联合国教科文组织总部的演讲。

方哲学经典，汲取和借鉴国外有益的理论观点和学术成果，对于加快构建中国特色哲学社会科学，促进中外学术交流，为我国思想文化建设，提供较为丰厚的理论资源和文献翻译成果，具有重要的理论和现实意义。

如果说知识就是力量，那么智慧则是创造知识的力量。智慧的光芒，一旦被点燃，顷刻间便照亮人类幽暗的心灵，散发出启迪人生的精神芬芳，创造出提升精神境界的力量。

古往今来，人们对知识的追求，对智慧的渴望，一天也没停止过，人们不断地攀登时代精神的高峰，努力达到更高的精神境界，表现出对智慧的挚爱。热爱智慧，从中汲取营养，需要不断地交流互鉴，克服认知隔膜，克服误读、误解和误译。习近平指出："纵观人类历史，把人们隔离开来的往往不是千山万水，不是大海深壑，而是人们相互认知上的隔膜。莱布尼茨说，唯有相互交流我们各自的才能，才能共同点燃我们的智慧之灯。"[①]

"爱智慧"起源于距今两千五百年前的古希腊，希腊人创造了这个术语"Φιλοσοφία"。爱智慧又称"哲学"（philosophy）。希腊文"哲学"（philosophia），是指"爱或追求（philo）智慧（sophia）"，合在一起是"爱智慧"。人类爱智慧的活动，是为了提高人们的思维认识能力，试图富有智慧地引导人们正确地认识自然、社会和整个世界的规律。哲学家所探讨的是人类认识世界和改造世界的根本性问题，其中最基本的问题是思维与存在、精神与物质、主观与客观、人与自然等关系问题。对这些问题的研究，丰富了人类思想文化的智库，对于推动物质文明和精神文明

① 习近平于2014 年 3 月 28 日在德国科尔伯基金会的演讲。

建设，发挥了重要作用。如习近平指出："人类社会每一次重大跃进，人类文明每一次重大发展，都离不开哲学社会科学的知识变革和思想先导。"①

西方哲学源远流长，从公元前6世纪到当代，穿越了大约两千五百多年的历史，其内容丰富，学说繁多，学派林立。习近平总书记在哲学社会科学工作座谈会上的讲话中深刻揭示了西方思想文化发展的历史规律，阐明了各个历史时期许多西方重要的哲学家、思想家和文学艺术家对社会构建的深刻思想认识。习近平指出："从西方历史看，古代希腊、古代罗马时期，产生了苏格拉底、柏拉图、亚里士多德、西塞罗等人的思想学说。文艺复兴时期，产生了但丁、薄伽丘、达·芬奇、拉斐尔、哥白尼、布鲁诺、伽利略、莎士比亚、托马斯·莫尔、康帕内拉等一批文化和思想大家。他们中很多人是文艺巨匠，但他们的作品深刻反映了他们对社会构建的思想认识。"②英国资产阶级革命、法国资产阶级革命和美国独立战争前后"产生了霍布斯、洛克、伏尔泰、孟德斯鸠、卢梭、狄德罗、爱尔维修、潘恩、杰弗逊、汉密尔顿等一大批资产阶级思想家，形成了反映新兴资产阶级政治诉求的思想和观点"③。

习近平在谈到马克思主义的诞生与西方哲学社会科学的关系时指出："马克思主义的诞生是人类思想史上的一个伟大事件，而马克思主义则批判吸收了康德、黑格尔、费尔巴哈等人的哲学思想，圣西门、傅立叶、欧文等人的空想社会主义思想，亚当·斯密、大卫·李嘉图等人的古典政治经济学思想。可以说，没有

①②③　习近平于2016年5月17日在哲学社会科学工作座谈会上的讲话。

18、19 世纪欧洲哲学社会科学的发展，就没有马克思主义的形成和发展。”[①]习近平为我们深刻阐明了马克思、恩格斯与以往西方哲学家、同时代西方哲学家的关系。历史表明，社会大变革的时代，一定是哲学社会科学大发展的时代。“当代中国正经历着我国历史上最为广泛而深刻的社会变革，也正在进行着人类历史上最为宏大而独特的实践创新。这种前无古人的伟大实践，必将给理论创造、学术繁荣提供强大动力和广阔空间。这是一个需要理论而且一定能够产生理论的时代，这是一个需要思想而且一定能够产生思想的时代。”[②]

20 世纪以来，西方社会矛盾不断激化，“为缓和社会矛盾、修补制度弊端，西方各种各样的学说都在开药方，包括凯恩斯主义、新自由主义、新保守主义、民主社会主义、实用主义、存在主义、结构主义、后现代主义等，这些既是西方社会发展到一定阶段的产物，也深刻影响着西方社会”[③]。他们考查了资本主义在文化、经济、政治、宗教等领域的矛盾与冲突，反映了资本主义社会的深刻危机。如贝尔在《资本主义文化矛盾》中所说：“我谈论 70 年代的事件，目的是要揭示围困着资产阶级社会的文化危机。从长远看，这些危机能使一个国家瘫痪，给人们的动机造成混乱，促成及时行乐（carpe diem）意识，并破坏民众意志。这些问题都不在于机构的适应能力，而关系到支撑一个社会的那些意义本身。”[④]欧文·克利斯托曾指出，资产阶级在道德和思想

---

①②③ 习近平于2016 年 5 月 17 日在哲学社会科学工作座谈会上的讲话。

④ ［美］丹尼尔·贝尔：《资本主义文化矛盾》，赵一凡、蒲隆、任晓晋译，生活·读书·新知三联书店，1989 年，第 73~74 页。

上都缺乏对灾难的准备。"一方面，自由主义气氛使人们惯于把生存危机视作'问题'，并寻求解决的方案。(这亦是理性主义者的看法，认为每个问题都自有答案。) 另一方面，乌托邦主义者则相信，经济这一奇妙机器（如果不算技术效益也一样）足以使人获得无限的发展。然而灾难确已降临，并将不断袭来。"①

研究西方哲学问题，需要树立国际视野，加快构建中国特色哲学社会科学。一是要坚持马克思主义哲学的指导地位，二是要坚持传承中国传统文化的优秀成果，三是要积极吸收借鉴国外有益的理论观点和学术成果，坚持外国哲学的研究服务我国现代化和思想文化建设的方向。恩格斯指出："一个民族想要站在科学的最高峰，一刻也不能没有理论思维。但理论思维仅仅是一种天赋的能力。这种能力必须加以发展和锻炼，而为了进行这种锻炼，除了学习以往的哲学，直到现在还没有别的手段。"② 习近平继承和发展了马克思主义，他指出："任何一个民族、任何一个国家都需要学习别的民族、别的国家的优秀文明成果。中国要永远做一个学习大国，不论发展到什么水平都虚心向世界各国人民学习，以更加开放包容的姿态，加强同世界各国的互容、互鉴、互通，不断把对外开放提高到新的水平。"③

西方哲人智慧丛书共分九卷，分别介绍了各历史时期著名哲学家的思想。

《古希腊罗马哲学家的智慧》(*Wisdom of Ancient Greek & Roman*

---

① [美] 丹尼尔·贝尔：《资本主义文化矛盾》，赵一凡、蒲隆、任晓晋译，生活·读书·新知三联书店，1989 年，第 74 页。

② 《马克思恩格斯选集》（第三卷），人民出版社，1972 年，第 467 页。

③ 习近平于2014 年 5 月 22 日在上海召开外国专家座谈会上的讲话。

Philosophers），我们选编的著名哲学家代表有：苏格拉底（Socrates）、柏拉图（Plato）、亚里士多德（Aristotle）、普罗提诺（Plotinus）、塞涅卡（Lucius Annaeus Seneca）等。

《中世纪哲学家的智慧》(*Wisdom of Medieval Philosophers*)，我们选编的著名哲学家代表有：奥古斯丁（Saint Aurelius Augustinus）、阿伯拉尔（Pierre Abelard）、阿奎那（Thomas Aquinas）、埃克哈特（Meister Johannes Eckhar）、奥卡姆（William Ockham）等。

《文艺复兴时期哲学家的智慧》(*Wisdom of Philosophers in the Renaissance*)，我们选编的著名哲学家、思想家的重要代表有：但丁（Dante Alighieri）、彼特拉克（Francesco Petrarca）、达·芬奇（Leonardo di ser Piero da Vinci）、马基雅维里（Niccolò Machiavelli）、布鲁诺（Giordano Bruno）等。

近代欧洲哲学时期，我们选编的著名哲学家代表有：洛克（John Locke）、孟德斯鸠（Charles de Secondat，Baron de Montesquieu）、卢梭（Jean - Jacques Rousseau）、狄德罗（Denis Diderot）、休谟（David Hume）、笛卡尔（Rene Descartes）、斯宾诺莎（Baruch de Spinoza）、莱布尼茨（Gottfried Wilhelm Leibniz）、康德（Immanuel Kant）、黑格尔（Georg Wilhelm Friedrich Hegel）等。为便于读者了解世界历史上著名的启蒙运动和理性主义及其影响，我们把近代经验主义哲学家、启蒙运动时期的哲学家、近代理性主义哲学家、德国古典哲学家等重要代表选编为《启蒙运动时期哲学家的智慧》(*Wisdom of Philosophers in the Enlightenment*)和《理性主义哲学家的智慧》(*Wisdom of Rationalistic Philosophers*)。

《分析哲学家的智慧》(*Wisdom of Analytic Philosophers*)，我们

选编的著名哲学家的重要代表有：罗素（Bertrand Russell）、维特根斯坦（Ludwig Josef Johann Wittgenstein）、卡尔纳普（Paul Rudolf Carnap）、蒯因（Willard Van Orman Quine）、普特南（Hilary Whitehall Putnam）等。

《现代人本主义哲学家的智慧》（*Wisdom of Modern Humanistic Philosophers*），我们选编的著名哲学家的重要代表有：叔本华（Arthur Schopenhauer）、尼采（Friedrich Wilhelm Nietzsche）、柏格森（Henri Bergson）、弗洛伊德（Sigmund Freud）、萨特（Jean-Paul Sartre）、杜威（John Dewey）、列维-斯特劳斯（Claude Lévi-Strauss）等。

《科学-哲学家的智慧》（*Wisdom of Scientific Philosophers*），我们选编的著名哲学家、科学家的重要代表有：爱因斯坦（Albert Einstein）、石里克（Friedrich Albert Moritz Schlick）、海森堡（Werner Karl Heisenberg）、波普尔（Karl Popper）、库恩（Thomas Sammual Kuhn）、费耶阿本德（Paul Feyerabend）等。

《后现代哲学家的智慧》（*Wisdom of Postmodern Philosophers*），我们选编了后现代思潮的主要代表有：詹姆逊（Fredric R. Jameson，国内也译为杰姆逊）、霍伊（David Couzen Hoy）、科布（John B. Cobb Jr.）、凯尔纳（Douglas Kellner）、哈钦（Linda Hutcheon）、巴特勒（Judith Butler）等。

本丛书以西方哲人智慧为主线，运用第一手英文资料，以简明扼要、通俗易懂的语言，阐述各历史时期先贤智慧、哲人思想，传承优秀文明成果。为便于读者进一步理解各个时期哲学家的思想，我们在每章的内容中设计了“术语解读与语篇精粹”，选引了英文经典文献，并进行了文献翻译，均注明了引文来源，便于读者查阅和进一步研究。

本丛书有三个特点：

一是阐述了古希腊至当代以来的四十九位西方哲学家的身世背景、成长经历、学术成就、重要思想、理论内涵、主要贡献、后世影响及启示等。

二是选编了跨时代核心术语，做了比较详尽的解读，尽力揭示其丰富的思想内涵，反映从古希腊到当代西方哲学思潮的新变化。

三是选编了与核心术语相关的英文经典文献，并做了有关文献翻译，标注了引文来源，便于读者能够在英文和汉语的对照中加深理解，同时为哲学爱好者和英语读者进一步了解西方思想文化，提供参考文献。

需要说明的是，在后现代主义思潮中，有一批卓有建树的思想家，如福柯（Michel Foucault）、德里达（Jacques Derrida）、利奥塔（Jean－Francois Lyotard）、罗蒂（Richard Rorty）、贝尔（Daniel Bell）、杰姆逊（Fredric R. Jameson）、哈桑（Ihab Hassan）、佛克马（Douwe W. Fokkema）、斯潘诺斯（William V. Spanos）、霍尔（Stuart Hall）、霍兰德（Norman N. Holland）、詹克斯（Charles Jencks）、伯恩斯坦（Richard Jacob Bernstein）、格里芬（David Ray Griffin）、斯普瑞特奈克（Charlene Spretnak）、卡斯特奈达（C. Castaneda）等。我在拙著《西方后现代主义哲学思潮》（天津人民出版社，2003 年）和《全球化与后现代思潮研究》（天津人民出版社，2012 年）中，对上述有关人物和理论做了

浅尝讨论，欢迎读者批评指正。

西方后现代思潮与西方生态思潮在理论上互有交叉、互有影响。伴随现代工业文明而来的全球性生态危机，超越了国家间的界限，成为当代人类必须面对和亟需解决的共同难题。从哲学上反省现代西方工业文明，批判西方中心论、形而上学二元论和绝对化的思想是当代西方“后学”研究的重要范畴，这些范畴所涉及的理论和实践进一步促进了生态哲学思想的发展，从而形成了“后学”与生态哲学的互动关系和有机联系。一方面，“后学”理论对当代人类生存状况的思考、对时代问题的探索、对现代性的质疑和建构新文明形态的认识，为生态哲学的研究提供了理论基础；另一方面，生态哲学关于人与自然的关系研究，关于生态伦理、自然价值与生物多样性及生命意义的揭示，对种族歧视、性别歧视、物种歧视的批判，丰富了哲学基本问题的研究内容和言说方式，为当代哲学研究提供了新的范式。二者在全球问题的探索中，表现出殊途同归的趋势，这意味着“后学”理论和生态思潮具有时代现实性，促进了生态语言学（ecolinguistics）和生态思想（ecological thought）在全球的传播。我在《天津社会科学》（2016 年第 6 期）发表的《当代西方后学理论研究的源流与走向》一文，对此做了初步探讨，欢迎读者批评指正。

在当代西方生态哲学思潮中，涌现出一批富有生态智慧的思想家，各种流派学说在人与自然、人与人、人与社会的关系问题上（包括生态马克思主义、心灵生态主义等），既存在着相互渗透、相互影响和相互融合的倾向，也存在着分歧。他们按照各自的立场、观点和方法，研究人类共同关心的人与生态环境问题，即使在同一学派也存在着理论纷争，形成了多音争鸣的理论景观。主要代表有：

施韦泽（Albert Schweitzer）、利奥波德（Aldo Leopold）、卡逊（Rachel Carson）、克利考特（J. Baird Callicott）、纳斯（Arne Naess）、特莱沃（Bill Devall）、塞逊斯（George Sessions）、福克斯（Warwick Fox）、布克金（Murray Bookchin）、卡普拉（Fritjof Capra. Capra）、泰勒（Paul Taylor）、麦茜特（Carolyn Merchant）、高德（Greta Gaard）、基尔（Marti Kheel）、沃伦（Karen J. Warren）、罗尔斯顿（Holmes Rolston）、克鲁岑（Paul Crutzen）、科韦利（Joel Kovel）、罗伊（Michael Lowy）、奥康纳（James O'Connor）、怀特（Lynn White）、克莱顿（Philip Clayton）、梭罗（Henry David Thoreau）、艾比（Edward Abbey）、萨根（Carl Sagan）、谢帕德（Paul Shepard）、福克斯（Matthew Fox）、卡扎（Stephanie Kaza）、洛夫洛克（James Lovelock）、马西森（Peter Matthiessen）、梅茨纳（Ralph Metzner）、罗扎克（Theodore Roszak）、施耐德（Gary Snyder）、索尔（Michael Soule）、斯威姆（Brian Swimme）、威尔逊（Edward O. Wilson）、温特（Paul Winter）、怀特海（Alfred North Whitehead）、戈特利布（Roger S. Gottlieb）、托马肖（Mitchell Thomashow）、帕尔默（Martin Palmer）、怀特（Damien White）、托卡（Brian Tokar）、克沃尔（Joel Kovel）、普鲁姆伍德（Val Plumwood）、亚当斯（Carol J. Adams）、蒂姆（Christian Diehm）、海森伯（W. Heisenberg）、伍德沃德（Robert Burns Woodward）等。

我在主编的《当代西方生态哲学思潮》（天津人民出版社，

2017年）中，对有关生态哲学思潮做了浅尝讨论。2017年5月31日《天津教育报》以“服务国家生态文明建设”为题，做了专题报导。今后有待于深入研究《西方生态哲学家的智慧》，同时希望与天津人民出版社继续合作，努力服务我国生态文明建设。

习近平指出：“文明因交流而多彩，文明因互鉴而丰富。文明交流互鉴，是推动人类文明进步和世界和平发展的重要动力。”① 这为哲学社会科学工作者开展中西学术交流与互鉴指明了方向。

我负责丛书的策划和主编工作。本丛书的出版选题论证、写作方案、写作框架、篇章结构、写作风格等由我策划，经与天津人民出版社副总编王康老师协商，达成了编写思路共识，组织了欧美哲学专业中青年教师、英语专业教师及有关研究生开展文献调研和专题研究及编写工作，最后由我组织审订九卷书稿并撰写前言和后记，报天津人民出版社审校出版。

参加编写工作的主要作者有：

《古希腊罗马哲学家的智慧》：吕纯山（第一章至第五章）、刘昕蓉（第一章术语文献翻译、第二章术语文献翻译、第五章术语文献翻译）、李春侠（第三章术语文献翻译）、张艳丽（第四章术语文献翻译）、方笑（搜集术语资料）。

《中世纪哲学家的智慧》：聂建松（第一章）、张洪涛（第二章、第三章、第四章）、姚东旭（第五章）、任悦（第一章至第五章术语文献翻译）。

《文艺复兴时期哲学家的智慧》：金鑫（第一章至第四章）、

① 习近平于2014年3月27日在联合国教科文组织总部的演讲。

曾静（第五章）、夏志（第一章至第三章术语文献翻译）、刘瑞爽（第四章至第五章术语文献翻译）。

《启蒙运动时期哲学家的智慧》：骆长捷（第一章至第五章）、王雪莹（第一章、第二章、第三章术语文献翻译）、王怡（第四章、第五章术语文献翻译，选译第一章至第五章开篇各一段英文）、袁鑫（第一章至第五章术语解读）、王巧玲（收集术语资料）。

《理性主义哲学家的智慧》：马芳芳（第一章）、姚东旭（第二章、第三章）、季文娜（第一章术语解读及文献翻译、第二章术语解读及文献翻译）、郑淑娟（第三章术语解读及文献翻译）、武威利（第四章、第五章）、郑思明（第四章术语文献翻译、第五章术语文献翻译）、袁鑫（第四章术语解读、第五章术语解读）、王巧玲（搜集第四章、第五章术语部分资料）。

《分析哲学家的智慧》：吴三喜（第一章）、吕雪梅（第二章、第三章）、那顺乌力吉（第四章）、沈学甫（第五章）、夏瑾（第一章术语解读及文献翻译、第三章术语解读部分）、吕元（第二章至第五章术语解读及文献翻译）、郭敏（审校第一章至第五章部分中文书稿、审校术语文献翻译）。

《现代人本主义哲学家的智慧》：方笑（第一章）、孙瑞雪（第二章）、郭韵杰（第三章）、张亦冰（第四章）、刘维（第五章）、朱琳（第六章）、姜茗浩（第七章）、马涛（审校第一章至第七章部分中文书稿、审校术语文献翻译）、于洋（整理编辑审校部分书稿）。

《科学-哲学家的智慧》：方笑（第一章并协助整理初稿目

录)、孙瑞雪（第二章)、刘维（第三章)、张亦冰（第四章)、郭韵杰、朱琳（第五章)、姜茗浩（第六章)。冯红（审校第一章至第六章术语文献翻译)、郭敏（审校第一至第二章部分中文)、赵春喜（审校第三章部分)、张洪巧（审校第四章部分中文)、赵君（审校第五章部分中文)、苏瑞（审校第六章部分中文)。

《后现代哲学家的智慧》：冯红（第一章)、高莉娟（第二章)、张琳（第三章)、王静仪（第四章)、邓德提（第五章)、祁晟宇（第六章)、张虹（审校第二章至第六章术语文献翻译，编写附录：后现代思潮术语解读)、苏瑞（审校第一至六章部分中文书稿)、郭敏（审校附录部分中文)。

由于我们编著水平有限，书中一定存在诸多不足和疏漏之处，欢迎专家学者批评指正。

佟　立

2019 年 4 月 28 日

目　录

第一章　叔本华：生命意志的开光师

In general, however, nine-tenths of our happiness depends on health alone. With it everything becomes a source of pleasure, whereas without it nothing, whatever it may be, can be enjoyed, and even the other subjective blessings, such as mental qualities, disposition, and temperament, are depressed and dwarfed by ill-health. Accordingly, it is not without reason that, when two people meet, they first ask about the state of each other's health and hope that it is good; for this really is for human happiness by far the most important thing. But from this it follows that the greatest of all follies is to sacrifice our health for whatever it may be, for gain, profit, promotion, learning, or fame, not to mention sensual and other fleeting pleasures; rather should we give first place to health.[①]

——Arthur Schopenhauer

总而言之，我们的幸福十有八九是有赖于健康的。有了健康，一切皆是愉悦之源，反之没有健康也就享受不到什么了，即便是其他主观上的福祉，比如良好的心理素质、气质和性情，都会受到不良健康状况的压制与消减。因此，当两个人见面时，没有理由不去问候彼此的健康状况，并致以良好的祝愿，因为这真的是人类幸福中最重要的事情。但是就这一点而言，最愚蠢的莫过于牺牲我们的健康来换取别的什么，为了收益、盈利、升职、学业或是名望，更不用提感官上以及其他片刻的愉悦，而我们应当把健康放在第一位。

——亚瑟·叔本华

① Arthur Schopenhauer, *Parerga and Paralipomena: Short Philosophical Essays*, Volume One, Clarendon Press, 1974, p. 326.

一、成长历程

(一) 美丽的故乡

现代人本主义（Humanism）哲人亚瑟·叔本华（Arthur Schopenhauer）于1788年2月22日出生于但泽（Danzig）城。由于历史的变迁，在今天的欧洲地图上，已经找不到但泽这个名字了，这座城市现今被称为格但斯克（波兰语：Gdańsk），归属于波兰。但泽濒临波罗的海，临近维斯瓦河的入海口，历来是重要的港口商贸城市。始建于997年，由波兰国王波列斯瓦夫一世（Boleslaw I，约967—1025）建立，位于多个强大的欧洲政权之间，称得上是战略要冲，在历史上几度易手，也多次更名。

叔本华的出生地

这座城市的贸易往来繁荣，曾经是有着深远历史影响的汉萨同盟（The Hanseatic League）的成员之一，因此有许多外邦人，如德意志人、犹太人还有北欧人，在此经商或定居，而且该城长期处于波兰人或普鲁士人的统治之下，因此是个多元化的城市，不同民族的文化，都对这座城市产生了深刻的影响。叔本华出生的年代，正是但泽市即将再度易手的时候。在瓜分波兰的狂潮中，1793 年 1 月 23 日，根据俄罗斯、普鲁士和奥地利三国签订的条约，该城被普鲁士兼并。之后，叔本华随家人一起迁往汉堡（Hamburg）。

（二）商人与作家之子

叔本华

叔本华的父亲，海因里希·弗洛里斯·叔本华（Heinrich Floris Schopenhauer），是一位商人。由于生意的原因，叔本华的父亲经常到欧洲不同的国家和城市去，可以称得上是个“四海为家”的人。叔本华一家在普鲁士兼并但泽后离开了，由于他的父亲是一位共和主义者，不喜欢普鲁士的民族主义。他的父亲给他选择了“亚瑟”这个名字，本身是因为这个名字是几种欧洲语言共有的。和他父亲一样，亚瑟·叔本华喜爱法国与英国的文化。在后来的日子里，他感到自己也延续了他父亲严肃而具有强迫性的人格。他的父亲于 1805 年 4 月 20 日在汉堡逝世，那年叔本华十七岁，继承了一大笔遗产，从而获得了经济上的独立。

少年时期的叔本华曾经随家人一起周游英国、法国、奥地利和荷兰等国。1797 年到 1799 年间，他到过革命中的法国；1803 年，他在英国温布尔登（Wimbledon）的一家寄宿学校学习英语。

因此他也在受教育的过程中，接受了不同文化的熏陶。在不同国家的生活与学习经历，培养了他“世界性”的人格，而非局限于狭隘的普鲁士民族主义。

叔本华的母亲，约翰娜·叔本华（Johanna Henriette Troisiener Schopenhauer），是一位才女，是当时著名的小说家。她出身于市议员的家庭，交际非常广泛，有自己的文化沙龙，和当时的一些文化名人来往密切，甚至晚年的歌德也来光顾她的沙龙。不过她对叔本华的关爱较少，使得叔本华缺乏一种安全感。叔本华通过他母亲的沙龙，得以结识歌德，还在东方学家马耶尔（Friedrich Majer）的影响下接触到了印度哲学。不过，由于种种原因，叔本华和他的母亲、妹妹有着错综复杂的矛盾，矛盾时而激化，又时而缓和。这多少影响了叔本华对女性的看法。

（三）康德、歌德和印度哲学的影响

如果有幸走进叔本华的书斋，我们可以看到：在他的书桌上，左边有一尊面带笑容的佛像，而前面，则是泛着金属光泽的康德胸像。这从一个侧面可以看出，东方与西方的思想，对叔本华都有着深刻的影响。由此我们便可以看出他思想的两大来源——康德哲学与印度哲学。叔本华摆脱了对东方思想的偏见，没有那种故作优越的感觉，也没有盲目地传扬，而是根据他所能收集到的材料，进行冷静的思考和分析。

在 1809 年，叔本华开始在哥廷根大学（University of Göttingen）学习，他在这里两年，先是学习医学，而后学习哲学。但他的医学经历，对他的一些哲学思想还是有着影响。在哥廷根

大学期间，叔本华学习了柏拉图和康德的哲学思想。之后，叔本华进入了柏林大学，学习了费希特（Johann Gottlieb Fichte）和施莱尔马赫（Friedrich Schleiermacher）的哲学思想。1813 年，他撰写了博士论文《充足理由律的四重根》(*On the Fourfold Root of the Principle of Sufficient Reason*)，评判了当时盛行的康德哲学，也反对了教条主义哲学，这部作品是他哲学体系的基石。

叔本华在他的著作《作为意志和表象的世界》(*The World as Will and Representation*，1918—1919）序言中表示，要读懂他的著作，就要先读康德的著作。康德与柏拉图的认识论形成了叔本华的意志和表象学说。简而言之，康德的认识论可以分为两个部分：上帝、自在之物（things-in-itself）等，就是存在于物体本身而不可说的东西，这属于第一部分；先天判断、感性、理性之类，针对人类的时间和空间而言的认识，再通过“属性”范畴，来对这些认识进行加强，这属于第二部分。康德哲学中的“自在之物”，也就是叔本华哲学中的“意志”。

不过，在费希特、康德以及黑格尔的哲学如日中天的时代，叔本华的哲学，并没有引起当时人们的重视。在 1820 年，叔本华曾经在柏林大学开办讲座，结果以失败告终；叔本华于 1825 年返回柏林，尝试在柏林大学举办讲座，可是听者寥寥，因为学生们更喜欢听黑格尔的讲座。而在 1831 年柏林爆发霍乱，叔本华逃离柏林，而黑格尔则在那年的 11 月死于这场霍乱疫情。叔本华与黑格尔的交锋，不仅仅是两位教师个人的对决，更是两种哲学思潮的对决。

印度哲学，如印度教哲学与佛学，也在不同程度上对叔本华的哲学思想产生影响。在叔本华独居的日子里，他把豢养的一只贵宾犬起名为“Atman”，即梵文“灵魂”之意，从一个侧面说明了印度哲学在他心中的地位。印度哲学，如《奥义书》(*Upanishads*) 等典籍中体现出的超逻辑的（super-logic）认知路径及神秘主义，可以在叔本华的哲学著作中瞥见。但我们需要注意的是，由于历史和时代的局限性，叔本华对印度哲学的了解是不甚全面的。叔本华推崇印度哲学，目的是为了阐释自己的思想，它们之间在本质上有很大区别。

我们从文献学的角度来看，叔本华的著作中引述东方文献的次数在显著地增加。《附录与补遗》(*Parerga and Paralipomena*) 中收录的，1813 年到 1818 年间的文章引述了两条佛学思想，而在 1818 年到 1860 年，则至少有二十条引述；同期，对于印度教思想的引述，分别有二十条和四十五条。《作为意志与表象的世界》的第一卷包含了八条对佛学思想的引述，在后来的 1844 和 1859 版本中又增加了五条。相比之下，在 1844 年初版和 1859 年再版的第二卷中，至少有三十条对佛学的引述。第一卷对印度教思想的引述超过五十条，后来的版本又添加了七条，第二卷有多达四十五条的对佛学的引述。[①] 因此我们可以看出，这些来自遥远东方的思想，影响了叔本华对康德哲学“自在之物”的认识。

（四）意志主义的先驱

从 1814 年到 1818 年，叔本华居住在德累斯顿，把从《充足

① Christopher Janaway, *The Cambridge Companion to Schopenhauer*, Cambridge University Press, 1999, p. 176.

理由律的四重根》发展起来的思想应用到他在 1818 年 3 月完成，在同年十二月发表（日期写为 1819 年）的名著《作为意志和表象的世界》里。叔本华赞成歌德的色彩理论，他在 1816 年写了《论视觉与色彩》(*On Vision and Colour*)。在德累斯顿，叔本华结识了万有在神论者克劳斯（Karl Christian Friedrich Krause)。“万有在神论”(Panentheism)，是一种假定神渗透在自然的每一部分，而且超越自然的每一部分的神灵信仰体系，是与泛神论（pantheism）相对的概念，即我们能够领悟与想象的宇宙中所存在的，是上帝的一个面貌，但是上帝的存在要多于这个投影，既与我们所领悟与想象的宇宙不相等同，又无穷无尽。有时，叔本华用一种万有在神论的方式来描述“自在之物”。

发端自古希腊柏拉图，亚里士多德的理性主义，在欧洲哲学史上牢牢占据着主导地位。以康德，黑格尔等人为代表的德国古典哲学，也统治着当时的德国哲学界。叔本华的著作，在当时遭遇挫折几乎是必然的。叔本华的著述十分丰富，在这些著作的基础上建立了兼具继承性和独创性的哲学体系。他 1813 年发表了博士论文《论充足理由律的四重根》；又在 1815 年著有《论视觉与色彩》；1819 年写出《作为意志和表象的世界》，于 1844 年和 1859 年分别再版。

1833 年 7 月，叔本华定居在美因河畔的法兰克福，他大多数的著作是在那里写成的。叔本华在 1836 年写了《论自然意志》(*On the Will of Nature*)，意在以科学证据确认并重申他的形而上学观，表现了叔本华对超自然现象，心理学和东方学的兴趣。1836 年，叔本华完成了一篇论文《论意志自由》(*On the Freedom* of Will)，获得了挪威皇家科学院举办的一次比赛的首奖。一年后，他用第二篇文章《论道德的基础》(*On the Basis of Moral*) 对其进行补充，却并未获得哥本哈根的丹麦皇家科学院的授奖，即便这是这次征文比赛中唯一提交的作品。1841 年，他把这两篇文章一并发表，即《伦理学的两个基本问题》(The Two Fundamental Problems of Ethnics)，而且在第二篇的前言中特别注明了这篇文章“未获奖”，以表达对丹麦皇家科学院的抗议。

1851 年，叔本华发表了《附录与补遗》，直到那个时候，他才开始受到自己长期以来所期待的赏识。那是因为自法国大革命直至 1848 年，欧洲多国爆发革命的那段时期，欧洲处于长期的动荡之中，使得一部分知识分子开始滋生悲观的情绪，这使得叔本华的哲学开始受到欢迎。1853 年《威斯敏斯特评论》(*Westminster Review*) 发表的对叔本华哲学的述评使他的哲学广为人知。这篇述评确认了叔本华观点中“意志”的中心性，而且将叔本华与费希特的思想进行了深入的对比。叔本华于 1860 年 9 月 21 日平静地逝去，那是《作为意志和表象的世界》（第三版）面市的后一年（1860)。在他死后，他的弟子尤里乌斯·弗劳恩斯丹特 (Christian Martin Julius Frauenstädt) 继续整理出版其著作。

二、理论内涵

（一）表象

表象（representation）是叔本华哲学体系中的一个重要术语。叔本华使用“表象”一词表示意识在外部世界中感觉到的物体的概念和影像，包括观察者（主体）的身体也是表象。世界也是围绕着作为表象主体的人而存在的。叔本华的表象概念，与笛卡尔的怀疑论和贝克莱的认识论有着深厚的渊源。贝克莱在他的《人类知识原理》(*Principles of Human Knowledge*, 1946）中提道："所有的差别只是：按照我们的说法，感知到的无思维的存在，与那些被感知的并不存在差异，而且它们不能存在于任何其他实体中，只能存在于不可延伸的、不可分隔的实体或精神中，因为只有后者才能行动、思考，有感知。"① 由此，叔本华认为，我们平时所看到的、所感知的一切，不过是就主体的感觉而言的，只是作为人的表象而存在着。换言之，人所认识的一切事物并非自在之物，而只是呈现于人的表象、即意识中的东西，都相对于作为主体的人而存在。

而叔本华在谈论了意志和表象分别是世界的两面之后，又转向了主体与客体之间的关系。叔本华对主体做出了如下的界定，即"那种认识一切，但不能被认识的，就是主体。因此它是这个世界的支柱，是所有现象、客体的整体条件，而且经常被作为前提；所有存在仅仅是对于主体的存在。"② 叔本华称身体为直接客体（Immediate Object)，因为它是能被直接意识的，而其他一切事物都需要通过身体来感受到。但身体虽是表象，却也是意志，它是意志的客体化，所有表象都遵循充足理由律（Principle of Sufficient Reason)。

其他的哲学流派，多是从客体出发。如古希腊的哲学家，最

① George Berkeley, *Principles of Human Knowledge*, Oxford University Press Inc., 1996, p. 64.

② Arthur Schopenhauer, *The World as Will and Representation*, Dover Publications, 1969, p. 5.

初是米利都学派（Melisian School）的泰勒斯（Thales）等自然哲学家，还有主张原子论的德谟克利特（Democritus），伊壁鸠鲁（Epicurus）等人；以数为万物本原的毕泰戈拉学派（Pythagoreans）；还有从抽象概念出发的爱利亚学派（Eleatic School）等。而后来的经院哲学，是从上帝的意志和对上帝的信仰出发。18世纪的法国的唯物主义者从自然与现实出发，而德国的斯宾诺莎等人则是从抽象概念出发的。叔本华和他们的不同在于，他称自己的哲学体系“既不是从客体，也不是从主体，而是从表象开始的，将其作为意识的首要事实”。[①] 他要超越康德等人的不可知主义，探寻“自在之物”的秘密。因此，他强调，作为他理论的出发点，“世界是我的表象”[②] 是融主客体于一体的表象，这句话位居他的著作《作为意志和表象的世界》的开篇，点明了其哲学思想的主旨。

值得注意的是，“表象”和康德等人的哲学中常常出现的现象（phaenomena）是两个相互区别的概念。表象是由“意志”(或是自在之物）通过感官所呈现给主体的，使得主体看到了事物，但是在这种情况下，主体看到的并非事物本身，而只是它的“表象”，一种感性的形象。而现象是事物表现出来的，能被人感觉到的一切情况，是由表象统一而成的感性与知性结合的产物。而且，在一些康德著作的译本中，有将“表象”与“现象”等术语混淆的情况，这种概念上的区分，需要我们加以认真辨别。

叔本华还谈到，我们是如何认识表象的。表象的认识，是通

---

① Arthur Schopenhauer, *The World as Will and Representation*, Dover Publications, 1969, P. 34.

② Ibid., P. 3.

过认识主体与客体之间的关系来完成的。叔本华认为，“但是通常客体仅是作为主体的表象而相对主体存在一样，每种特殊类别的表象只为主体当中对应的特定规定而存在。”① 人们用来认识因果性的“悟性”(insight)，使得物质兼具时间和空间两种属性。对自然事物进行思辨的步骤，先是用悟性进行直观掌握，再进行抽象的思辨。人的悟性的能力，也成了检验人们认识能力的一种尺度。因此，人的精明，或是痴呆，其实与应用因果律的敏锐或迟钝有关。但是，即使是出自人类的悟性，也不能完全称作是理性的。因此，叔本华所说的“悟性”，其实包含着非理性的因素，能给我们的认识以理性之外的体验。

根据柏拉图的理念论，我们是通过所谓“理念”，或是概念，来认识世界的。叔本华认为概念是表象的一个类。“后者仅仅包括了一类表象，也就是概念；而且这些归根结底是人类所独有的。这些使人与动物相区别的能力，总是被称为理性。”②叔本华还认为，人类的认识能力所能达到的那一部分表象，就是概念和理性，是动物所没有的，不过悟性和感性，是动物和人都共有的。通过理性认识，可以形成概念认识。而概念之间的集合关系，又需要用“判断”(judgments) 来认识。

此外，叔本华藉由对表象的认识，还探究了认识问题和记忆问题。“认识主体的那种特有能力，使之更为频繁地感受到表象时，遵循意志来复现表象的能力越高——换言之，经过训练的能

① Arthur Schopenhauer, *The World as Will and Representation*, Dover Publications, 1969, P. 11.

② Ibid., P. 3.

力——就是我们所说的记忆。”[①] 这是叔本华对柏拉图理念论与回忆说的集合与阐释。柏拉图认为，学习不过是回忆；叔本华则认为，当运用记忆时，可以使人的思维每次阐释一个新的表象，而不是完全相同的表象，这也解释了为什么我们会记错，或是忘记长久之前习得的东西。这是叔本华在继承柏拉图理念论的基础上，进行自己阐发的一次尝试。叔本华还认为，彼此独立的表象，不如“系列的表象”(series of representations) 便于记忆。而且，与直观的认识相联系的记忆，要比任何抽象思维还要牢固。在实践中形成的直观认识，可以增强记忆。

印度哲学中“摩耶之幕”的概念，也为叔本华所借鉴。“摩耶”的意思是梦幻，而叔本华借用这个概念是为了表明“意志”与“表象”之间的鸿沟。在印度哲人的眼中，世界不过是一场大梦，宇宙万物是虚幻的外形，是神用摩耶变出来，而又呈现在我们感官上的幻象，因此在某种程度上说，是“不真实”的。叔本华对这个概念的运用，有着探究人的本性的目的，也是对隐藏在现象之后的本真的探索。

叔本华认为，“世界是我的表象”是一个真理。尽管这个真理是自然而然的，但还是需要人们用心去理解。这个观点，也体现了叔本华哲学的人本主义色彩。认识这个命题，是理解叔本华哲学的第一步，也能够促进人们对哲学的思考。叔本华的表象说，也受到印度哲学的“摩耶之幕”，柏拉图的“理念论”和康德哲学不同程度上的影响。康德哲学将世界分成了“现象”和“自在

---

① Arthur Schopenhauer, *Two Essays by Arthur Schopenhauer*, George Bell and Sons, 1889, p. 173.

之物”，而叔本华的“表象”与康德的“现象”相类似，但是二者之间是有所不同的。而且，叔本华对理念论的思考，不仅仅对哲学本身，也对进化心理学等学科做出了重要的贡献。

（二）意志

“意志”(Will) 是叔本华哲学思想的另一个重要术语，也是叔本华在《作为意志和表象的世界》中的一个论述重点。对人类意志活动的讨论，是哲学史上长盛不衰的话题。通常，我们将“意志”看作是人的欲求、抉择等在认知以及思维活动上的体现。从柏拉图开始，认为意志、理性与欲望一起，构成了人的灵魂。中世纪的基督教哲学家为了论证上帝的存在，也对上帝意志等话题进行了探讨。笛卡尔认为，意识是心灵（思维）的能力；休谟认为是激情，而不是理性，决定了人的行为。康德对“意志”这个术语做出了严谨的界定，将意志定为 Wille，与专指人的决断能力的 Willkur 区别开来。他认为，意志是一种自我决定的力量，而且是（过度一下）道德律的两个来源，一是实践理性，二是意志。叔本华认为，“意志”即康德哲学中的“自在之物”，意志会外化为物质，而且这种意志客体化过程具有程度之分。[①] 我们应当注意的是，叔本华的“意志”与我们通常谈到的自我意识，在概念上是有所区别的。比如，叔本华给“自我意识”(self-consciousness) 下了明确的定义，就是“一个人自身的意识”。[②] 而

---

① ［德］亚瑟·叔本华:《充足理由律的四重根》，陈晓希译，商务印书馆，1996 年，第 55 页。

② Arthur Schopenhauer, *The Two Fundamental Problems of Ethnics*, Cambridge University Press, 2009, p. 37.

“可以这样说，整体而言我们的意识并非自我意识，而是关于他物的意识，或是我们的认知能力。”① 叔本华认为，意志即“自在之物”(thing-in-itself)。“自在之物”是康德哲学体系中的核心概念，叔本华所作则的是，将康德看来是不可知的“自在之物”看作是我们可以进行认知的“意志”。而我们通过直观来认识这个“意志”是可以做到的。“认识和意志的完全分离”。② 事实上，自我意识是为意志服务的，它们属于不同的范畴，也发挥着不同的作用。

叔本华也探讨了意志的客体化（objectified)。“他意志的每个真正活动，是他身体立即的、不可避免的动作；如果没有同时发觉意志活动以身体动作表现出，他就没有真正地以意志驱动这一动作”。③ 意思就是，每个进入了直观的意志活动，都伴随着外化的身体活动。甚至，叔本华将自然力与意志的客体化联系了起来。为此，叔本华试图将他的“意志”理论，用来解释自然界的种种现象，以证明这些现象体现了意志客体化的不同层级。按照当时生物学的最新理论，叔本华认为，从植物、无脊椎动物、脊椎动物、灵长类动物直到人类本身，意志客体化程度在它们当中是渐次上升的。不过，无论是他的自然观也好，还是他的宇宙论也好，归根结底都是为了论证人的意志的客体化。

自由意志（Free Will）是叔本华哲学中的一个重要术语。叔本华首先阐明了什么是“自由”。自由有三种：自然的自由

---

① Arthur Schopenhauer, *The Two Fundamental Problems of Ethnics*, Cambridge University Press, 2009, p. 37.

② ［德］叔本华：《自然界中的意志》，任立、刘林译，商务印书馆，1997 年，第 34 页。

③ Arthur Schopenhauer, *The World as Will and Representation*, Dover Publications, 1969, p. 100.

(Physical freedom)，即行动上的不受阻碍；智力的自由（Intellectual freedom)，指思维的自愿；还有道德的自由（Moral freedom)，意指自由的意志决定。[①] 叔本华说，自由的概念具有“消极的性质”(Negative character)[②]。在这里，叔本华的“积极”(positive)与“消极”(negative)，可能具有主动和被动的意思，而非完全是情感上的积极或消极。在阅读叔本华的原著时，我们要精准地把握一些词语的意思，才能对他的学说做出正确的理解。

随后，叔本华对“自由意志”这个术语下了这样的定义：“一个自由的意志可能是这样一种意志，它不是由理由，不是由任何东西所决定的；它的单个的表现（意志动作）因此从本原来讲就完完全全是产生于它自己的，而并不是由事先的条件所必然造成的，因此也就不是由任何东西，按照什么规则所能决定的。”[③] 把握自由意志的概念，不仅对理解叔本华的思想，也对理解尼采等其他意志主义哲学家的学说有着重要的作用。

从叔本华对意志与表象的探索中，我们逐渐接近了叔本华的真理观。在叔本华的形而上学体系中，真理可以分为四种：逻辑真理（Logical Truth)、经验真理（Empirical Truth)、元逻辑真理（Metalogical Truth）和超验真理（Transcendental Truth)。在对真理的探索中，叔本华得出了意志和身体的同一性。而这种同一性，是最高的哲学真理，它不能被归于逻辑的、经验的、元逻辑的和超逻辑的四种真理的任何一种。

---

① ［德］亚瑟·叔本华：《伦理学的两个基本问题》，任立、孟庆时译，商务印书馆，1996年，第34~36页。

② 同上，第38页。

③ 同上，第39页。

而且在叔本华的学说中，我们获得真理的过程，是经过如下几个阶段的：一是将来自外界客观的直观知觉（intuitive perception）所带来的经验认识，用理性思维加工为概念，然后用概念的组合来构造判断和结论，从而达到真理。由此，我们可以将叔本华的认识路径总结为：意志（自在之物）—理念（意志的直接客体化）—事物（意志的间接客体化）。①

在康德哲学中，“现象”和“自在之物”是一个二元的观念，而且“自在之物”，或意志，是难以认识的。而在叔本华的哲学体系中，则反对这种完全对立的、二元论的分隔，更为强调意志与表象的统一性。当我们以一个与认识表象不同的方式来认识身体时，这种方式就可以用“意志”这个词来表示。意志和表象统一于我们的身体。对身体这个“表象”的认识也具有特殊性，因为在客体中它具有意志和表象的二重性。不过，在叔本华看来，作为表象的世界，只是存在于我们大脑中的梦境而已。“在认识的领域里，作为表象而呈现自身的动机和由此而生的意志行为，彼此是完全保持独立的，而且这种独立越是明确，理智的完美程度就越高”②。

叔本华的意志主义哲学体系，由意志和表象的学说确立起来。叔本华综合运用了他在当时所能收集到的一切知识来源，来建立自己在意志和表象基础上的理论大厦。和以往的哲学家一样，他试图建造一个属于自己的形而上学体系，而后试图以此解释现有

---

① 车铭洲、王元明：《现代西方的时代精神》，中国青年出版社，1988 年，第 26 页。

② ［德］亚瑟·叔本华：《自然界中的意志》，任立、刘林译，商务印书馆，1997 年，第 80 页。

世界的一切。他认为，当时大学里的哲学教授，所讲的纯粹是逻辑不通，前后矛盾的荒谬的东西，尽管在许多人看来，他的观点有片面之嫌，但这表达出一种建立与前人不同的形而上学体系的强烈愿望，那就是——意志主义。

（三）痛苦与无聊

“痛苦”源于人的不断增长的欲望与需求，而资源的有限性和社会关系的复杂性，加剧了这种痛苦与无聊。于是，人的心灵时常在痛苦与无聊之间，进行一种钟摆似的往复运动。叔本华认为，“没有什么比那点更为确定，总而言之，正是人世间的罪愆才产生了世上诸多的痛苦，在此我指的不是物理经验，而是形而上学的观点”。[①] 叔本华的痛苦观，和斯多噶学派（Stoic）与基督教的原罪论有着一定的联系，而且他与其他道德哲学家的不同之处，在于试图从形而上学的角度深入人的意志本身，来谈论这个世界上的痛苦。斯多噶派的芝诺认为，人是具有原罪的。在基督教的神话世界中，诞生在伊甸园的人类始祖——亚当和夏娃，是上帝的创造物，可是在叔本华看来，上帝创造人类，我们存在于世上，不过是一个“罪恶的结果，错误的步骤”。[②] 不过对生存于世的人们而言，有一点是很公平的，那就是世上的每一个人都在受着惩罚，只不过每个人受到惩罚的方式不同而已。因此，“然而一切意志的基础都是需求、匮乏和由此带给人的痛苦，而且根

---

① Arthur Schopenhauer, *Parerga and Paralipomena*: *Short Philosophical Essays*, Vol. 2, Clarendon Press, 1974, p. 302.

② Ibid., p. 303.

据其本质和起源来看，意志注定是痛苦的”。[①]

叔本华指出，无论是快乐还是痛苦，都是人类运用反思能力的结果。与论证意志的客体化程度一样，植物、动物和人对痛苦的感受也是有层次之分的。反过来说，“仅就生存而言，动物比我们人类更容易满足；植物对此更是完全心满意足，人的满足感和他钝感力有关。”[②]换言之，生物对痛苦的感受，与其意志客体化的程度成正比。因此，人也承受着痛苦，比任何动物都要大。痛苦也是来源于纷争的，而这种纷争，是生命意志所固有的。“正如我们之前发现的那样，痛苦的一个主要来源是：痛苦对所有的生命是必要的、不可避免的，当它确实地以一定的形态出现，就是埃瑞斯，一切个体的斗争，附着在生命意志当中，由于个体化原理而变得可见的矛盾表现。”[③] 而这种纷争，恰好是人之所以成为人的动因，和推动人类社会进步的动力，因此，这种痛苦是人无法回避的。

无聊是一个常见的心理现象，但这也受到了叔本华的关注。当人们远离痛苦的时候，也走向了钟摆的另一端：无聊。特别是对青年人来说，生活是具有无限可能的，将来的路还很长。时间看起来过得很慢，因而自然而然地容易感觉无聊情绪的存在。“当智者陷入孤独时，他的深思和想象就是最佳娱乐方式；可对于一个傻瓜而言，各种聚会、游戏、旅行和消遣都不能消除无聊

---

① Arthur Schopenhauer, *Parerga and Paralipomena: Short Philosophical Essays*, Vol. 2, Clarendon Press, 1974, p. 312.

② Ibid., p. 296.

③ Arthur Schopenhauer, *The World as Will and Representation*, Dover Publications, 1969, p. 333.

带给他的折磨。”① 可见，在叔本华看来，无聊是难以避免的。我们要正视内心中的无聊，才能更好地充实自己，也要正视孤独的作用，那就可以更好地调整思想，砥砺自我。

叔本华谈到了人们试图去回避，而又无法真正回避的问题——世间的痛苦。叔本华的爱好者，应该是正在深入地思考人生的人们。要想追求真正意义上的幸福，认识痛苦是必经之路。所谓的痛苦，不是那种日常意义上的皮肉之苦，而是那些由于匮乏导致的痛苦，是人一出生就必须面对的东西。

（四）幸福与满足

在哲人叔本华的眼中，人生由几个阶段所构成，每个阶段都有其标志性的特点。人的心智随着成长渐渐成熟，意志客体化的程度也渐次上升。在人的童年时期，“更多地依认知行事，而不是意志”。② 人一降生，就会本能地探索周边的一切，凭着他们的兴趣来把握生活的每一个细节，就这样认识自己遇到的种种事物，在这个过程中，人就成长了起来。当人受到教育的时候，开始把握更多，更广泛的事物，而不一定是直观所及的事物，“当我们还在认真地通过直观知觉来获得对事物的最初理解时，教育已经把灌输观念作为目的了”③。不过，由于不当的教育方式，年轻人会认为这个世界是应当对自己有求必应的。在人年轻的时候，总是怀揣着对未来的宏大梦想，又渴望着梦想成真，然而叔本华说，

---

① Arthur Schopenhauer, *Parerga and Paralipomena: Short Philosophical Essays*, Vol. 1, Clarendon Press, 1974, p. 319.

② Ibid., p. 477.

③ Ibid., p. 491.

这个过程是常常会使人卷入痛苦之中的。

可是当人的幻想不能变成现实时，人就会产生一种深深的被抛弃的感觉。那是因为，人的本性使他更倾向于看到生活中乐观的一面，听到而且只愿意听到使自己愉快的话语，想到而且只愿想到愉快的事情。可是叔本华就像那个指出皇帝新装谎言的孩子一样，执意让人们看到痛苦，看穿痛苦才能窥见幸福。不过，当人逐渐衰老的时候才会明白，以前宏大的梦想，归根到底，不过是一场梦而已，然后这种被抛弃的感觉减弱了，直至消失。那是因为人在成长的过程中，获得了明辨是非的能力，而随着阅历的增长，阻碍人们认识世界本质的"摩耶之幕"也渐渐单薄，人也变得容易满足。因此摆脱那种固化在人的头脑中的臆造的、空虚的幻想，才能真正地摆脱躁动，获得宁静。

具有聪明才智的人们，未免感到离群、孤独。但是在叔本华看来，这种孤独，确是得到幸福的一个良好机会。因为这有助于他们获得幸福。叔本华开辟了一条新的路径，那就是艺术与美，也可以解除人的痛苦。与把艺术家和他们的作品逐出"理想国"的柏拉图截然不同的是，叔本华开始正视艺术，思考艺术，并且探究用艺术来解除痛苦的路径。而孤独的天才，恰好比一般人更加具有欣赏那种美的禀赋。

不过，叔本华直言不讳地指出，"一切满足或所谓幸福，在事实和本质上通常只是消极的，而且从来不是积极的。"① 因为人们通常所谓的幸福，不过是欲求的满足，正如柏拉图对"善"的理念的追求一样，对幸福的追求也是永无止境的。在叔本华看来，

① Arthur Schopenhauer, *The World as Will and Representation*, Dover Publications, 1969, p. 319.

幸福是一个“消极的（negative）”概念，因而获得幸福就是从痛苦中解脱：先有贫乏的痛苦，才能体会到幸福。所以，要从痛苦中解脱，就要先经过以生存为重负的、致命的空虚无聊。幸福，只是一个与痛苦相对而存的概念，纵使一个人功成名就，他也只是暂时远离了痛苦而已。不过，当我们回忆起自己克服的困难，就会感到战胜困难的快乐，因为“从这种利己主义角度来看，就是欲求生命的形式”。[①] 尽管幸福能够暂时填补痛苦的缺位，但是由于人的欲望与需求的永无止境，幸福只是相对的，是一种暂时的感觉。尽管如此，人们还是对幸福充满渴望，试图让幸福常驻。幸福因人而不同，在现实世界中，人们往往事与愿违，不如意者十之八九的说法，当然，幸福也受到人们客观条件的制约：脚踏实地，一丝不苟，才能够实现真正的幸福。

在叔本华看来，“意志自身在本质上是没有一切目的，一切止境的，它是一个无尽的追求”而且“永远的变化，无尽的流动是属于意志的本质之显出的”。[②] 这种变化（becoming）与流动（flux），也造就了幸福与痛苦之间的交替呈现。

叔本华的幸福观，也有其思辨的来源。叔本华提到，亚里士多德将幸福分作三类：外在（outside）的幸福、灵魂（soul）的幸福和肉体（body）的幸福。而他自己的分类是：人是什么、人有什么以及人在他人评价中的地位。他对“人是什么”更为看重，“我们所公认的是，就对人的幸福的贡献而言，这要比‘人有什么’以及

① Arthur Schopenhauer, *The World as Will and Representation*, Dover Publications, 1969, p. 320.

② Ibid., p. 164.

‘他人的评价’重要得多”。[1] 在他的形而上学和伦理学中，人的自我认识，都占据了重要的地位。认识自己得到幸福，这种观点是历史的一种进步：幸福是人从自省的意识中发掘出来的。

在质疑物欲的幸福是否为真的同时，叔本华认为，身体的健康，同样能够带来幸福，“现在可以确定的是，没有什么比财富带来的快乐更少，也没有什么比健康带来的快乐更多。”[2] 而且，他还把健康所带来的愉悦心情，称作是“幸福的本质”(essence of happiness)。这是他根据亚里士多德所言的“生命在于运动”，再加上他丰富的医学和生理学的知识所归结的。

幸福，是人类永恒的追求。哲学本身在一定程度上而言，就是一门使人们追寻幸福的学问。叔本华在他的著作中，对人是什么、人的需要和幸福的分类，在前人的基础上做了详尽的阐释。他所谓的悲观，只是告诉我们人生痛苦的必然性而已，而这与追求幸福其实并不矛盾。要想看到幸福的真面目，在叔本华看来，就要先把痛苦的来龙去脉梳理清楚。人生的痛苦与无聊，是叔本华的钟摆。我们不敢奢望让叔本华的钟摆停下来，而是要在钟摆之间把握一种动态的平衡。穿过悲观，才能窥见幸福。

（五）美德

叔本华的道德哲学，受到其形而上学的深厚影响。前面提到，理性认识是人类所特有的。而在指导人类行为的时候，就出现了

① Arthur Schopenhauer, *Parerga and Paralipomena: Short Philosophical Essays*, Vol. 1, Clarendon Press, 1974, p. 323.

② Ibid., pp. 324–325.

所谓的“实践理性”(practical reasoning)。我们知道，康德曾经著有《实践理性批判》(*Critique of Practical Reason*, 1788)，在这部著作中，康德认为意志是自由的，而叔本华在继承了“自由意志”的同时，却不认为康德的所谓“实践理性”能够把握自在之物，而他又为这个概念，加上了属于自己的注脚，即自在之物是可以通过直观来把握的。

如前文所述，柏拉图的“理念论”，对叔本华的形而上学产生了重大的影响，在伦理学上同样如此。柏拉图的“理念论”，本来就带有深厚的伦理学基因。对“善”与美德的认识，是柏拉图理念论的核心内容之一。“我们在这里寻找美德的理论，而且因此并不能在这一论述中提出这种认识本身，只能概念性地提出这种认识。”① 不过，叔本华的伦理学和柏拉图的德性伦理学，还有所不同。如果读过柏拉图的《会饮》(*The Symposium*)，我们会了解，是爱若斯（Eros）在推动着对善的理念的寻求，而叔本华的意志主义的伦理学，则是从人们的行为动机出发的。这与康德“意志自律”(Freedom as Autonomy) 的理性主义伦理学，是有所不同的。

叔本华将“实践理性”的概念与伦理学联系起来，赋予了他的伦理学以形而上学的色彩。叔本华推崇斯多噶学派（Stoic）的伦理学。斯多噶学派，是古代希腊、罗马的哲学派别之一，由塞浦路斯的芝诺（Zeno of Cyprus）创立于约前 305 年，代表人物有吕齐乌斯 · 安涅 · 塞涅卡（Lucius Annaeus Seneca)，马库斯 · 图留斯 · 西塞罗（Marcus Tulius Cicero）等人，而且《沉思录》

---

① Arthur Schopenhauer, *The World as Will and Representation*, Dover Publications, 1969, p. 370.

（*Meditations*）的作者，罗马皇帝马可·奥勒留，也是该学派的代表人物之一。斯多噶学派认为，世界就是理性，而人是世界理性的一部分，人要具有德性，因此要严于律己，增强克制的美德。另外，他们也相信万物的发生是预先决定的，还有着“世界公民”（cosmopolites）的理想，主张世界大同。叔本华认为，“因此斯多噶学派伦理学，在全部本质和观点上完全不同于直指美德的那些伦理学体系，例如吠陀、柏拉图、基督教和康德的学说。”①正如斯多噶学派的信奉者们，特别是当时的政治家，甚至皇帝，有着入世、济世乃至天下大同的情怀一样，叔本华的哲学，也不是拘泥于以往哲学家的清谈，而是转向了对生活，对人生的探索。

叔本华的伦理学，分散在他的许多著作当中。他的著作《伦理学的两个基本问题》，是开创伦理学新风气的一个积极尝试。他认为从古希腊哲人开始，直到在费希特、康德等人的哲学体系中，伦理学不自觉地发展成了一种道德宿命论。叔本华认为，“道德，鼓吹易，证明难。”② 是为了说明道德的形而上学证明的重要性，而不至于使之流于令人烦躁的空谈说教，而以往的乐观主义伦理学，说的是道德高尚的人们所愿意听到的话，而没有对伦理道德真正的来龙去脉做出真正令人信服的证明。

甚至，叔本华还把同情心延伸到动物身上。从这个角度来看，叔本华对人类的定位，可以从不同的分野做出不同的解读，这些定位，包括了对人类的爱（philanthropy）以及对人类意志某种程

① Arthur Schopenhauer, *The World as Will and Representation*, Dover Publications, 1969, p. 86.

② ［德］亚瑟·叔本华：《自然界中的意志》，任立、刘林译，商务印书馆，1997 年，第 146 页。

度上的否定。因此，他的学说也可以看作是不同于人类中心主义思潮的。环保主义者，动物权利主义者对叔本华的学说表示了不同程度的尊敬。

叔本华也考虑到了，人的行为受着人的道德判断能力的影响。他认为："人类的三个根本伦理动因——自利心、邪恶、同情——在每个人身上是以不同的、难以置信的比例差异存在的。"[①] 叔本华认为，在道德世界里，人的行为有三个基本原则：利己主义、怨恨和同情。这是人的善恶行为调色盘上的三原色：如果在人的本性中，利己成分越多，那么就越自私；如果怨恨成分越多，在生活中就越容易伤害别人；如果同情的成分越多，那么他就越接近于善。所以，同情可以使人感受到他人的痛苦，能够促进道德的形成，能够使得一定的道德判断得到广泛的认同。

叔本华还认为，单纯的道德说教并不能真正地指导人们的行为。只有能够成为人们行为动机的道德教诲，才能真正地为人们所认同。叔本华假设了一个富有，纯善而又大公无私的人，他认为，只有这种人，才是真正地穿透了妨碍我们认识自在之物世界的"摩耶之幕"的，因为"他在任何造物中认识到了自己和自我意志，在痛苦中也是如此。"[②] 他还引用了《吠陀》中的"这就是你!"[③] 来证明这种善的观念在认识上的体现。

他还举出了一系列古代的英雄人物，并且称他们为"真正诚实的人"(*truly honest people*)，比如为抵挡波斯入侵而牺牲的斯巴

---

① Arthur Schopenhauer, *The Two Fundamental Problems of Ethnics*, Cambridge University Press, 2009, p. 238.

② Arthur Schopenhauer, *The World as Will and Representation*, Dover Publications, 1969, p. 373.

③ Ibid., p. 374.

达国王列奥尼达（Leonidas），在抵御哈布斯堡王朝的森帕赫（Sempach）战役中，以身殉国的瑞士民族英雄阿诺德·冯·温克里德（Arnold von Winkelried）等人，他们的共同之处，就是为保护家乡和祖国而献出了自己宝贵的生命。而为真理献身的，比如苏格拉底、布鲁诺等人，叔本华认为，他们的所作所为，就属于还要高一级的“最高善”(highness good)。

我们读叔本华对幸福和痛苦的论述，总是要先了解他的伦理学，特别是伦理学的形而上学基础，才能避免对他的学说产生不必要的误解。要提升伦理学的“说服力”，使其不至于沦为空洞的道德说教，就要给他以形而上学的基础。回顾苏格拉底的名言“认识你自己”(Know thyself)，并且身体力行，方能提升自己的道德境界。

（六）叔本华名言及译文

（1）All willing springs from lack, from deficiency, and thus from suffering. Fulfillment brings this to an end; yet for one wish that is fulfilled there remain at least ten that are denied.

一切欲求皆出于不足，出于缺乏，因此也就是出于痛苦。满足使其终止；但若是满足了一个愿望，那么就至少有十个不得满足。

（2）Human beauty is an objective expression that denotes the will's most complete objectification at the highest grade at which this is knowable, namely the Idea of man in general, completely and fully expressed in the perceived form.①

人类之美是一种客观的表现，标志着意志可知的最高级别客体化，也就是人类理念完全、完满地以感觉形式的表现。

(3) Therefore life is certain to the will-to-love, and as long as we are filled with the will-to-love we need not be apprehensive for our existence, even at the sight of death.②

所以生命就爱恋意志来说是确定的，而且当我们被爱恋意志所满足时，我们不需要为我们的生存担心，即使是死亡来临的时候。

(4) Life is a task to be worked off; in this sense*defunctus* (Latin: one who has finished with the business of life) is a fine expression.③

生活是一项必须完成的任务；从这个意义上来说，“人生使者”就是一个很好的诠释。

(5) According to what has been said, the chief point in education is that an acquaintance with the world, to obtain which can bedescribed as the purpose of all education, may be started at the right end.④

正如之前所言，教育的要旨在于了解这个世界，而应当开始

---

① Arthur Schopenhauer, *The World as Will and Representation*, Dover Publications Inc., 1969, p. 196.

② Ibid., p. 275.

③ Arthur Schopenhauer, *Parerga and Paralipomena: Short Philosophical Essays*, Vol. 2, Clarendon Press, 1974, p. 300.

④ Ibid., p. 628.

于正确的目标，从而能够达到教育的目的。

（6）Childhood and youth are the time for collecting data and making a special and thorough acquaintance with individual and particular things.[①]

童年和青年时代是收集信息的好时机，可以对独特的个体事物进行专门透彻的了解。

（7）For the practical man the most necessary study is the attainment of an exact and thorough knowledge of the*real ways of the world*. But it is also the most wearisome，since it continues until he is very old without his coming to the end of his study.[②]

对一个务实的人而言，最必要的学习就是准确且透彻地了解真正的人情世故。但这也是最令人乏味的，因为直到他步入老年也不会达到学习的尽头。

（8）Wisdom that exists in a man only theoretically without becoming practical is like a double rose which by its color and perfume delights others，but drops away and dies without going to seed. No rose without a thorn. But many a thorn without a rose.[③]

倘若人的智慧只限于理论而未能付诸实践，就如同双瓣玫瑰，尽管色香悦人，凋零枯萎之时却连种子都没留下。没有无刺的玫瑰，但有刺的不都是玫瑰。

（9）The dog is quite rightly the symbol of faithfulness；but

① Arthur Schopenhauer，*Parerga and Paralipomena：Short Philosophical Essays*，Vol. 2，Clarendon Press，1974，p. 630.

② Ibid.，p. 632.

③ Ibid.，p. 648.

among plants the fir-tree should be. For it alone stays with us in fine weather as in foul. It does not forsake us when the sun withdraws his favors, as do all the other trees, plants, insects, and birds, to return when the heavens again smile at us.①

狗可以称得上是忠诚的象征，而在植物当中，就属冷杉了，无论气候好坏，它都与我们同在。当太阳收回它的光芒时，它不抛弃我们，而其他的树木、植物、昆虫和鸟儿都离我们而去了，直到天空再次朝我们微笑才回归。

（10） The outcome was always that the will of human beings is directedonly towardsits own well-being, the sum of which we think of under the concept of happiness-a striving which leads it on quite another path than the one morals would like to prescribe for it.②

结果往往是，人类个体的意志是完全指向自身福利的，我们所想的这些都包含在“幸福”这个概念当中——是使得人们走上一条根本不同于道德愿意指向的道路之企图。

（11） However, the process analyzed here is not one that is dreamt up or plucked out of the air, but a wholly real and indeed by no means a rare one: it is the everyday phenomenon of compassion, i. e. the wholly immediate sympathy, independent of any other consideration, in the first place towards another's suffering, and hence towards the prevention or removal of this suffering, which is ultimately

---

① Arthur Schopenhauer, *Parerga and Paralipomena: Short Philosophical Essays*, Vol. 2, Clarendon Press, 1974, p. 648.

② Arthur Schopenhauer, *The Two Fundamental Problems of Ethnics*, Cambridge University Press, 2009, p. 120.

what all satisfaction and all well-being and happiness consists in.[①]

然而，这里所分析的过程并不是凭空捏造或脱口而出的，而是完全真实而且并非罕见的：这是我们情感的日常现象。例如非常短暂的同情，不受任何其他考虑制约。它首先针对的是他人的痛苦，由此才针对这一痛苦的预防或消除，这也是所有愉悦、幸福和欢乐最终所包括的东西。

（12）The most general survey shows that pain and boredom are the two foes of human happiness. In addition, it may be remarked that, in proportion as we succeed in getting away from the one, we come nearer to the other, and vice versa.[②]

最普遍的调查表明了，痛苦与无聊是人类幸福的两个对头。另外应当注意的是，当我们成功远离了其中的一个时，又接近了另外一个，反之亦然。

（13）Throughout the whole of our lives we always possess only the present and never anything else. What distinguishes this is merely that, at the beginning, we see before us a long future, but that, towards the end, we see behind us a long past.[③]

纵观我们的一生，我们拥有的总是现在，而非别的什么时候。有区别的只是，在开始的时候，我们面前是绵延的未来，当到达终点以后，身后却是漫长的过去。

---

① Arthur Schopenhauer, *The Two Fundamental Problems of Ethnics*, Cambridge University Press, 2009, p. 200.

② Arthur Schopenhauer, *Parerga and Paralipomena: Short Philosophical Essays*, Vol. 1. Clarendon Press, 1974, p. 328.

③ Ibid., p. 477.

三、主要影响

（一）对非理性主义的影响

18 世纪末至 19 世纪初，由于法国大革命、拿破仑战争等历史事件的发生，及其对全欧洲的冲击，在个性解放的呼吁下，浪漫主义思潮盛行一时。而叔本华的思想，就显得独树一帜，使得他在当时的支持者寥寥。不过他的意志思想，还是成功地引领了非理性主义思想文化的路径，为尼采等人的思想开了先河。

尼采因他的“权力意志”和“超人哲学”而广为人知。叔本华说：“正义自身是无力的；强权生来是统治的。”(In itself right is powerless；by nature might rules. [①]）不过叔本华想借此谈论的是，如何让强权加入到正义一方，压制人们众口难调的利己之心，而尼采对强权进行了进一步的强调。我们会在本书后面的章节中对他进行一个详细的评述。

叔本华的学说，也是弗洛伊德精神分析学等心理学流派的先声。叔本华本人，具有生理学、心理学等广泛学科领域的知识。叔本华探讨了人的认识过程，人的记忆过程，还有人的心理暗示现象，是早期心理学探索的一种积极尝试。尽管在我们看来，有些探索在今天是不科学的，比如“动物磁性说”等。但是这为后来的弗洛伊德精神分析学派等心理学派的发展，提供了逻辑上的

---

① Arthur Schopenhauer, *Parerga and Paralipomena: Short Philosophical Essays*, Vol. 1, Clarendon Press, 1974, p. 249.

和实证观察上的基础。

叔本华对人的精神思想的描述，特别是人的空虚和无聊，在某些方面确实与二战以来西方国家中出现的精神危机现象不谋而合，让-保罗·萨特（Jean-Paul Sartre）、阿尔贝·加缪（Albert Camus）对战后现代人的精神思想的描述，比如人们精神空虚等等，在一定程度上可以看作是对叔本华哲学的进一步阐述。因此，叔本华和尼采等意志主义的哲学家，对20世纪的诸多西方思想流派，如人格主义、生活哲学等，具有建设性的意义。

（二）对文学艺术创作的影响

一些文学作品中，也精致地描绘了被造化捉弄的人物。而每个如此这般的人物，内心总是住着一个叔本华。可以这样说，叔本华奠定了现代主义文学的基础。比如列夫·托尔斯泰的《战争与和平》(*War and Peace*，1863—1869)、哈代的《德伯家的苔丝》(*Tess of the D'Urbervilles*，1891）等作品。这些作品的字里行间，多少体现出了叔本华的意志主义和悲观精神。

叔本华对音乐的认识，在当时也具有独创性。他认为，音乐能够跳过现象世界，不是理念的写照而是“对意志自身的摹仿”。[1] 音乐家理查德·瓦格纳深受叔本华和尼采等人影响，他本人曾经和尼采保持过深厚的友谊。意志主义哲学，对他的音乐创作和歌剧创作有着深厚的影响。他对叔本华敬佩有加，并把自己规模宏大的歌剧作品《尼伯龙根的指环》(*Der Ring des Nibelungen*)献给他。瓦格纳的《特里斯坦和伊索尔德》(*Tristan And Isolde*）的

① Arthur Schopenhauer，*The World as Will and Representation*，Dover Publications，1969，p. 257.

情节，也被安排在了一个类似叔本华所描述的“意志世界”中，那个世界是冷酷、盲目的，人是命运的玩物。

叔本华的学说随着近代以来西学东渐的大潮流入中国。首先，这深深地影响到了王国维等处在新旧时代交替之际的文学家。王国维吸收了叔本华美学思想和伦理学思想的红楼梦研究、宋词研究，是利用西方理论来分析中国文学的尝试。例如，王国维借用叔本华的美学理论探究了《红楼梦》的伦理价值。王国维还认为，“而美之为物有二种：一曰优美，一曰壮美”①。而“壮美”，即崇高之美、悲剧之美。当西方的悲剧之美，与中国古典文学交融的时候，无异于给了我们一个新的认识透镜。通过这个透镜，折射出了新的色谱，我们可以对文字中原有的意象，做出新的认识、新的解读。

中国近代的“学衡派”文学家陈铨也深受叔本华意志主义哲学的影响。陈铨曾经就读于清华大学，和遵循儒家传统的其他学者不同，他更倾向于叔本华和尼采对个体意志的强调。② 当时在清华任教的王国维也对他的思想产生了重要的影响。通过王国维，他接触到了德国哲学，进入了叔本华悲观论的世界。后来在20世纪三四十年代，陈铨向国人介绍了尼采的学说，也探讨叔本华与尼采学说间的关联。在对德国哲学深刻认识的基础上，陈铨也开创了中德比较文学的研究。

---

① 王国维：《王国维文学论著三种》，商务印书馆，2000年，第5页。

② 季进、曾一果：《异邦的借镜》，文津出版社，2005年，第24页。

四、启示

（一）人生非一帆风顺，走出挫折必胜

尽管叔本华提出了一个关于生命痛苦的命题，即人生在“痛苦”和“无聊”之间来回摆动，形成了所谓的“叔本华钟摆”，但是他的理论客观上促使我们对生命意义的探寻，使得我们能够真正地把握生命中内在的痛苦，触摸到情绪敏感而脆弱的部分。在叔本华看来，正视痛苦，才是我们追寻幸福的前提。

人们常常提到“墨菲定律”（Murphy’s theorem），即“我们不想发生的事情总是会发生”。当墨菲定律真的在我们的生活中发生效果的时候，无疑使人们感受到了多重的痛苦。而在这个时候，乐观主义哲学家无言以对，而悲观主义的叔本华却能做出解释。他已经明白地告诉世人，人总是要受罪的，所不同的仅仅是受罪的方式而已。叔本华教给我们的，恰好就是如何打破这个怪圈，那就是认识你自己，而且以此来调整对自己的期望。因为过高的期望，会导致更大程度上的痛苦。还有平抑自己的欲望，因为人的欲望是难以满足的，满足一个欲望后，新的欲望就出现了，无休无止。只有克服欲望，才能达到真正的意志自由。

叔本华对人生的意义做了一些有意义的探索。意志的盲目，正是悲剧的来源。克服了盲目的意志，我们才能真正地追求幸福。原子化的社会中，个人缺乏温暖，会感觉到孤独。而孤独也不尽然是可怕的，把部分孤独带入到社会交往中去，学会在人群中保持一定的孤独，不要立即说出自己的想法，也不要太过在意别人

说的话，勿对别人有太多期待，无论在道德上还是才智上。

（二）树立伦理观念，坚持道德追求

叔本华在伦理学，道德哲学方面的论述，占据了他著作的很大篇幅。尽管叔本华借助了基督教、佛教、印度教的一些观点，如原罪说、灵魂说等，但是他的道德观与康德等人截然不同。在启蒙的背景之下，人文主义的伦理道德思潮，与当时的社会进步合拍，因此更加受到人们的欢迎。而后来尼采提出了“上帝之死”，也是这种思潮的延续。

叔本华通过他对意志客体化程度的论证，认为即便是感知能力达到一定程度的动物也能感知到，而且在承受着不必要的痛苦，比如被鞭打的马，遭受虐待的狗，等等。叔本华把它们视作人类的朋友，而且出自同情的伦理观念，认为要对它们的权利加以保护，使它们免遭虐待。叔本华的动物权利观念，为动物保护运动提供了合理性论证，因此受到了动物保护主义者的广泛尊重。

因此，我们要在社会生活中，掌握行动和言语的道德尺度。首先要认清道德之源，不是对权威的盲从，而是思辨的手段，这种手段才是最具有说服力的，才是最可信赖的。我们还要怀有同情心，爱身边的人，善待自然，最重要的是，我们要从利己主义的狭小圈子中走出，才能看到更为广阔的世界。

（三）从思辨与认知做起，获得宁静和幸福

叔本华对人的一些思维现象，还有思辨的方法，做出了自己的探索，这些探索，有助于启迪我们的智慧。叔本华认为，正如

对“善”的理念的无休无止的追求一样，人对欲望的追求也是无尽的。愿望的目标只是形同虚设，而得到一样东西，就意味着它对人来说已经失去了吸引力。而形形色色的欲望就是这样的东西，它的满足却总是暂时的、有限的。当愿望满足、幸福旋即消逝之后，新的欲望就会继之而起，欲望总是满足一个又引起十个，永无终止，这样欲望就永远无法得到满足，也引起了人生所不可避免的痛苦。叔本华说，人是“千百种欲求和需要的凝聚体”。[1]人，要在欲望面前正确地把握自己，摒弃过度的欲求，才能获得幸福和安宁。

获得幸福，就要做到“认识你自己”。一个人要获得正确的自我认知，说起来容易，做起来难。叔本华认为，出于人的本性，人更愿意站在乐观的角度看问题，而排斥悲观的情绪。人要正视自己遭受的痛苦，而不是采取一种消极回避的态度。我们还要在正确的自我认知的基础上，调整自己对将来的预估值。

叔本华的经历给了我们许多的启示。尽管早年的叔本华是不幸的，失去了父亲，和家人的关系也不是那么和睦，但是他在哲学中获得了宁静和幸福。每一个哲人都是受到祝福的，尽管他早年时运不济，但是他在哲学中收获的是宁静，是对自我的超越，也在哲学的历史上，留下了属于自己难以磨灭的足迹。

---

① Arthur Schopenhauer, *The World as Will and Representation*, Dover Publications, 1969, p. 312.

五、术语解读与语篇精粹

（一）人文主义（或人本主义）（Humanism）

1. 术语解读

人文主义是一个范围甚广的概念，而并非某个学派，某个学科的专利。“Humanism”的词源，是拉丁文的“humanitas”，古罗马的西塞罗（Cicero）是首先使用该词的人之一，而且古希腊罗马斯多噶学派的伦理学以及世界主义（Cosmopolitanism）等思想，也体现了早期的人文主义。追溯至古希腊，普罗泰戈拉认为，“人是万物的尺度”，是人文主义精神的滥觞；人文主义在苏格拉底学派哲学家的思想中也有所体现。

14世纪以来的文艺复兴，普遍被认为是人文主义发展的一个重要时期。古代希腊和罗马的文献被重新发现，然后传播到了欧洲各国，例如克里索罗拉（Chryspoloras，1355—1415）从拜占庭来到意大利的佛罗伦萨等城市来传播古典语言及文学。来自古代的知识被重新发现，冲击着统治当时人们思想的信仰主义（Fideism）的基督教经院哲学。一个“人文学派”（Humanistic）开始形成，包括了精通古典文献，也在各门人文学科有所建树的学者和艺术家，比如彼得拉克（Petrarch）、伊拉斯谟（Erasmus）、达芬奇（Leonardo da Vinci）、伽利略（Galileo）、马基雅维利（Machiavelli）、托马斯·莫尔（Thomas More）、弗兰西斯·培根（Francis Bacon）等人。

在18世纪，启蒙思想使得人文主义得到了进一步发展，与此同时，人文主义的理念也进一步扩散。在此基础上，到了19世纪、20世纪，随着工业化的发展与新的科学与生物学的发现，带动了新思想的产生。比如叔本华（Arthur Schopenhauer）在批判宗教的同时，也批判了理性主义的思想传统，认为直观高于理性，凸出人的意志的作用，因而被认为是人文主义走向现代的标志，尼采的“权力意志”（The Will to Power）与“非道德主义”（Amoralism）、柏格森的“创造性直觉”（Creative Intuition）等，是人本主义在非理性主义哲学思潮中的体现。

人文主义与现代西方的价值哲学（Value Philosophy）、人格主义（Personism）、存在主义（Existentialism）、现象学（Phenomenology）等理论流派产生了深远的影响。如英国实用主义哲学家（Pragmatist）F. C. S. 席勒（Ferdinand Canning Scott Schiller）受到叔本华等人的影响，将自己的实用主义哲学称为“人本主义”（Humanism）与“意志主义”（Voluntarism）的，比如在逻辑学上，他要开创一种“应用逻辑”（Logic of Application）来取代传统逻辑，还对知识论进行了探索。他的观点多见于著作《人本主义研究》（*Studies in Humanism*），对当代的信息哲学等具有启示作用。后现代主义思潮是人文主义思潮走向现代的一个产物，一些后现代主义者称自己为“反人道主义者”（Anti-humanist），但其对个体思考的尊重，对权威的排斥等内在精神，却体现出了人道主义的思想。

另外，人文主义的影响也渗透于当代的社会科学，甚至更多的领域。比如受到存在主义影响的，与弗洛伊德精神分析学不同的人本主义心理学（Anthropologistic Psychology）、人道自然主义伦理学（Humanistic Naturalistic Ethnics）、列维-斯特劳斯（Claude Lévi-Strauss）的结构主义人类学（Structural Anthropology）等。学习人文主义哲人的智慧，有助于了解西方的时代精神，也有助于人们自信地生活，树立坚定的信念。

2. 语篇精粹

语篇精粹 A

We may in the end judge that Petrarch was not entirely an innovator, but that he depended upon the efforts of earlier generations to prepare the ground for the kind of scholarship at which he excelled, and that he was therefore part of a continuing tradition. We should none the less recognize the immense impetus that he gave to that tradition by the extraordinary breadth of his learning, by his real sense of the historical distance that divided his age from that of Rome, by the much improved Latin and the influential writings that he bequeathed to posterity and by the new prestige that he attached to his role as scholar. That imitation of the classics which he both preached and practised, and which was embodied in his coronation with laurels *all'antica* in 1341, was responsible for giving Renaissance humanism its first real impulse - and its good name.①

译文参考 A

最后我们可以断定，彼得拉克不是一位彻底的创新者，他的

① Jill Kraye, *Renaissance Humanism*, Cambridge University Press, 1996, p. 14.

造诣有赖于前人研究所打下的基础，因此他也是延续传统的一分子。由于他广博的学识，与罗马时代相隔的历史距离，用改良拉丁文撰写的颇具影响力的传世之作，以及作为学者所享有的全新声望，我们仍旧认可他对传统所产生的巨大推动力。效法经典是他一直宣扬和践行的理念，使其在 1341 年荣获古老的“桂冠诗人”的盛誉，这种理念第一次真正推动了文艺复兴时期人文主义的发展，并赋予其美名。

语篇精粹 B

By any standard, the idea of “civic humanism” has been enormously successful. Yet while politicians and political theorists have been eager to jump on the republican bandwagon, professional historians have been busy loading republicanism onto the tumbrils. In the two decades since Pocock’s Machiavellian Moment they have grown increasingly doubtful about the value of such terms as “civic humanism” and classical republicanism for describing or explaining the ideological landscape of early modern Europe and colonial America. Such doubts are of more than antiquarian interest. Modern civic republicanism has always claimed to be a uniquely historical movement-to be continuing or reviving a tradition of political reflection based on the actual practice of ancient and early modern polities-and therefore to be free of the tendencies to abstraction, scientism, and utopianism that have helped discredit its chief rivals. American communitarians have often made strong claims for the rootedness of their political ideas in the ideology of the American Revolution.[①]

译文参考 B

就任何标准而言，“公民人文主义”这一理念都是成功的。然而，当政客与政治理论家热切地跟随共和主义这股浪潮时，专业的历史学家却忙不迭地抛弃这一理念。自从波考克提出“马基雅维利时刻”的二十年来，他们就越发质疑“公民人文主义”与“古典共和主义”，这些用来描述并解释早期近代欧洲和殖民时期美国的意识形态景观的理念。这些疑虑不仅仅是出于对古代历史的兴趣。近代公民共和主义一贯自称是一种独一无二的历史运动——基于古代和早期近代政体的各种实践，它正在延续并复兴一种政治反思传统——因此它不会走向有助于败坏劲敌的抽象主义、科学主义和乌托邦主义。美国的社群主义者经常强烈要求美国革命思想的政治理念必须根深蒂固，坚不可摧。

语篇精粹 C

Humanism is really in itself the simplest of philosophic standpoints: it is merely the perception that the philosophic problem concerns human beings striving to comprehend a world of human experience by the resources of human minds. Not even Pragmatism could be simpler or nearer to an obvious truism of cognitive method. For if man may not presume his own nature in his reasoning about his experience, wherewith, pray, shall he reason? What prospect has he of comprehending a radically alien universe? And yet not even Pragmatism has been more bitterly assailed than the great principle that man is the

① James Hankins, *Renaissance Civic Humanism*, Cambridge University Press, 2000, pp. 2–3.

measure of his experience, and so an ineradicable factor in any world he experiences. The Protagorean principle may sometimes seem paradoxical to the uninstructed, because they think it leaves out of account the "independence" of the "external" world. But this is mere misunderstanding. Humanism has no quarrel with the assumptions of common-sense realism; it has far too much respect for the pragmatic value of conceptions which *de facto* work far better than those of the metaphysics which despise them. It insists only that the "external world" if realism is still dependent on human experience, and perhaps ventures to add also that the data of human experience are not completely used up in the construction of a real external world. Moreover, its assailants are not realists, though, for the purpose of such attacks, they may masquerade as such.①

译文参考 C

事实上人文主义自身是最简单的哲学观点：它无非就是一种关注人类思想如何理解经验世界的哲学问题。甚至连实用主义也没有它简单，也比不上它更能接近认知方法的真谛。如果人类无法通过经验推理来推断其本身，那要用何种方法呢？要用祈祷来推理吗？这又如何期待他能理解一个完全陌生的领域呢？人类即自身经验的尺度，也是任何经验世界中根深蒂固的一个因素，就连实用主义和这个伟大的原则相比，都不曾受到如此激烈地攻击。有时普罗泰戈拉原则在无学养的人看来也许是悖论，因为他们认为这一原则没有考虑“外在”世界的“独立性”。但这只是个误

① F. C. S. Schiller, *Studies in Humanism*, The Macmillan Company, 1907, pp. 12-13.

解。人文主义并不反对常识实在论的假设；它十分尊重概念的实用价值，实际上这些比那种轻蔑它们的形而上学的概念要强得多。如果实在论仍然依靠人类经验，那么它只是坚持“外在世界”一说，也许再大胆地补充说，人类经验的数据不会在建构一个真实的外在世界中完全用尽。再者，攻击人文主义的人并非实在论者，尽管他们为了达到攻击目的而装出实在论者的样子。

（二）非理性主义（Irrationalism）

1. 术语解读

西方的非理性思想，可以追溯至古希腊以来的神话与传统，如酒神祭典等。柏拉图、毕达哥拉斯、托马斯·阿奎那等哲学家造就了西方哲学的理性传统，而这种传统被广泛认同，并传承下来，在文艺复兴时期得到了进一步的加强。中世纪时期，与用理性论证信仰的经院哲学家有所不同，神秘主义哲学家，如艾克哈特（Meister Eckhart）等人，也在对信仰的探索中认识到了非理性因素。启蒙运动以来，一些思想家对理性进行了深刻反思，认识到理性不是万能的，也不是统御一切的存在。对认识、信仰和人的感觉的探索，仅考虑理性因素是难以接近真相的。以“预定论”（Predestination）为代表的加尔文主义（Calvinism），谢林的“天启哲学”都具有非理性的色彩。

直觉等非理性方式也有助于把握真理。自19世纪初的意志主义哲学家叔本华、尼采、祁克果以来，非理性主义思潮开始形成，并产生了深远的影响。比如无意识哲学，多元主义等思想，还有精神分析学等其他学科。

非理性主义在形而上学、认识论和伦理学上均有所体现。休谟的非理性道德哲学，叔本华对意志与表象的关系的探讨，尼采对日神精神与酒神精神的区分，还有祁克果对人的存在进行感性、理性、宗教性三个层次的划分，都强调了非理性的因素，认为非理性的因素高于理性。

值得我们注意的是，尽管西方哲学有着理性主义的传统，但是非理性主义的传统一样深远，即便是在同一位哲学家的思想中，可能兼备理性与非理性这两种因素。如柏拉图被公认为是西方理性主义传统的奠基人物，但是他在审美中的“迷狂”学说，就有着强烈的非理性色彩。

2. 语篇精粹

语篇精粹 A

From Plato onwards, the central tradition of Western philosophy has contrasted passion with reason and has regarded passion with suspicion, as something displaying a lack of discipline, exercising a corruptive power and distorting perception and deliberation. Aristotle usually confined pathos to states of the soul that involve pleasure or pain, including the desires and feelings of the nonrational part of the soul. A virtuous person has feeling but can control it, whereas the young and the incontinent are always controlled by their feeling. Many philosophers believe that a good man should have reason as the master of his passions, and Spinoza especially had subtle and interesting things to say about the use of emotions in the rational management of emotion.

Hume claimed that reason has no motivating role in action and is the slave of passion. There is a counter-discourse that positively evaluates the role of passion. This tendency is apparent in the irrationalism of Schopenhauer and Nietzsche and in the work of Heidegger and subsequent existentialists. The American philosopher Martha Nussbaum argues that passion has its own cognitive role, and other philosophers try to distinguish between rational and irrational passion.①

译文参考 A

自柏拉图以来，西方哲学的主流传统就一直将理性与激情对立，他们对激情持怀疑态度，认为它缺乏规训，有腐化的危险，会扭曲知觉和思虑。亚里士多德通常将“感受”限定为和愉悦或痛苦相关的心灵状态，包括灵魂非理性部分的欲望和情感。有德行的人能够控制这种感受，然而年轻人或是缺乏自制的人却总会受制于他们的情感。许多哲学家认为一个好人应当具有理性，成为激情的主人。特别值得一提的是，斯宾诺莎有很多微妙和有趣的论述谈及情感的理性管理。休谟指出，理性对行动没有刺激作用，反而是激情的奴隶。有一种反话语对激情给予了积极的评价。这个趋势在叔本华与尼采的非理性主义、海德格尔以及随后的存在主义者的著作中显而易见。美国哲学家玛莎·努斯鲍姆认为激情具有认知作用，其他哲学家也在设法区分理性激情与非理性激情。

① Nicholas Bunnin and Yu Jiyuan, *The Blackwell Dictionary of Western Philosophy*, Blackwell Publishing, 2004, p. 252.

语篇精粹 B

My first reflection is, that superstition is favorable to priestly power, and enthusiasm not less, or rather more contrary to it; than sound reason and philosophy. As superstition is founded on fear, sorrow, and a depression of spirits, it represents the man to himself in such despicable colors, that he appears unworthy, in his own eyes, of approaching the Divine presence, and naturally has recourse to any other person, whose sanctity of life, or perhaps impudence and cunning, have made him be supposed more favored by the Divinity. To him the superstitious entrust their devotions: to his care they recommend their prayers, petitions, and sacrifices: and by his means, they hope to render their addresses acceptable to their incensed Deity. Hence the origin of Priests, who may justly be regarded as an invention of a timorous and abject superstition, which, ever diffident of itself, dares not offer up its own devotions, but ignorantly thinks to recommend itself to the Divinity, by the mediation of his supposed friends and servants. As superstition is a considerable ingredient in almost all religions, even the most fanatical; there being nothing but philosophy able entirely to conquer these unaccountable terrors; hence it proceeds, that in almost every sect of religion there are priests to be found: But the stronger mixture there is of superstition, the higher is the authority of the priesthood.①

---

① David Hume, *The Philosophical Works of David Hume*, Vol. 3, Printed for Adam Black and William Tait, 1826, pp. 83-86.

译文参考 B

我的第一想法就是，迷信赞同神职权力，然而宗教狂热和可靠理性与哲学一样，甚至和迷信大相径庭。迷信建立在恐惧、悲伤与精神压抑之上，反映了这个人的卑怯特性。在他看来，他不配接近神意，自然要依赖别的什么人，即那种生命神圣，抑或无耻狡猾之人，这样他就会觉得理应受到神明更多的眷顾。对他而言，迷信的人很信任他们的虔诚之心。他注意到这些人推崇祷告，祈求与奉献；通过他，这些人希望燃香向神明致敬。由此就产生了牧师，他们是胆怯与极端迷信的产物，而这一产物本身就缺乏自信，难以奉献自己的虔诚之心，只是无知地认为能通过所谓的朋友或仆人把自己托付给神明。迷信几乎是所有宗教中的一大要素，甚至最狂热的宗教也不例外。只有哲学才能征服这些莫名其妙的恐惧。照这样下去，几乎所有宗教的各个教派都会有牧师存在，但是迷信的程度越深，神职权力就越大。

语篇精粹 C

So by this very special way -the philosophy of music -Schopenhauer breaks the paradigm of rationalist worldview, where the music was given the place of fun and interesting activities for leisure. In music he sees for the first time in the world philosophy the reflection of the eternal world, and only in the music the world will find its immediate tranquility, sinking in sounding harmonies. This is a philosophical break through, this is a radical change of all ideological discourse given by Schopenhauer the world which became the beginning of new thinking-irrationalism.[①]

译文参考C

所以通过这种特别的方式——音乐的哲学——叔本华打破了理性主义的世界观范式，其中音乐的作用是提供乐趣与休闲活动。叔本华是哲学史上第一个在音乐中看到了它对内在世界的反应的人。只有在音乐当中，世界才会发现它的内在安宁，沉浸于声音的和谐当中。这是哲学上的突破，是叔本华对所有观念话语的根本改变，这是非理性主义这种新思想的开始。

（三）崇高（Sublime）

1. 术语解读

“崇高”是一个美学概念。据称（因为在学术界尚有争议），早在公元3世纪，学者朗吉纳斯（Longinus，Cassius）就在他的著作《论崇高》（*On the Sublime*）中，提出了关于崇高的五个原则：①宏大的构想；②情感充沛，精神饱满的激情；③对思维和语言的一定描绘；④经过升华的情感；⑤宏伟崇高的结构。朗吉纳斯的美学思想，突出了情感在审美中的重要性，也指出其实质是人的自我超越（self-transcendent），也对后来的新柏拉图主义产生了重要影响。而且“崇高”这个概念，也时常与对悲剧之美的感觉联系起来，用于描述悲剧引起的人的情感的变化。

“崇高”的概念，也为18世纪以来的美学研究者所重视。例

---

① Valery AnatoLévich Kayukov and Aleksey Borisovich Lebedev，Schopenhauer's Philosophy of Music as Breakthrough from the World of Rationality，*International Journal of Humanities and Cultural Studies*，Special July，2016，p. 729.

如在康德的美学理论中，这是一种能够使灵魂从庸俗中解脱出来，进而得到升华的力量。这种审美上的体验，和康德的道德自由，以及人类理性等观点是有联系的。通过这种体验，康德是为了说明人与自然的关系，是人要超越自然，而非人是自然的一个单纯的组成部分。在叔本华的眼中，“崇高”是作为与“优美”（beautiful）和“媚美”（charming，or attractive）相对的概念而存在的。在康德美学的基础上，叔本华对“崇高”作了形而上学的阐述，还作了伦理学的引申，比如人的克己等崇高品格。后来，尼采在对悲剧进行深入剖析的基础上（见《悲剧的诞生》等著作），对“崇高”进行了深入的阐发，进而使之成为他的意志主义哲学的重要组成部分。

“崇高”这个概念，对美学的形成与发展具有深刻的影响。同时，为文艺创作提供了一种理念上的支撑，指导它们迈向崇高，更好地把握人的心灵。不容忽视的是，“崇高”概念从单纯的美学视域中走出，也成为对意志主义哲学与现代派美学不容忽视的影响因素。

2. 语篇精粹

语篇精粹 A

In the broad sense，anything that people worship. The holy is a religious quality that is distinguished from the ordinary by virtue of its mighty power. Human experience of the holy is parallel to the aesthetic experience of the sublime. Before Christianity，gods were not considered to be naturally friendly and hence the holy is associated with supernatural, unpredictable, fearful, or threatening power. The God of Christianity is omnipotent but also morally perfect. Although the holy is still associated with awesomeness, God, as a holy object, is the primary source of beauty, love, and moral reverence. The holy is thus used as a synonym of the sacred. The Bible refers to itself as holy books, and theology calls the Old and New Testaments the Holy Scriptures. The Trinity consists of the Holy Father, the Holy Son, and the Holy Spirit. For Christians, the holy family is Jesus, his mother Mary and St Joseph. On this basis, holy is also used for absolute and complete moral goodness and becomes a moral term as well. For Kant, a will that unconditionally obeys the categorical imperative out of a sense of duty is a holy will.①

译文参考 A

广义而言，人可以崇拜一切。“神圣”凭借其强大力量而具有一种不同于世俗的宗教特质。人类对神圣的体验类似于崇高的美学体验。在基督教之前，众神并非被认为是天性友善的，因此神圣总是和超自然、难以预测、恐惧或威胁相关。基督教的“上帝”不仅是全能的，在道德上也是完美无瑕的。尽管神圣也和敬畏相关，但是作为神圣对象的上帝还是美、爱和道德崇敬的主要来源。因此神圣被用来当作至圣的近义词。《圣经》自称为神圣之书，而神学上将《新约》和《旧约》统称为《圣经》。三位一体则包含了圣父，圣子和圣灵。对基督教而言，神圣家庭是由耶稣，他的母亲玛利亚和圣约瑟夫组成的。在这个基础上，神圣也可用作绝对完全的道德

---

① Immanuel Kant, *Lectures on Logic*, Cambridge University Press, 1992, p. 309.

善，同时也可以成为一个道德术语。对康德而言，出于责任感而无条件地服从“绝对命令”的意志，就是一种神圣意志。

语篇精粹 B

But these very objects, whose significant forms invite us to a pure contemplation of them, many have a hostile relation to the human will in general, as manifested in its objectivity, the human body. They may be opposed to it; they may threaten it by their might that eliminates all resistance, or their immeasurable greatness may reduce it to nought. Nevertheless, the beholder may not direct his attention to this relation to his will which is so pressing and hostile, but, although he perceives and acknowledges it, he may consciously turn away from it, forcibly tear himself from his will and its relations, and, giving himself up entirely to knowledge, may quietly contemplate, as pure, will-less subject of knowing, those very objects so terrible to the will. He may comprehend only their Idea that is foreign to all relation, gladly linger over its contemplation, and consequently be elevated precisely in this way above himself, his person, his willing, and all willing. In that case, he is then filled with the feeling of the sublime; he is in the state of exaltation, and therefore the object that causes such a state is called sublime.①

译文参考 B

但这些对象的重要形式要求我们对其加以纯粹的思考，正如

① Arthur Schopenhauer, *World as Will and Representation*, Dover Publications Inc., 1969, pp. 201-202.

人类意志的客观性，即人类身体所显示，许多对象和人类意志形成敌对关系。他们可能与人类意志相悖；他们可能会用消除一切阻力的能量来威胁人类意志；或者他们凭借无法估量的伟大会将人类意志降至虚无。然而，旁观者可能注意不到这方面和他的意志之间存在的紧迫性与敌对关系，其实尽管他察觉并承认这一点，他也会有意识地加以回避，并强行把自己和意志及其关联分离。只有让自己变得学识渊博才能安静地沉思。作为纯粹的，缺乏意志的认知主体，那些形式对意志而言是如此可怕。他可能只理解与所有关系不相干的理念，快乐地流连于沉思之中，结果可能由此来提升自我，包括他的身体，他的意愿以及所有意志。在这种情况下，他饱含崇高的情感；他沉浸于喜悦之中，因此形成这种状态的对象就是崇高。

语篇精粹 C

Here, at this moment of supreme danger for the will, art approaches as a saving sorceress with the power to heal. Art alone canredirect those repulsive thoughts about the terrible or absurd nature of existence into representations with which man can live; these representations are the sublime, whereby the terrible is tamed by artistic means, and the comical, whereby disgust at absurdity is discharged by artistic means. The dithyramb's chorus of satyrs is the saving act of Greek art; the attacks of revulsion described above spent themselves in contemplation of the intermediate world of these Dionysian companions.①

---

① Arthur Schopenhauer, *World as Will and Representation*, Dover Publications Inc., 1969, pp. 201–202.

译文参考C

当意志濒临极度危险的时刻，艺术犹如具有治愈能力的女魔法师一般走上前来。艺术本身可以将那些由痛苦或荒诞造成的厌恶感转化为人类继续生存的各种表征；这些表征即是崇高，由此，痛苦被艺术手段所抑制，而通过喜剧形式，对荒诞的厌恶也被艺术手段所消解。萨提尔的酒神颂歌是希腊艺术中带有拯救色彩的表演形式；上述种种厌恶反应会在这些酒神伴侣的观照下得到调和。

（四）痛苦（Pain）

1. 术语解读

“痛苦”指的是身体或心灵上的负面感受。在希腊神话中，代表痛苦感受的是女神的女儿阿勒贡斯（Algos）神。在亚里士多德的《尼各马可伦理学》(Nicomachean Ethics）中，痛苦和快乐一样，都被赋予了伦理上的意味，和人类的美德联系在一起。

叔本华的痛苦观体现在他的伦理学和形而上学中。叔本华的伦理观将利己主义与痛苦的产生联系起来，认为人类未能得到他所欲求的事物而带来的匮乏会产生痛苦。而且从形而上学的角度来看，痛苦是内在的，与无聊构成了威胁人类幸福的两大因素，然而人生则是在二者之间形成钟摆，这促使人们寻找幸福之道。

后来，维特根斯坦的“私人语言”论证与分析哲学、心灵哲学等学说，对痛苦进行了更为深入的探讨。对痛苦的追本溯源，有助于更好地理解幸福与快乐。

2. 语篇精粹

语篇精粹 A

Egoism is by its nature is boundless; the human wills unconditionally to preserve his existence; wills it unconditionally free of pains, among which are included all want and privation; wills the greatest possible amount of well-being, and wills every pleasure of which he is capable, even seeks whervere possible to develop new capacities for pleasure. Everything which opposes the striving of his egoism provokes his animosity, anger, hate: he will seek to annihilate it as his enemy. He wills to enjoy everything possible, have everything; since, however, this is impossible, at least to master everything: "Everything for me and nothing for others" is his motto. Egoism is colossal: it towers above the world. For if any individual were given the choice between his own and the rest of the world's annihilation, then I need to say what the result would be for most. Accordingly everyone makes himself the centre of the world, refers everything to himself, and whatever simply occurs, e. g. the greatest changes in the fate of nations, he will first refer to his interests, no matter how trivial and incidental these may be, before thinking about anything else.[①]

译文参考 A

利己主义在本质上是无穷的，人类意志无条件地维持其存在，

① Arthur Schopenhauer, *The Two Fundamental Problems of Ethnics*, Oxford University Press, 2010, pp. 202-203.

意志无条件地摒弃痛苦，其中包括一切欲望和贫困；意志最可能实现幸福，能得到一切快乐，甚至还会随处寻找可能发掘的更多愉悦。任何与个人利己主义相悖的东西都会引起他的敌意、愤怒、憎恶，他会将其视作敌人加以毁灭。他会尽情享受一切，拥有一切，然而既然这是不可能的，至少不能占据一切，那么“一切为我，不管别人”即是他的座右铭。利己主义是膨胀的：它居于世界之上。如果任何人需要在自身毁灭和外部世界的毁灭之间做出选择，那么我必须要说明什么才是有利于大多数人的结果。由此，任何把自己置于世界中心的人，不管发生什么事都会先想到自己，例如当国家命运发生重大改变时，他想不到其他事情，只会先想到个人利益，不管这些利益多么微小，多么偶然。

语篇精粹 B

The most general survey shows that pain and boredom are the two foes of human happiness. In addition, it may be remarked that, in proportion as we succeed in getting away from the one, we come nearer to the other, and vice versa. And so our life actually presents a violent or feeble oscillation between the two. This springs from the fact that the two stand to each other in a double antagonism, an outer or objective and an inner or subjective. Thus externally, want and privation produce pain; on the other hand, security and affluence give rise to boredom. Accordingly, we see the lower classes constantly struggling against privation and thus against pain; on the other hand, the wealthy upper classes are engaged in a constant and often really desperate struggle against boredom.①

译文参考 B

一个最普遍的调查表明痛苦和无聊是人类幸福的两大敌人。此外，值得注意的是，当我们摆脱其中之一时，就会接近另一个，反之亦然。因此，我们的生活实际在二者之间形成了一个猛烈和虚弱之间的循环振荡。这源自于一个事实，即二者构成了一组双重对抗，一个是外在的，客体的；而另一个是内在的，主体的。所以从外部角度看，欲求和贫困产生了痛苦；另一方面，安全与富足则导致无聊。由此可见，我们看到下层阶级不断地在贫困中挣扎，就是在和痛苦斗争；相反，富有的上流社会则总是想法设法打发无聊。

语篇精粹 C

At this point we may be tempted to recur to Kant and explain that the mental is temporal but not spatial, whereas the immaterial—the mystery beyond the bounds of sense—is neither spatial nor temporal. This seems to give us a nice neat threefold distinction: the physical is spatio-temporal; the psychological is no spatial but temporal; the metaphysical is neither spatial nor temporal. We can thus explain away the apparent synonymy of "physical" and "material" as confusion between "no psychological" and "no metaphysical." The only trouble is that Kant and Strawson have given convincing arguments for the claim that we can only identify mental states as states of spatially loca-

① Arthur Schopenhauer, *Parerga and Paralipomena: Short Philosophical Essays*, Vol. 1, Clarendon Press, 1974, pp. 328-329.

ted persons. Since we have given up "mind-stuff," we are bound to take these arguments seriously. This brings us almost full circle, for now we want to know what sense it makes to say that some states of a spatial entity are spatial and some are not. It is no help to be told that these are its functional states, yet intuition tells us that they are not mental states either. To clarify our intuition, we havc to identify a feature shared by our pains and beliefs but not by our beauty or our health.①

译文参考 C

就此而言我们应当重拾康德的学说，这样来解释，精神具有时间性而非空间性，然而非物质的东西——超乎感觉之外的谜一样存在——既非空间的，亦非时间的。这似乎给我们提出了一个清晰的三重界定：物质的也是时空的；心灵的并非空间的而是时间的；形而上学既非空间的，亦非时间的。由此我们对"物理的"和"物质的"这组近义词的困惑，正如区分"非心理的"与"非形而上学"时产生的困惑一样。唯一的麻烦在于康德与斯多森已经对这一论断提出了有力的观点，即我们只能将精神状态作为人的空间性状态。既然我们放弃了"精神的东西"，必然会严肃对待此类讨论。这使得我们能够进行充分讨论，由此我们希望知道在何种意义上空间实体是空间的，在何种意义上不是。这无助于言明其功能状态，然而直觉告诉我们它们同样也不是精神的状态。为了阐明我们的直觉观点，我们必须明确痛苦与信念的特

① Richard Rorty, *Philosophy and Mirror of Nature*, Princeton: Princeton University Press, 1980, pp. 20-21.

征，而非我们的美与健康的特征。

（五）因果律/充足理由律（Cause/Principle of Sufficient Reason）

1. 术语解读

充足理由律，即“事物的存在不会没有理由”（Nothing is without a reason for its being.），是常用的哲学与逻辑学概念，可追溯至古希腊的巴门尼德。充足理由律可以被概括地表达为：任何事物都有它之所以如此的理由，或者说没有一个无法被解释的事物。叔本华认为充足理由律的四种不同表现形式分别是：因果律、逻辑推论、数学证明、行为动机。这四种形式并不作为证明充足理由律的原因，而是充足理由律在这四者中表现其自身。《充足根据律的四重根》是叔本华在耶拿的博士学位论文。他认为这本小册子是自己整个哲学体系的基础和绪论，是其主要哲学思想不可缺少的一部分。在他看来，一切表象都可以从文中所述的四个层次，即因果律、逻辑推论、数学证明、行为动机上进行解释，从而将这四种意义比喻为“四重根”。

充足理由律在叔本华那里具有一种先验的地位，即它是不能证明的。叔本华认为康德等人试图证明它是徒劳无功的，因为为了证明一个特定命题，就必须假定一个它正确的理由，而这个理由却正是充足理由律。为了证明它，就必须假定它成立，所以证明这个命题将陷入不可避免的循环论证。他的这种思想在一定程度上影响了维特根斯坦。此外叔本华将充足理由律和矛盾律、同一律、排他律并列，把它看成第四个思维规律。也就是说，人的每一个行为必有其动机上的原因，并从动机上得到解释。事实上这一看法引出了他的另一部著作《作为意志和表象的世界》，这也奠定了他的伦理学说的基础。

笛卡尔与莱布尼茨等哲学家曾经对充足理由律做出了深刻的阐述。意志主义哲学家叔本华的博士论文，即《论充足理由律的四重根》，奠定了其形而上学的基础。充足理由律概念的形成与发展，对诸多学科具有深刻的影响。随着时代的发展，量子力学，心灵哲学等学科在不同的方面体现了充足理由律。

2. 语篇精粹

语篇精粹 A

Thus there may now be some doubt as to why we should have added here another mode of knowledge besides intuition, that is, one proceeding by deduction, by which we understand all that is necessarily inferred from other things that are certainly known. But this procedure was necessary, since many things are known with certainty which nevertheless is not they evident, simply because they are deduced from true and known principles by the continuous and uninterrupted movement of a mind which clearly intuits each step. Thus we know that the last link of a long chain is connected with the first, even though we do not take in with a single glance of the eyes all the intermediate links on which the connection depends—provided only that we run through them successively and remember that from first to last each one was attached to the one next to it. Therefore we distinguish here intuition from certain deduction by the fact that some movement or succession is conceived in the latter but not in the former. Moreover, evidence is not necessarily present for deduction, as it is for intuition, but deduction rather acquires its certainty, in a sense, from memory. From all this we may conclude that those propositions which follow immediately from first principles are known according to the way we look at it, now by intuition, now by deduction, but that the first principles themselves are known only by intuition, and the remote conclusions, in contrast, only by deduction.①

译文参考 A

因此现在可能会对这个问题产生疑问：为什么我们在此要增加除了直觉之外的另一种认知模式？该模式也就是演绎法的思维过程，通过对已知事物的推断来认识一切。但这一过程是必要的，既然诸多事物虽是确定但非不证自明，仅仅是因为它们是通过思维连续不断的运动来推断真实已知的原则，这种思维能清楚地凭直觉感知每个步骤。因此，我们知道一长串的最后一环与第一环是顺次相连的，尽管我们并不重视形成联系的所有中间环节——只要我们连续贯穿，并记住从头到尾每一个环节都是顺次相连的。因此根据这一事实，一些思维运动或连贯性是在后来而非先前形成的，我们就可以区分直觉和确定性推断。此外，证据不是推断的必要因素，它对直觉有用，而推断从某种意义上需要来自记忆的确定性。由此得出结论，就我们的了解方式而言，从最初的基本规律中马上得知的命题时而凭直觉，时而凭推断。但是那些基

① René Descartes, *Philosophical Essays and Correspondence*, Hackett Publishing Company Inc., 2000, pp. 6-7.

本规律只靠直觉就能得知，相反，久远的结论只能靠推断来实现。

语篇精粹 B

Now we have no need of revealed faith to know that there is such a sole Principle of all things, entirely good and wise. Reason teaches us this by infallible proofs; and in consequence all the objections taken from the course of things, in which we observe imperfections, are only based on false appearances. For, if we were capable of understanding the universal harmony, we should see that what we are tempted to find fault with is connected with the plan most worthy of being chosen; in a word, we should see, and should not believe only, that what God has done is the best. I call "seeing" here what one knows a priori by the causes; and "believing" what one only judges by the effects, even though the one be as certainly known as the other. And one can apply here too the saying of St. Paul, that we walk by faith and not by sight. For the infinite wisdom of God being known to us, we conclude that the evils we experience had to be permitted, and this we conclude from the effect or a posteriori, that is to say, because they exist. It is what M. Bayle acknowledges; and he ought to content himself with that, and not claim that one must put an end to the false appearances which are contrary thereto. It is as if one asked that there should be no more dreams or optical illusions.①

译文参考 B

现在我们无须重启信仰就能知道唯一的万物原理，即至善至

① G. W. Leibniz, *Theodicy*, BiblioBazaar, 2007, pp. 100-101.

明。理性以绝对可靠的证据教会我们这个原理，所以我们在事物进程中看到种种不完美时就会提出异议，这些异议都是建立在假象基础上的。倘若我们能够理解普遍和谐说就会明白，我们忍不住吹毛求疵的东西正是和最值得选择的计划有联系；简言之，我们要从中观出而不是相信，上帝的一切所为都是最好的。我在这里将“观出”称为由原因得出的一种先验，而把“相信”看作从效果得来的推论，尽管“观出”和“相信”都被认为是等同的概念。圣保罗的话对此很适用，即我们前行是靠信念而不靠眼睛。既然我们已经知道上帝的无限智慧，便可推知我们所遇到的恶必定是被容许的，这是我们从效果或者从后验推论出来的，换言之，因为恶是现实存在。培尔先生也承认这一点，他应该对此认可，而不是要求人们必须要终止完全相反的假象，似乎认为人们就不应再有梦想和视觉假象。

语篇精粹 C

But, even in a narrower sense, thinking does not consist in the bare presence of abstract conceptions in our consciousness, but rather in connecting or separating two or more of these conceptions under sundry restrictions and modifications which Logic indicates in the Theory of Judgments. A relation of this sort between conceptions distinctly thought and expressed we call a judgment. Now, with reference to these judgments, the Principle of Sufficient Reason here once more holds good, yet in a widely different form from that which has been explained in the preceding chapter; for here it appears as the Principle of Sufficient Reason of Knowing. As such, it asserts that if a judgment is to express knowledge of any kind, it must have a sufficient reason: in virtue of which quality it then receives the predicate true. Thus truth is the reference of a judgment to something different from itself, called its reason or ground, which reason, as we shall presently see, itself admits of a considerable variety of kinds. As, however, this reason is invariably a something upon which the judgment rests, the German term for it, viz., Grund, is not ill chosen.①

译文参考 C

但是从狭义上看，思维不仅包括我们意识中的抽象概念，而且包含在各种限制和要求下两个或更多抽象概念的联系或区分，《判断论》中的逻辑对此有所说明。我们把清楚思考和表述过的各种概念之间的关系称为判断。关于这些判断，充足根据律在这里还是同样适用，不过，其形式跟上一章所解释的不大相同；因为在这里它是作为认识的充足根据律而出现的。这一根据律主张，如果一个判断要表达某一类认识，那么它就必须有充足的根据：由于这一特性，它才获得谓词的真值。因此，真理就是对区别于其自身的某种东西所做出的判断，被称作理由或根据。正如我们马上就要讨论的，根据也是多种多样。然而，由于这一根据总是判断所依赖的某种东西，所以德文术语称它为 Grund，是很合适的。

① Arthur Schopenhauer, *Two Essays by Arthur Schopenhauer*, Chiswick Press, 1889, pp. 123–124.

（六）意志主义（Will/Voluntarism）

1. 术语解读

意志主义是以重视意志作用的叔本华、尼采、弗洛伊德等学者为代表的一种思想流派。与黑格尔等人的理性学说不同，叔本华致力于探究意志的作用以解决康德哲学的相关问题。叔本华以康德的“自在之物”概念为基础，发展了意志学说，这体现在他的著作《作为意志和表象的世界》中。

在叔本华看来，世界分为表象和意志。认识的主体是特殊的客体或是表象。主体和客体共同构成作为表象的世界，故而是不可分的。叔本华认为人们的先天认识只有时间、空间和因果律，而这些东西都只在表象间发挥作用、形成联系，和意志本身无关。感性、知性和意志之间不存在因果关系。他认为一切表象的存在源于两种完全不同的形式，其一是感性和知性，其二是意志。他认为，表象的存在是意志的客体化，而意志的客体化具有不同的层次。人属于最高层次，而有机物则随着其发展程度的不同则呈现出不同的层次。

意志主义学说与人本主义交相辉映，一同对19世纪以来的哲学、心理学乃至行为科学等学科发挥了重要影响，提倡了一种非机械论的认识途径。

2. 语篇精粹

语篇精粹A

All these are different only in the way they appear；in their innermost essence, they are the same thing we know so intimately and so much better than anything else, the thing that, when it occurs most clearly, we call will. Because we are using reflection in this manner we do not have to remain with appearances but can pass over to the thing in itself. Appearance means representation and nothing more: all representations, of whatever sort they may be, all objects, are appearances. Only the will is thing in itself.①

译文参考 A

所有这些只是表现上不同而已，在其内在本质上，它们其实就是我们熟知的同一件事，而且比我们对其他任何事物都要熟悉。当它表现得很明显时，我们称之为意志。因为我们这样进行反思，才不至于停留在现象层面，而是越过现象达到自在之物。现象仅仅意味着表征罢了，不管是哪一类，所有表征、所有客体都是现象。唯有意志才是自在之物。

语篇精粹 B

Otherwise the pure subject of cognition would see his own actions as following from motives presented to him with the constancy of a natural law, just like the alterations that occur in other objects due to causes, stimuli and motives. But he would not understand the motives' influence any more intimately than he would understand the connection between any other effect and its cause. He would have no unders-tanding of the inner essence of his body's actions and expressions; he

① Arthur Schopenhauer, *World as Will and Representation*, Dover Publications Inc., 1969, pp. 134–135.

would refer to this essence variously as a force, a quality, or a character, but he would have no more insight than this. But none of this is the case: rather the subject of cognition, appearing as an individual, is given the solution to the riddle and this solution is will.①

译文参考 B

否则，这个纯粹的认知主体会将其自身的行为，视为遵循自然规律而呈现出来的动机，正如其他客体随原因、刺激、动机而发生变化一样。但是和他对其他因果关系的理解相比，他对动机影响的理解也熟悉不了多少。他不理解身体动作和表情的内在本质，他将这种本质当作不同的力量、品质或性格来看待，但他不会有比这更深刻的洞察力。而事实恰恰相反，作为个体的认知主体给出了解决这个难题的方法，那就是意志。

语篇精粹 C

The will takes itself known as the essence in itself of our own body, as that which it is besides being an object of intuition, a representation, primarily, as we have said, in the voluntary movements of this body. These bodily movements are nothing other than the visible manifestation of particular acts of will; as they coincide perfectly and immediately with the acts of will as one and the same thing, distinguished only by the form of cognition into which they have passed, i. e. become representation. These acts of will continue to have a

---

① Arthur Schopenhauer, *World as Will and Representation*, Dover Publications Inc., 1969, pp. 123-124.

ground outside themselves, in motives.[①]

译文参考 C

意志将其自身表现为我们身体的内在本质，正如我们所称，它除了是直觉客体以外，主要是身体自主运动的一种表征。这种身体上的运动无非是意志在特定行为上清晰可见的表现，因为它们和作为同一事物的意志行为完全并迅速地同步进行，只不过它们出现的认知形式有所差别，即表征的形成。在动机上，这些意志行为仍然具有自身之外的根据。

（七）表象（Representation）

1. 术语解读

“表象”这个概念与人类对认识的探索密不可分。我们可以将“表象”理解为人所感知到，或能够认识到的一切。克里斯蒂安·沃尔夫首先将“表象”这个术语确定下来，即德语中的Vorstellung。在康德哲学中，“表象”是构成其哲学体系的最基本概念之一。在康德的《逻辑学讲义》中，康德对“表象”做出了详尽的分类。他认为，“表象”是人类知识的源泉，而人是不能直接对“表象”加以认识的。康德哲学也将世界分为“现象世界”和“自在之物世界”。

在叔本华的哲学中，世界是由意志和表象构成的。而康德的“自在之物世界”即叔本华的“意志世界”。叔本华认为，我们所

① Arthur Schopenhauer, *World as Will and Representation*, Dover Publications Inc., 1969, p. 130.

感到的一切，都是“表象”的产物，而且表象世界是由“充足理由律”（或充足根据律）支配的。而且，叔本华借用印度哲学的“摩耶之幕”概念来说明“表象”概念。而“表象主义者”（Representationalist）认为，我们不能直接地意识到外部对象。

2. 语篇精粹

语篇精粹 A

“The world is my representation”: this holds true for every living, cognitive being, although only a human being can bring it to abstract, reflective consciousness: and if he actually does so he has become philosophically sound. It immediately becomes clear and certain to him that he is not acquainted with either the sun or the earth, but rather only with an eye that sees a sun, with a hand that feels an earth, and that the surrounding world exists only as representation, that is, exclusively in relation to something else, the representing being that he himself is. – If any a priori truth can be asserted, then this is it; for this truth expresses the form of all possible and conceivable experience. This form is more universal than any other form, more universal than time, space and causality, which, in fact, presuppose it.[①]

译文参考 A

“世界是我的表象”，这对于任何一个有认知能力的生物而言都是一条真理，尽管只有人类才能将它转变为抽象的反思意识。要是一个人真的这样做了，他就有了哲学思考。于是，他很快就

① Arthur Schopenhauer, *World as Will and Representation*, Dover Publications Inc., 1969, p. 23.

会清楚并确定，他其实不了解太阳，也不了解地球，只是有一双看见太阳的眼睛和一双触摸大地的手；同时他也明白周围的世界只是作为表象而存在，也就是说，这世界只是存在于它和其他事物的关系中，而这个“表象者”就是他自己。如果存在一条先验的真理，那就是这一条真理了，因为这条真理陈述了一切可能的、可想象的经验形式。它比任何其他形式、时间、空间和因果性都更为普遍，实际上这一切都要以它为前提。

语篇精粹 B

The most important division among all our representations is between the intuitive and the abstract. The latter form only one group of representations, namely concepts. Of all the creatures on earth, only human beings possess concepts and the ability to conceptualize (which has always been referred to as reason) distinguishes humans from all animals. Later we will consider these abstract representations on their own; but first we will discuss only intuitive representations. These, then, encompass the entire visible world or the whole of experience, including the conditions for the possibility of experience. We have already mentioned Kant's highly significant discovery about these conditions, these forms of the visible world – i. e. about what is most universal in the perception of the visible world, what belongs to all appearances of the visible world in the same way: time and space. He discovered that time and space cannot only be conceived abstractly, on their own and independently of their content, but they can also be intuited immediately. This intuition is not some phantasm derived from repeated experience; rather, it is something independent of experience, and to such an extent that experience must in fact be conceived as dependent on it, since the properties of time and space, as they are known a priori in intuition, apply to all possible experience as laws that it must always come out in accordance with.[①]

译文参考 B

在一切表象中，最主要的划分就是直观表象和抽象表象。后者只构成表象的一个类，即概念。地球上所有的生物中，只有人类拥有概念和概念化的能力，(经常被称为理性)，使人类区别于动物。以后再单另考察这种抽象的表象，我们首先来讨论直观的表象。直观表象包括整个可见世界或者全部经验，也包括经验的可行性条件。我们已经说过康德关于这些条件和可见世界的形式所做出的重要发现，也就是关于什么才是可见世界的感知中最普遍的存在，什么是世间一切现象共有的东西：时间和空间。康德发现，时间和空间不仅可以离开它们的内容，单独地、抽象地被想象，也可以及时被直觉感知。这种直觉不是从重复经验中假借来的幻象，而是完全独立于经验，甚至经验以它为前提，因为空间和时间的先验属性是直觉的先验，作为规律适用于一切可能的经验，而直觉总是根据这些规律产生出来。

语篇精粹 C

In the First Book, the world was presented as mere representation, object for a subject; in the Second Book we considered this world from its other side and found that it is also will, and this proved

① Arthur Schopenhauer, *World as Will and Representation*, Dover Publications Inc., 1969, p. 24.

to be the only thing the world is, apart from representation. In recognition of this fact we went on to name the world as representation (both as a whole and in its parts) the objecthood of the will, which accordingly means: the will become object, i. e. representation. We may further recall that such an objectivation of the will had many, albeit determinate, levels at which the essence of the will enters represe-ntation (i. e. presents itself as an object) with gradually increasing degrees of clarity and perfection. We already recognized these levels as Plato's Ideas, in so far as they are nothing but particular species, or the original, unchanging forms and qualities of all natural bodies, inorganic no less than organic, as well as the universal forces that manifest themselves according to natural laws. Taken together, these Ideas present themselves in countless individuals and details, relating to these as model to imitations. The multiplicity of such individuals can be represented only through time and space, and their arising and passing away only through causality.①

译文参考 C

在第一卷中，世界作为单纯表象，是对于主体的客体存在；在第二卷中，我们从另一面考察世界，发现了这其实就是意志。除了表象之外，世界还是一种意志。认识到这一事实，不管是从整体还是从局部看，我们继续把世界都称为表象，是意志的物性存在。这就意味着：意志成为客体，即表象。我们还记得意志的

① Arthur Schopenhauer, *World as Will and Representation*, Dover Publications Inc., 1969, pp. 191–192.

这种客体化有很多但又固定的级别，意志的本质在这些级别上进入表象，即作为客体显现，且越来越明晰和完备。只要这些级别意味着一定物种，或者是一切有机和无机的自然物体原始、不变的形式和属性，以及根据自然规律而自我显现的宇宙力量，那么我们就会把这些级别看成柏拉图的理念。这些理念汇聚在一起，展现于无数个体和细节中，并与它们形成摹本关系。这种个体的多样性只能通过时间和空间表现出来，其产生和消亡则是通过因果性来表现。

第二章　尼采：权力意志的铸造者

A storm seizes everything that is worn out, rotten, broken, and withered, wraps it in a whirling cloud of red dust and carries it like an eagle into the sky. Our eyes gaze in confusion after what has disappeared, for what they see is like something that has emerged from a pit into golden light, so full and green, so luxuriantly alive, so immeasurable and filled with longing. Tragedy sits in the midst of this superabundance of life, suffering, and delight, in sublime ecstasy, listening to a distant, melancholy singing which tells of the Mothers of Being, whose names are delusion, will, woe. Yes, my friends, believe as I do in Dionysian life and in the rebirth of tragedy.①

——Friedrich Wilhelm Nietzsche

① Friedrich Nietzsche, *The Birth of Tragedy and Other Writings*, Cambridge University Press, 1999, pp. 97–98.

一阵狂风袭来，卷走一切疲倦、腐烂、破败和枯萎，使其陷入一片红色云雾之中，像雄鹰一样将其带入云端。待一切烟消云散，我们茫然凝视那些仿佛从金光灿烂之处升起的事物，如此枝繁叶茂，如此生机勃勃，如此深情款款。悲剧蕴藏于丰富纷繁的生命之中，有痛苦、欢乐、崇高的狂喜。它在聆听一曲遥远的忧郁之歌，吟唱着万物之母，她们的名字是：幻想、意志和悲痛。哦，我的朋友们，像我一样信仰酒神精神，信仰悲剧的再生吧！

——弗里德里希·威廉·尼采

一、成长历程

(一) 智人诞生

尼采

弗里德里希·威廉·尼采（Friedrich Wilhelm Nietzsche），1844 年 10 月 15 日生于莱比锡的洛肯（Röcken）小镇上的乡村牧师家庭。尼采出生的时候，恰巧是普鲁士国王腓特烈·威廉四世（Friedrich Wilhelm IV von PreuBen）49 岁生日的那天。尼采回忆说："我选在这一天出生，有一个很大的好处就是，在我整个童年期间，我的生日便是举国欢庆的日子。"①

尼采的父亲，卡尔·路德维希·尼采（Karl Ludwig Nietzsche，1813-1849），是路德教派的教师和牧师；尼采的母亲，弗兰切斯卡·奥勒（Franziska Oehler）（1826—1897），是一位十分虔诚的新教徒。1846 年，尼采的妹妹，伊丽莎白·尼采（Elisabeth Nietzsche）出生，后来，她成为尼采著作的编注家；尼采的弟弟路德维希·约瑟夫（Ludwig Joseph）则于 1848 年出生，但是他在两岁

① Walter A. Kaufmann, *Nietzsche*: *Philosopher*, *Psychologist*, *Antichrist*, Prinston University Press, 2013, pp. 306-340.

时就夭折了。1849 年，尼采的父亲因脑软化症去世，当时，小尼采只有四岁。尼采当时年纪虽小，却并没有因此而忘记父亲的模样。因为在尼采心中，父亲高大的形象早已印在他的记忆深处。尼采也希望自己可以和父亲一样，长大后成为一名出色的牧师。为了实现这一远大的目标，尼采经常给小伙伴们诵读《圣经》里的章节，正因如此，尼采获得了“小牧师”的称号。1850 年，尼采和家人搬到了萨勒（Saale）河畔的瑙姆堡（Naumburg），从那时起，全家人一起生活于此。尼采的母亲终身未改嫁。可以说，尼采是在一个充满女性氛围的生活环境下长大的。①

玛瑙堡

在私立的男子学校读书时，尼采结识了他后来的好朋友古斯塔夫·克鲁格（Gustav Kruger）和威廉·皮德尔（William

① Samuel Enoch Stumpf and James Fieser, *Socrates to Sartre and Beyond: A History of Philosophy*, 8th ed., World Book Inc., 2012, p. 359.

Peder)。十四岁那年，尼采在普夫达（Pforta）中学接受了长达六年的教育，主要课程包括宗教、古典教育、德国文学等。后来，尼采逐渐接受了古希腊哲学的思想，并探索了埃斯库罗斯（Aeschylus）以来的哲人学说。另外，尼采在这段时间也专注于撰写诗赋和音乐。[①] 1864 年，在波恩大学（Rheinische Friedrich-Wilhelms-Universität Bonn），尼采开始学习神学和古典语文学等学科，以及有关荷马和古典语文的演讲。[②]

波恩大学

（二）家族女性的关爱

可以说，四岁丧父的尼采，是在家中众多女性的关心和照顾下成长起来的。因此，多年以来，尼采一直将他的家庭视为他温

① Samuel Enoch Stumpf and James Fieser, *Socrates to Sartre and Beyond: A History of Philosophy*, 8th ed., World Book Inc., 2012, p. 360.

② William H. Schaberg, *The Nietzsche Canon: A Publication History and Bibliography*, University of Chicago Press, 1996, p. 32.

暖的避风港。慈祥的外祖母和温柔的母亲，以及他身边的每一位女性，都让他深深地感受到那种贴心的女性之美。

尼采的外祖母，埃尔特姆泰·克劳斯（Erdmuthe Krause），是一个地道的德国人。她的青年时代是在古老而美丽的魏玛（Weimar）度过的，在魏玛时，她曾与歌德周围的人有过接触。尼采的外祖母特别喜欢给尼采和伊丽莎白讲述他们家族的传奇历史，兄妹二人也对外祖母所说的一切充满幻想。听这类优美的传奇从来不会令尼采感到厌倦。[①] 尼采的母亲，弗兰切斯卡·奥勒，是一个温柔贤惠的女人，她对于尼采的爱是无微不至的，无论是对四岁丧父的童年尼采，还是四十岁患病的中年尼采来说，她是个伟大的女人，也是一个伟大的母亲。

尼采的妹妹伊丽莎白·尼采，是一个性格外向的女孩子。在瑙姆堡，她和哥哥尼采度过了他们的童年时光，美好而难忘。尼采的女朋友，路·冯·莎乐美（Lu von Salome）是一个俄国人，她那惊人的理解力和富于理智的热情，常常受到人们的赞叹。后来，尼采和莎乐美在相识且渐渐熟识之后，尼采对这个女孩子充满好感，一位女性进入了他的生活，这对他来说是一种幸福，这会有益于他的思索。从此之后，尼采的思绪更加活跃，感情更加丰富。然而，尼采的妹妹伊丽莎白十分厌恶莎乐美，她以一种蛮横的方式，在未经尼采允许的情况下，给莎乐美写了一封信，这一行为最终导致了尼采和莎乐美的决裂。在此之后，尼采虽然不断地寻找其他的伴侣，但他终究孤独一生。尼采出生在这样一个

---

① ［法］丹尼尔·哈列维：《尼采传——一个特立独行者的一生》，刘娟译，贵州人民出版社，2004年，第5页。

传统的宗教家庭，父亲早逝，母亲和妹妹是虔诚的教徒，再加上尼采的外祖母和他的女朋友对其影响很大。在她们的帮助下，尼采逐渐成长起来。

（三）贝多芬、拿破仑、叔本华的影响

1. 贝多芬的影响

尼采的故乡是载歌载舞的音乐之乡，充满音乐和文化气息，人们过着幸福的生活。十岁时，尼采非常喜欢文学和音乐。也是从那时起，尼采受到一些当地的音乐家的影响，他对音乐的爱好和能力开始逐渐培养和显现出来。其中，对尼采影响最大的音乐家之一，就是著名的贝多芬。贝多芬身处法国大革命、欧洲风云动荡时期，他的思想与法国的启蒙思想息息相关，这也就是尼采的思想：崇尚人权自由、人权平等、科学、民主。如果我们从音乐的角度来看待尼采的哲学，那么尼采可能是继贝多芬之后又一位优秀的音乐家。

2. 拿破仑的影响

从1789年到1815年，以拿破仑的故事为例，这段历史时期的全部重要性都能够得以总结：拿破仑出现于法国大革命时期，他的出现体现了当时的民族主义思想。可以说，当时人民的一切远大的希望都源于拿破仑这个人。就个人而言，征服自己是最大的挑战。在尼采看来，那些能够征服自我的人，才是更高层次的人。因此，我们要做自己的主人，不向别人寻求自己行动的理由。事实上，能符合这种标准的人少之又少，但是尼采认为，像歌德、

拿破仑这样伟大的人，算是比较接近这一标准的人，他们是真正意义上的超人。尼采所说的超人不是胜过别人的人，而是努力胜过自我的人。那么如何成为超人？答案是把身体与心智的潜能全部发挥出来。正如尼采所说，歌德加上拿破仑，大概就接近他对“超人”的基本要求了。

3. 叔本华的影响

和叔本华一样，作为一位哲学家，尼采也一直在寻找人生的价值和人生的意义所在。在研究人生问题之时，尼采遇到了叔本华，并被其理论思想深深吸引。值得一提的是，叔本华哲学的终点——生命的悲观意识，正是尼采哲学的起点。在尼采的著作中，我们听到了悲观主义的声音：“这里不存在现实可见的世界的对立面：只是存在一个虚假残忍、充满矛盾，极具诱惑、毫无意义的世界——由此建构了一个真实的世界。”① 艺术是谎言，悲剧当然也不例外。可见，尼采是何等的矛盾和痛苦。

（四）人文科学领域的“牛顿”

1869年，在弗里德里希·里奇尔（Friedrich Ritschl）教授的帮助下，尼采得到了瑞士巴塞尔大学（University of Basel）提供的古典哲学教授职位。尼采著作颇丰，影响深远，被西方学界誉为人文领域的“牛顿”。1872年，尼采的第一部著作《悲剧的诞生》（*Die Geburt der Tragodie*）一书问世。在1873年至1876年间，尼采陆续发表了一些带有文化批判色彩的长篇论文，批判了当时

① Friedrich Nietzsche, *The Will to Power*, Random House, 1968, p. 451.

正在快速发展中的德国文化。这些论文最后以《不合时宜的考察》(*Unzeitgemabe Betrachtungen*) 为名出版。幼年时期的尼采，一直被慢性疾病所困扰，健康状况亦越来越差，这迫使他在巴塞尔任教期间，必须申请很长时间的病假。①

1882年，尼采出版了《快乐的科学》(*The Gay Science*) 的第一部分。后来，尼采来到意大利的利古里亚（Liguria），写下了《查拉图斯特拉如是说》(*Thus Spoke Zarathustra*) 的第一部分。②1886年，尼采开始厌恶反犹太思想。1887年，尼采的《道德谱系学》(*On the Genealogy of Morality*) 一书得以发表，在当时，该书引发了相当大的争议。③这时，尼采的健康状况稍有改善。在尼采44岁生日那天，他决定为自己写一本自传，名为“瞧！这个人”(*Ecco Homo-To Because What You Are*，1888)，尼采希望通过这本自传的出版，可以让读者认识到他独特的另一面：“听我说啊！我是这样独特而又这样杰出的一个人。不要把我与任何其他人混淆。”除此之外，尼采还开始撰写《尼采反对瓦格纳》(*Nietzsche contra Wagner*，1888—1889) 一书。

1889年，尼采的精神开始出现崩溃的迹象。此后，尼采再也没有恢复神智，他先后由母亲和妹妹照顾生活。1893年，尼采的妹妹伊丽莎白从巴拉圭（Paraguay）返回德国。1897年，尼采的母亲去世，随后，尼采回到了魏玛（Weimar），妹妹伊丽莎白负责照顾他的日常生活。此时的尼采，已经无法与人正常沟通。

---

①② FE Baird, *From Plato to Derrida*, 6th ed., World Book Inc., 2012, p. 1034.

③ Walter A. Kaufmann, *Nietzsche: Philosopher*, *Psychologist*, *Antichrist*, Prinston University Press, 2013, pp. 306-340.

1900 年 8 月 25 日，尼采在魏玛病逝，不久之后，伊丽莎白整理了尼采留下的一些笔记，《权力意志》(*Wille zur Macht*，1906）一书也因此正式出版。

二、理论内涵

（一）权力意志

权力意志（The Will to Power）也译作强力意志。如果一个人说：这个世界上存在求生存的意志，那么这个人一定没有获得真理，因为这种所谓的“求生存的意志”是不存在的。人们普遍认为，只有生存下来，才会有意志，但这不只是求生存的意志，也是求权力的意志。尼采的“权力意志”(Wille zur Macht）理论也因此而生。[①]

提到尼采的“权力意志”学说，他用权力意志代替了道德，以此提出两个命题，“命题一：根本没有什么道德行为，全是虚构的。它们不仅是不能证明的，而且是完全不可能的。一般来说，根据对‘道德’和‘非道德’这一对立面进行评估，有人会说：只存在不道德的意图和行动。命题二：区分‘道德’和‘非道德’，二者的整体出发点在于，道德和非道德的行动是自由和自发性的行为。简而言之，这是一种自发性的存在。”[②]

因此，问题应该是：“发展如此迅猛的道德价值层面的权力

① 尼采：《查拉图斯特拉如是说》，商务印书馆，1936 年，第 168 页。

② Friedrich Nietzsche，*The Will to Power*，Random House，1968，p. 413.

意志，究竟意味着什么？答案是：它背后隐藏着三种权力，①动物反对强壮者和独立者的本能，②苦难者和贫困者反对财富者的本能，③平庸者反对杰出者的本能。”[①]

叔本华的意志哲学是尼采哲学的起点。每一种伟大的哲学所应当说的话是：这就是人生之画的全景，从这里来寻求你自己的生命的意义吧。纵观尼采的一生，他的工作主题可以简化为两个词：重估与超越。尼采在自传中说：“重新估价一切价值。”[②]权力意志是尼采哲学思想的理论基石，具体来说，“权力意志就是为了获取补给、财富、工具，奴役他人（俯首听命者），争当统治者；人体就是例证。强者将会指导弱者。”[③]人是权力意志，世界也是如此。

在尼采看来，“所有的‘目的’、‘目标’、‘意义’都不外乎是事物所固有的一种意志的表现方式和变形，即权力意志”[④]。从根本上说，人的具体行动受到身体本能的支配，也就是说，人的具体行动是受权力意志支配的。[⑤]为了强调权力意志具有非观念性的特点，尼采认为，“权力意志”不是一种存在，也不是一种生成，而是一种激情——由此才出现“生成和结果”的一种最基本的事实。”[⑥]

尼采用“权力意志”一词描绘出一幅永恒的世界景象，在他

---

① Friedrich Nietzsche, *The Will to Power*, Random House, 1968, p. 156.

② 尼采：《看哪这人！——自述》，《权力意志——重估一切价值的尝试》，商务印书馆，1991年，第99页。

③ Friedrich Nietzsche, *The Will to Power*, Random House, 1968, p. 347.

④ Ibid., p. 356.

⑤ 尼采：《查拉图斯特拉如是说》，尹溟译，文化艺术出版社，1987年，第31页。

⑥ Friedrich Nietzsche, *The Will to Power*, Random House, 1968, p. 339.

眼中，“世界就是一种巨大的力量，无始无终；世界就是一种恒定不变的力量，不变大不缩小，不会自我消耗，只是转变形式，最终的总量恒定不变。”[①]

尼采从“权力意志”这个核心的哲学思想出发，构建了自己的哲学理论体系。尼采认为，世界的本质是权力意志，也就是说，自然界的生命意志是权力意志，自然界之间的竞争是权力意志之间的竞争。除了自然界之间的竞争之外，尼采将其推而广之，进而认为整个世界的本质都是权力意志，就连没有生命的无机界也是如此。尼采认为，原子是权力意志的最小构成单位，物质也是由权力意志构成的。除此之外，人的意志也是权力意志，权力意志主宰着人类社会的一切，同样，权力意志也可以重新衡量人类社会的一切。[②]

（二）悲剧的诞生

正是因为人们看清了人生具有悲剧的性质，所以才会产生日神（Apollo）和酒神（Dionysus）这两种艺术冲动。人们需要做的，是用艺术来拯救人生。贯穿于《悲剧的诞生》一书中的两个基本概念，就是日神和酒神。因此，尼采以日神和酒神的象征来说明古希腊文化的起源、发展以及人生的意义所在。此外，在尼采看来，我们应该为人生创造的是一种纯粹审美的评价，审美价值即是重要的价值。尼采在书中提道：“通过古代的传说，我们可以断定，悲剧是从悲剧合唱队中产生，并且一开始仅仅是从合

① Friedrich Nietzsche，*The Will to Power*，Random House，1968，p. 550.

② 车铭洲，王元明：《现代西方的时代精神》，中国青年出版社，1988年，第21~22页。

唱队产生的。除了合唱队之外，什么都没有。”①

此外，尼采是如何发现“悲剧”这个概念的，即如何最终认识到什么是悲剧心理，这一点还要在《偶像的黄昏》中谈及，“肯定生命本身还要肯定生命中最陌生和最艰难的问题；在毁灭生命的最高情形中，生命的意志会带来无穷的活力——这就是我所说的‘狄奥尼索斯’，酒神精神，我将其理解为通往悲剧诗人心灵的桥梁。”② 据记载，“如席勒所解释的那样，希腊的萨提尔合唱队，也是最初的悲剧合唱队，惯于漫步在一片‘理想的’沃土，它远高于凡人行走的真实路径。”③

然而尼采认为，“希腊悲剧的灭亡与一切其他姊妹艺术的灭亡不同：由于一种无法解决的冲突，希腊悲剧是自杀身亡的，可以说是悲壮的……”④

我们可以这样评价“悲剧”：“我希望，我们可以从每一个真实的悲剧中解脱出来，从而获得形而上的慰藉。位于事物基础之中的生命，无论世间变化如何，这一生命永远是坚不可摧并且充满欢乐的。”⑤ 这就是说，悲剧具有一种“形而上的慰藉”的功能。悲剧是不可避免的，我们所能做的只是，“不得不凝视个人存在的恐惧——但是，我们无需畏惧不前：形而上的慰藉可以引

---

① Friedrich Nietzsche, *The Birth of Tragedy and Other Writings*, Cambridge University Press, 1999, p. 36.

② Friedrich Nietzsche, *Twilight of the Idols*, Oxford University Press, 2008, p. 45.

③ Friedrich Nietzsche, *The Birth of Tragedy and Other Writings*, Cambridge University Press, 1999, p. 39.

④ Ibid., pp. 54~55.

⑤ Ibid., p. 39.

领我们暂时地避开人世间变化的烦恼。”[1]

尼采认为，人类只有在悲剧的再生中才能实现真正的自我拯救。在悲剧中所体现出的人生态度，才是一种非科学、非功利的人生态度。在对西方近代文化的批判方面，尼采的哲学在一定程度上起到了积极的作用。《悲剧的诞生》一书，是尼采的成名作，在此书的创作时期，尼采受到了叔本华思想的影响，但在这本书中，尼采的哲学观点已经突破了叔本华思想的界限。《悲剧的诞生》可以说是尼采哲学的源泉，也是非常值得我们后人学习思考的。

（三）酒神精神

在尼采的著作《偶像的黄昏》中有这样一段话：“《悲剧的诞生》一书，是我对一切价值的第一次重估。对于这点，我再次站在那片哺育出我的意愿和能力的土地之上——我，正是哲学家狄奥尼索斯（Dionysus）的最后一个弟子；——我，也是永恒轮回的老师。”[2] 我们在这里所说的“哲学家狄奥尼索斯”正是酒神精神（Dionysian）的所在。

尼采认为，“酒神式悲剧带来的第一结果就是：城邦和社会，其实也是所有人与人之间的分裂，都会被一种强大的统一感所替代，这种统一感引领人们回归自然。”[3] 同时，在尼采看来，“这

① Friedrich Nietzsche, *The Birth of Tragedy and Other Writings*, Cambridge University Press, 1999, pp. 80-81.

② Friedrich Nietzsche, *Twilight of the Idols*, Oxford University Press, 2008, p. 45.

③ Friedrich Nietzsche, *The Birth of Tragedy and Other Writings*, Cambridge University Press, 1999, p. 39.

是一个不可争辩的史实：在希腊悲剧最初形态中，唯一的主体就是酒神的遭遇，并且长期以来，舞台上的唯一主角就是酒神。”①

纵观整个人类社会历史，人们似乎总是受制于两种最基本的冲动因素：一个是追寻外在理性的超越世界，即尼采所说的“日神精神”，另一个是抒发个人内在的情绪，即尼采所说的“酒神精神”。我们也可以理解为，人的一生存在两种基本的人生观：走向世界，进而追求成功；走向内心，进而期望超越。酒神精神也因此成为尼采哲学的特色所在。退一步说，在人的一生中，或多或少会存在一定的不幸，我们的生命中会包含些许的矛盾，但这并不妨碍我们认知酒神精神，也就是说，如今我们仍然需要酒神精神。

由于各个国家的文化具有一定的差异性，中国的“酒神精神”和西方的“酒神精神”在某些方面上有所不同。在中国，酒神精神以道家哲学为源头。古人主张，物我合一，天人合一。李白称：“花间一壶酒，独酌无相亲。举杯邀明月，对影成三人。”苏轼道：“明月几时有？把酒问青天。不知天上宫阙，今夕是何年。”诸如此类的诗词，不胜枚举。中国的诗词文化和酒文化，可以说是博大精深。

西方的酒神精神，笑看一切悲剧。一切的人生哲学都不可回避人生中的悲剧方面。尼采正是如此，他承认人生的悲剧性，也承认人类需要战胜人生悲剧性的必要性。为此，尼采提出了酒神精神。他将酒神精神视为非理性主义精神，同时也视为乐观主义

① Friedrich Nietzsche, *The Birth of Tragedy and Other Writings*, Cambridge University Press, 1999, p. 51.

精神。酒神精神要求人们冲破束缚，不断超越。

借用古希腊神话中的酒神“狄奥尼索斯”的形象，尼采以此来形象生动地描述酒神精神的真谛。人们可以借助酒神精神来解决如何肯定人生、肯定自我这一关键性问题。当然，需要确定的是，这一问题是在肯定人生具有悲剧性的前提下提出的。酒神精神并非一般的精神，尼采认为，酒神精神是无处不在的。我们可以说，酒神状态是一种悲喜交加的状态。酒神精神存在于人的灵魂深处，属于人类内心的本能反应。酒神精神与人的本体互相融合，揭开一切外在的神秘面纱，揭示人生的悲剧本质。酒神精神意味着敢于直视人生悲剧，并且能够带领人们超越自我，迈向美好未来的精神。

（四）偶像的黄昏

对偶像的崇拜通常是指，对任何一种对象（人物、图像或其他物体、事物）的崇拜。偶像的黄昏，用德语来说就是：旧的真理临近结束。[①] 尼采在《偶像的黄昏》这本书中，不仅提到了那些永恒的偶像，而且也提到了那些不同时期的偶像。

首先，尼采谈到了叔本华。“叔本华是最后一个值得人们关注的德国人，他代表一个欧洲事件，就像歌德、黑格尔、亨利希·海涅一样。但是叔本华不仅代表一个本地事件，也代表一个‘民族’事件。叔本华将艺术、英雄主义、天赋、美丽、伟大的同情、知识、真理的意志、悲剧，诠释为‘否定’或需要否定的

---

① Friedrich Nietzsche, *Ecce Homo-How to Become What You Are*, Oxford University Press, 2007, p. 80.

‘意志’的结果。”①

其次，他谈到了柏拉图，尼采认为，“柏拉图走得更远。他用一种‘基督徒’没有，可能只有希腊人才有的纯真口吻说道，如果雅典没有这样美好的青年，世界上绝不会有柏拉图哲学。按照柏拉图的方式，哲学可能被定义为一场情欲竞赛，对古老的竞技体操及其预设的一种深入发展和内部转向。最终是什么东西从柏拉图的哲学情欲中滋生出来？就是一种新形式的希腊文艺竞赛——辩论术。”②

最后，尼采谈到了歌德。“歌德本身有着最强烈的本能：充满感性、崇尚自然、反对历史、理想主义、非实在论、革命精神。他想要的是整体效应，他对抗理性、情感、感觉和意志之间的相互隔离；他要让自己达到整体合一，进行自我创造。”③

在尼采的著作中，他特别提到了以上几位著名的人物。尼采认为，每个人本身就是一个一次性的奇迹；每个人的存在，也是一个奇迹。每个人都要严格遵循自身的唯一性，这样才不会使他人觉得厌倦。因此，这样就引出了尼采的另一个观点，即“成为你自己”。珍惜这个独特的自我，把它实现出来，是每个人的人生使命。

童年是每个人一生当中，最充满美好理想的时期。回忆一下你的童年时光，如果当时有人问你，你将来想要成为什么样的人，充满童趣的你一定会想出各种各样的答案。我们暂且不说你的回答是什么，当然，无论你的答案是什么，都好。但是我认为，比

---

① Friedrich Nietzsche, *Twilight of the Idols*, Oxford University Press, 2008, p. 29.

② Ibid., p. 30.

③ Ibid., p. 41.

起那些你口头说到的回答，还有比这些回答更重要的东西，那就是你内心深处的呼唤，即首先应该成为你自己。

无论你多么羡慕或者嫉妒别人的生活、别人的家庭，乃至别人的一切，你都不能彻底地成为这个你眼中的“别人”，因为你就是你自己，这才是真实的你。由此可见，对于我们每个人来说，最宝贵的还是自己。那么怎样才能成为自己呢？这也正是尼采留给我们自己来想象的空间，成为真正的自己，你的人生才会因此而有意义。

在《偶像的黄昏》一书的最后几章里，尼采论述了西方文明中的“偶像”，包括哲学家、作家、音乐家等等。尼采认为，我们所要做的是，在这些“偶像”的背后，重新建立一个新的、真正的自我。同时，成为你自己，这也要求每个人都有一种觉悟，就是对你自己的人生负责。这个责任只能由你自己来负，这是任何人都代替不了的。在尼采看来，对于我们的人生，我们必须自己对自己负起责任。

(五)“超人”

“超人”(Übermensch) 学说是尼采最具影响力的核心术语之一，尼采在《查拉图斯特拉如是说》一书的序言中宣布了超人的到来。尼采笔下所谓的“超人”，德文译为“Übermensch”，原来是人世的意义，也就是说超人要以人的意志来支配整个世界，进而征服一切。后来引申为超出于人类之人，即比人类更为强大的人上人。[①]

---

① 陈思和：《超人哲学浅说——尼采在中国》，江西高校出版社，2009 年，第 83 页。

在宣布“上帝之死”的同时，尼采提出了“超人”学说。查拉图斯特拉这个人物形象，就是超人的本质所在。他是一个热爱生命、热爱人类，同时充满激情、充满梦想的人。谈到“超人”的基本含义，尼采借查拉图斯特拉之口，指出：“我教你们什么是超人！人类就是要不断被超越。为了超越人类，你们已经做了什么呢？”[①] 而人类之所以被超越，不是一种外在意义上的超越，而是内在、自我的超越，在自我克服、自我超越中显现的，是人世间真正强大的力量，凭借这种力量，人得以检视、反思，成为自由的精神主体。在尼采看来，“人类终将被超越：因此，你应当热爱你的德性——否则将受其惩罚。”[②]

尼采提出的超人学说，其关键在于构建人生的理想哲学。“看哪！我教你们什么是超人！超人乃是大地的意义。让你们的意志这样说，超人是大地的意义！”[③] “看哪，我教你们什么是超人！超人就是这大海，你们伟大的蔑视可能沉没于其中。”[④] “看哪，我教你们什么是超人！他就是那道闪电，他就是那种疯狂！”[⑤]超人给现实的人生提出了价值目标；超人是人的自我超越。

“超人”是理想人格的代表，他本身具有大地的意义。“超人在我心里，他是我的首要和唯一——他并不是人类：不是邻人，不是最穷的人，不是最苦的人，也不是最好的人。”[⑥]尼采认为，人们首先要深刻认识自己，才能“成为你自己”。首先要成为自己，然后要超越自己，向着超人迈进。对于超人来说，“人只不

---

① Friedrich Nietzsche, *Thus Spoke Zarathustra*, Cambridge University Press, 2006, p. 5.

② Ibid., p. 20.

③④⑤ Ibid., p. 6.

⑥ Ibid., p. 179.

过是一根系在动物和超人之间的绳索——一根位于深渊之上的绳索。”[①] 当然，我们要做的应该是实现自我超越，不断进步，最终达到超人的最高水平。当然，追求超人之路遥远且漫长，也许这一路需要好几辈人的共同努力，“也许，不是你们自身创造超人，我的兄弟们！但你们可以把自己改造为超人的父亲和祖先：而且这就是你们最佳的创造！”[②]

“创造——是对痛苦的伟大救赎，是生活的镇痛剂。然而，对于创造者而言，的确必须承受痛苦和巨大的转变。”[③] “然而，是他创造了人类目标，赋予大地意义和未来：唯有这个创造者才实现万物的善或恶。”[④]

“人类为了自我保存，首先把价值投入事物中——人类自己创造了事物的价值，人类的价值！因此，他称自己为‘人类’，即估价者。估价就是创造：听啊，你们这些创造者！”[⑤] 认识我们内心的伟大，其中一个办法当然是把我们自己看作创造者，创造比我们自身更伟大的超人。超人代表着力量和勇气，也代表着“高贵”、风度和优雅。然而与尼采的其他诸多肯定的论题一样，超人更像一个规定性的理想——鼓励人们为之奋斗的理想——而不是一个有关行动的具体描述或者起改造作用的行为。[⑥]

尼采提出的超人哲学，是人生理想的化身。超人是大地的意

---

① Friedrich Nietzsche, *Thus Spoke Zarathustra*, Cambridge University Press, 2006, p. 7.

② Ibid., p. 50.

③ Ibid., p. 50.

④ Ibid., p. 119.

⑤ Ibid., p. 35.

⑥ ［美］罗伯特·所罗门，凯瑟琳·希金斯：《尼采到底说了什么》，于卉芹译，新华出版社，2012年，第198页。

义，也是存在的意义、更是人的意义。尼采所指的“超人”形象大致可以概括为自由的化身。在特殊的生活环境下，超人才能得以成长起来，尼采笔下的“超人”正是那种强大而坚定的人。超人摆脱了人类道德的束缚。文明是人的创造，同时文明也控制着人们的生活，制定出新的规定来限制人的个性的发展。其中道德就是最为根本的一个环。只有人在摆脱了传统道德的羁绊之后，他才能或多或少地超越自己。他的这种行为就是一种超越，是超人的行为，他也将带动一大批人。从而会有更多的人来摆脱旧道德的束缚。[①]

（六）尼采名言及译文

（1）There is no doubt that, of the two halves of our lives, the waking and the dreaming half, the former strikes us as being the more privileged, important, dignified, and worthy of being lived, indeed the only half that truly is lived; nevertheless, although it may seem paradoxical, I wish to assert that the very opposite evaluation of dream holds true for that mysterious ground of our being of which we are an appearance.[②]

毫无疑问，在我们生活的两个半边，醒着和梦中，前者给我们的印象是更可获得、重要、庄严、值得经历的，的确，这是唯一值得我们生活的半边。尽管如此，尽管它看似荒谬，我依然坚

① 吴光远：《不做好人，做强者》，新世纪出版社，2006年，第173~175页。

② Friedrich Nietzsche, *The Birth of Tragedy and Other Writings*, Cambridge University Press, 1999, p. 25.

持，梦的本身应该受到人们所拒绝给予的重视，因为它是我们身为其现象本质的神秘基础。①

（2） This is the first effect of Dionysian tragedy：state and society，indeed all divisions between one human being and another，give way to an overwhelming feeling of unity which leads men back to the heart of nature.②

酒神精神悲剧的第一影响在于，城邦和社会以及所有的分裂，人与人之间的所有裂痕，都让步于一种强大的统一感，这种统一感指引人们回到自然的怀抱。③

（3） Between the universal validity of its music and the listener who is receptive to the Dionysian，tragedy places a sublime symbolic likeness -myth -and awakens in the listener the illusion that music is merely a supreme presentational device to enliven the plastic world of myth.④

在悲剧音乐的普遍效果和酒神精神的听众之间，悲剧设置了一种崇高的、具有象征意义的比喻手法——神话——以此来唤起听众的一种假象，即音乐只是用来激发神话物质世界的最高表现

---

① ［德］尼采：《悲剧的诞生》，周国平译，生活·读书·新知三联书店出版社，1986 年，第 13~14 页。

② Friedrich Nietzsche，*The Birth of Tragedy and Other Writings*，Cambridge University Press，1999，p. 36.

③ ［德］尼采：《悲剧的诞生》，周国平译，生活·读书·新知三联书店出版社，1986 年，第 28 页。

④ Friedrich Nietzsche，*The Birth of Tragedy and Other Writings*，Cambridge University Press，1999，pp. 99-100.

形式。①

（4） The value of a thing sometimes does not lie in that which one attains by it, but in what one pays for it—what it costs us.②

事物的价值有时并不在于人们通过它可以获得什么，而在于人们可以为它付出什么，——它让我们花费了什么。③

（5） Danger alone acquaints us with our own resources, our virtues, our armor and weapons, our spirit, and forces us to be strong. First principle: one must need to be strong—otherwise one will never become strong.④

危险本身教会我们认知我们的资源、我们的美德、我们的设备和武器、我们的精神，并且迫使我们坚强起来。第一准则：一个人有必要坚强，否则永远不会坚强。⑤

（6） Great men are necessary, the age in which they appear is accidental; that they almost always become masters over their age is only because they are stronger, because they are older, because for a longer time much was gathered for them.⑥

伟大的人物是必然的，产生他们的时代是偶然的；他们几乎总会成为他们那个时代的主人，因为他们更强大，因为他们更古

---

① ［德］尼采：《悲剧的诞生》，周国平译，生活·读书·新知三联书店出版社，1986年，第91页。

② Friedrich Nietzsche, *Twilight of the Idols*, Oxford University Press Reissue, 2008, p. 36.

③ ［德］尼采：《偶像的黄昏》，卫茂平译，华东师范大学出版社，2007年，第159页。

④ Friedrich Nietzsche, *Twilight of the Idols*, Oxford University Press Reissue, 2008, p. 36.

⑤ ［德］尼采：《偶像的黄昏》，卫茂平译，华东师范大学出版社，2007年，第160页。

⑥ Friedrich Nietzsche, *Twilight of the Idols*, Oxford University Press Reissue, 2008, pp. 38-39.

老，因为他们身上积累的财富更久远。①

（7）There he enjoyed his spirit and his solitude, and for ten years did not weary of it. But finally he had a change of heart -and rising one morning with the dawn, he went before the sun, and spoke thus to it："Oh great star! What would your happiness be if you did not have us to shine for?"②

在山里，查拉图斯特拉享受着自己的智慧与孤寂，数十年如一日，不知疲倦。然而，最终，他的心态有了变化——某日早上，他迎着朝霞起身，迎着太阳走去，并对太阳说："你伟大的星辰啊！倘若你不拥有你所照耀的一切，你的幸福何在？"③

（8）What is great in man is that he is a bridge and not a goal：what is lovable in man is that he is an over-going and a down-going.④

人之所以伟大，是因为他是一座桥梁，而非目的。人之所以可爱，是因为他是一种过渡，一种终结。⑤

（9）And if my wisdom should some day forsake me：-alas! It loves to fly away! -may my pride then fly with my folly!⑥

如果有一天，我的智慧离开了我——哎！它喜欢飞走！——那就让我的骄傲和我的愚昧一起飞走吧！⑦

---

① ［德］尼采：《偶像的黄昏》，卫茂平译，华东师范大学出版社，2007年，第169页。
② Friedrich Nietzsche, *Thus Spoke Zarathustra*, Cambridge University Press, 2006, p. 2.
③ ［德］尼采：《查拉图斯特拉如是说》，黄明嘉译，漓江出版社，2007年，第4页。
④ Friedrich Nietzsche, *Thus Spoke Zarathustra*, Cambridge University Press, 2006, p. 7.
⑤ ［德］尼采：《查拉图斯特拉如是说》，黄明嘉译，漓江出版社，2007年，第7页。
⑥ Friedrich Nietzsche, *Thus Spoke Zarathustra*, Cambridge University Press, 2006, p. 13.
⑦ ［德］尼采：《查拉图斯特拉如是说》，黄明嘉译，漓江出版社，2007年，第15页。

(10) I learned waiting also, and thoroughly so, - but only waiting for myself. And above all did I learn standing and walking and running and leaping and climbing and dancing. This however is my teaching: he, who wishes one day to fly, must first learn standing and walking and running and climbing and dancing: -one does not fly into flying![①]

我也学会了期待，彻底期待——但只期待我自己。万物之上，我学会了站立、行走、奔跑、跳跃、攀登和舞蹈。这是我的教导：要学飞就必先学会站立、行走、奔跑、攀登和舞蹈——人不可能由飞而学会飞![②]

三、主要影响

任何一个人拿起尼采的著作，都会发觉它们才气横溢、光彩夺目。在尼采的许多著作中，他以自己非凡的勇气和惊人的洞察力建立了独一无二的哲学体系。尼采用其哲学思想分析身边的一切，以理服人、以例悦人，从而征服人类的思想。他献给人类的不只是一种新的哲学，也不仅仅是一篇文章或一段警句，而且还是一种新的信仰、新的希望。尼采热爱生命，提倡昂然的生命力和奋发的意志力，肯定人世间的价值，并且视自然界为重要的真实世界，给当时的哲学注入新鲜血液并开辟了哲学的崭新时代。尼采的哲学思想影响深远，主要体现在对于基督教、理性主义和

---

① Friedrich Nietzsche, *Thus Spoke Zarathustra*, Cambridge University Press, 2006, p. 118.

② ［德］尼采：《查拉图斯特拉如是说》，黄明嘉译，漓江出版社，2007年，第179~180页。

非理性主义等诸多方面。

（一）对基督教的影响

两千多年以来，欧洲人信奉上帝，他们将人生的价值、人的一切都寄托于上帝。然而，尼采揭露和批判了传统的基督教哲学。欧洲人两千年的精神生活是以信仰上帝为核心的，人是上帝的创造物和附属物。人生的价值，人的一切都寄托于上帝。虽然自启蒙运动以来，上帝存在的基础已开始瓦解，但是由于没有新的信仰，人们还是信仰上帝，崇拜上帝。

尼采的一句名言“上帝死了”——是对上帝存在的无情批判。基督教理论约束人的心灵，使人的本能受到压抑，要使人获得自由，必须杀死上帝。因此，尼采认为，基督教的衰落具有其历史必然性。尼采在《偶像的黄昏》一书中提到，“基督教是一个系统，是一个对事物进行整体思考的完整观点。基督教信仰上帝，唯有上帝知道这点。基督教的道德是个命令，其根源是超验的。它超越了一切批判的权利。”①

尼采认为，在没有上帝的世界里，人们获得了空前的机会，必须建立新的、以人的意志为中心的价值观。为此，要对传统道德价值进行改造，传统的道德观念是上帝的最后掩体，它深深地渗透于人们的日常生活之中，腐蚀人们的心灵。因此，尼采批判基督教的道德，以及基督教所崇尚的美德。

---

① Friedrich Nietzsche, *Twilight of the Idols*, Oxford University Press, 2008, p. 24.

（二）对理性主义的影响

尼采揭露和批判了理性主义。和西方的其他哲学家一样，自启蒙运动以来，尼采对理性主义进行了深刻的思考，并意识到理性主义不是打开一切存在之门的钥匙，倘若单凭理性主义来思考问题的话，人类就很难进步。正如尼采的“权力意志”学说，正是对理性主义的批判，对传统理论的否定。对于理性主义的思想，尼采持批判态度。在认识论上，尼采是极端的反理性主义者，他对理性哲学进行了彻底的批判。

尼采对理性持批判态度，他认为，在这样一个充满了偶然性并且动荡不定的世界里，理性主义所起的作用，只能是把流动的历史逐渐僵化起来，用一些看似永恒的概念来限制充满活力的世界。其结果只能是扼杀了人类的生命、阻止了人类进步的历程。换句话说，人类之所以崇尚理性主义，主要是误认为理想主义可以给人类带来光明的未来，指望理性给人带来自由和幸福。然而，结果恰恰相反，事实上，理性主义处处与人类为敌，它的存在只能给人们造成更大程度的痛苦。

（三）对非理性主义的影响

尼采认为，如果人类想要建立新的哲学思想，就必须将生命意志置于理性主义之上，即建立非理性主义哲学。尼采提出的“权力意志”学说，正是用权力意志代替了上帝的位置，代替了传统意义上的形而上学的位置。权力意志决定生命的本质，决定着人生的意义。现实的人生应该是：权力意志源于生命，高于生命，最终也将归于生命。

权力意志不是世俗的权势，它是一种本能的、自发的、非理性的力量。它决定生命的本质，决定着人生的意义。尼采比较了权力意志和理性主义的不同特性。作为人类社会最高的价值尺度，一方面，权力意志肯定了人生的价值；另一方面，权力意志也为世界上的不平等之事做出了相应的辩护。人们普遍认为，与自然的生命一样，人类也有强弱之分，未来肯定人的等级制度，尼采选择推翻神的等级制度。

此外，尼采对日神精神与酒神精神的区分，也体现了非理性主义的重要作用，并使其高于理性主义。关于日神精神（理性主义）冲动和酒神精神（非理性主义）冲动，尼采认为，酒神精神是一种冲破束缚、自我解放的精神，是一种非理性主义精神。酒神精神使人类得以超越，并呼唤人类的解放。伴随着酒神精神的兴起，非理性主义思潮的开始，有助于人类更好地了解世界、认识真理，也对后面的哲学理论在一定程度上产生了深远的影响。

四、启示

作为西方哲学思想的重要组成部分，尼采的哲学思想对我们今后哲学的研究进程起到了重要的作用。通过分析和研究尼采的哲学思想理论，我们得到了以生命价值、价值实现、超越性为基础的人生启示。这三点启示不仅有利于我们更好地理解尼采的哲学精神所在，也为我们今后的哲学研究方向提供了理论指导。

（一）对生命价值的启示

尼采创造了“超人”的概念，代替了上帝。在尼采看来，“那无法杀死我的，让我更加坚强。”[①] 尼采的哲学勾勒出一幅生命价值的流动图景，他启发人们关注人的生命创造价值。尼采认为，“人们必须在生命之外有一个立场，此外还要很了解它，就好比某个人、许多人、所有人都经历过一样，这样才能真正触及生命价值这个问题，有足够的理由去领会，这个问题对我们来说不可企及。”[②] 尼采的哲学告诫人们，应该热爱生命，重视创造热情，肯定生命的价值。

（二）对价值实现的启示

尼采的哲学思想告诉人们，有价值的生命不应该是被动的接受，而应该是主动的创造，这样人类才能不断地充实自我、完善自我。尼采创立了哲学体系，不同于以往的哲学思想，尼采要做的是展示自己独具特色的哲学思想。“没有什么比我们对美的感受更加有条件性了——或者，我们可以说，更受限制了……‘自在之美’仅仅是一个短语，它甚至不是一个概念。在美中，人类将自己作为完美的尺度；在特殊的条件下，他在美中自我崇拜。”[③] 因此，尼采的哲学能唤醒人们实现其自由的、超越的人生价值。

---

① Friedrich Nietzsche，*Twilight of the Idols*，Oxford University Press，2008，p. 2.

② Ibid.，p. 12.

③ Friedrich Nietzsche，*Twilight of the Idols*，Oxford University Press，2008，p. 28.

（三）对超越性的启示

“超人”是尼采从“权力意志”出发提出的概论，他要人不断提高，超越自己，成为超人，只有超人才是上等人，才能让历史增加色彩。超人之于人正像人之于猿猴和超人之间的一根线索，一个过渡，超人才是整个人类的最终目的。尼采认为，超人具有旺盛的生命本能，最强大的权力意志，超人富有创造精神，他敢于冒险，勇于创新，敢于破坏旧价值，创造新价值。[①]纵观人的一生，我们应该积极主动地进行自我否定、自我超越，只有这样才能逐步完善自我。尼采哲学的超越性还在于个体的自我超越，他向人们展示了个体获得超越，实现理想的道路。尼采从社会结构和个体实践两个方面探讨了人类的自我超越运动。

五、术语解读与语篇精粹

（一）酒神（Dionysus）

1. 术语解读

尼采在《悲剧的诞生》（*Die Geburt der Tragodie*）一书中，提出了“酒神精神”这一重要概念。尼采用希腊神话中的两个精神：酒神精神——狄奥尼索斯（Dionysian）和日神精神——阿波罗（Apollonian），来说明艺术的起源、本质以及人生的意义。酒

① 程志民、江怡：《当代西方哲学新词典》，吉林人民出版社，2001 年，第 28 页。

神精神所产生的情绪是一种深沉的悲剧性情绪，这种情绪位于人的本能之中。醉是日常生活中的酒神状态。[①]尼采认为，希腊悲剧之美的原因主要在于，希腊悲剧是日神和酒神这两种成分的有机组成。酒神的力量在于，迷醉现实世界，以感知自然神秘的统一性。

同时，在尼采看来，“这是一个不可争辩的史实：在希腊悲剧最初形态中，唯一的主体就是酒神的遭遇，并且长期以来，舞台上的唯一主角就是酒神。”[②] 通过“酒神”这个概念，尼采认为，音乐作为一种理性主义无法把握的力量，可以直接深入世界本质之中。[③]尼采所说的酒神精神，就是以音乐的情绪进入酒神状态。因此，酒神包含着诸多合理的因素。

2. 语篇精粹

语篇精粹 A

In the Dionysus' dithyramb, man is stimulated to the highest intensification of his symbolic powers; something that he has never felt before urgently demands to be expressed: the destruction of the veil of maya, one-ness as the genius of humankind, indeed of nature itself. The essence of nature is bent on expressing itself; a new world of symbols is required, firstly the symbolism of the entire body, not just of the mouth, the face, the word, but the full gesture of dance with its

---

① 程志民、江怡：《当代西方哲学新词典》，吉林人民出版社，2001 年，第 117 页。

② Friedrich Nietzsche, *The Birth of Tragedy and Other Writings*, Cambridge University Press, 1999, p. 51.

③ 朱光潜：《悲剧心理学》，中华书局出版社，2008 年，第 112 页。

rhythmical movement of every limb. Then there is a sudden, tempestuous growth in music's other symbolic powers, in rhythm, dynamics, and harmony. To comprehend this complete unchaining of all symbolic powers, a man must already have reached that height of self-abandonment which seeks symbolic expression in those powers: thus the dithyrambic servant of Dionysus can only be understood by his own kind! With what astonishment the Apolline Greeks must have regarded him! With an astonishment enlarged by the added horror of realizing that all this was not so foreign to them after all, indeed that their Apolline consciousness only hid this Dionysian world from them like a veil.①

译文参考 A

在酒神的赞美诗中，人类受到鼓舞，最大限度地强化了其象征力量，急于要表达某种从未有过的感受：揭除摩耶面纱，人类创造力，甚至自然本身创造力的和谐统一。自然的本质就是衷于自我表达，一个新的象征世界必不可少。首先是整个躯体的象征意义，不仅仅包括嘴巴、脸孔、词汇，还包括所有肢体律动下的全部舞姿。然后，在寓于节奏、动力与和声的音乐象征力量中，出现一个突然的、剧烈的增长。为了完全理解这种自由的象征力量，人类必须已经达到那种自我放纵的境界，才能在这种力量中寻找象征性表达。因此，热情洋溢的酒神信徒，只能被同道中人所理解！这多么令人惊讶啊，日神式的希腊人一定已经注意到他了！而且惊讶与日俱增，其中掺入了一种恐惧。毕竟，这一切对

① Friedrich Nietzsche, *The Birth of Tragedy and Other Writings*, Cambridge University Press, 1999, p. 21.

他们来说并非如此陌生。其实，他们的日神意识只不过是用来遮蔽面前酒神世界的一层面纱罢了。

语篇精粹 B

The agitated mass of Dionysus' servants shouts in jubilation as they are seized by moods and insights so powerful that they transform them before their very own eyes, making them think they are seeing themselves restored to the condition of geniuses of nature, as satyrs. The later constitution of the tragic chorus is the artistic imitation of that natural phenomenon; at this point, admittedly, it was necessary to separate the Dionysian spectators from those who were under the spell of Dionysian magic. But it must always be remembered that the audience of Attic tragedy identified itself with the chorus on the orchestra, so that there was fundamentally no opposition between public and chorus; the whole is just one sublime chorus, either of dancing and singing satyrs, or of those who allow themselves to be represented by these satyrs.①

译文参考 B

这些激动的酒神信徒欢呼呐喊，仿佛他们被一种强大的情绪和洞察力所控制，以至于在他们自己面前完全变形，把自己想象成再生的自然精灵，就像萨提尔一样。悲剧合唱队的后期结构是对这一自然现象的艺术模仿；诚然，在这一点上，我们必须把酒神的观众和那些受到酒神魔力咒语控制的人群分开。但是，必须始终牢记，阿提卡悲剧的观众在合唱队身上发现了他们自己，因

① Friedrich Nietzsche, *The Birth of Tragedy and Other Writings*, Cambridge University Press, 1999, p. 42.

此，在观众与合唱队之间并不存在本质的对立；不管是载歌载舞的萨提尔，还是这些萨提尔所代表的群体，他们整体上就是一个崇高的合唱队。

语篇精粹 C

According to this insight and according to the traditional evidence, Dionysus, the true hero of the stage and centre of the vision, is initially, in the earliest period of the tragedy, not truly present, but rather is imagined as being present. Originally the tragedy is only "chorus" and not "drama". Later the attempt is made to show the god as real and to present the visionary figure, together with the transfiguring framework, as visible to every eye; at this point "drama" in the narrower sense begins. Now the dithyrambic chorus is given the task of infecting the mood of the audience with Dionysian excitement to such a pitch that, when the tragic hero appears on the stage, they see, not some grotesquely masked human being, but rather a visionary figure, born, as it were, of their own ecstasy.①

译文参考 C

根据这种洞见和传统迹象，酒神这个舞台上的真正主角和视觉中心，最初在悲剧早期，并不真实存在，只是被想象成一种存在。悲剧原本只是“合唱”，而不是“戏剧”。后来，人们才尝试把这位神灵作为真人显现出来，成为想象中的角色，连同理想化的框架，呈现在众人面前，于是开始出现狭义的“戏剧”。现在，

① Friedrich Nietzsche, *The Birth of Tragedy and Other Writing*, Cambridge University Press, 1999, p. 45.

热情洋溢的合唱队的任务是用酒神的兴奋来感染观众的情绪，当悲剧主角出现在舞台上时，他们看到的不是戴着面具的怪人，而好像是源于自己狂喜之时的幻想角色。

（二）善恶（Good and Evil）

1. 术语解读

在尼采的著作，《超善恶》（*Beyond Good and Evil*）一书中，许多文字都体现了尼采的孤独和他的神秘之感。尼采关于“善”与“恶”的观点，在这一文中得到很好的证明。他认为生活在这个世界上的每个人，我们要想拥有更多的自由，就应该学会隐藏，给自己带上一副假面具，在人群中把真正的自我隐藏在假面具之后，独自去感悟自我，体会自己的生活，去思考自己的人生。这样，我们才能享受自在的快乐，才能达到自由精神的境界，在假面具的背后，我们才能更清楚更理智地看着自己周遭的这个世界所发生的一切，这样的“我”才是真正自由的。在现实生活中，我们也发现不少的人都带着假面具在自己生活的舞台上表演各种戏剧，有悲有喜，他们带着面具去爱人也去害人，而他自己，依然是孤寂的，但他是安全的，因为有面具，他真正的自我就会受到保护而不被伤害。

尼采在《查拉图斯特拉如是说》（*Thus Spoke Zarathustra*）一书中提道：“我告诫人们，没人知道何为善恶，除非他是创造者，这时我惊扰了昏昏欲睡的人！”[①] 尼采有着一种很高的道德感，这

① Friedrich Nietzsche, *Thus Spoke Zarathustra*, Cambridge University Press, 2006, p. 119.

就是超越善恶，他追求的是生命自身的自由精神，尤其是对心灵的自由十分关注。尼采认为，如果人们把自己的心紧绷得铁一般坚硬，那么人们就会给他的精神以许多自由，换言之，即必须将自我的心禁锢起来才能享受心灵的自由。另外，心灵的自由，必须要有愚蠢的冲击，因为愚蠢，我们可以假装不认识某些束缚我们心灵自由的东西，才能轻松而没有那么多的枷锁。在现今复杂的社会中生活的我们，应该提倡尼采的善恶观点。有时候，我们少一些聪明多一些愚笨，也许我们就能少承受一些生活的苦难，偶尔把自己的心锁起来享受一个人的时光，未尝不是一件让自己轻松自由的好事。

尼采提出，对一切真理美德的追求，人们都应该从自身的权力意志出发，在现实生活中，依靠生命的权力意志不断地去创造，去发现生活中的“善”。因此，在此基础上，尼采发出“上帝死了!”的呐喊，要求重估一切价值，提倡以生命的权力意志作为价值的标准，这也是“善”和“恶”的标准。生命是极为重要的，没有生命，其他的一切都是没有意义的，我们甚至可以说是生命创造了一切，善恶当然也不例外。

2. 语篇精粹

语篇精粹 A

My demand of the philosopher is well known: That he take his stand beyond good and evil and treat the illusion of moral judgment as beneath him. This demand follows from an insight that I was the first toarticulate: that there are no moral facts. Moral and religious judgments are based on realities that do not exist. Morality is merely an interpretation of certain phenomena—more precisely, a misinterpretation. Moral judgments, like religious ones, belong to a stage of ignorance in which the very concept of the real, and the distinction between what is real and imaginary, are still lacking. "Truth" at this stage designates all sorts of things that we today call "figments of the imagination." Moral judgments are therefore never to be taken lit-erally: so understood, they are always merely absurd. Semantically, however, they remain invaluable: they reveal, at least for those who can interpret them, the most valuable realities of cultures and psychologies that did not know how to "understand" themselves. Morality is only a language of signs, a group of symptoms: one must know how to interpret them correctly to be able to profit from them.①

译文参考 A

我对哲学家的要求众所周知：他超越善与恶的立场，超越道德判断的幻觉。这个要求来自我最初的洞见：根本就不存在道德事实。道德判断和宗教判断都以并不存在的现实为基础。道德只不过是对某些现象的阐释——更确切地说，是一种误读。道德判断和宗教判断一样，属于一个无知的阶段，缺乏现实概念，没有区分现实和想象。在这个阶段，“真理”描述的东西就是我们今天称为“想象的虚构”。因此，无法形成真正的道德判断，它们总被认为是荒谬的。不过，从符号学上看，它们价值不凡，至少对那些参透其含义的人而言，道德判断揭示了文化领域和精神世

① Friedrich Nietzsche, *Twilight of the Idols*, Oxford University Press Reissue, 2008, p. 17.

界中最具价值的现实情况，而文化和精神层面对其自身意义还尚未“了解”。道德只是符号语言，一个症兆群，人们必须知道如何正确阐释它们才能从中获益。

语篇精粹 B

Christianity presupposes that man does not know, cannot know, what is good for him, what evil. He believes in God, who alone knows it. Christian morality is a command; its origin is transcendent; it is beyond all criticism, all right to criticism; it has truth only if God is the truth—it stands and falls with faith in God. When the English actually believe that they know "intuitively" what is good and evil, when they therefore suppose that they no longer require Christianity as the guarantee of morality, we merely witness the effects of the dominion of the Christian value judgment and an expression of the strength and depth of this dominion: such that the origin of English morality has been forgotten, such that the very conditional character of its right to existence is no longer felt. For the English, morality is not yet a problem.①

译文参考 B

基督教的预设是，一个人不知道，也不可能知道，对他来说什么是善，什么是恶。他信仰上帝，唯有上帝知道这点。基督教的道德是个命令，其根源是超验的，它超越一切批判，一切批判的权利，只有当上帝是真理的时候，道德才拥有真理——它与上帝的信仰共进退。倘若英国人真的认为，他们“本能地”知道何

① Friedrich Nietzsche, *Twilight of the Idols*, Oxford University Press, 2008, p. 24.

为善恶，倘若他们因此而以为不再需要基督教作为道德的保证，那么这本身就是基督教价值判断掌握主导权的后果，是对这个主导权强大、深刻的表达，以至于英国道德的起源被人遗忘，以至于道德存在权的条件被人忽视。对英国人来讲，道德还不是一个问题。

语篇精粹 C

When I came to men, then found them resting on an old infatuation: All of them thought they had long known what was good and evil for men. An old wearisome business seemed to them all talk of virtue; and he who wished to sleep well spoke of "good" and "evil" before retiring to rest. This somnolence did I disturb when I taught that no one yet knows what is good and evil: —unless it be the creator! —It is he, however, who creates man's goal, and gives to the earth its meaning and its future: he only effects it that anything is good or evil. And I bade them upset their old academic chairs, and wherever that old infatuation had sat; I bade them laugh at their great moralists, their saints, their poets, and their saviors. At their gloomy sages did I bid them laugh, and whoever had sat admonishing as a black scarecrow on the tree of life.①

译文参考 C

当我走近人们，发觉他们还痴迷于老套观念，所有人都觉得他们早就知道什么是人的善恶。关于美德的一切言论对他们来说都是陈词滥调，令人乏味，意欲安睡的人在就寝之前还要谈

① Friedrich Nietzsche, *Thus Spoke Zarathustra*, Cambridge University Press, 2006, p. 119.

"善"与"恶"。我告诫人们，没人知道何为善恶，除非他是创造者，这时我惊扰了昏昏欲睡的人！——然而，正是创造者给人类创立了目标，赋予地球和未来以意义，只有创造者才能实现善与恶。我要他们推翻过时的学究，一切迷恋老旧的思想；我要他们嘲笑他们伟大的道德家、圣人、诗人以及他们的救世主；我要他们嘲笑那些忧郁的智者，所有那些像黑色稻草人一样坐在树上训诫他人的智者。

（三）自由主义（Liberalism）

1. 术语解读

尼采的哲学，是关于人的本质和自由的学说。尼采认为："你还不自由，你还在寻求自由。"[①] 人类可以利用自己的特性，自由地创造属于自己的本质，塑造出更为善良纯真的性格。人是独立的个体，这个社会是权力意志构造的社会，意志来自于人的内心，来自于独立的自由，来自于对苦难的克服。一方面，人的意志决定了人的未来；另一方面，真正的自由精神决定了人的未来。

尼采笔下的"超人"是位于公共意识之上，并且获得真正自由的人上人。尼采自称："我热爱自由，热爱弥漫于这片土壤的新鲜空气，与其睡在荣誉和尊严上，还不如躺在公牛皮上。"[②] 这里所谓的"自由"，指的是个人的自由，不是公共的自由。尼采

---

① Friedrich Nietzsche, *Thus Spoke Zarathustra*, Cambridge University Press, 2006, p. 24.

② Ibid., p. 76.

所理解的自由，就是一个人有自己承担责任的意志。自己是自己的主人，不依赖他人。所以，人们相信："一切皆自由，你能做到，因为你希望自由！"①

2. 语篇精粹

语篇精粹 A

My conception of freedom. — The value of a thing sometimes does not lie in that which one attains by it, but in what one pays for it—what it costs us. I shall give an example. Liberal institutions cease to be liberal as soon as they are attained: later on, there are no worse and no more thorough injurers of freedom than liberal institutions. Their effects are known well enough: they undermine the will to power; they level mountain and valley, and call that morality; they make men small, cowardly, and hedonistic—every time it is the herd animal that triumphs with them.②

译文参考 A

我对自由的构想——事物的价值有时并不在于人们从中可以获得什么，而在于人们为它可以付出什么——它让我们付出什么代价。我举一个例子，自由主义机构一旦得以实现，就不再是自由的了。因为后来，没有什么比自由主义机构对自由本身伤害更严重、更彻底的了。这些影响众所周知，他们削弱了权力意志，将山脉和峡谷夷为平地，还称其为道德，他们让人类变

① Friedrich Nietzsche, *Thus Spoke Zarathustra*, Cambridge University Press, 2006, p. 123.

② Friedrich Nietzsche, *Twilight of the Idols*, Oxford University Press, 2008, p. 36.

得渺小、懦弱、贪于享乐——无论何时，都是一群为自由主义机构欢呼的动物。

语篇精粹 B

Liberalism: In German, it means herd-animalization. These same institutions produce quite different effects while they are still being fought for; then they really promote freedom in a powerful way. On closer inspection it is war that produces these effects, the war for liberal institutions, which, as a war, permits illiberal instincts to continue. And war educates for freedom. For what is freedom? That one has the will to assume responsibility for oneself. That one maintains the distance which separates us. That one becomes more indifferent to difficulties, hardships, privation, even to life itself. That one is prepared to sacrifice human beings for one's cause, not excluding oneself. Freedom means that the manly instincts which delight in war and victory dominate over other instincts, for example, over those of "pleasure."①

译文参考 B

自由主义，在德语中，它表示畜群动物化。相同的机构会产生完全不同的影响，而人们还在为建立这些机构而奋斗；这些机构确实会以一种强大的方式促进自由。通过仔细观察，正是战争产生了这些影响。为了建立自由主义机构而发动的战争，它允许非自由的本能得到延续。战争培育自由，什么是自由？就是个体能对自我负责，能保持彼此的距离感，漠视艰难、困苦、穷困，

① Friedrich Nietzsche, *Twilight of the Idols*, Oxford University Press, 2008, p. 36.

甚至是生命本身，准备为某个理想而牺牲全人类，也包括自己。自由意味着因战争和胜利而获得快乐的男性本能，它支配着其他本能，比如那些“愉悦”的本能。

语篇精粹 C

The peoples who had some value, attained some value, and never attained it under liberal institutions: It was great danger that made something of them that merits respect. Danger alone acquaints us with our own resources, our virtues, our armor and weapons, our spirit, and forces us to be strong. First principle: one must need to be strong—otherwise one will never become strong. Those large hothouses for the strong—for the strongest kind of human being that has so far been known—the aristocratic commonwealths of the type of Rome or Venice, understood freedom exactly in the sense in which I understand it: as something one has or does not have, something one wants, something one conquers.①

译文参考 C

拥有价值和获得价值的民族，决不是在自由主义的机构下实现价值的，而是巨大的危险造就出某些值得尊敬的事物。危险本身让我们了解资源、美德、装甲武器和精神，并迫使我们坚强起来。第一准则为：一个人必须坚强，否则就永远不会强大。那些培养强者的大型温室——就我们所知，为了培养最坚强的人类——罗马和威尼斯的贵族政体对自由的理解，和我对该词的理解有着同样的意义，即把它看作一个人或拥有或没有他想要得到

① Friedrich Nietzsche, *Twilight of the Idols*, Oxford University Press, 2008, p. 36.

并征服的东西。

（四）道德（Morality）

1. 术语解读

尼采笔下的“道德”，主要指的是弱者的道德。尼采认为，弱者无法战胜强者，因此，他提出了“道德”意识，用以约束强者的发展。与自由放任相对而言，道德体系要求太多束缚和规则，从某种意义上讲，道德是个人发展的条件之一。人们必须抛弃这种旧道德，才能获得真正意义上的自由。为此，尼采提出了“超人”（Übermensch）学说和“主人道德”（Master Morality），以此来向人们展示他所理解的“人”和“自由”。“超人”肯定旧道德所反对的一切，他不要怜悯和同情，也不要旧道德所肯定的一切。

2. 语篇精粹

语篇精粹 A

I reduce a principle to a formula. Every naturalism in morality—that is, every healthy morality—is dominated by an instinct of life, some commandment of life is fulfilled by a determinate canon of “shall” and “shall not”; some inhibition and hostile element on the path of life is thus removed. Anti-natural morality—that is, almost every morality which has so far been taught, revered, and preached—turns, conversely, against the instincts of life: it is condemnation of these instincts, now secret, now outspoken and impudent. When it says, “God looks at the heart,” it says No to both the lowest and the highest desires of life, and posits God as the enemy of life. The saint in whom God delights is the ideal eunuch. Life has come to an end where the "kingdom of God" begins.①

译文参考 A

我概括地提出一个原则。道德中的每种自然主义——每种健康的道德——都被生命本能所支配，生命的一些戒律，都通过关于"应该"和"不应该"的限定标准得以实现，因此生命进程中的一些抑制和敌对的要素得以清除。至今为止几乎每一种道德都是被教导、敬畏和宣扬的，相反，反自然的道理是和生命的本能相对的，它谴责这些本能，时而隐蔽、时而坦率、时而鲁莽。当它说"上帝看着这颗心呢"，它是在对生命的最低和最高欲望说不，把上帝当作生命的敌人。上帝喜欢的圣人，是个理想的阉人。生命结束的地方正是"天国"开始的地方。

语篇精粹 B

Once one has comprehended the outrage of such a revolt against life as has become almost sacrosanct in Christian morality, one has, fortunately, also comprehended something else: the futility, apparentness, absurdity, and mendaciousness of such a revolt. A condemnation of life by the living remains in the end a mere symptom of a certain kind of life: the question whether it is justified or unjustified is not even raised thereby. One would require a position outside of life, and yet have to know it as well as one, as many, as all who have lived it, in order to be permitted even to touch the problem of the value of

① Friedrich Nietzsche, *Twilight of the Idols*, Oxford University Press, 2008, p. 12.

life: reasons enough to comprehend that this problem is for us an unapproachable problem.[①]

译文参考 B

生命在基督教道德中几乎已变得神圣不可侵犯，一旦一个人理解了对抗生命实属暴行，那么很幸运，他由此也领会到其他一些事情：这种抗拒完全是徒劳无获、虚有其表、荒诞且虚假的。人们对于生命的谴责，最终还只是某种生命的表征，而合不合理这个问题还没有被提出来。人们需要生命之外的立场，而且为了真正触及生命价值这个问题，必须对此充分了解，就好像一个人、许多人、所有人都经历过一样。有足够理由让我们知道，这个问题是不可企及的。

语篇精粹 C

A first, tentative example: At all times morality has aimed to "improve" men—this aim is above all what was called morality. Under the same word, however, the most divergent tendencies have been concealed. But "improvement" has meant both taming the beast called man, and breeding a particular kind of man. Such zoological concepts are required to express the realities—realities of which the typical "improver," the priest, admittedly neither knows anything nor wants to know anything... It is no different with the tamed man whom the priest has "improved." In the early Middle Ages, when the church was indeed, above all, a kennel, the most perfect specimens of the "blond beast" were hunted down everywhere; and the noble

① Friedrich Nietzsche, *Twilight of the Idols*, Oxford University Press, 2008, p. 12.

Teutons, for example, were "improved."... In short, a "Christian.", physiologically speaking: in the struggle with beasts, making them sick may be the only way to make them weak. The church understood this: it sickened and weakened man—and by so doing "improved" him.①

译文参考 C

暂且举第一个例子。在所有时代，道德都想“改善”人类：这一目的就叫道德。然而，同一个词却隐藏着截然不同的倾向。“改善”既意味着对人的兽性的驯化，还意味着对人类的特殊培育。这些动物学的概念用来表达现实。诚然，牧师这个典型的“改善者”对事实一无所知，其实他也不想知道这些事实……所谓那些经牧师“改善”的被驯服之人也没有什么不同。在中世纪早期，教会确实像个狗舍，人们到处捕获“金发牲畜”作为最完美的物种。例如，高贵的日耳曼就被“改善”了……总之，一个“基督徒”，从生理上讲：在与野兽的斗争过程中，使它们患病是唯一可以削弱它们的方法。教会懂得这点，因此它败坏人类，使之虚弱。这样一来，它就“改善了”人类。

（五）痛苦（Pain）

1. 术语解读

“痛苦”是尼采哲学的核心术语之一，他对痛苦有独到的见解，对于意志坚强的人，在痛苦面前，可以转化为一种超人精神

① Friedrich Nietzsche, *Twilight of the Idols*, Oxford University Press, 2008, p. 18.

的力量，使其更有智慧，这样的痛苦才具有积极意义。“只有经历巨大的痛苦，才能迫使哲学家降落到最终的深渊。其实，那样的痛苦可以使我们变得‘更好’，也可以给我们留下深刻的印象。”[①]如果你需要生长的喜悦，那么你就要准备承受一些痛苦。人经过痛苦的磨砺，可以从中汲取教训，从痛苦中学习，不断积累人生的经验。获得了一种战胜困难的方法，从而获得战胜痛苦的喜悦。例如，路旁的小树苗，如果它要获得这骄傲的高度，就需要经得起风吹日晒，雨打雷鸣的考验。

人的一生也是如此，我们在不断战胜困难的过程中，同时也会获得更多的快乐。在痛苦与孤独的交织中，尼采可以做到不断地战胜自我，得到对人性清晰的认识，也赋予自身强大的精神力量。这一点从尼采的名言中，也可以体现出来，那就是：“那些不能毁灭我的东西，都会使我变得更加强大。”[②] 当然，这其中还有死里逃生般的最大的喜悦。

2. 语篇精粹

语篇精粹 A

Every great pain, whether physical or spiritual, declares what we deserve; for it could not come to us if we did not deserve it. The most spiritual human beings, if we assume that they are the most courageous, also experience by far the most painful tragedies: but just for that reason they honor life because it pits its greatest opposition a-

① 尼采：《快乐的科学》，黄明嘉译，华东师范大学出版社，2007 年，第 3 页。

② Friedrich Nietzsche, *Twilight of the Idols*, Oxford University Press, 2008, p. 2.

gainst them.[①]

译文参考 A

每一种巨大的痛苦，无论是身体上的，还是精神上的，都是我们应得的；因为倘若我们不该得到，它就不会光顾我们。如果我们假定人类是最勇敢的，那么最有灵性的他们也一定要经历最痛苦的悲剧，不过，正因为生命以最大的敌意同人类对抗，他们才会尊重生命。

语篇精粹 B

Courage and freedom of feeling before a powerful enemy, before a sublime calamity, before a problem that arouses dread—this triumphant state is what the tragic artist chooses, what he glorifies. Before tragedy, what is warlike in our soul celebrates its Saturnalia; whoever is used to suffering, whoever seeks out suffering, the heroic man praises his own being through tragedy—to him alone the tragedian presents this drink of sweetest cruelty.[②]

译文参考 B

在一个强大的敌人面前，在一种崇高的灾难面前，在一个骇人的难题面前，勇气和自由——这个胜利的状态，正是悲剧艺术家所选择和赞美的。在悲剧面前，我们灵魂里的好战思想在歌颂农神节，所有习惯于痛苦，所有寻求痛苦的英雄人物，都是通过悲剧来赞扬自己——悲剧演员只为他自己呈上这杯最甜美的残酷之酒。

---

① Friedrich Nietzsche, *Twilight of the Idols*, Oxford University Press, 2008, p. 28.

② Ibid., 2008, pp. 30-31.

语篇精粹 C

The psychology of the orgiastic as an overflowing feeling of life and strength, where even pain still has the effect of a stimulus, gave me the key to the concept of tragic feeling, which had been misunderstood both by Aristotle and even more by modern pessimists. Tragedy is so far from being a proof of the pessimism (in Schopenhauer's sense) of the Greeks that it may, on the contrary, be considered a decisive rebuttal and counterexample.[①]

译文参考 C

狂欢的心理，作为一种洋溢的生命情感和力量，甚至对痛苦也起到了刺激作用，给了我一把理解悲剧感概念的钥匙，而这种悲剧感，曾被亚里士多德，甚至现代悲观主义者误解。悲剧远不能作为希腊人的悲观主义的证据（在叔本华看来），相反，悲剧被视为一种果断的反驳和反例。

（六）生命意志（The Will to Life）

1. 术语解读

尼采的“权力意志”（Wille zur Macht）学说是对叔本华“生命意志论”（Wille zum Leben）的批判性继承，尼采肯定了叔本华的哲学思想，但他不同于叔本华将生命意义定义为“求生存”。尼采认为，生命意志还在于超越、升华、进步和强大。被赋予这种意义的“生命意志”就是“权力意志”。在本质上，作为“活

① Friedrich Nietzsche, *Twilight of the Idols*, Oxford University Press, 2008, p. 45.

着”的生命就是“权力意志”。正是如此，这也创造了人的生命过程中所有的一切，从各种肉体活动到精神活动，从个体到全世界，都是生命意志的表现。

健康的生命意志让一切生存者自得其所，不会强迫它们戴上一种应当的桎梏。从原始的“生命意志”到“成为你自己”，尼采逐渐在生命意志的基础上建立了“超人哲学”的人生观，并最终将这一哲学写入《查拉图斯特拉如是说》一书。尼采笔下的“超人”是具有充分的生命意志之人，是具有充分创造力的强者。“成为你自己”体现了尼采关于人的学说的价值取向，人们应该充分发展自我个性，学习超人那种自尊、自强、自立的精神，具有独立的人格，不随波逐流。

2. 语篇精粹

语篇精粹 A

Saying Yes to life even in its strangest and most painful episodes, the will to life rejoicing in its own inexhaustible vitality even as it witnesses the destruction of its greatest heroes—that is what I called Dionysian, that is what I guessed to be the bridge to the psychology of the tragic poet. Not in order to be liberated from terror and pity, not in order to purge oneself of a dangerous affect by its vehement discharge—which is how Aristotle understood tragedy—but in order to celebrate oneself the eternal joy of becoming, beyond all terror and pity—that tragic joy included even joy in destruction. And with that I again touch on my earliest point of departure: The Birth of Tragedy was my first revaluation of all values. And on that point I again stand on the earth out of which my intention, my ability grows—I, the last disciple of the philosopher Dionysus—I, the teacher of the eternal recurrence.①

译文参考 A

即使生命意志见证了最伟大的英雄的毁灭，就是在最陌生和最痛苦的经历中也会肯定生命，也会在其无穷的活力中欣喜不已——这就是我所说的“酒神精神”，我猜想这就是通往悲剧诗人心灵的桥梁。不是为了从恐惧和怜悯中解放出来，不是为了通过激烈的释放，从一种危险的情感中净化自身——这是亚里士多德对悲剧的理解，是为了庆祝自己成为永恒的欢乐，超越恐惧和怜悯。这种悲剧的快感甚至还包括毁灭的快感。我又要谈及最早的出发点——《悲剧的诞生》一书，这是我对一切价值的第一次重估。在这一点上，我再次站在了培育我的意愿和能力的土地上。我，是哲学家狄奥尼索斯的最后一个弟子；我，是永恒轮回的老师。

语篇精粹 B

When we speak of values, we speak with the inspiration, with the way of looking at things, which is part of life: life itself forces us to posit values; life itself values through us when we posit values. From this it follows that even that anti - natural morality which conceives of God as the counter-concept and condemnation of life is only a value judgment of life—but of what life? of what kind of life? I have already given the answer: of declining, weakened weary, con-

---

① Friedrich Nietzsche, *Twilight of the Idols*, Oxford University Press, 2008, p. 45.

demned life. Morality, as it has so far been understood—as it has in the end been formulated once more by Schopenhauer, as "negation of the will to life" — is the very instinct of decadence, which makes an imperative of itself. It says: "Perish!" It is a condemnation pronounced by the condemned.①

译文参考 B

当我们谈到价值的时候，我们是在与灵感交谈，是在与待物方式交谈，这是生活的一部分。生命自身迫使我们假定价值，当我们假定价值时，通过我们生命本身也具有价值……由此可知，那个把上帝作为反概念和谴责生命的反自然道德观，也只不过是对生命的一种价值判断——是什么生命？是何种类型的生命？——我已经作答：是那种正在衰败、虚弱疲惫、受到谴责的生命。迄今为止，道德被认为是——就像叔本华曾将其表述为"对于生命意志之否定"那样——堕落的本能，它具有自我强制性，它在呐喊："毁灭吧！"——这是受谴责者发出的谴责。

语篇精粹 C

Schopenhauer, the last German worthy of consideration (who represents a European event like Goethe, like Hegel, like Heinrich-Heine, and not merely a local event, a "national" one), is for a psychologist a first-rate case: Namely, as a maliciously ingenious attempt to adduce in favor of a nihilistictotal depreciation of life precisely the counter-instances, the great self-affirmations ofthe "will to life", life's forms of exuberance. He has interpreted art, heroism, genius,

① Friedrich Nietzsche, *Twilight of the Idols*, Oxford University Press, 2008, p. 12.

beauty, great sympathy, knowledge, the will to truth, and tragedy, in turn, asconsequences of "negation" or of the "will's" need to negate—the greatestpsychological counterfeit in all history, not counting Christianity. On closerinspection, he is at this point merely the heir of the Christian interpretation: only he knew how to approve that which Christianity had repudiated, the great cultural facts of humanity—albeit in a Christian, that is, nihilistic, manner (namely, as ways of "redemption," as anticipations of "redemption," as stimuli of the need for "redemption").①

译文参考 C

叔本华是最后一个值得人们关注的德国人（就像歌德、黑格尔、亨利希·海涅一样，他代表一个欧洲事件，而不仅代表一个本地事件或一个“民族”事件），对心理学家来说，这是一个一级案例：即作为一个恶意的巧妙尝试，来例证并支持对生命的虚无主义贬低，恰恰是个反例，是对“生命意志”的伟大自我肯定，体现了丰富的生命形式。叔本华分别将艺术、英雄主义、天赋、优美、伟大的同情、知识、真理意志、悲剧，阐释为“否定”的结果或需要否定的“意志”的结果。这是除了基督教之外，人类历史上最伟大的心理伪装。通过更仔细的观察可知，在这一点上，他只是基督教阐释的继承者，虽然是以一种基督教的、虚无主义的方式（即作为“救赎”的方法，作为“救赎”的期待，以及“救赎”的需求刺激），不过只有他才知道如何来认可基督教所否认的东西，那些存在于人性中的伟大的文化事实。

---

① Friedrich Nietzsche, *Twilight of the Idols*, Oxford University Press, 2008, p. 29.

（七）真理（Truth）

1. 术语解读

在讨论“真理”问题时，尼采和其他哲学家一样，也选择使用“真理”这一概念。换句话说，就是将“真理”作为与“真正意义上的实在相统一”的认知。尼采的认识论思想将世界视为一个文本，真理则是对这个文本所做出的解释，科学理论亦然。[①] 那么什么是人的真理？例如，“桌子上有一个茶杯”，这是一个命题。这种由于生命活动的需要，而被人们作为“真的”判断，即“人的真理”。

此外，尼采也鼓励各种思想的竞争，尼采在《查拉图斯特拉如是说》一书中提道：“如果一个人永远都只是个学生，那么他就对老师作了最坏的报答。”[②] 当查拉图斯特拉称自己为“真理之声”时，他所说的“真理”，实际上指的是价值论的“真理”，这个“真理”与虚假相对立。对于我们每个人来说，我们都应该努力做一个真诚的人，这种真诚才是人世间最高的美德所在。尼采认为，“我们过于遵循道德了。假如陈旧意义上的真理只因为陈旧的道德肯定过它、有肯定它的权利才算‘真理’，那么其结果就是，我们也就不需要过去的那种真理了。我们由此提出驳论，真理的标准绝不是道德，而是有赖于道德，从高贵的情感中获得灵感。”[③]

---

① 尼采：《善恶的彼岸》，朱泱译，团结出版社，2001 年，第 14 页。

② Friedrich Nietzsche，*Thus Spoke Zarathustra*，Cambridge University Press，2006，p. 47.

③ Friedrich Nietzsche，*The Will to Power*，Random House，1968，p. 252.

2. 语篇精粹

语篇精粹 A

The true world—attainable for the sage, the pious, the virtuous man; he lives in it, he is it. (The oldest form of the idea, relatively sens-ible, is simple, and persuasive. A circumlocution for the sentence, "I, Plato, am the truth.") The true world—unattainable for now, but promised for the sage, the pious, the virtuous man ("for the sinner who repents"). (Progress of the idea: it becomes more subtle, insidious, and incomprehensible—it becomes female, it becomes Christian.)[①]

译文参考 A

真实世界——对圣人、虔诚者、君子来说，是可以达到的，他生活在其中，他就是真实世界。（最古老的观念形式，相对比较明智，是简单而有说服力的。对这个句子可以改写为“我，柏拉图，就是真理”。）真实世界——现在是无法达到的，但是可以向圣人、虔诚者、君子有所承诺（“为了忏悔的罪人”）。（观念的进步变得更加微妙、阴险、难以理解，它变成了女人，它变成了基督徒。）

语篇精粹 B

Nothing is beautiful, except man alone: all aesthetics rests upon this naïveté, which is its first truth. Let us immediately add the second: nothing is ugly except the degenerating man—and with this the

① Friedrich Nietzsche, *Twilight of the Idols*, Oxford University Press, 2008, p. 10.

realm of aesthetic judgment is circumscribed. Physiologically, everything ugly weakens and saddens man. It reminds him of decay, danger, impotence; it actually deprives him of strength. One can measure the effect of the ugly with a dynamometer. Wherever man is depressed at all, he senses the proximity of something "ugly." His feeling of power, his will to power, his courage, his pride—all fall with the ugly and rise with the beautiful.①

译文参考 B

除了人类本身，没有什么是美的：所有的美学都存在一种质朴，这是美学的第一真理。让我们立刻加上它的第二真理：除了退化的人，没有什么是丑的——审美判断的领域也因此受到限制。从生理学上看，一切丑陋使人虚弱和悲哀。它令人想起堕落、危险、无能；实际上它剥夺了人类的力量，人可以用测力计测出丑的作用。无论何处，只要人类觉得沮丧，他就能感到某种"丑陋"近在眼前。他对权力的感受、他的权力意志、他的勇气、他的骄傲——随丑衰落，随美升华。

语篇精粹 C

Where faith is needed. — Nothing is rarer among moralists and saints than honesty. Perhaps they say the contrary, perhaps they even believe it. For when a faith is more useful, more effective, and more persuasive than conscious hypocrisy, then hypocrisy soon turns instinctively into innocence: first principle for the understanding of great saints. The philosophers are merely another kind of saint, and their

① Friedrich Nietzsche, *Twilight of the Idols*, Oxford University Press, 2008, p. 29.

whole craft is such that they admit only certain truths—namely those for the sake of which their craft is accorded public sanction—in Kantian terms, truths of practical reason. They know what they must prove; in this they are practical. They recognize each other by their agreement about "the truths." "Thou shalt not lie": in other words, beware, my dear philosopher, of telling the truth.[①]

译文参考 C

亟需信仰之地——在道德主义者和圣人中，没有什么比诚实更为罕见。也许他们会反驳，也许他们会相信。当信仰比有意识的伪善更有用，更有效，更令人信服，那么出于本能，伪善立刻成为天真，这是理解大圣人的第一定理。哲学家只不过是另一种圣人，他们所有的技能只是承认某些真理——那些受到公众的认可的真理——用康德的话来说，就是实践理性的真理。他们知道自己必须证明什么，在这方面他们讲究实践性，处于"真理"的意见一致，他们彼此认同。"你不该说谎"；换言之，我亲爱的哲学家先生，当心道出真理。

① Friedrich Nietzsche, *Twilight of the Idols*, Oxford University Press, 2008, p. 38.

第三章　柏格森：生命意识的沉思者

My memory is there, which conveys something of the past into the present. My mental state, as it advances on the road of time, is continually swelling with the duration which it accumulates: it goes on increasing rolling upon itself, as a snowball on the snow. Still more is this the case with states more deeply internal, such as sensations, feelings, desires, etc., which do not correspond, like a simple visual perception, to an unvarying external object. But it is expedient to disregard this uninterrupted change, and to notice it only when it becomes sufficient to impress a new attitude on the body, a new direction on the attention.①

——Henri Bergson

我的记忆就在那里，它将过去传输给现在。当我的精神在时间道路上前进时，它随着时间的绵延而不断积累：它将自身如滚雪球般不断

① Henry Bergson, *Time and Free Will*, Harper Torchbooks, 1960, p. 355.

向前推进。而是表现为内心深处的心理状态，它们并非像简单的视觉感知那样，和一成不变的外部对象一一对应，如感觉、情感、欲望等等，但是这只是权宜之计，它忽视了连续变化，而且只有当它足以重新关注身体，有了新的态度转向时，才会显现出来。

——亨利·柏格森

一、成长历程

（一）智人诞生

1859年10月18日，亨利·柏格森（Henri Bergson）出生在法国巴黎（Paris）。他的犹太家庭背景十分显赫，父亲米切尔·柏格森（Mitchell Bergson）是一名音乐家，擅长钢琴和小提琴，精通编曲，母亲凯特·刘易逊（Kate Lewis）是爱尔兰北部的犹太人，他从母亲那里继承了爱尔兰血统，并学习了简单的英语。柏格森家共有七个孩子，四男三女，柏格森是长子。他出生后，家人在伦敦居住了几年，由于弟弟妹妹的相继出生，家庭成员增多，生计成了问题，因此父母经常带着孩子们在欧洲各处谋生。他们到过瑞士（Switzerland）、日内瓦（Geneva）、卢森堡（Luxembourg）等地，这给柏格森的幼年增添了许多色彩，也塑造了他包容的性格。他九岁时，全家穿过海峡，定居法国，柏格森自此成为法兰西公民。三十岁时，他与路易斯·纽伯格（Louise Neuberger）[①] 结婚。结婚七年后，他们的女儿珍妮（Jeanne）出生了，不幸的是，珍妮先天失聪，但是柏格森一家并没有放弃对这

① 路易斯·纽伯格是法国著名小说家马塞尔·普鲁斯特（Marcel Proust）的表妹，马塞尔·普鲁斯特原本就对柏格森哲学有着浓厚的兴趣，再加上他们之间的亲属关系，使得马塞尔将柏格森哲学中的直觉主义（intuitionism）因素带入自己的小说《追忆似水年华》(*Remembrance of Things Past*）中。

个孩子的培养，而是为她聘请了绘画老师，在家人的鼓励和珍妮的努力下，最终她成了一名画家。

（二）求学之路

1868年，九岁的柏格森进入巴黎公立中学读书，也就是现在的孔多塞公立中学（Lycee Condorcet）。入学的第一次考试他就拿到了奖学金，同时获得住校的资格。从此，柏格森不用再跟随父母四处谋生，可以安心地学习了。

柏格森

在这期间，他担任班级的图书管理员，这个小小的职位拉近了他与书本的距离，从书中他看到了美丽的大千世界，虽然当时柏格森还是一名中学生，但是他对心理学、生物学和哲学等学科有着十分浓厚的兴趣。在孔多塞中学读书的9年里，柏格森在拉丁文、法语、数学、作文、宇宙学等科目中都拿到过第一名。那时他还十分热衷撰写科学论文，其中许多作品都获了奖。令柏格森最难忘的一次经历是在他十八岁的时候，他将一个自创的数学解题方法加以总结寄送至杂志社，之后他便忘了此事。几天后，有人来通知他领取酬劳，原来他的解题方法被编入《威尔士公式汇编》（*Annales de Mathematiques*）一书中，这可以算作他一生中发表的第一个作品。该书出版后，柏格森在巴黎的中学生中变得十分有名，连教育界的学者都为培养出如此杰出的学生而自豪。柏格森并没有因为自己的成绩而骄傲，他在事业的选择上犹豫了。摆在他面前的有两条道路：

第一条道路就是选择科学，因为他对此有极高的天赋；第二条道路就是选择关乎人类命运的哲学。最终，出于兴趣，柏格森选择了后者。

柏格森十九岁时，以优异的成绩进入著名的巴黎高等师范学院（Ecole Normale Superieure）读书。这所大学拥有悠久的历史，几乎与法兰西共和国同龄，曾培养出让-保罗·萨特（Jean-Paul Sartre）、米歇尔·福柯（Michel Foucault）等著名学者。进入大学后的柏格森学习更加刻苦，为了更好地理解古希腊哲人的思想，钻研哲学典籍，他曾经耗费大量精力自学希腊文。1881 年毕业后，他获得了哲学学士学位和哲学教师资格证书（Agre De Philosophie）。

（三）中学教师

柏格森作为一名法国学者，一直过着安宁的生活。他的三个作品成为其人生中的里程碑，分别是 1889 年出版的《论意识的直接材料》(*Essai sur les donnees immediates de la conscience*)、1896 年出版的《材料与记忆》(*Matiere et Memoire*) 和 1907 年出版的《创造进化论》(*L'Evolution creatrice*)。柏格森为人谦逊，从不张扬，但是这种低调的性格并未掩盖他的光环。

1881 年，柏格森被巴黎公立中学聘为中学教师。讲台下的柏格森是一位谦虚和蔼的老师，与学校里的其他教师并无差别。而当他一走上讲台，就显示出非凡的演讲才能，本来枯燥无味的哲学课程，一经他的润色就变得精彩无比。每每经过柏格森所在的教室，台下都静得出奇，所有学生的注意力都被他渊博的知识所吸引。

在课余时间，柏格森通过研读提图斯·卢克莱修·卡鲁斯（Titus Lucretius Carus Lucretius）的优秀作品，进行了诗人的文字与哲学的批判性研究，展示了其在人文方面的杰出才华。两年后，他来到法国的克莱蒙费朗（Clermont-Ferrand）执教，并在布莱斯-帕斯卡（Blaise-Pascal）定居，这座城市是为了纪念布莱斯-帕斯卡而命名的。在这座美丽的城市教书之余，柏格森在各种场合进行公开演讲，主题是“笑”（laughter），他通过大量有趣的事例对“笑”进行讲解，语言通俗易懂，台下听众都听得津津有味，他也因此收获大批粉丝。

除此之外，柏格森利用自己的空闲时间不断学习，这个时候他开始撰写《论意识的直接材料》（*Essai sur les donnees immediates de la conscience*，1889），因柏格森拥有众多的英语读者，不仅专家级的译者，就连普通读者也参与进该书的翻译中，他们根据自己的理解将题目的内涵翻译得十分丰富，最终，学者们一致认为《时间与自由意志》（*Time and Free Will*）是对该书最好的诠释。1889年，巴黎出版商费利克斯·阿尔坎（Felix Alcan）将该书出版。

1893年，柏格森再次回到巴黎，在罗林学院（College Rollin）教书几个月之后，他又转到亨利世嘉公立高中（Lycee Henri-Quatre）讲课，并在那里工作了八年。柏格森为其三本著作倾注一生，他在《物质与记忆》（*Matiere et Memoire*）中花费了大量的精力，因书中涉及的学科知识极其广泛，他不得不在多个领域进行深入的分析，他时常在图书馆中一待就是一整天，遇到难解的问题时，长途跋涉去请教各学科的专家学者。功夫不负有心人，这本倾尽全力的著作终于在1896年得以出版。柏格森在这本著作中研究了大脑的功能，分析了知觉与记忆，对身心二元关系作了明确的解释。随着近年来研究柏格森的学者逐渐增多，他在书中所展示的病例研究为当今哲学、医学的发展提供了重要的参考资料。

（四）大学教授

1898年，柏格森在其母校巴黎高等师范学校完成答辩后取得硕士学历，并于短短一年后晋升为教授。这时他认为自己可以担任大学教师的职务，便向巴黎大学（Université de Paris）提出了任职申请，但是没有通过。柏格森为此曾有些失望，不过很快他便收到了母校巴黎高师的聘用书，自此，柏格森从一名中学教师变为大学教授。在他的回忆录中有一段对在母校教书时的情形的描写，字里行间不难看出柏格森对巴黎高师的感恩之情。这里的时光总是轻松愉快的，台下的学生时常让他想起大学时的自己，在这里积累的许多宝贵经验为他以后的教学生涯铺平了道路。

1900年，法兰西大学（Universitaires de France）将柏格森聘为本校教师，并且接替教授查尔斯（Charles L'Eveque）的工作，当选为希腊哲学系的主席，并主持哲学讲座。法兰西大学成立于1530年，由弗朗索瓦一世（Francois Ⅰ）建造，是法国乃至世界学术界的中心。这所学校设有成人教育学院，无需交学费，也没有任何考试，最后不颁发学历，该学院经常聘请名人演讲家举行讲座，是巴黎知识分子吸取知识的重要场所。柏格森进入法兰西大学后，成为演讲家中的一位，他在这里开展了大量的讲座，不仅在校学生可以参加，就连普通市民也可以免费入场，听众中间有从事各种职业的人，其中包括教授、大学生、传教士、作家和军官。每场讲座都座无虚席，因此学校将最大的教室留给柏格森，即使这样，仍有许多听众无法进入而只能趴在窗外聆听。

（五）哲学大会

1900 年 8 月，第一届世界哲学大会（the First International Congress Philosophy）在巴黎举行，这次大会为期五天，柏格森在会上作了一场极其重要的论文演讲——《关于我们对因果关系法则的信念的心理学来源》(*Sur les origines psychologiques de notre croyance a la loi de causalite*)。1903 年，他为《形而上学与道德评论》杂志（*Revue de metaphysique et de morale*）做兼职工作，在这里，他撰写了一篇具有重要影响的论文——《形而上学导言》(*Introduction a la metaphysique*)。

1904 年，柏格森接替了加布里埃尔·塔尔德（Gabriel Tarde）的工作，成为现代哲学系（Modern philosophy）主席。同年 9 月 4 日至 6 日，第二届世界哲学大会（The Second International Congress Philosophy）在日内瓦举行，在这次会议上柏格森宣读了题为“脑髓与思想：一个哲学的错觉”(Le Paralogisme psycho-physiologique）的论文，这篇文章也为他之后的著作《创造进化论》(*L'Evolution creatrice*）奠定了基础。人们在感叹他杰出才能的同时也受到柏格森严谨治学态度的感染。由于身体原因，柏格森没能参加第三届世界哲学大会。他的第三本著作，也是其中最厚重的《创造进化论》，于 1907 年面世，这无疑是他的作品中讨论话题最多，引发思考最深刻的一部。它给现代进化论的发展奠定了坚实的基础。自此，柏格森的名字从法国传遍整个世界。

1908 年，柏格森来到伦敦拜访了美国哈佛哲学家威廉·詹姆斯（William James），柏格森比他小 17 岁。他们两人的会面相当有趣，从 1908 年 10 月 4 日詹姆斯的书信中可以看出他对柏格森的印象。詹姆斯认为柏格森是一个非常谦逊的人，但是普通的外表下却拥有惊人的智慧。他认为柏格森会将哲学带入到一个崭新的阶段。詹姆斯将柏格森的讲演录视为宝藏，爱不释手。他曾经连续两个星期都在看这本讲演录，从头到尾都心潮澎湃，在他脑海中萦绕不休，每看一遍都有新的理解。詹姆斯在叙述自己生平的两大快事时，其中之一就是能够读到柏格森的《创造进化论》。

1911 年 4 月，柏格森参加了在意大利博格尼亚（bologna）举办的第四次世界哲学大会（the Fourth International Congress of Philosophy），他在会议上宣读了《哲学的直觉》（L'Intuition philosophique）一文，这篇论文被人们称为柏格森在 1903 年发表的《形而上学导言》的姊妹篇，同时它也被看作是柏格森另一部著作《创造进化论》的补充。

同年 5 月，柏格森收到牛津大学（Oxford）和伯明翰大学（Birmingham）的讲学邀请，并接受了牛津大学授予的理学名誉博士学位（honorary doctorate of science）。对于柏格森来说，这次的出访并非出国，而是再次踏入故乡的土地。此次重游英格兰唤起他儿时的许多美好记忆，父母操劳的场景和弟弟妹妹嬉闹玩耍的笑声又重新浮现于脑海。这次来到英国，柏格森收到许多访问的邀请，这些访问也是英国媒体十分关注的大事件，《泰晤士报》

(*The Times*) 在柏格森访英期间进行了跟踪报道。柏格森在这期间举办了十余场讲座，和法国的情形很相似，听众将会场层层围住，著名学者亚历山大（Alexander）和怀特海（Whitehead）都对柏格森的来访表示热烈的欢迎。

与此同时，随着柏格森知名度的提高，他的作品开始被大量翻译为多国语言，其中包括英语、德语、意大利语、丹麦语、瑞典语、马扎尔语、波兰语和俄语。1914 年，他被选入法兰西学院（Academie francaise）任教，当选为道德与政治科学院院士（President of the Academie des Sciences morales et politiques），拥有来自各阶层各种职业的众多追随者。

（六）世界大战

1914 年，一战爆发，秋季的讲座计划不得不取消。然而柏格森并没有在战争期间沉默，他经常在公共场所发表激动人心的演讲。1915 年，他又辞去了担任 14 年之久的院士职务，为了保卫国家肩负起外交使命。1916 年 2 月 21 日，凡尔登会战（Battle of Verdun）打响，德军战火异常猛烈。几小时后，凡尔登要塞几遭摧毁，然而法国军队仍然奋力抵抗。若凡尔登沦陷，德军就可毫无阻碍地进入巴黎。

柏格森的外交工作主要是游说西班牙与法国结成同盟，共同抗击德国的入侵。柏格森在外交工作上毫无经验，这使许多人对法国政府派遣柏格森的做法很不理解。政府给出了两点原因：其一，柏格森曾多次出访欧洲，在许多大学作过精彩的演讲，是当时十分有名望的人；其二，柏格森与生俱来的好口才使他可以肩负这一重担。法国外交团队进入西班牙后进展并不顺利，包括柏格森在内的每一名成员都用尽全力说服西班牙政府，最终才使两国结成了同盟。

战争对于法国来说是残酷的。德军拥有 27 个师，而法军只有 10 万人，西班牙联盟的加入刚好抵挡住了德军的进攻。这样一来，德国就未能在战争一开始掌握主动权，失去了战机，双方开始了拉锯战。1916 年 10 月，法国开始反攻，逐步收复了凡尔登以东的大片土地，最终德国以失败告终。法国军队保卫了自己的家园，维护了世界的和平。从结果上看，柏格森这次的外交工作是成功的，虽然这并非他一人的功劳，但毫无疑问其中包含了他的努力。

1918 年 11 月 11 日，德国投降，战火停息，巴黎与其他大中城市又恢复了往日的繁华。战胜国经过协商，在巴黎成立了“国际联盟”(League of Nations)。在战争中，柏格森看到了物质和精神的冲突，具体说是生命与社会机制的冲突，柏格森在他的《道德与宗教的两个来源》(*Les Deux Sources de la Morale et de la Religion*，1932）中提到，由于科学技术和城市的发展，工业化进程加快，这一方面给人们的生活带来了便利，另一方面也给人类带来了巨大的灾难，人类成为机器的奴隶，工人成为资本家的工具，这样柏格森就用实际行动向我们展示了他哲学理念中关于道德与现代生活的思想。柏格森在战争时期功不可没，他的外交生涯并没有因为战争结束而停止。柏格森以其杰出的外交才能当选为国际联盟知识产权合作委员会（Committee on Intellectual Cooperation of League of Nations）的首席主席，为人类追求自由，远离战争做出了不懈的努力。

（七）疾病与诺贝尔奖

早在一战之前，柏格森的名字就已被世界人民所熟知，许多从事哲学、心理学的专家和学者都认为，他的许多著作和论文有资格获得诺贝尔奖，然而在其后的许多年中，诺贝尔奖屡次与柏格森擦肩而过。1912 年，一些英国和法国的教授和作家向瑞典皇家学院（Swedish Royal Academy）推荐柏格森为诺贝尔奖得主的候选人，接着学院认真地对柏格森和其他候选人的作品进行评审，一审就是两年。终于，随着评估报告的完成，柏格森的作品被专家认定为其中最优秀的，柏格森也认为不久自己便会获奖了。然而，由于一战的爆发，1914 年诺贝尔文学奖停止颁发，此事就搁置了起来。大战结束后，授奖工作按照流程又继续展开，当人们想当然地认为柏格森应该得奖时，学院将 1921 年的诺贝尔奖授予了法国作家阿纳托尔·法朗士（Anatole France）。按照惯例，诺贝尔奖的得主在连续几年之内不能出自同一个国家，这就意味着，失去了这次机会，柏格森在此后的几年中都没有办法获奖了。

1925 年，柏格森突发疾病，几经救治终因病情严重全身瘫痪。尽管如此，伯格森仍然坚持工作。在这期间有许多人为柏格森鸣不平，纷纷要求学院对柏格森重新考虑。经过再三商议，1927 年瑞典皇家学院终于将诺贝尔文学奖颁给他，对他的《创造进化论》予以高度评价。此时的柏格森已卧床多年，不能亲自领奖，由法国驻瑞典大使代表，从瑞典国王手中接过了奖章和奖金。柏格森在自传中描述了当时获奖的心情，经过重重阻碍，他对于这个结果并没有太多的激动，此时的诺贝尔奖对于他的意义已经远远超出奖项本身，其中的复杂心情耐人寻味。

作为犹太人，柏格森晚年的生活并不平静。1933 年，阿道夫·希特勒（Adolf Hitler）在德国上台后，大肆迫害犹太人，并于 1939 年 9 月发动了第二次世界大战。法国被当傀儡政府上台后，奉行捕杀犹太人的政策。傀儡政府曾试图拉拢柏格森，对其“特殊照顾”，但他早就下决心与他人同受苦难，于是严词拒绝。1941 年 1 月 3 日，82 岁高龄的柏格森在家人的搀扶下，站在寒风中与其他犹太人一起接受纳粹的检查，在等待了十几个小时之后，终于体力不支昏倒了，而后他感染肺炎，不久便去世了。

二、理论内涵

（一）笑

“笑”(laughter）是人类特有的情感表达，有关“笑”的最早研究可以追溯到古希腊时期。历史学家希罗多德（Herodotus）在其著作《历史》(ˆ|στορίαι，430B. C.）一书中将可“笑”的事物分为三种类型，分别是“愚蠢”(mad)、“自负”(overconfident）和“对错误的毫不知觉”(innocent of wrongdoing)。喜剧诗人阿里斯托芬（Aristophanes）继承前人的笑之理论，吸收了古希腊羊人剧(satyr play)（古希腊悲剧三部曲演出后，为调剂气氛而演出的轻松笑剧）的精华，撰写出大量作品，其中包括《阿卡奈人》(*The Acharnians*，425 B. C.）等。柏拉图认为，若要实现理想的城邦，笑和喜剧都应当受到限制，然而，柏拉图的学生亚里士多德则持

相反观点，他认为笑和喜剧在城邦的建设中起积极作用，追求幸福是理想国家的最终目标。

17 世纪，欧洲启蒙思想的广泛传播使“笑”的理论有了进一步发展。英国政治学家托马斯·霍布斯（Thomas Hobbes，1588—1679）继承了亚里士多德的“准道德”(quasimoral）思想，拓宽了“笑”在美学上的含义，在《霍布斯情感论中的美学地位》(The Place of Laughter in Hobbes's Theory of Emotions）一文中，将笑描述为从“他人的缺点”(infirmity of others）中产生。

19 世纪，“笑”之研究成为许多哲学家热议的话题，代表人物有叔本华（Schopenhauer）、尼采（Nietzsche）和柏格森。叔本华在他的《作为意志和表象的世界》(*The World as Will and Representation*，1818）一书的第十三章中专门研究了有关“笑”的理论。尼采将笑的作用区分为两种，其一具有积极意义，“人类把滑稽作为冲破逻辑道德和理性枷锁的一剂良药，人需要偶尔从理性和困难中做出无害的降低品位的行为。”① 而当“笑”用来表达一种对冲突的嘲笑情感时，则会产生负面作用，“笑表达了幸灾乐祸，但是无愧良知”。②

“笑”是柏格森哲学体系中的一个重要术语，也是他在著作《笑》(*Laughter*）一书中的论述重点。他提出，笑的基础是“重复”(repeat)，在这里柏格森用“弹簧魔鬼”(The Jack-in-the-box）的例子予以说明：“每个人儿时都玩过一个玩具，那就是揭

① Kunnas，Tarmo，*Nietzsches lachen*：*Eine studie über das Komische bei Nietzsche*，Edition Wissenschaft & literatur，1982，p. 42.

② Friedrich Nietzsche，*The Gay Science*，Verlag von E. W. Fritzsch，1887，p. 207.

开盖子就有一个长头发的小玩偶从盒子里面跳出来。当你把他压平，他又跳起来。你压得越低，他跳的越高，反反复复，其乐无穷。”① 柏格森指出，令人发笑的“重复”需要特定条件，即情感被压抑与存在自娱的动机。在“弹簧娃娃”的例子中，被压抑的情感就是人们把它压下去的动作，当它处在压迫之中必定会尽力跳出盒子，而当它跳起之后，自娱的情感又占了上风，将它重新压回盒子的底部。柏格森在著作中将这两种情感总结为：“一连串的话刚说出口就受阻，总要重新表达。”②

在“语言的幽默”（humor in language）方面，柏格森发展了费尔迪南·索绪尔（Ferdinand Saussure）的“句段关系”（apports syntagmatiques）和“联想关系”（associative relations）理论。他在《精神的力量》（*L'Énergie spirituelle*，1919）一书中指出，大多数词语都有一个“物质的意义”（material meaning）和一个“精神的意义”（significance of spirit），在使用上就会出现本义和转义的区别，他举例说明，“sont freres”（各门艺术都是兄弟），“sont”一词在这里使用引申义，表示两者之间关系较近。那么若将原句变为“Tou les arts sont cousins”（各门语言都是表兄弟），则会令人发笑。柏格森认为，这就是“僵化”（stiff）在语言中的体现，“当一个表达方式原系用之于转义，而我们硬要把它当作本义来理解时，就得到滑稽的效果”③。

① Henry Bergson, *Laughter: An Essay on the Meaning of the Comic*, The Macmillan Company, 1914, pp. 69-70.

② Ibid., p. 71.

③ ［法］亨利·伯格森：《笑》，徐继增译，北京十月文艺出版社，2005 年，第 77~78 页。

柏格森还分析了滑稽的制造方法。在其著作《笑》中，他将滑稽制造方法分为“直线滚雪球”(Linear snowball) 法和“曲线滚雪球”(Curve snowball) 法，直线滚雪球法是指，一个微小事件导致的严重后果，其中的关键是“僵化”思想，“人们和它联系密切，以至于这个对象的位置发生了一系列场景的变化，从而机械地引起很多人在位置上发生严重的改变”。[①] 关于曲线滚雪球法，柏格森引用电影《意大利草帽》中（*Un Chapeau de Paille d'Italie*, 1941）的故事进行说明：有一顶草帽在意大利被一匹马吃掉了，在巴黎才能找到和它一模一样的草帽，而每次人们还来不及抓住这顶帽子，它就跑掉了。这顶草帽不停地跑，人们也就不停地追，在追帽子的过程中产生了连环效应。最后，当人们终于追到它时却发现那不正是当初在意大利丢掉的那顶草帽吗？这个“草帽”如同雪球，从起点出发最终又滚回了起点。柏格森将这个现象阐述为“笑产生于一种期待，这种期待突然化作虚无。”[②] 如前一种滑稽方法，令人发笑的也不是“草帽”本身，而是在人们满怀希望时，却一下子扑了空。

柏格森是生命哲学的集大成者，他的“笑”之理论集前人之大成，其中所包括的“滑稽”(The comic)、“心不在焉”(The absence of feeling)、“僵化”(stiff) 等概念涉及哲学、美学、心理学等多个领域，为 20 世纪语言哲学（linguistic philosophy）、逻辑哲学（logic philosophy）和行为分析学（behavior analysis）的发展

---

① Henry Bergson, *Laughter: An Essay on the Meaning of the Comic*, Dover Publications, 1914, pp. 81–82.

② Ibid., p. 85.

做出了贡献。

（二）意志

“意志”(will) 概念涉及心理学、哲学、法学和社会学等多个领域。“will” 一词来源于古英语 “willa”，原意指 “因渴望某事而做出行动的能力或决定达到某种目的而产生的心理状态，常以语言和行动表现出来”。柏拉图是研究意志问题的早期代表，他认为，意志是心灵（soul）的一个部分。亚里士多德的 “能动理性”(intellectual reason) 思想是意志理论的来源之一，他在著作《论灵魂》(*De anima*) 430A 中这样写道：“被动理性实际上是能做成一切的东西，而另有一种理性是制作一切的东西，那就是能动理性”①。

20 世纪，有关 “意志” 问题的探讨进入了新的发展阶段。叔本华在《作为意志和表象的世界》(*The World as Will and Representation*) 中阐述了 “自我意识”(self-consciousness) 的概念，他将自由意志（free will）归结为生存欲望。尼采在其著作《权力意志》(will to power) 中提出 “权力意志”(Wille zur Macht) 概念，其核心是肯定生命，肯定人生。柏格森在他的《时间与自由意志》中，从 “绵延” 概念出发，对意志问题进行了深入的研究。

柏格森将 “能量守恒定律”(energy conservation law) 引入自由意志的分析中。根据他的观点，能量守恒定律在生理学、神经学中是普遍的规律，但是在意志状态中则不然，“有时自由被认

① Aristotle, *De Anima*, Focus Publishing, 1907, p. 68.

为与物质的基本性质不相容，特别是与能量守恒的原理相违背”。[①] 在柏格森看来，人的自由意志是以“绵延”为依据的。在空间化的时间中，一切都按照时间的数轴进行，前后时间相继发生，从表面上看人类是自由的，但内心的想法总是与现实相矛盾，并且时常做出妥协。

只有在真正的时间中，人才自由的做出符合内心的选择，“灵魂可以被所有情感中任何一种所影响，因此在这个意义上来说，它是自主的。”[②] 人们时常在一些情况之下放弃自由，由于懒惰或者惯性的作用，当某一个瞬间应该做出激动的反应时，却听从理性的安排，保持平静；当朋友们做出一致劝告时，即使内心和他们的意见是不同的，也会照他们说的做。“它们逐渐会形成一层外壳，这层外壳会把我们自己的情感遮盖起来。”[③] 当我们在做出动作的一瞬间，或许会感到一种微妙的东西反抗这个决定，这就是深层次的自我在表层的反应。“因此，自我深层对最合理的建议所做出的最合理的思考，不是未被察觉，而是备受忽视。”[④] 意志是人类自觉地确定目标，采取行动的心理过程，深入了解意志问题有助于人们形成积极的人生观，正如哲学家斯宾诺莎所言：“意志即智慧”(will is wisdom)。柏格森在“纯粹时间”的基础上，提出了自己关于意志的理论，值得思考。

---

① Henry Bergson, *Time and Free Will*, Harper Torchbooks, 1960, p. 140.

② Ibid., p. 165.

③ Ibid., p. 169.

④ Ibid., p. 169.

(三) 记忆

有关“记忆”问题的最早研究要追溯到公元前6世纪，古希腊哲学家巴门尼德（Parmenides）在他的著作《论自然》(*On Nature*) 中表示，人的记忆是由“明暗”(bright/dim) 或“冷热”(cold/hot) 两种物质构成的混合体，只要混合体没有受到干扰，记忆就是完整的。

17世纪中叶，英国出现了以霍布斯（Hobbes）、洛克（Locke）为代表的“联想主义心理学派”(associationism psychology)，他们认为，记忆就是一种“经验上的可能性”(availability of experience.)。霍布斯对记忆现象作了唯物主义（materialism）的分析，洛克则在欧洲心理学史上第一次提出了“联想”(Mental association) 一词。

18世纪，大卫·休谟（David Hume）在他的《人类理解研究》(An Enquiry Concerning Human Understanding, 1748) 一书中提出“间接实在论”(indirect realism)，柏格森于1901年发表著作《物质与记忆》，细述了心灵与物质（material）、记忆（memory）与大脑之间的关系。

柏格森认为，如果材料是“形象的集合”(collection of imagines)，那么精神就是记忆。人的知觉不是指向知识，而是为了行动。根据柏格森的观点，人类大脑的功能对运动有接受和反射两种方式。“这就是我的身体。我发现它总是处在我要去完成和未完成的动作之间，好像它们对最终问题有一些不明确的影响。”①

---

① Henry Bergson, *Matter and Memory*, Zone Books, 1911, p. 17.

柏格森将记忆分为“纯粹的记忆”(pure memory) 和“形象的记忆”(learnt memory)。在他的《时间与自由意志》一书中，将纯粹记忆描述为“对以往事情的回顾”(a review of the past things)，其作用表现在对当前事物的评估：“它的认知必须被集中起来而并非是一种思想，为了唤起对过去形象的记忆形式，我们就必须能够使自己从当下的活动中脱离出来，并且有能力来评估什么是无用的东西。”①

柏格森将第二种记忆称为“形象的记忆”，这种记忆强调的是对事物发生的过程中细节的记忆，“每一次经历发生的时间不同，或前或后，所以它们彼此也各不相同；简而言之，各种解读都是作为我的经历中一个确定事件而存在头脑中。”② 人类的每一次经历都会获得新的知识，“绵延”就在这样的实践中展开了。

柏格森将生命哲学中的“绵延”观点渗透进对“记忆”的解读中，在他看来，当下的每一状态既预示着以后，又包含着以往。人类在“绵延”中探索过去，沟通未来，记忆变成了我们的存在方式。

(四) 时间

“时间”问题一直是哲学家重点研究的问题之一。英文“time”一词来源于拉丁文“tima”，本意指“事件过程长短和发生顺序的度量”③ 古希腊哲学家赫拉克利特（Heraclitus）的“万

---

① Henry Bergson, *Matter and Memory*, Zone Books, 1911, pp. 82-83.

② Ibid., p. 79.

③ Nicholas Bumin, Jiyuan Yu, *The Blackwell Dictionary of Western Philosophy*, Blackwell Publishing Ltd., 2004, p. 690.

物流变”(everything flows) 思想和巴门尼德(Parmenides)有关“存在”(existance) 的理论是时间问题的早期探索。柏拉图在《蒂迈欧篇》(*Timaeus*) 中将时间定义为“圣物移动的瞬间”(The period of motion of the heavenly bodies.)。亚里士多德在他的《物理学》(*Physica*) 中将时间描述为“物体前后移动的数量关系”。希坡的奥古斯丁(Augustinus Hipponensis)从主观性和内在性角度阐述时间的属性，赋予绝对时间一种心灵属性。他曾说道：“我的心灵啊，我是在你里面度量时间。不要否定我的话，事实是如此。也不要在印象的波浪之中否定你自己。我再说一次，我是在你里面度量时间。”①

随着中世纪神学的发展，对于“时间”问题的研究进入了新的阶段。经院哲学家与古希腊哲学家持相反的观点，他们认为宇宙有时间的起点，由上帝创造。这一思想在基督教的哲学理论中有所体现，他认为，上帝是永恒存在的，除此之外，没有什么是永恒的了，因此时间也是“历史的过客”。

十七八世纪启蒙运动的兴起，给“时间”问题的研究注入了新的活力。艾萨克·牛顿(Isaac Newton)相信“绝对的空间”(absolute space) 和“绝对的时间”(absolute time)；莱布尼茨(Leibniz) 认为时间和空间具有相关性。康德在其《纯粹理性批判》(*Critique of Pure Reason*) 中表明，时间是一种先天直观，时间与空间都是精神因素中的一部分，他们都不能被称作实体。

柏格森继承并发展了康德的哲学思想，将空间(space)和数(number) 纳入对时间的探讨中。他认为，如果我们想要数出一

① [古罗马] 奥古斯丁：《忏悔录》，周士良译，商务印书馆，1997年，第254~255页。

排桌子的数量，浮现在脑中的不再是那些桌子的影像，而是变成了一个个小小的点，最后就连这些点也消失了，剩下的只是抽象的数目，柏格森在著作《时间与自由意志》中具体阐明了这一观点："既然这些瞬间已经消失不见，我们就不用处理它们了，而是处理这些瞬间在空间轨道上留下的痕迹，这种可能性是毫无疑问的。"[①] 柏格森表示，数目之所以能够被计算，是因为人们不能区别空间和"永恒绵延"(eternal duration)，因此他认为："纯粹的绵延一定是另外一种什么东西。"[②]

柏格森认为空间存在的基础是"心灵的一种动作"(an action of soul) 这种"心灵的动作"用柏格森的解释来说就是"主要在本能而不是观念方面，我们必须清楚了解同质媒介。"[③] 由此可见，柏格森理解的空间，是人的思维对一种观念的分析，是大脑的产物，离开了人的参与，空间就无所谓存在或者不存在。空间中充斥着事物的多样性，每一种不连续的多样性都是在空间中展开的。在柏格森哲学中，"绵延"对于生命科学的意义就是生命在时间中成长，在时间中完善并且在时间中延续。正是因为时间与空间的相互交错，使人们不能区分两种时间。因此，他认为有必要对它们进行分析，并以此深化"绵延"的内涵。

柏格森认为，第一种是"有限量的时间"(limited amount of time)，与空间或数量的多样性对应，这种时间被设想成可以进行计算的一系列点的排列，是一个从过去到现在的数轴，"当我的

---

① Henry Bergson, *Time and Free Will*, Dover Publications Inc., 2001, p. 79.

② Ibid., p. 91.

③ Ibid., pp. 94-95.

眼睛跟着钟面上的指针而转动时，我并不是在测量绵延，尽管看上去很像，我其实是在计算同时性，二者截然不同。”[①] 柏格森指出，第二种时间是“质的时间”(pure time)，它不能在钟表中显示出来，而是一种感情，意志和情绪的体现。柏格森在《时间与自由意志》中表示：“因为意识是变化的质量印象，它会有一种模糊不清的概念，但是由于同等数量的同时性也会在空间中发生，所以这种变化不会使其自身感到处于意识之外。”[②]在真正的时间下，每一秒既与它相邻的上一秒相联系，又与它的下一秒相连接，分开它们就等于割裂了作为“绵延”时间的整体性。

“时间”是人类无法回避的问题，正如泰戈尔所说：“任何事物都无法抗拒吞食一切的时间”，柏格森吸收前人思想，建立了以“绵延”为基础的时空观，在他看来，未来的每一时刻都具有新的生命力，因此人们应对生活充满希望。柏格森的“时间”理论，对当代物理学、生物学、心理学的发展产生了重要影响。

(五) 柏格森名言及译文

(1) In the immense majority of cases, we decide about the intensity of the effect without even knowing the nature of the cause, much less its magnitude.[③]

在绝大多数情况下，我们在不清楚原因本质，更不清楚它的重要性时，就决定其效果强度。

---

① Henry Bergson, *Time and Free Will*, Dover Publications Inc., 2001, pp. 107–108.

② Ibid., p. 116.

③ Henry Bergson, *Time and Free Will*, Harper Torchbooks, 1960, pp. 4–5.

（2）Indeed，it is by the intensity of the sensation that we judge of the greater or less amount of work accomplished：intensity then remains，at least apparently，a property of sensation.[①]

的确，我们可以通过感觉的强度来判断完成工作量的多少：这样强度就会遗留下来，至少留下明显的感觉属性。

（3）Perhaps the difficulty of the problem lies chiefly in the fact that we call by the same name，and picture to ourselves in the same way，intensities which are very different in nature，e. g. the intensity of a feeling and that of a sensation or an effort.[②]

也许问题的困难主要在于这样一个事实，我们用同样的命名，同种方式的想象，强度在本质上还是各不相同，比如情感、感觉和努力上的强度都有所不同。

（4）An obscure desire gradually becomes a deep passion. Now，you will see that the feeble intensity of this desire consisted at first in its appearing to be desire，isolated and，as it were，foreign to the remainder of your inner life.[③]

一个模糊的欲望逐渐变成了一种深切的激情。现在，你会发现这种欲望的微弱是由于最初它只是貌似欲望，它孤立于而且不同于内心生活的其余部分。

（5）What makes hope such an intense pleasure is the fact that the future，which we dispose of to our liking，appears to us at the same time under a multitude of forms，equally attractive and equally

---

①② Henry Bergson，*Time and Free Will*，Harper Torchbooks，1960，p. 7.

③ Ibid.，p. 8.

possible.①

希望能成为一种强烈的快乐是基于这样一个事实：我们按照自己的喜好来安排未来，与此同时用大量的形式呈现在我们面前，它们具有同样的吸引力和同样的可能性。

（6）And it ends with an impression of crushing failure, the effect of which is that we aspire to nothingness, while every new misfortune, by making us understand better the uselessness of the struggle, causes us a bitter pleasure.②

我们追求虚无的后果就是以一种毁灭性的失败而告终，而每一个新的不幸让我们充分了解无用的挣扎带给我们痛苦的快乐。

（7）The aesthetic feelings offer us a still more striking example of this progressive stepping in new elements, which can be detected in the fundamental emotion and which seem to increase its magnitude, although in reality they do nothing more than alter its nature.③

我们可以在基本情绪中看见陆续加入的新的因素，对此审美感受给我们提供了一个很显著的例子，这种变化虽然在现实中只是改变基本情绪的本质，但是这似乎会增加它的重要性。

（8）It is this qualitative progress which we interpret as a change of magnitude, because we like simple thoughts and because our language is ill-suited to render the subtleties of psychological analysis.④

---

① Henry Bergson, *Time and Free Will*, Harper Torchbooks, 1960, p. 10.

②③ Ibid., p. 11.

④ Ibid., p. 13.

我们将这种定性的进展解释为重要性的改变，因为我们喜欢简单的想法，也因为我们的语言不适合表达微妙的心理分析。

（9）It follows from this analysis that the feeling of the beautiful is no specific feeling，but that every feeling experienced by us will assume an aesthetic character，provided that it has been suggested，and not caused.[①]

从这种分析可以看出，对美的感觉不是一种具体情感，但是假如这种美感是由暗示产生的而不是由于因果关系产生，我们所经历的每一种情感都会被假定为一种审美品格。

（10）The successive intensities of the aesthetic feeling thus correspond to changes of state occurring in us，and the degrees of depth to the larger or smaller number of elementary psychic phenomena which we dimly discern in the fundamental emotion.[②]

我们在基本情感中能隐约分辨基本心理现象的程度深浅和数量多少，因此，美感的连续强度与发生在我们身上的状态变化是相当一致的。

三、主要影响

（一）对生命哲学的影响

柏格森是生命哲学的集大成者，他在《创造进化论》《时间与

① Henry Bergson，*Time and Free Will*，Harper Torchbooks，1960，p. 17.

② Ibid.，p. 18.

自由意志》和《物质与记忆》等著作中所阐述的哲学思想对文学、美学、艺术理论的发展发挥了重要作用，其中涉及的时间、记忆以及进化等概念是后世研究的重点。

法国野兽派画家亨利·马蒂斯（Henri Matisse）继承了柏格森“质的时间”概念，强调艺术与时间的联系，他认为一个人能够像音乐中理解和声那样，通过平涂色彩的新手法造成光的感觉。”法国诗人瓦莱里（Valéry）发展了柏格森的时间理论，在其诗歌《海滨墓园》(*Coastal cemetery*）有这样的句子：

芝诺，残忍的芝诺！埃利亚芝诺！
你用一枝剑穿透了我的心窝，
尽管它抖动了，飞了，而又并不飞！
弦响时我生，箭到就使我丧命！
太阳啊！灵魂承受了多重的龟影，
阿基里斯并不移动，虽然用尽了飞毛腿！

法国历史学家莫里斯·哈布瓦赫（Maurice Halbwachs）将柏格森的记忆理论引入到自己的研究，提出“集体记忆”(collective memory）概念，在他的理论中，每个单个的个人回忆都会涉及亲属关系、社区阶层、宗教制度、政治组织、社会阶级和民族等社会制度等等。瑞士精神分析学家荣格（Carl G. Jung)，提出“集体潜意识”(collective unconscious）概念，将心灵深处的记忆分为“个人意识”(personal consciousness)、“个人潜意识”(personal unconscious)、“客体心灵”(objective psyche）和“集体意识”(collective consciousness）四个层次。

柏格森生命哲学中的进化思想也对中国哲学家产生了影响。现代哲学史家张岱年先生将他的“新唯物论”称为“物本论”，因为他也将“物质”作为世界的本原。在他看来，“新唯物论”中的物质并非一成不变的僵化的东西，而是具有生命力和能动性的物质。在著作《张岱年思想的特质与名称》中，可以找出他对物质能动性的看法：“昔莱卜尼兹谓宇宙为自动的精神单子所成，此皆由于认为惟精神方能自动，实则物质亦是能自动的。恩格斯曾谓物与动不可分离，新物理之发见，乃更是将物与动结合在一起。不惟物无刻不在动中，而且物本身即是流动之体，乃在动的状态中。”张岱年认为，创造进化的过程是以物质为基础的，在“绵延”问题上，他与柏格森持相同的观点：“宇宙是物质的发展历程。宇宙是物质之生生不已的创造历程。生命与心知，皆物质演化之结果”①。

（二）对直觉主义的影响

柏格森对直觉主义的研究深入，对现代哲学思想有深刻影响。法国哲学家雅克·马里坦（Jacques Maritain）提出“诗性直觉”（poetic intuition）概念，认为艺术创作需要依靠灵感和直觉，诗人应该强化自身对主观的认识，认识事物发展的规律。德国哲学家恩斯特·卡西尔（Ernst Cassirer）同样重视艺术创作的直觉性，他认为所有的艺术都是以感性为基础的，没有直观感受作为媒介，

① 张学智：《张岱年思想的特质与名称》，王中江编：《中国哲学的转化与范式——纪念张岱年先生九十五诞辰暨中国文化综合创新学术研讨会文集》，中州古籍出版社，2006年，第108页。

任何艺术创作都是缺乏内在情感的。此外，德国美学家苏珊·朗格（Susanne K. Lange）也深受柏格森直觉主义的影响，其著作《艺术的抽象》(*Artistic Abstraction*）中包含了众多生命哲学的元素。

柏格森的直觉主义对中国哲学也存在一定的影响。哲学史家冯友兰先生，是20世纪初研究直觉问题的哲学家之一，他继承了柏格森的“纯粹直观”理论，认为直觉是考察事物的必要手段，在其《柏格森的哲学方法》一文中指出：“直觉是分析以后的事，主张直觉的，只反对以分析为究竟，并不反对分析。若以为主张直觉，便是不要分析，便为大错。”[①] 哲学家梁漱溟先生的哲学思想中也存在着柏格森主义的影子，他自己也认为：“尽读柏氏书，是人生之一大乐事。”梁漱溟将“直觉”“本能”与“仁”看作是相同的概念，“遇事他便随感而应，这随感而应，通是对的，儒家完全要听凭直觉，所以唯一重要的就在直觉敏锐明利，而此敏锐的直觉，就是孔子所谓的仁”[②]。

四、启示

（一）对自由的启示

柏格森以“绵延”“生命”等概念揭示了他关于自由的定义，在柏格森生命哲学中，自由意味着遵循自己内心的选择。在人生

① 冯友兰：《三松堂全集》(第11卷)，河南人民出版社，2000年，第18页。

② 梁漱溟：《东西文化及其哲学》，商务印书馆，1999年，第22页。

的道路上，自由与束缚相伴而生，卢梭说过，“人生而自由，但无往而不在枷锁之中。”自由是束缚的保障，束缚是自由的前提。自由与束缚是天平的两端，没有无束缚的自由，也不存在绝对意义上的束缚，这两者是相互依存的——自由与束缚是一株并蒂莲，只有携手而立才有锦簇的花朵。

艾默生说：“所有的伟大都是从艰苦中脱颖而出的。”要感谢周围的束缚，因为正是这些束缚才让你不断成长。更加珍惜来之不易的自由。选择是自由的，因此要慎重地选择，才不会丢失自由。同样身陷囚牢，奥斯卡·王尔德（Oscar Wilde）选择郁郁终生，因此他的才华消逝在黑暗的牢房；费奥多尔·陀思妥耶夫斯基（Fyodor Dostoyevsky）选择重生，因此伟大的著作《罪与罚》才能与世人见面。选择是自由的，但我们要给它一定的束缚，这样选择才不会失衡，自由才得到保证。

（二）对健康的启示

柏格森作为生命哲学的开拓者，将身体与心灵摆在同一高度上。他认为，大多数拥有非凡成就的人，都拥有良好的身心状况。健康是人生的重要基础。有了健康的身体才能完成梦想，才能拥有高品质的生活。

拉尔夫·瓦尔多·爱默生（Ralph Waldo Emerson）说：“健康是头等的财富”；康有为云：“体动则强健，久卧则委弱”；梁章钜曰：“体欲常劳，食欲常少”；蔡锷云：“身勤则强，逸则病”；蔡元培言：“人的健全，不但靠饮食，尤靠运动”；德奇姆斯·尤里乌斯·尤维纳利斯（Decimus Junius Juvenalis）说：“健全的头脑寓于健全的体格。”这些都表明健康的重要性，如果你不幸患病，也不要悲观失望，鼓起生活的勇气，磨砺意志，探索人生道路，愿生命之树常青。

（三）对人格的启示

柏格森自幼年时起就拥有出众的才华，二战爆发后，他并未隐居躲避战争，而是以其出色的外交才华建立友邦关系，战时，他多次冒死出入战场，最终为抵抗帝国纳粹立下汗马功劳。林则徐说：“观操守，在利害时。”古今多少贤明之士，不顾自身安危，表现出“财贿不以动其心，爵禄不以移其志”的高尚情操。为维护人格的尊严而自重，为保持人格的纯正而自省，为防止人格下滑而自警，为追求人格的升华而自励。

艾萨克·牛顿（Isaac Newton）说：“应当把荣誉当作你最高的人格标志”；海瑞云：“美曰美，不一毫虚美；过曰过，不一毫讳过”；苏格拉底说：“患难与困苦是磨练人格的最高学府”；范仲淹有云：“先天下之忧而忧，后天下之乐而乐”；还有许多有关人格的名言，如“吾日三省吾身”“不以恶小而为之，不以善小而不为”“富贵不能淫，威武不能屈，贫贱不能移”等等，都表明人格对于立人立国具有重要性。

在社会的经济、政治结构发生着的剧烈变化的时代，个体自我往往湮灭在物欲中，失去独立的人格和自尊，陷入“钱财不积，则贪者忧，权势不尤，则夸者悲”的状态。个体在追求物质利益的过程中，应避免极端个人主义、享乐主义、拜金主义。我们应当关注人自身的价值，关注人的生存意义、生存价值和人生思考。

五、术语解读与语篇精粹

（一）直觉主义（Intuitionism）

1. 术语解读

直觉主义是对现代西方产生重要影响的哲学思潮。直觉主义这一概念最早可以追溯到康德（Immanuel Kant）的先天直观（apriori intuition）理论，哲学家让·布劳威尔（Luitzen Egbertus Jan Brouwer）也认为，我们可以从康德那里找到直觉主义的一种古老形式。在康德的著作中出现过许多关于先天直观的描述，试举一例：《纯粹理性批判》（*Critique of Pure Reason*，1781）中有这样阐释，“空间在本质上是个整体，包含多样性，因此空间的普遍意义，即这个或那个空间，只是取决于限制。因此，一个先天的直觉（非经验的）是我们所有空间观念的基础。”① 胡塞尔（Husserl）的本质直观（Wesensschau）理论，认为直观是检验知识的最后标准，这也是直觉主义思想的早期体现。

19 世纪以来，直觉主义对西方数学的发展有着重要的影响。德国著名数学家利奥波德·克罗内克（Leopold Kronecker）、法国数学家亨利·庞加莱（Jules Henri Poincaré）都是直觉主义的拥护者，他们认为只有在直观的基础上，数学模型才得以构造，依据的标准是：“本能的可构造性”（constructability in instinct）。布劳

① Immanuel Kant, *Critique of Pure Reason*, Penguin Classics, 2007, p. 198.

威尔在其著作《数学基础》(*Foundation of Mathematics*)一书中，系统阐述了直觉主义的观点。法国的艾米勒·波莱尔（Emile Borel)、阿伦德·海廷（Arend Heyting）也是著名的直觉主义数学家。上述直觉主义者强调并积极探讨的模型方法，至今在数学及计算机科学领域中仍有着重要的指导意义。

20世纪初，直觉主义的分支——直觉主义伦理学（intuitionist ethics）产生，并在欧美流行开来。1903年乔治·爱德华·摩尔（George Edward Moore）出版了著作《伦理学原理》(*Principia Ethica*)，标志着直觉主义伦理学完整体系的形成。他认为，道德价值存在于宇宙中，是独立的个体，并不依赖于具体事物、社会生活和人的意识。哈罗德·亚瑟·普里查德（Harold Arthur Prichard）也是直觉主义伦理学的主要代表，他于1912年发表论文《道德哲学能建立在错误上吗?》，提出义务论直觉主义（deontological intuitionism）的基本原则，将义务概念纳入伦理学的研究范畴。

20世纪中叶，以柏格森、贝奈戴托·克罗齐（Benedetto Croce）为代表的生命哲学家，将直觉主义发展到新的高度。柏格森的《创造进化论》表明：哲学研究的是宇宙本质的、真正的实在，这种本质、实在是一种生生不息、运动不休的“绵延”。在他的生命哲学中，作为世界和万物本质的“绵延”，只有通过直觉才能把握，从而直觉就成为宇宙存在的前提。克罗齐则认为，直觉就是创作活动，“直觉即表现”(intuition is exhibition）成了克罗齐有名的美学公式。

另外，直觉主义也渗透进更多的领域。直观分析学（intuitionistic analysis）和人本主义（humanism）等都受其影响。直觉主义是西方思想文化的缩影，有助于人们正视自己内心的感受，激发自我意识。

2. 语篇精粹

语篇精粹 A

Intuitionism is sympathy. If this sympathy could extend its object and also reflect upon itself, it would give us the key to vital operations—just as intelligence, developed and disciplined, guides us into matter. For—we cannot too often repeat it—intelligence and instinct are turned in opposite directions, the former toward inert matter, the latter toward life. Intelligence, by means of science, which is its work, will deliver up to us more and more completely the secret of physical operations; of life it brings us, and moreover only claims to bring us, a translation in terms of inertia. It goes all round life, taking from outside the greatest possible number of views of it, drawing it into itself instead of entering into it. But it is to the very inwardness of life that intuition leads us—by intuition I mean instinct that has become disinterested, self-conscious, capable of reflecting upon its object and of enlarging it indefinitely. That an effort of this kind is not impossible is proved by the existence in man of an aesthetic faculty along with normal perception.①

① Henry Bergson, *Creative Evolution*, Random House, 1911, p. 194.

译文参考 A

直觉主义就是同情，如果这种同情能延伸它的对象，也能自我反思，它将给出至关重要的操作办法——就像智力，已经得到发展和自律，引导我们进入物质。因为我们不能经常重复这种同情——智力和本能转向两个对立方向，智力指向惰性物质，而本能指向生命。智力借助科学将会给我们传递越来越完整的物理操作的秘密，会就惰性这一问题带给我们，或者说自称会带给我们一种有关生命的转化过程。智力在生命周围活动，很多观点都尽可能地从外部描绘它，吸引它进入自身而不是直接进入内部。但是直觉会带领我们直达生命内部——通过直觉，本能变得客观且自觉，能够反思它的对象进而无限扩大这个对象。这种努力并非不可能，人类的审美能力和正常感知已经证明了它的存在。

语篇精粹 B

Intuitionism is molded on the very form of life. While intelligence treats everything mechanically, instinct proceeds, so to speak, organically. If the consciousness that slumbers in it should awake, if it were wound up into knowledge instead of being wound off into action, if we could ask and it could reply, it would give up to us the most intimate secrets of life. For it only carries out further the work by which life organizes matter—so that we cannot say, as has often been shown, where organization ends and where instinct begins. When the little chick is breaking its shell with a peck of its break, it is acting by instinct, and yet it does but carries on the movement which has borne it through embryonic life. Inversely, in the course of embryo life itself (especially when the embryo lives freely in the form of a larva), many of the acts accomplished must be referred to instinct. The most essential of the primary instincts are really, therefore, vital processes. The potential consciousness that accompanies them is generally actualized only at the outset of the act, and leaves the rest to the process to go on by itself. It would only have to expand more widely, and then dive into its own depth completely, to be one with the generative force of life.[①]

译文参考 B

直觉主义是由生命的形式所形成的。智力机械地对待一切事物，但是可以说本能是有组织地处理一切事物。如果沉睡在其中的意识会苏醒，如果它只围绕知识而不是围绕行动，如果它能回答我们的问题，那么它就会让我们了解生命本质的奥秘。因为它只是近一步完成生命组织物质的任务——所以正如经常表现的那样，我们不能说，有机体结束的地方就是本能开始的地方。当小鸡用它的喙破壳而出时，这就是本能行为，它能延续那种在整个胚胎生命中与生俱来的行为。相反，在胚胎生命本身的过程中(特别是当胚胎生命自由形成幼虫的时候)。许多行为的完成一定与本能相关。因此，最基础的原始本能在生命过程中至关重要。伴随这些本能的潜在意识通常只在行为开始时出现，然后就让其他部分继续自动进行。这种潜在意识必须延伸更广，然后完全潜入其深层，成为生命的繁衍动力。

① Henry Bergson, *Creative Evolution*, Random House, 1911, p. 182.

语篇精粹 C

Whether it makes Intuitionism a "compound reflex," or a habit formed intelligently that has become automatism, or a sum of small accidental advantages accumulated and fixed by selection, in every case science claims to resolve instinct completely either into intelligent actions, or into mechanisms built up piece by piece like those combined by our intelligence. I agree indeed that science is here within its function. It gives us, in default of a real analysis of the object, a translation of this object in terms of intelligence. But it is not plain that science itself invites philosophy to consider things in another way? If it regarded the series of living beings as unilinear, if it showed us the whole of life evolving toward intelligence and passing, to that end, through sensibility and instinct, we should be right, we, the intelligent beings, in turning back toward the earlier and consequently inferior manifestations of life and in claiming to fir them, without deforming them, into the molds of our understanding.①

译文参考 C

不管它是否让直觉主义成为一种“复合反射”，或者成为一种智力养成的习惯，也就是自动行为，或者通过选择而积累、固定下来的琐碎的偶然优势，在任何情况下，科学都宣称它能完全消解直觉，要么将其融入智力活动中，要么将其融入那些逐渐形成的各种机制中，即那些类似人类智力组成的机制中。我确实同意，科学在此可以发挥它的一定作用，在没有真实分析对象的情

① Henry Bergson, *Creative Evolution*, Random House, 1911, p. 192.

况下，它就智力这一问题向我们解释了这个对象。但是科学自身借助哲学，用另一种方式来思考事物，这难道简单吗？如果科学把生命系列看作非线性状态，如果科学能显示整个生命进化是朝着智力和死亡的目的，那么我们就是正确的。我们作为智力生物，又返回早期低级的生命表征，声称在不破坏其原型的条件下，将其纳入我们的理解模式。

（二）理智（Intellect）

1. 术语解读

理智问题一直是哲学家热议的话题。理智“Intellect”源于拉丁文“interlegere”，本意是指：“心灵的任何力量或行为，包括理解能力以及意识思维的活动。”[①]古希腊时期，亚里士多德的理智观是与伦理学相互渗透的，他认为，“理智德行”（intellectual virtue）的形成，需要依靠经验和时间，是道德生活追求的最终目标，“理智德行绝大部分是从教学中而来，因此需要时间和经验。”[②]智者学派（Sophists）的代表人物普罗泰戈拉（Protagoras）和高尔吉亚（Gorgias）将理智与“wisdom”一词等同，认为理智就是拥有丰富的知识和良好的判断能力。阿那克萨戈拉（Αναξαγρα）将“奴斯”（nous）看作世界万物永恒的推动力，即心灵对世界的理解能力。

中世纪神学家托马斯·阿奎纳（Thomas Aquinas）认为，就

① Nicholas Bumin，Jiyuan Yu，*The Blackwell Dictionary of Western Philosophy*，Blackwell Publishing Ltd.，2004，p. 352.

② Ibid.，p. 351.

人类对善的欲望而言，善可以分为“可敬”“可悦”“可用”三类，与之对应的三类情感是“意动”“愉悦”和“意向”，理智在这三类情感达成的每一环节都发挥作用，如阿奎纳在《神学大全》(*Summa Theologiae*) 中所作的描述：“人类理智在理解事物上面并非一开始就拥有全部知识，而是在最初只能理解事物的一个方面。”①

18 世纪，随着欧洲启蒙思想的广泛传播，有关“理智”问题的探讨进入了新的阶段。斯宾诺莎（Spinoza）认为：“人类理智是由上帝赋予的，这种理智从第三类知识而来，永恒存在。”② 康德认为，理智世界是理性世界的基础，只有在理性的逻辑推理下，世界才能够被认知，在他的《纯粹理性批判》中可以看到：“理智世界不是别的，而是对世界的普遍观念，所有抽象概念都是从直觉中来。”③

20 世纪，“理智”成为许多哲学家关心的问题。尼采（Nietzsche）认为，理智是一种真正的良知，是发自内心的自省和自觉，他在其著作《快乐的知识》(*The Gay Science*) 中写道：“我重复同样的经验，又反复抗拒这些经验，我不愿意相信大多数人缺乏理智良知，尽管它显而易见。”④ 叔本华（Schopenhauer）认为：“世界是我的表象”(The world is my representation)，“我”始终把理智当作“我”的工具，去了解每一个事物。

---

① Nicholas Bumin, Jiyuan Yu, *The Blackwell Dictionary of Western Philosophy*, Blackwell Publishing Ltd., 2004, p. 352.

② Ibid., p. 351.

③ Ibid., p. 352.

④ Friedrich Nietzsche, *The Gay Science*, Verlag von E. W. Fritzsch, 1887, p. 76.

柏格森认为，理智是一种分析能力。分析就是把整体分解为各个部分，并对处于空间中的可分的物质进行剖析，他对于理智问题的见解独到，值得思考。

2. 语篇精粹

语篇精粹 A

All our analyses bring us to this conclusion. But it is hardly necessary to go into such long details concerning consider the results. We see that the intellect, so skillful in dealing with the inert, is awkward the moment it touches the living. Whether it wants to treat the life of the body or the life of the mind, it proceeds with the rigor, the stiffness and the brutality of an instrument not designed for such use. When we think of the cardinal, urgent and constant need we have to preserve our bodies and to raise our souls, of the special facilities given to each of us, in this field, to experiment continually on ourselves and on others, of the palpable injury by which the wrongness of a medical or pedagogical practice is both made manifest and punished at once, we are amazed at the stupidity and especially at the persistence of errors. We may easily find their origin in the natural obstinacy with which we treat the living like the lifeless and think all reality, however fluid, under the form of the sharply defined solid. We are at ease only in the discontinuous, in the immobile, in the dead. The intellect is characterized by a natural ability to comprehend life.①

① Henry Bergson, *Creative Evolution*, Random House, 1911, p. 182.

译文参考A

所有的分析都使我们得出这个结论，但是没有必要对结果进行如此冗长而具体的考虑。我们知道理智在处理惰性方面相当熟练，但在触及生命时却如此笨拙。无论它想面对躯体生命还是心灵生命，它的进程都是苛刻、僵化和残酷的，因为它根本不是为生命所服务的。当我们考虑那些主要的、迫切的而又重复的需求时，我们要保护躯体，升华灵魂。在这个领域，我们每个人都具有特殊能力，不断地对自己和他人进行实验。医疗事故和教学实践上的错误都是由很多伤害构成，它们显而易见而且立刻受到惩罚。对于这种愚蠢，尤其是重复犯错，我们十分惊讶。我们认为生物死气沉沉，很容易在天生的顽固中找到它们的起源。然而，我们认为现实中所有被清晰定义为固体的东西却是流动变化的。我们只在间断的、静止的、沉闷的状态下享受安逸。理智的特点是理解生命的自然能力。

语篇精粹B

We are now, then, to attempt a genesis of intellect at the same time as a genesis of material bodies— two enterprises that are evidently correlative, if it be true that the main lines of our intellect mark out the general form of our action on matter, and that the detail of matter is ruled by the requirements of our action. Intellectuality and materiality have been constituted, in detail, by reciprocal adaptation. Both are derived from a wider and higher form of existence. It is there that we must replace them, in order to see them issue forth.①

---

① Henry Bergson, *Creative Evolution*, Random House, 1911, p. 205.

译文参考B

现在我们设法寻找理智的起源，同时也想把它作为物质物体的起源——这两个计划显然有关联，如果可以实现，那么我们的理智主线就能显示出我们对物质采取的一般行动模式，也能显示出在我们行动需求控制下的物质细节。详细地说，理智性和物质性通过一种可以互相调节的形式被建构起来。二者都来自于一种广阔而又高深的存在形式。在那种存在形式中，我们为了让它们显现出来，就必须让它们回归原处。

语篇精粹C

Precisely because it is always trying to reconstitute, and to reconstitute with what is given, the intellect lets what is new in each moment of a history escape. It does not admit the unforeseeable. It rejects all creation. That definite antecedents bring forth a definite consequent, calculable as a function of them, is what satisfies our intellect. That a definite end calls forth definite means to attain it is what we also understand. In both cases we have to do with the known which is combined with the known, in short, with the old which is repeated. Our intellect is there at its ease; and, whatever be the object, it will abstract, separate, eliminate, so as to substitute for the object itself, if necessary, an approximate equivalent in which things will happen in this way. But that each instant is a fresh endowment, that the new is ever up springing, that the form just come into existence (although, when once produced, it may be regarded as an effect determined by its causes) could never have been foreseen—because the causes here, unique in their kind, are part of the effect, have come into existence with it, —all this we can feel within ourselves, but we cannot think it, in the strict sense of the word, nor express it in terms of pure understanding. No wonder at that: we must remember what our intellect is meant for.[①]

译文参考 C

正因为理智总是试图重构，并且用已知的东西来重构，所以它才使历史上所消逝的每一个瞬间都成为新的。它并不承认不可预见性且拒绝一切创造。前因具有可估量的作用，所以明确的前因带来了明确的后果，这正好符合理智标准。明确的结果需要明确的方式来达到，这也是我们都理解的。在两种情况下，我们将已知与已知相结合，简言之，就是重复旧的东西。我们的理智在这里是轻松自在的。无论对象是什么，它都会将其转移、分割或者消除，以此来代替对象本身，如果有必要，所有事情都会被一种近似对等的东西所替代。但是每一个瞬间都具有全新才能，新的事物突然出现，形式也刚刚成形（尽管当其一旦产生，它会被视为一种取决于其原因的效果），这些都永远不可能被预见——因为这里所描述的原因在类型上具有唯一性，是随之出现的结果的一部分——这一切我们都能感觉到，但是从严格意义上讲，我们既没有思考能力，也不能就纯粹的理解来表达它。难怪我们必须记住我们的理智意味着什么。

---

① Henry Bergson, *Creative Evolution*, Random House, 1911, p. 180.

（三）进化（Evolution）

1. 术语解读

进化这一概念涉及生物学、伦理学、哲学等多个领域。英文中的“evolution”一词，源于拉丁文的“evolvere”，原意是指“铺开、展开以及发展的过程”。[①] 前苏格拉底（pre-Socratic）哲学家阿那克西曼德（Anaximander）以及恩培多克勒（Empedocles）等都是进化思想的早期代表人物。1473 年，诗人卢克莱修（Lucretius）在其著作《物性论》（*De rerum natura*）一书中延续了恩培多克勒的进化思想。中世纪时期进化概念有多重含义，基督教哲学（Christian Philosophy）吸收了其中的精华部分。

柏格森的生命哲学对人类起源、人的本质及其特征都作了详细的解释。在人类起源和产生的问题上，柏格森用“生命冲动”概念对达尔文的进化思想进行了继承和发展。在柏格森看来，宇宙间真实存在的东西，只是生命冲动的绵延，万物因生命冲动的程度不同，出现了自然界、植物界、动物界和人类。从生命冲动的创造进化论出发，他又得出人的本质是生命之流的绵延，其特征就是自主和自由。我们的进化没有确切的过去，没有明确的绵延。“时间是过去不间断的前进过程，蜿蜒盘旋着延展至未来。”[②] 生命每向前一步，都赋予自身以崭新的内容，它既不隔断与过去的联系，同时又孕育着“新我”，生命的本质就是一个永恒绵延

---

① Nicholas Bumin, Jiyuan Yu, *The Blackwell Dictionary of Western Philosophy*, Blackwell Publishing Ltd., 2004, p. 234.

② Henry Bergson, *Creative Evolution*, Random House, 1911, p. 7.

的整体。

研究进化理论，对人类自我认知和学习行为习惯的形成有十分重要的作用，这也是德国剧作家弗里德里希·席勒（Friedrich Schiller）在对人类本性演化的论述中所提到的。柏格森在《创造进化论》一书中，对进化问题有详细的描述，他的理论十分精彩。

2. 语篇精粹

语篇精粹 A

But, if the evolution of life is something other than a series of adaptations to accidental circumstances, so also it is not the realization of a plan. A plan is given in advance. It is represented, or at least representable, before its realization. The complete execution of it may be put off to a distant future, or even indefinitely; but the idea is none the less formulable at the present time, in terms actually given. Evolution is creation unceasingly renewed, it creates, as it goes on, not only the forms of life, but the ideas that will enable the intellect to understand it, the terms which will serve to express it. That is to say that its future overflows it's present, and cannot be sketched out therein in an idea. There is the first error of finalism. It involves another, yet more serious. If life realizes a plan, it ought to manifest a greater harmony the further it advances, just as the house shows better and better the idea of the architect as stone is set upon stone.①

① Henry Bergson, *Creative Evolution*, Random House, 1911, p. 114.

译文参考 A

但是如果生命的进化并非一系列对于偶然环境的适应，那么它也不是一种计划的实现。计划是预先被提出的。在计划实现以前，它被描述出来，或者至少是可以被描述的。计划的彻底实现或许会推迟到一个遥远的未来，甚至遥遥无期，但至少我们目前能够对该想法进行阐述。进化就是不断地创造更新，随着它的继续，它不仅创造着多种生命形态，也创造了使人类智力能够对进化过程加以理解的思想，以及用来表达其中内容的语言。也就是说，它的未来是其现状的延续和超越，我们亦无法通过某个想法对其进行叙述。这里存在目的论的第一个谬误。它涉及另一个更为严重的谬误。假如生命能够实现计划，伴随它的不断进化，它应该表现出更伟大的和谐，正如用一块块石头搭建起房屋，建筑师的理念也随之淋漓尽致地展现出来。

语篇精粹 B

But, in speaking of a progress toward vision evolution, are we not coming back to the old notion of finality? It would be so, undoubtedly, if this progress required the conscious or unconscious idea of an end to be attained. But it is really effected in virtue of the original impetus of life; it is implied in this movement itself, and that is just why is found in independent lines of evolution. If now we are asked why and how it is implied therein, we reply that life is, more than anything else, a tendency to act on inert matter. The direction of this action is not predetermined; hence the unforeseeable variety of forms which life, in evolving, sows along its path. But this action always presents, to some extent, the character of contingency; it implies at least a rudiment of choice. Now a choice involves the anticipatory idea of several possible actions. Possibilities of action must therefore be marked out for the living being before the action itself. Visual perception is nothing else: the visible outlines of bodies are the design of our eventual action on them. Vision will be found, therefore, in different degrees in the most diverse animals, and it will appear in the same complexity of structure wherever it has reached the same degree of intensity. We have dwelt on these resemblances of structure in general, and on he example of the eye in particular, because we had to define our attitude toward mechanism on the one hand and finalism on the other. It remains for us to describe it more precisely in itself. This we shall now do by showing the divergent results of evolution not as presenting analogies, but as themselves mutually complementary.①

译文参考 B

但是在谈到视觉进化的过程时，我们何尝不是回到古老的终结目的这个概念上来呢？这是确定无疑的，假如这个过程需要有意识或者无意识的目标的达成。然而实际上它是凭借生命的原始动力而实现的，它隐含在这种变化当中，这就是为何它呈现出独立进化的轨迹。如果现在我们被问到为什么它被隐含其中，而且是怎么隐含的，我们会回答说，生命比其他任何东西都更倾向于在惰性物质上行动。这一行动的方向不是预先决定的，因此生活中不断进化的、不可预测的各种形式，都是在沿着它的路径孕育

① Henry Bergson, *Creative Evolution*, Random House, 1911, p. 108.

着。但这种行为在某种程度上总是呈现出偶然性的特征，它至少意味着选择的基本原理。既然一个选择涉及若干可能发生的行为的预期想法，那么必须在行为本身发生前指出生物体行为的可能性。视觉感知并非其他：躯体的可见轮廓是我们对它们施加的最终行为结果。因此，视觉可不同程度地见于最多样的动物当中，并且只要达到相同强度，便会呈现结构上同等的复杂性。我们已详细论述结构的相似性，尤其是以眼睛为例，因为我们必须表明我们一方面对于机械论，另一方面对于目的论的态度。这点有待于我们做出更为准确的描述。这便是我们现在要做的，并非通过类比，而是通过它们自身的互补性来展示进化的不同结果。

语篇精粹 C

The author who begins a novel puts into his hero many things which he is obliged to discard as he goes on. Perhaps he will take them up later in other books, and make new characters with them, who will seem like extracts from, or rather like complements of, the first; but hey will almost always appear, somewhat poor and limited in comparison with the original character. So with regard to the evolution of life. The bifurcations on the way have been numerous, but there have been many blind alleys beside the two or three highways; and of these highways themselves, only one, that which leads through the vertebrates up to man, has been wide enough to allow free passage to the full breath of life. We get this impression when we compare the societies of bees and ants, for instance, with human societies. The former are admirably ordered and united, but stereotyped; the latter are open to every sort of progress, but divided, and incessantly at strife with themselves. The ideal would be a society always in progress and always in equilibrium, but this ideal is perhaps unrealizable: the two characteristics that would fain complete each other, which do complete each other in their embryonic state, can no longer abide together when they grow stronger.①

译文参考 C

作者创作一部小说之初，往往会赋予主人公诸多方面的内容，但随着写作的继续，他不得不将这些内容舍弃。或许未来作者在其他书中会将那些舍弃的内容重新拾起，用来塑造新角色，这些新角色看似是最初人物性格的提炼，更确切地说，是其补充；但他们与最初的人物相比，往往都显得贫乏并带有局限性。生命进化亦如此。前进的道路上存在许多分岔路，但每两三条高速路旁总有不少死胡同；而在这些高速路中，仅有一条引领着向脊椎动物、最终到达人类的进化之路，并且其宽度允许生命完整呼吸所需的氧气自由通行。例如，我们把蜜蜂和蚂蚁群体与人类社会进行比较时可获得这样的印象：前者是相当有序而统一，但墨守成规的，而后者是通往种种进步途径，但却是分裂的，而且内部存在持续的纷争。理想的社会总是处在进步和平衡之中，但这或许是无法实现的：两种特征即使乐于相互补充，也许处在胚胎状态时也确实能够彼此互补，但当它们发展壮大后却再也无法共存。

① Henry Bergson, *Creative Evolution*, Random House, 1911, p. 111.

（四）道德（Moral）

1. 术语解读

道德的概念十分广泛，有关道德的最早论述可以追溯到古罗马时期。英文“moral”一词源于拉丁文“morālis”。柏拉图是第一位对道德问题进行系统论述的哲学家，他认为美德由五个部分组成，即智慧、勇敢、节制、正义和虔诚，各个阶层的人都要各行其是，理想的城邦才能实现。在他的《理想国》（*Republic*, around 380 BC）中有这样的描述：“工人、军队和保卫者阶级，每个阶级都做自己应该做的事，即为公正，也将使国家变得公平。”[①] 亚里士多德认为道德要解决的是个人如何追求幸福的问题，个人获得幸福的关键是培养其健全的行为德性，而真正幸福的人都是具有完整德性的人。

欧洲中世纪时期，经院哲学家阿奎纳建立了自己的“德行论”（virtueethics）。在他看来，德行的本质是“某种能力的完美”，阿奎纳将德行分为本性之德与超本性之德。其中理解（understanding）、科学（science）、智慧（wisdom）、艺术（art）、审慎（prudence）与智德（prudentia）、义德（justitia，justice）、勇德（fotitudine，fortitude）、节德（temperantia，temperance）属于本性之德；而信德（fide，faith）、望德（spe，hope）、爱德（caritate，charity）则属于超本性之德。

柏格森关于道德的观点主要体现在《道德与宗教的两个来

① Plato, *The Republic*, Dover Publications, 2000, p. 130.

源》一书中。他认为，人类道德有两个来源：一是“社会压力”（Social Pressure），一是“爱的冲动”（Impetus of Love）。社会压力指存在于社会生活中的各种约定的习惯、社会职责和义务等，是由“自然职责”所产生的；爱的冲动是指个人主观的内在情感，是人类心灵中原始爱的萌芽的显示。

柏格森在前人的基础上对道德问题有深入的探究，见解十分独到，值得精读。

2. 语篇精粹

语篇精粹 A

It would therefore be a mistake to reproach a purely social moral with neglecting individual duties. Even if we were only in theory under a state of obligation towards other men, we should be so in fact towards ourselves, since social solidarity exists only in so far as a social ego is superadded, in each of us, to the individual self. To cultivate this social ego is the essence of our obligation to society. Were there not some part of it in us, it would have no hold on us; and we scarcely need seek it out, we are self-sufficient, if we find it present within us.[①]

译文参考 A

因此，忽视个人职责而一味责备纯粹的社会道德是错误的。即使我们只是理论上要对其他人尽义务，其实我们也是在对自己尽义务，因为只要我们每个人、每个个体自身都存在社会自我，

① Henry Bergson, *The Two Sources of Morality and Religion*, Trans., R. Ahley Audra and Cloudesley Breretqn, Macmillan and CO., p. 135.

就能实现社会团结。培养这种社会自我就是我们社会责任的根本所在。如果我们自身没有社会自我的那部分存在，那么社会对我们就不起作用。我们不用努力寻找社会自我，如果发现它就体现在我们身上，那么我们就有自足性。

语篇精粹 B

Moral distress is a throwing-out of gear of the relations between the social and the individual self. Analyze the feeling of remorse in the soul of a desperate criminal. You might mistake it at first for the dread of punishment, and indeed you find most minute precautions, perpetually supplemented and renewed, to conceal the crime and avoid being found out; at every moment comes the awful thought that some detail has been overlooked and that the authorities will get hold of the tell-tale clue. But look closer: what the fellow wants is not so much to evade punishment as to wipe out the past, to arrange things just as though the crime had never been committed at all.①

译文参考 B

道德困境是由社会和个人关系的不和谐所导致的。分析一下一个绝望的罪犯灵魂深处那种忏悔的感觉。起初，你可能误认为他是出于对惩罚的恐惧才表示忏悔，因为你的确发现，他为了掩盖罪行而避免被发现，总会增加或改变一些细微的防御措施；他每一刻都会陷入恐惧，生怕自己忽略了哪些细节，使当局从小漏洞得出线索。但是仔细看看：与其说那个家伙是想要逃避重罚或

① Henry Bergson, *The Two Sources of Morality and Religion*, Trans., R. Ahley Audra and Cloudesley Breretqn, Macmillan and CO., p. 134.

者抹掉过去，倒不如说他想把事情安排得就像从未发生过犯罪一样。

语篇精粹 C

Precisely because we are in this case dealing with a strange complex of feelings, of ideas and tendencies all interpenetrating each other, we shall only avoid artificial analyses and arbitrary syntheses if we have at hand an outline which gives the essential. Such is the outline we have attempted to trace. Conceive obligation as weighing on the will like a habit, each obligation dragging behind it the accu-mulated mass of the others, and utilizing thus for the pressure it is exerting the weight of the whole: here you have the totality of obligation for a simple, elementary, moral conscience. That is the essential: that is what obligation could, if necessary, be reduced to, even in those cases where it attains its highest complexity.①

译文参考 C

正因为我们在这种情况下体验着一种奇怪的情结，各种感觉、想法和倾向相互渗透，如果我们手边有一个给出要义的大纲，我们就会避免虚假的分析和武断的合成。这就是我们试图寻找的纲要。认为义务就像习惯一样，强压于意志之上。每个义务身后都有一连串的其他义务，因为它的压力对整体施加了影响，它就以此控制了整体：这样你就对一个简单、基本的道德良知产生了整体责任感。那就是实质所在：如果有必要，即使在一些高度复杂

---

① Henry Bergson, *The Two Sources of Morality and Religion*, Trans., R. Ahley Audra and Cloudesley Breretqn, Macmillan and CO., p. 134.

的情况下，义务也能形成一种整体责任感。

（五）美学（Aesthetic）

1. 术语解读

美学是研究人与世界审美关系的一门学科，该词来源于希腊语“aesthesis”。最初的意义是“对感观的感受”。西方最早使用美学概念的是柏拉图，其美学思想的核心是“爱”和“美”。在柏拉图的《会饮篇》(Ancient Greek：Συμπόστον，*The Symposium*，385-370 BC.）中这样写道：“爱的行为就是在美中孕育生产，既在身体中，又在灵魂中。”[①] 他认为，美学就是在爱的基础上追求美的事物，最终追求美本身的过程。毕达哥拉斯（Pythagoras）以及赫拉克利特（Heraclitus）等哲学家都站在自然科学的角度上讨论美学问题。亚里士多德（Aristotle）的美学思想主要体现在他的“艺术模仿说”中，他认为“史诗和悲剧诗，喜剧和酒神颂，以及绝大多数的笛子演奏术和竖琴演奏术，从总体上看，都可以被视为模仿艺术。但他们在三个方面相互区别开来，即用于模仿的手段不同，模仿的对象不同，模仿所采用的方式不同。”[②] 这个时期的美学思想都渗透在政治、艺术、宗教等学科中，并未形成独立的体系。

18 世纪，哲学家莱布尼茨认为美学与感性认识相关，德国哲学教授亚历山大·鲍姆加登（Alexander Gottlieb Baumgarten）首

① 刘小枫：《柏拉图的〈会饮〉》，华夏出版社，2003 年，第 82 页。

② 苗力田主编：《亚里士多德全集》(第九卷)，中国人民大学出版社，2009 年，第 140~142 页。

次使用“美学”(Aesthetic) 一词，他的《美学》(*Aesthetica*) 一书的出版标志着美学成为一门独立学科。

德国古典哲学时期，对美学有深入研究的哲学家是康德和黑格尔（Hegel)。康德在他的《判断力批判》(*The Critique of Judgment*) 中对美学的根本问题进行了一系列的论证，形成了自己独特的美学体系；黑格尔把德国古典美学推到了顶峰，成为德国古典美学以及马克思主义美学以前的西方各美学思潮的集大成者。

19 世纪中期后，各哲学流派都对美学有一定的研究，他们逐渐脱离了“何物为美”的纯哲学讨论，侧重于“在美感经验中我们的心理活动如何”这种审美心理的描述。主要代表有费希纳(Fechner) 的“实验美学”(experimental aesthetics)、约翰·杜威(John Dewey) 的“经验美学”(empirical aesthetics)、贝奈戴托·克罗齐的“直觉说”(Intuitionism)、西格蒙德·弗洛伊德(Sigmund Freud) 的“力比多”(Libido) 理论等等。

柏格森将美学与时间联系起来，他认为艺术作品就其自身来说具有时间性，在这里他用诗的创作过程来说明这一点。诗人在进行创作时，并非只是将单词简单堆砌，而是给他们增添了新的思想，“诗人创作了诗歌，因而使人类的思想更加丰富。这种创造就是一种思想的行动。”① 柏格森的美学思想对后来的分析美学(Analytic Aesthetics)、现象学美学（Phenomenological Aesthetics)、存在主义美学（existentialistic aesthetics)、接受美学（Reception Aesthetics) 等都有重要影响。

美学的发展有助于人们树立正确的审美观念，培养健康的审

---

① Henry Bergson, *Creative Evolution*, Random House, 1911, p. 262.

美趣味，对于美化生活、完善人性，具有重要的实践意义。

2. 语篇精粹

语篇精粹 A

The aesthetic feelings offer us a still more striking example of this progressive stepping in of new elements, which can be detected in the fundamental emotion and which seem to increase its magnitude, although in reality they do nothing more than alter its nature. Let us consider the simplest of them, the feeling of grace. At first Aesthetic is only the perception of a certain ease, a certain facility in the outward movements. And as hose movements are easy which prepare the way for others, we are led to find a superior ease in the present attitudes in which future attitudes are pointed out and, as it were, prefigured. If jerky movements are wanting in grace, the reason is that each of them is self-sufficient and does not announce those which are to follow. If curves are more graceful than broken lines, the reason is that, while a curved line changes its direction at every moment, every new direction is indicated in the preceding one. Thus the pleasure of mastering the flow of time and of holding the future in the present. A third element comes in when the graceful movements submit to a rhythm and are accompanied by music. For the rhythm and measure, by allowing us to foresee to a still greater extent the movements of the dancer, make us believe that we now control them. As we guess almost the exact attitude which the dancer is going to take, he seems to obey us when he really takes it: the regularity of the rhythm establishes a kind of communication between him and us, and the periodic returns of the measure are like so many invisible threads by means of which we set in motion this imaginary puppet.①

译文参考 A

美学，为逐步介入新元素提供了一个更引人注目的例子，这个例子可以在其基本情感中检验出来，并且看上去增加了它的大小，事实上它们只是改变了其本性。让我们思考审美情感中最简单的一种——优雅的感觉。起初，审美情感只是某种轻松的感觉，某种外部运动的设施，这些运动很容易为别人做准备。我们追求发现一个在目前态度中最容易的，它将指出未来的态度。正如人们所预料的那样。如果优雅的动作并不平稳，原因就是它们其中的每一个动作都是自给自足的，并不相互追随：如果曲线比线段更优美，其原因是在曲线变化方向的每一刻，每一个新的方向都会显示在前面，这就是掌握未来时间和流动的快乐。第三个元素是伴随音乐做出优雅动作时产生的。因为节奏可以让我们在更大程度上遇见舞者的动作，使我们相信我们现在可以控制它们。因此，我们几乎准确地猜出了舞者将要采用的姿势，当他真正做出动作时似乎在服从我们。有规律的节奏在他和我们之间建立了一种沟通，这种定期的回复方式就像看不见的线程，通过这种方式我们将这种想象的稻草人放进情感中。

语篇精粹 B

Indeed, if it stops for an instant, our hand in its impatience can-

① Henry Bergson, *Time and Free Will*, Harper Torchbooks, 1960, p. 12.

not refrain from making a movement, as though to push it, as though to replace it in the midst of this movement, the rhythm of which has taken complete possession of our thought and will. Thus a kind of physical sympathy enters into the feeling of grace. Now, in analyzing the charm of this sympathy, you will moral sympathy, the idea of which it subtly suggests. This last element, in which the others are merged after having in a measure ushered it in, explains the irresistible attractiveness of grace. We could hardly make out why it affords us such pleasure if it were nothing but saving of effort, as Spencer maintains. The truth is that in anything which we call very graceful we imagine ourselves able to detect, besides the lightness which is a sign of mobility. It is this mobile sympathy, always ready to offer itself, which is just the essence of higher grace. The increasing intensities of aesthetic are here resolved into as many different feelings, each one of which, already heralded by its predecessor, becomes perceptible in it and then completely eclipses it. It is this qualitative progress which we interpret as a change of magnitude, because we like simple thoughts and because our language is ill-suited to render the subtleties of psychological analysis.①

译文参考 B

事实上，如果它停止一瞬间，我们急躁的手就会被克制住而无法运动，仿佛在推它，仿佛要在这个运动中取代它，这个节奏完全占有了我们的思想和意志。这样一种物理的同情渗入了优雅

① Henry Bergson, *Time and Free Will*, Harper Torchbooks, 1960, p. 13.

的感觉。现在分析这种同情的魅力，它巧妙地暗示你将其视为道德同情。这是最后一个元素，其他人则在将其合并后对其进行测量，从而解释了优雅不可抗拒的吸引力。正如斯宾塞所维护的那样，我们几乎弄清楚为何它只是积蓄了努力而没有其他的优势，就可以给我们提供如此的快乐。事实是，除了轻盈流动的痕迹之外，我们自己能够通过想象发现优雅。这是移动的同情，随时准备提供自身，也就是更高层次的优雅的本质。增加着的美感强度使其尽可能多地融入不同感受中去，它们中的每一个都被原有事物所揭示，变得容易察觉之后黯然失色。我们将这种定性的进展解释为大小的改变，因为我们喜欢简单的想法，因为我们的语言不适合呈现微妙的心理分析。

语篇精粹 C

To understand how the feeling of the beautiful itself admits of degrees, we should have to submit it to a minute analysis. Perhaps the difficulty which we experience in defining it is largely owing to the fact that we look upon the beauties of nature as anterior to those of art: the processes of art are thus supposed to be nothing more than means by which the artist expresses the beautiful, and the essence of the beautiful remains unexplained. But we might ask ourselves whether nature is beautiful otherwise than through meeting by chance certain processes of our art, and whether, in a certain sense, art is not prior to nature. Without even going so far, it seems more in conformity with the rules of a sound method to study the aesthetic first in the works in which it has been produced by a conscious effort, and then to pass on by imperceptible steps from art to nature, which may be looked upon as an artist in its own way. By placing ourselves at this point of view, we shall perceive that the object of art is to put to sleep the active or rather resistant powers of our personality, and thus to bring us into a state of perfect responsiveness, in which we realize the idea that is suggested to us and sympathize with the feeling that is expressed.①

译文参考 C

为了了解美感的程度，我们应该对此做出一个细致的分析。也许我们难以给美感下定义，很大程度上是因为我们将自然之美看作艺术的前身，因此艺术的过程应该只是艺术家表达美的方法而已，可美的本质还是未解之谜。但是我们可能会问自己，除非通过艺术的特定偶然过程，否则自然界还会是美的吗？从某种意义上来说，是否艺术并非先于自然？就目前来看，首先作品中的美学研究有一套完善的方法论，这些作品中的美是通过有意识的努力创作而来的，然后美又很微妙地从艺术到自然，自然以其特有方式被视为艺术家。从这一观点我们可以看出，艺术对象可以麻醉我们个性中的活跃能力或者抵抗能力，因此把我们带入到一种完全准备接受外来影响的状态中，在这种状态中我们会领悟那些被暗示的观念，也会对那些被表达的情感产生共鸣。

① Henry Bergson, *Time and Free Will*, Harpre Torchbook, 1960, p. 14.

（六）目的论（Teleology）

1. 术语解读

目的论是哲学家热议的问题。英文“teleology”一词源于希腊文“telos”指“用目的或目的因解释世界”。[①] 最早涉及目的论概念的是古希腊哲学家柏拉图。他认为任何物理现象的本质原因都可以用目的论来解释，在《斐多篇》(*Phaedo*）中有过这样的描述：“我们可以想像，若没有分辨出真实的原因，那么事情的发展就不会出现预想的结果。”[②] 在亚里士多德的“四因说”(Four Causes）中，将事物的原因分“质料因”(material cause)、“形式因”(formal cause)、“动力因”(moving cause）和“目的因”(final cause)，其中目的因是目的论的早期体现。中世纪经院主义神学认为，只有上帝是超凡的创造者，“它创造了世界上的一切事物”。[③]

18 世纪的目的论思想继承并发扬了亚里士多德主义之精华，主要代表人物有康德、黑格尔、卡尔·马克思（Karl Marx）以及弗里德里希·恩格斯（Friedrich Engels)。康德在其《判断力批判》中提出“目的论的基本原理”(the rationale of teleology)，黑格尔则以“思辨哲学”(speculative philosophy）为核心，阐述目的

---

① Nicholas Bumin, Jiyuan Yu, *The Blackwell Dictionary of Western Philosophy*, Blackwell Publishing Ltd., 2004, p. 680.

② 柏拉图，《斐多：柏拉图对话录》，中国国际广播出版社，2012 年，第 99 页。

③ Nicholas Bumin, Jiyuan Yu, *The Blackwell Dictionary of Western Philosophy*, Blackwell Publishing Ltd., 2004, p. 680.

论思想，马克思和恩格斯继承了达尔文的自然选择（Natural Selection）理论，发展了分析哲学（analytic philosophy）思想。

20世纪中叶，柏格森在《创造进化论》中将目的论引入自己的研究范围。他认为，进化是由生命冲动引起的，正如艺术家从事的创作活动，不能预先知晓，在这里，他贬低了目的论的作用，“目的论已经缩小到一次只能包括一种生物的地步了。通过让自己变小，它认为可能会减少打击面。”① 柏格森关于目的论和机械决定论的见解独特，值得思考。

2. 语篇精粹

语篇精粹 A

Yet teleology is not, like mechanism, a doctrine with fixed rigid outlines. It admits of as many inflections as we like. The mechanistic philosophy is to be taken or left: it must be left if the least grain of dust, by straying from the path foreseen by mechanics, should show the slightest trace of spontaneity. The doctrine of final causes, on the contrary, will never be definitively refuted. If one form of it be put aside, it will take another. Its principle, which is essentially psychological, is very flexible. It is so extensible, and thereby so comprehensive, that one accepts something of it as soon as one rejects pure mechanism.②

---

① Nicholas Bumin, Jiyuan Yu, *The Blackwell Dictionary of Western Philosophy*, Blackwell Publishing Ltd., 2004, p. 680.

② Henry Bergson, *Time and Free Wil*, Harpre Torchbook, 1960, p. 46.

译文参考 A

然而目的论并不像机械论那样是一种轮廓固定刻板的学说。它包括我们所喜欢的尽可能多的变化。机械主义哲学要么被采用，要么被抛下。如果最小颗粒的尘埃受力学影响，偏离于可预见的道路，这就显示出它卑微的自发性，所以一定会被抛下。相反的是，终极因学说永远都不会被彻底驳倒。如果其中一种形式被排除在外，那么它就会采取另一种形式。目的论的原则，从本质上看和心理相关，是非常灵活的。它可以不断延伸，包罗万象，所以一个人一旦拒绝了纯粹机制，就会接受目的论的一些东西。

语篇精粹 B

But radical finalism is quite as unacceptable, and for the same reason. The doctrine of teleology, in its extreme form, as we find it in Leibniz for example, implies that things and beings merely realize a program previously arranged. But if there is nothing unforeseen, no invention or creation in the universe, time is useless again. As in the mechanistic hypothesis, here again it is supposed that all is given. Teleology thus understood is only inverted mechanism. It springs from the same postulate, with this sole difference, that in the movement of our finite intellects along successive things, whose successiveness is reduced to a mere appearance, it holds in front of us the light with which it claims to guide us, instead of putting it behind. It substitutes the attraction of the future for the impulsion of the past. But succession remains none the less a mere appearance, as indeed does movement itself. In the doctrine of Leibniz, time is reduced to a confused perception, relative to the human standpoint, a perception which would vanish, like a rising mist, for a mind seated at the center of things.[①]

译文参考 B

出于同样的原因，激进的目的论是不可接受的。正如我们在莱布尼茨的例子中所发现的那样，目的论学说在其极端的形式中，意味着事件和生物只是实现了一个预先安排好的程序。但是如果宇宙中没有任何东西是不可预见的，没有任何的发明和创造，那么时间又会变得毫无用处。正如机械主义假设中所示，又会出现这种观点，即一切都是被给定的。因此，目的论只是被理解为一种反向的机械论。它来源于相同的假设，唯一的不同就是我们有限的理智活动，它伴随连续事物出现，而且把事物的连续性弱化为一种表象。目的论在我们面前点起一盏引路明灯，而不是躲在我们身后。它用未来的吸引力代替了过去的冲动。但是连续性依旧还只是一种表象，因为运动本身也是一种表象。

语篇精粹 C

The term teleology locates a series of connected philosophical questions. If we grant that there is such a thing as purposive or goal-directed activity, we may ask the following questions: (1) By what criteria do we identify purposive activity? (2) What is the nature of the systems that exhibit purposive activity? (3) Does the nature of purposive activity require us to employ special concepts or special patterns of description and explanation that are not needed in an account of non-

① Henry Bergson, *Time and Free Will*, Harpre Torchbook, 1960, p. 46.

purposive activity? And if we grant that there are objects and processes which perform functions, we may ask: (4) By what criteria do we identify functions? (5) What is the nature of the systems that exhibit functional activity? (6) Does the description of functions require special concepts or special patterns of analysis?①

译文参考 C

目的论指出了一系列相关的哲学问题。如果我们承认有这样一个目的或目标导向的活动，我们可能会问以下问题：①我们按什么标准来确定有目的的活动？②目的性活动具有的系统的性质是什么？③是有目的的活动的性质要求我们使用特定的概念或是描述和解释模式，其在对无目的活动的解释是不必要的？而且如果我们承认存在有履行职能的对象和过程，我们可能会问：④我们以什么标准来确定功能？⑤表现功能活动的系统的性质是什么？⑥功能的描述需要特殊的概念或特殊的分析模式吗？

（七）空间（Space）

1. 术语解读

空间问题一直是哲学家研究的重点问题之一。英文“space”源于希腊文“khôra”，原意是“空间被看作一种连续性，使得世上的事物之间形成可能性的关联。”(Space is viewed as a continuant that gives form to the possible relations in which things and events stand in

① Donald M. Borchert, et al., eds., *Encyclopedia of Philosophy*, 2nd ed., Thomson Gale, 2006, p. 384.

the world [①]）古希腊时期，“爱利亚学派”(Eleatic）最早涉及空间问题，他们否认空间的存在，也否认空间是一种质料。“原子论学派”(Atomists）代表人物德谟克利特（Democritus）提出“原子”(Atom）和“虚空”(empty）的学说，认为原子不可分割，没有空隙；虚空是无实体的空，为原子的活动提供空间场所。芝诺悖论(Zeno's paradox）的提出是为了支持老师巴门尼德关于“存在”的学说，这些悖论中最著名的两个是：“阿基里斯跑不过乌龟”(Achilles and the Tortoise）和“飞矢不动”(Flying arrow is not moving)。

十七八世纪，在欧洲文艺复兴和启蒙运动的影响下，空间问题的研究有了进一步发展。牛顿认为，空间是“绝对的”(space was absolute)、“永恒的”(permanently）并且是独立自存的（independently)。莱布尼茨认为，空间是各种物质关系的总和。神学家乔治·贝克莱（George Berkeley）在他的《视觉新论》(*Essay Towards a New Theory of Vision*，1709）中提出“视觉上的空间深度”(visibility of spatial depth）概念。康德在其《纯粹理性批判》(Critique of Pure Reason，1781）中认为，时间和空间都不能单独被认知，他们只是“人类所有经验框架中的两个因素。”

19、20世纪，阿尔伯特·爱因斯坦（Albert Einstein）提出了相对论（theory of general relativity)，抛开“欧几里得空间”(Euclidean space）进行研究。柏格森在他的《时间与自由意志》一书中认为，空间与时间相互联系不可分割，他对于空间见解独到，值得精读。

---

① Nicholas Bumin，Jiyuan Yu，*The Blackwell Dictionary of Western Philosophy*，Blackwell Publishing Ltd.，2004，p. 652.

2. 语篇精粹

语篇精粹 A

If we analyze in the same way the concept of motion, the living symbol of this seemingly homogeneous duration, we shall be led to make a distinction of the same kind. We generally say that a movement takes place *in* space, and when we assert that motion is homogeneous and divisible, it is of the space traversed that we are thinking, as if it were interchangeable with the motion itself. Now, if we reflect further, we shall see that the successive positions of the moving body really do occupy space, but that the process by which it passes from one position to the other, a process which occupies duration and which has no reality except for a conscious spectator, eludes space. We have to do here not with an *object* but with a *progress*: motion, in so far as it is a passage from one point to another, is a mental synthesis, a psychic and therefore unexpended process.①

译文参考 A

如果我们以同样的方式来分析运动这个概念，它生动的象征看似同质的绵延，我们就会被引导着区分同类之间的差异。我们通常说，运动在空间中发生，在我们断言运动具有同质性而且可分割之时，考虑的是对象所经过的空间，仿佛它和运动本身可进行互换。若我们深入思考，将看到移动对象依次所处的位置的确是占据空间的，但它从一处移动到另一处的过程并不占据空间，

① Henry Bergson, *Time and Free Will*, Harpre Torchbook, 1960, p. 112.

这过程占有时间，若非留神观察，并不真实存在。此处我们所探究的并非一个对象，而是一个进程。运动，就其“由一点至另一点的移动”这个含义而言，是一种思维综合、是精神感应，因而是非消耗性的过程。

语篇精粹 B

Space contains only parts of space, and at whatever point of space we consider the moving body, we shall get only a position. If consciousness is aware of anything more than positions, the reason is that it keeps the successive positions in mind and synthesizes them. But how does it carry out a synthesis of this kind? It cannot be by a fresh setting out of these same positions in a homogeneous medium, for a fresh synthesis would be necessary to connect the positions with one another, and so on indefinitely. We are thus compelled to admit that we have here to do with a synthesis which is, so to speak, qualitative, a gradual organization of our successive sensations, a unity resembling that of a phrase in a melody. This is just the idea of motion which we form when we think of it by itself, when, so to speak, from motion we extract mobility. Think of what you experience on suddenly perceiving a shooting star: in this extremely rapid motion there is a natural and instinctive separation between the space traversed, which appears to you under the form of a line of fire, and the absolutely indivisible sensation of motion or mobility.①

---

① Henry Bergson, *Time and Free Will*, Harpre Torchbook, 1960, p. 112.

译文参考 B

空间仅包含组成空间的各个部分，无论我们在空间的哪一点考虑运动着的对象，我们都会得到唯一一个位置。如果意识察觉到任何位置之外的东西，其原因都是它记住了对象移动的逐个位置，并将它们进行分析。而意识是如何开展此种分析活动呢？它不可能通过在一个同质的媒介中将这些位置重新排列的方式，因为将这些位置彼此联结必然需要新的分析活动，如此无限延续。因此我们不得不承认，我们在此探讨的这种分析活动，可以说是质性的，是我们连续感知的逐步整理，是一个统一体，好似一段悦耳旋律中的片段。它正是我们在思考运动本身时对其形成的看法，可以说，此时我们从运动中提炼出活动性的概念。想想你忽然看到一颗流星时的体验：在这个急速运动中存在一种自然而本能的分离，它是被穿越的空间，在你看来就是一条火线，与绝对不可分割的运动或活动性感知之间的分离。

语篇精粹 C

A rapid gesture, made with one's eyes shut, will assume for consciousness the form of a purely qualitative sensation as long as there is no thought of the space traversed. In a word, there are two elements to be distinguished in motion, the space traversed and the act by which we traverse it, the successive positions and the synthesis of these positions. The first of these elements is a homogeneous quantity: the second has no reality except in a consciousness: it is a quality or an intensity, whichever you prefer. But here again we meet with a case of endosmosis, an intermingling of the purely intensive sensation of mobility with the extensive representation of the space traversed. On the one hand we attribute to the motion the divisibility of the space which it traverses, forgetting that it is quite possible to divide an object, but not an act: and on the other hand we accustom ourselves to projecting this act itself into space, to applying it to the whole of the line which the moving body traverses, in a word, to solidifying it: as if this localizing of a *progress* in space did not amount to asserting that, even outside consciousness, the past co-exists along with the present![①]

译文参考 C

一个人闭着眼睛做出一个快速的手势，只要不考虑所经过的空间，则意识即被认为是一种纯粹质性的感觉。简言之，我们需要在运动中找出两个不同的元素，即运动所经过的空间和那个动作，运动依次发生的位置和这些位置的集合。这些元素的第一种是同质的数量；第二种只存在于意识中，它是一种性质或强度，你喜欢怎样说都可以。但此处我们再次遇到相互渗透的实例，这是活动性的完全内在的感觉，与运动所经过空间的外在表现的混合。一方面我们赋予所经过的空间可分性，却忘记了分割一个对象是完全可能的，而行为却是不可分割的；另一方面，我们使自己习惯于将行为置于空间中，用这种行为去指称移动对象所经过的整条轨迹。简言之，就是将其固化，仿佛将一个进程在空间中定位的行为并不等同于这种断言，即便处于意识之外，过去与现在也可共存。

① Henry Bergson, *Time and Free Will*, Harpre Torchbook, 1960, p. 112.

第四章　弗洛伊德：精神分析的领航人

Dreams are not to be likened to the unregulated sounds that rise from a musical instrument struck by the blow of some external force instead of by a player's hand; they are not meaningless, they are not absurd; they do not imply that one portion of our store of ideas is asleep while another portion is beginning to wake. On the cont-rary, they are psychical phenomena of complete validity—fulfill-ments of wishes; they can be inse-rted into the chain of intelligible waking mental acts; they are constructed by a highly complicated activity of the mind.①

——Sigmund Freud

梦不能被比拟成乐器受某种外力突袭时发出的杂音，而是一种出自演奏家之手的乐音。梦并不是毫无意义的，荒谬的；梦不表示我们

① Sigmund Freud, *The Interpretion of Dreams*, Trans., James Strachey, Basic Books, 2010, p. 147.

的一部分意识处于休眠状态，而另一部分则开始清醒。相反，梦是一种完全合理的心理现象——它们是一种愿望的实现。梦可以是清醒状态下明了易懂的思想活动中的一个环节，梦是由一种极其复杂的思想活动所建构的产物。

——西格蒙德·弗洛伊德

一、成长历程

（一）童年故乡——美丽的弗莱堡

1856年5月6日，西格蒙德·弗洛伊德（Sigmund Freud）出生于奥匈帝国（Austro－Hungarian Empire）摩拉维亚（Moravia）地区的弗莱堡（Freiberg）。他出身于一个传统的犹太家庭，祖父是犹太教拉比，父亲雅各布·弗洛伊德（Jacob Freud）是一位羊毛商人。弗洛伊德的母亲叫阿玛莉亚·那萨森·弗洛伊德（Amalia Nathansohn Freud），是位十分聪慧的犹太姑娘，她在二十岁时生下了弗洛伊德。弗洛伊德的童年时期，他的家就在弗莱堡市内的一座简陋的两层小楼房子里。[①]

弗莱堡

弗洛伊德的幼年时期，家境非常贫困。他的生母是父亲雅各布的第三任妻子。弗洛伊德兄弟姊妹众多，他有两个同父异母的哥哥，四个亲妹妹和一个亲弟弟。

1859年，由于当地的经济出现衰退，以及政府对犹太人的迫

① 王志艳：《告诉你一个弗洛伊德的故事》，天津人民出版社，2013年，第2页。

害愈演愈烈，弗洛伊德全家被迫离开了赖以生存的家乡，途径德国莱比锡（Leipzig），最后搬到了维也纳（Vienna）。虽然弗洛伊德童年过着颠沛流离的生活，但他回顾童年时，还是认为传统的犹太家庭教育以及弗莱堡优美的自然景观都对他之后的发展与研究产生了深远影响。[①]

弗洛伊德

（二）启蒙教育——不同凡响

弗洛伊德的启蒙教育是典型的“家庭式”教育。弗洛伊德的家庭有着浓郁的信仰氛围，他的父亲自幼就教授他《圣经》(*Bible*)。其中的经典故事、神话传说，以及蕴含的人生境界和道德理想，都在他的生命中烙下了深深的印记，正如他自己所说：“很久以后我才意识到，我全身心投入《圣经》的阅读，持续地影响了我对于兴趣的选择。”[②]

弗洛伊德是早慧的，1865年他年仅九岁就考入了著名的利奥波德地区实科中学（Leopold städter Kommunal-Realgymnasium），展露了过人的天赋，成绩一直名列前茅，连续七年位居第一名。弗洛伊德在学期间不仅品读了众多的文学经典，同时还掌握了意大利语、西班牙语、希腊语和拉丁语等多种语言。[③] 弗洛伊德集

① 王志艳：《告诉你一个弗洛伊德的故事》，天津人民出版社，2013年，第3页。

② 任宪宝：《世界名人传记丛书——弗洛伊德》，哈尔滨出版社，2001年，第4页。

③ 于晓波：《世界著名心理学家弗洛伊德》，北京师范大学出版社，2013年，第28页。

思广益，博学百家，这些都为之后的理论研究打下了坚实的基础。

同时，弗洛伊德对文学研究也有着很深的造诣。从八岁起，弗洛伊德就在父亲的影响下开始广泛涉猎文学著作，包括小说、剧本等等。同时他以极大的兴趣阅读了《浮士德》（*Faust*，1808）、《少年维特之烦恼》（*The Sorrows of Young Werther*，1774）等名著。其中，他最为感兴趣的就是威廉·莎士比亚（William Shakespeare）和约翰·沃尔夫冈·冯·歌德（Johann Wolfgang von Goethe）这两位著名作家的作品。语言和文学上的积淀，为他以后写出流芳百世的巨著打下了坚实的基础，使其在精神分析领域的研究具有强烈的人文关怀。

（三）大学岁月——希波克拉底誓言

1873年，年仅十七岁的弗洛伊德就被保送进入极富盛名的维也纳大学（University of Vienna）医学院，揭开了学术生涯的崭新一页。当时维也纳大学是德语国家中仅次于布拉格大学（University of Prague）的高等学府，其医学院和法学院在欧洲颇负盛名。而哲学在维也纳大学是所有学生的必修课，弗洛伊德在这里接受了正式的哲学启蒙，这更进一步地激发了他对内在世界更为强烈的探索欲望。

进入大学后的第一学期，弗洛伊德重点学习了解剖学和化学课程。接着，在第二学期，除了医学学科，他还选修了与当时新兴的达尔文主义（Darwinism）有关的课程。著名生理学家恩斯特·布吕克（Ernst Brücke）对大学时期的弗洛伊德产生了重要影响。传说布吕克身材十分矮小，却拥有超人的智慧。弗洛伊德进入他的生理研究室进行学习与研究，一直到六年后从维也纳大学毕业，弗洛伊德逐渐找到了自己的研究方向。弗洛伊德在大学时期的研究是基于对鱼类的生理神经系统研究而展开的，布吕克交给弗洛伊德的第一个科研题目就是研究鳗鱼的生殖腺的结构，这在当时是生理学研究领域著名的研究难题。在经过了刻苦的实验研究之后，弗洛伊德的第一篇科研论文在1877年得以发表。[①]

1879年，奥匈帝国为抵抗沙俄在巴尔干半岛的影响与渗透，与德国缔结了军事同盟条约。弗洛伊德在此时应征入伍，担任了一年的军医。在军营中，他利用闲暇时间将约翰·斯图亚特·密尔（John Stuart Mill）的名著译成德文。1881年3月，二十五岁的弗洛伊德以优秀的成绩结束了八年的大学生活，获得了医学博士学位。

（四）神圣爱情——浪漫维也纳

在弗洛伊德的后期理论中，他认为人的恋爱在一生中起着至关重要的作用。1872年，在中学毕业之际，弗洛伊德与多年未见的儿时玩伴偶遇。此时的她已经成长为一个亭亭玉立的少女，弗洛伊德的心被捕获了，深深陷入了情网以至无法自拔。虽然这段恋情无疾而终，但成为弗洛伊德感情世界的启蒙。

直到1882年的某一天，弗洛伊德看到客厅里一位年轻秀美的姑娘正在与家人亲切地聊天，他在看到姑娘的那一刻便无法自拔，从此坠入爱河。

---

① ［美］彼得·盖伊：《弗洛伊德传》（上册），龚卓军、高志仁、梁永安译，鹭江出版社，2006年，第32页。

这位姑娘就是玛莎·柏内斯（Martha Bernay），比弗洛伊德小五岁，是位受过良好教育的大家闺秀。柏内斯的父亲也是一名商人。1882 年 6 月 17 日，在结识两个月后，弗洛伊德就决定与柏内斯订婚。婚后他们一共生育了三个可爱的儿子和三个可爱的女儿。一年后，柏内斯因家庭原因搬至汉堡居住。从此他们开始了长达 3 年的分离和相思。在这期间弗洛伊德几乎每天给妻子写一封信，最后竟积攒了九百多封热情洋溢又充满爱意的信。[①]

（五）留学法国——揭示催眠术

在离开维也纳大学布吕克的实验室之后，弗洛伊德于 1882 年 7 月进入维也纳综合医院，先后在内科、外科、精神科担任医生。1883 年弗洛伊德来到医院的精神科任职，这为弗洛伊德获得了对人类心灵进行探索的绝好机会，为之后他的精神分析研究积累了丰富的素材。两年后，弗洛伊德还担任了维也纳大学神经病理学的讲师，在这个领域取得了一定的成就。

1885 年，弗洛伊德获得了一笔可观的奖学金，来到了位于巴黎的萨彼里埃（Salpêtrière）医院，在让-马丁·沙可（Jean-Martin Charcot）教授的指导下继续学习精神病理学。沙可教授的诊所是当时欧洲最大、最先进的精神病治疗机构。在巴黎跟随沙可学习期间，弗洛伊德系统地学习了催眠术（hypnotism）。从这时开始，弗洛伊德开始转向对心理学的深入研究。1884 年，弗洛伊德与约瑟夫·布洛伊尔（Joseph Breuer）进行了一系列的合作。布洛伊尔教授了他以一种全新的方式去进行精神疾病的治疗。

① ［奥］西格蒙德·弗洛伊德：《弗洛伊德自传》，上海三联书店，2011 年，第 7 页。

1882 年他从布洛伊尔的治疗实践中学到了催眠疗法及“宣泄疗法”(catharsis)，也可叫作“谈话疗法”(talking cure)。1886 年弗洛伊德回到自己的祖国，与心爱的玛沙踏入了婚姻的殿堂。同年，弗洛伊德开办了属于自己的精神病治疗机构，这一年他年满 30 岁，正是而立之年。

1889 年，弗洛伊德来到了法国，师从希波莱特·伯恩海姆(Hippolyte Bernheim)，以进一步了解催眠疗法，在这一过程中，他发现了催眠的局限性和不适应性，而创造并完善了自由联想的方法。这种方法的大致思路是，医师争取使患者回忆起被遗忘的早期创伤性经历，然后进行针对性的治疗。自由联想法的诞生，标志着精神分析法的萌芽，从此该方法也成为弗洛伊德的主要研究和治疗方法。

（六）深入研究——开创精神分析学

1895 年，弗洛伊德把他与布洛伊尔共同研究的成果出版成书——《歇斯底里症研究》(*Studies on Hysteria*)，这是精神分析学派的开创性著作之一。1896 年，弗洛伊德父亲的去世对他产生了极大的影响。之后的一年，他意识到自己从小依恋母亲的情结与爱恋具有惊人的相似性，体现在同样具有排他性、独占性和愉悦性。他由此提出了这样的假设：这种原始欲望植根于人类的本能当中，这是人类一切精神及生命的原动力。这就是所谓的“俄狄浦斯情结”(Oedipus Complex)。

弗洛伊德在进行了两年的大量研究后，发现了梦与意识之间关联的重要性——梦是无意识思维的自我反映。这些研究的成果，汇集在他于 1899 年出版的，影响深远的划时代巨作《梦的解析》(*The Interpretation of Dreams*) 中。该书在理性主义统治的时代探讨了无意识中的梦的内容，对当时的心理学与精神病学传统发起了挑战。在发现无意识领域隐藏的巨大能量后，弗洛伊德开始大量收集素材着手研究人们日常生活中表面没有意义的心理作用，例如忘记、做梦、口误等现象。1904 年，《日常生活的精神病理学》(*The Psychopathology of Everyday Life*) 问世，丰富并发展了心理学当中的决定论观点。弗洛伊德在书中得出的一系列结论，如今也已被人们广泛接受。研究成果在世界范围内的大量出版，使得弗洛伊德名声远扬，精神分析学也得到了长足发展。1902 年，弗洛伊德成立了“星期三心理学学会”(The Wednesday Psychol-ogical Society)，或称维也纳精神分析小组，与众多学者共同探讨了精神分析的相关问题，后发展成立心理分析协会。参会者包括当时著名的精神分析学家，阿尔弗雷德·阿德勒 (Alfred Adler)、保罗·费登 (Paul Federn)、卡尔·古斯塔夫·荣格 (Carl Gustav Jung) 等。

1909 年，弗洛伊德在美国克拉克大学 20 周年校庆上，被授予名誉博士学位，并与美国心理学界名人威廉·詹姆斯 (William James)、爱德华·布雷福德·铁钦纳 (Edward Bradford Titchene)、雷蒙德·B. 卡特尔 (Raymond B. Cattell) 等人会晤，精神分析学理论在学术界获得了认可。1913 年，他的又一部著名作品《图腾与禁忌》(*Totem and Taboo*) 问世，揭示了图腾等宗教现象的心理机制。通过对人类心灵大量无意识表征的系统研究，弗洛伊德将他的探究向前推进了一步。

1914年，一战爆发，弗洛伊德怀着满腔的爱国情怀分别把自己的三个儿子送上战场。随着战争的进行，人们的生活也更加艰难。弗洛伊德的身体也日益衰弱，患上了严重的感冒和风湿，这直接影响了他的身体健康。

（七）抗争病魔——晚年荣耀

到1917年年底，弗洛伊德的病痛进一步恶化，在他写字的时候，手总是不停地颤抖，还时时忍受着剧烈的疼痛。但弗洛伊德仍然顽强地与病魔抗争，他在信中写到，他的精神从未有过动摇。多年来弗洛伊德对精神分析学发展做出了不懈努力并取得了卓越的成就。1919年开始，弗洛伊德通过与奥托·兰克（Otto Rank）等人一道创办的出版社，发行了大量有关精神分析学方面的书籍。

1923年春，弗洛伊德被诊断患上了口腔癌。医生为他实施了手术并摘除了上颚。弗洛伊德在患病的16年间，坚强地接受了33次手术治疗。虽然手术异常痛苦，常常使得他无法进食，他仍然顽强地进行研究和写作，直到生命的终结。

同年，弗洛伊德又出版了另一部著名经典作品——《自我与本我》（*The Ego and the Id*），弗洛伊德在书中把之前无意识（Unconsciousness）、潜意识（Subconsciousness）和意识（Consciousness）的精神过程以本我（Id）、自我（Ego）和超我（Superego）替代。直到现今，人们仍在弗洛伊德的学说上进行着大量富有成效的研究。[①]

1924年，弗洛伊德在白天医治病患之余，仍利用晚上的时间

① ［奥］西格蒙德·弗洛伊德：《弗洛伊德自传》，上海三联书店，2011年，第23页。

继续写作，相继于1927年出版了《压抑、症状和焦虑》（*Inhibition，Symptoms and Anxiety*），1930年出版了《文明与缺憾》（*Civilization and its Discontents*），1933年出版了《精神分析引论新编》（*Introductory Lectures on Psycho-Analysis*）。

这一时期，弗洛伊德也赢得了世界范围内许多科学家的友谊和尊重。1926年12月，弗洛伊德在柏林期间，与伟大的科学家爱因斯坦进行了愉快的会面。一位物理界的大师，一位心理界的大师，两人首次会面便畅谈了两个多小时。

1929年，曾获诺贝尔文学奖的英国杰出小说家托马斯·曼（Thomas Mann）对弗洛伊德给予了高度的评价。1930年7月，弗洛伊德还被授予了“歌德文学奖”（Goethepreis der Stadt Frankfurt）。而由于病痛，女儿安娜·弗洛伊德（Anna Freud）代表他于法兰克福市政厅接受了授奖。时隔5年，弗洛伊德又获得了一项殊荣——英国皇家学会（Royal Society）接纳弗洛伊德作为该学会的名誉会员。[①] 另外，弗洛伊德还被授予维也纳荣誉市民称号，弗洛伊德的出生地弗莱堡也于他75岁诞辰之际以全市名义进行庆祝。市长亲自来到其出生地，为弗洛伊德故居举行揭牌仪式。[②]

1936年5月，在弗洛伊德80岁生日之际，来自世界各地的祝贺信件纷至沓来，托马斯·曼、罗曼·罗兰（Romain Rolland）、斯蒂芬·茨威格（Stefan Zweig），英国著名女作家维吉尼亚·伍尔芙（Virginia Woolf）以及赫伯特·乔治·威尔斯（Herbert George Wells）等191位著名的作家、诗人、艺术家表示

① 王志艳：《告诉你一个弗洛伊德的故事》，天津人民出版社，2013年，第125页。

② 任宪宝：《世界名人传记丛书——弗洛伊德》，哈尔滨出版社，2001年，第196页。

祝贺。其中，远在美国普林斯顿大学的阿尔伯特·爱因斯坦（Albert Einstein）也专程寄来贺信，表示祝贺。晚年的弗洛伊德迎来了生命的辉煌，赢得了世界范围内的崇高荣耀。

（八）纳粹迫害——流亡不列颠

1933年，希特勒上台，他将犹太人视为劣等民族，开始了大规模的反犹排犹政策，一时间欧洲的犹太人陷于水深火热之中。很多具有犹太血统的学者惨遭迫害，许多人不得不离开家乡。爱因斯坦离开德国去往比利时，斯蒂芬·茨威格全家迁往巴西，阿德勒去了美国。

在这种紧张的政治形势下，弗洛伊德却表现得十分平静。因为这里有他的诊所、他的病人，他还正在写一本关于摩西的书。不久，柏林的精神分析学机构也被纳粹分子管制，全部的精神分析学书籍也遭焚毁。当他得知自己的著作在街上正在被销毁，弗洛伊德平静地说道："要是三个世纪之前，他们会把我活活烧死！"①

1938年维也纳被占领。弗洛伊德的全家都遭到了纳粹的迫害，四个妹妹遭纳粹分子残忍屠杀，女儿也被捕入狱，82岁高龄的弗洛伊德顿时陷入了失去亲人的悲痛之中。为了保障家人的安全，他不得不暂时离开奥地利。在美国大使的帮助下，美国总统富兰克林·罗斯福（Franklin Roosevelt）通过国务院下命令，帮助弗洛伊德离开维也纳，就连意大利法西斯党魁贝尼托·墨索里尼（Benito Mussolini）也出面请希特勒让弗洛伊德一家安全出境。

① ［奥］西格蒙德·弗洛伊德：《弗洛伊德自传》，上海三联书店，2011年，第53页。

与此同时，希腊公主玛丽·波拿巴（Marie Bonaparte）也积极与政府交涉来帮助弗洛伊德，当纳粹要求弗洛伊德缴纳4800美元的税款时，她马上为弗洛伊德支付了这项费用。①

1938年6月4日，在众人齐心协力的帮助下，弗洛伊德携小女儿安娜和妻子玛莎等家人离开了维也纳，历时两三个月，千辛万苦，终于抵达英国首都伦敦。纳粹的迫害和旅途的颠簸，使弗洛伊德的病情恶化。很快，多家报社前来探望，并报道了弗洛伊德到来的信息。许多艺术家，科学家和精神医生都纷纷前来看望和慰问。

6月23日，英国国王前来看望年迈的弗洛伊德，并邀请他在皇家学会纪念册上签名，使弗洛伊德的名字与牛顿、达尔文等伟人同载史册。面对病魔，弗洛伊德以顽强的毅力抗争着，在病床上始终坚持写作。1939年3月，弗洛伊德完成了《摩西与神教》（*Moses and Monotheism*）一书的写作。

1939年的9月，弗洛伊德的病情每况愈下，下颚已全部溃烂，无法进食和睡眠，可谓痛苦不堪，备受折磨。在弗洛伊德的一再坚持下，他的私人医生用安乐死的方式结束了他的病痛。1939年9月23日凌晨3时，弗洛伊德的心脏停止了跳动，享年83岁。

---

① ［美］彼得·盖伊：《弗洛伊德传》(下册)，龚卓军、高志仁、梁永安译，鹭江出版社，2006年，第291页。

二、理论内涵

（一）梦的迷思——梦是愿望的满足

从现在的常识来看，梦（dream）是睡觉时局部大脑皮层还没有完全停止活动而引起的脑中的表象活动。有些梦与人的愿望是一致的，而有些梦却貌似与人的愿望相悖，以各种方式掩饰了自身的真实意图。

人为什么会做梦？在弗洛伊德看来，梦是达成内心愿望的一种方式。梦在某种程度上是欲望（desire）的满足，这种隐秘的欲望满足方式实际上是对睡眠进行了保护。因此从这个意义上讲，梦是欲望的达成方式。虽然现在来看这一学说可能有一些值得商榷的地方，但在当时来说的确是了不起的突破。

在《梦的解析》中，他对梦作了进一步的描述和解释，他认为梦绝不是人们通常理解的那种毫无意义的存在，它和人的愿望达成有密切关联，是一种非常错综复杂的心智模式，“它可以是人的头脑在清醒状态下进行的一种明了易懂的思想活动”。①

弗洛伊德从梦是自我愿望的一种隐秘达成出发，认为梦都是与自我有关的一种反映。即使梦中并没有出现自我这个意象，也是因为“自居作用（identification）”的影响隐匿在梦之中。他认为所有的梦都是自我的，都表达了自我的愿望。

---

① Sigmund Freud, *The Interpretation of Dreams*, Trans., James Strachey, Basic Books, 2010, p. 147.

既然梦是自我愿望的一种隐秘达成方式，那么梦的愿望来源是什么呢？弗洛伊德认为，它主来自三个方面：第一，白天愿望达成，在夜间将其呈现出来；第二，白天的愿望受到抑制，唯有在夜间的梦境中得以呈现；第三，那些脱离生活实际的愿望在白天受到压抑，夜间才被唤醒，只有在夜间呈现的愿望才是最真实的思想冲动。第一种愿望起源于前意识，第二种愿望起源于前意识后又进入到潜意识，第三种则位于潜意识系统。愿望的来源不同，效果也不同。当潜意识中的愿望遭遇意识中的冲动时，它们便准备去表现自己。前意识中的愿望在潜意识帮助下，梦就产生了。

弗洛伊德认为，潜意识在夜间通过梦境（dreamworld）的伪装而进行表现。愿望都是愉悦的向往，但并不是所有梦都是所谓的美梦，还有那些不愉快的“恶梦”，梦是如何实现愿望的达成？弗洛伊德针对这一问题解释道，无论如何看似不愉快的梦，都是梦的伪装，因为有些愿望给做梦的人带来压力，使其顾虑重重，必须在白天抑制这种愿望的冲动，从而使愿望在夜间的梦境中只能以另一种形式来呈现。

弗洛伊德认为这种发现具有普遍合理性，他进一步分析说：“有些梦就是毫无伪装的愿望达成。但是万一愿望达成是不可识别的，那么就会出现伪装的形式，势必会存在一种对此愿望的防御倾向；因为这种防御，除非愿望以一种扭曲变形的方式呈现，否则它将无法自我表达。”①

① Sigmund Freud, *The Interpretation of Dreams*, Trans., James Strachey, Basic Books, 2010, p. 166.

进一步，弗洛伊德对“扭曲的形式”(a distorted shape) 进行了解释，每个人的心灵都存在两种心理步骤（psychic instance)，或是倾向（tendency)、系统（system)、心理力量（psychical forces)：第一是在梦中表现出愿望的内容，第二个则扮演着判断是否接受的角色，二者的结合使得梦所呈现出的表象得以成为愿望的达成。

为了进一步证明梦就是愿望的达成形式，弗洛伊德又进行了一番更为详细的分析。梦的过程就是把潜意识中压抑的愿望乔装打扮成梦里各种各样的意向和情结。潜意识愿望通过聪明的伪装进入梦境得以实现。潜意识伪装的过程同时也形成了梦。想要证明梦就是愿望的达成形式，我们首先就要认识梦的过程中隐含的意义是怎样转化为明显的意象的。弗洛伊德将梦分为两个层次——显梦（manifest content of dreams）和隐梦（latent dream-thoughts)。显梦是表意明显的梦，其意图是显而易见的；隐梦是显梦所隐含的深一层愿望。通过梦的进行，隐梦可以进一步转化为显梦。

那么梦的运作是怎样来处理显梦和隐梦之间的这类逻辑关系(这种情况在梦运作时是很难表现的）呢？我们将逐步进行分析。

首先，按照弗洛伊德的看法，梦是把一些现实生活中的实际片段，按照一种时间性的逻辑联系到一起，使之具有整体性。

正如弗洛伊德所说，“梦会用一种普遍形式把那些无可否认地存在于梦境中的碎片串联起来，将所有内容组合成一个整体的情境或者事件。这些梦境重新生产出一种具有时间同时性的逻辑联系”①。

其次，梦的元素与符号相仿。同一梦境所包含的各种元素，都不是没有意义和彼此孤立的。“只要梦境呈现给我们两个凑在一起的元素，那么在梦里就会有和这两个元素对应的部分，他们之间保证存在着某种特别密切的联系。”②

弗洛伊德借用文字的书写体系对上述道理展开形象的类比。当“ab”两个字母连在一起时，表示它们的发音是一个音节，要是“a”和“b”被隔开，“a”就是前一个单词的最后一个字母，而“b”则是下一个单词的开头字母。所以梦境也是一样，梦中并置的内容不是偶然出现的，不是彼此断裂的，而是在梦中也有相当紧密的联系。③

（二）压抑之思——潜意识是深层推动力

弗洛伊德把人的精神生活分为意识、前意识和潜意识三个层次，前意识夹杂在两者之间。在精神分析学中，弗洛伊德认为潜意识是指导人类意识行为活动的基石，是人所无法自知和意识到的深层心理活动，例如人以及其他各种物种的本能、冲动或是其他与伦理道德相违背的愿望。潜意识来源于过去的种种经验，虽然这些欲望出于各种原因被压制在深处，但并不是静止无变化的，而是以无意识的形式暗潮涌动，十分不安稳。

---

① Sigmund Freud, *The Interpretation of Dreams*, Trans., James Strachey, Basic Books, 2010, p. 330.

② Ibid.

③ Ibid.

当人回忆之前的经验时，夹杂在意识与潜意识之间的前意识是可以转化为意识的。前意识的小小区域虽然暂不属于意识部分，但却是人能够意识到的存在。意识仅仅是其中可以直接感知的一小部分。弗洛伊德对于意识问题有着形象生动的“冰山比喻”，就类似于大海中的冰山，意识只是冰山露在水面上的一小部分，而隐藏于海下我们无法看到的巨大部分就是潜意识。

心理活动中，意识、前意识和潜意识三者既独立存在又互相转换。前意识与意识之间虽然独立存在，但也可以相互转换。然而对于潜意识来说要转化为意识则并不容易。意识作为冰山露在水面上的一小部分，起着控制和调节的作用。虽然无意识活动暗潮涌动，十分不安稳，但在法律、道德、伦理的打压下，意识就会进行抵抗，压制它的活动。在弗洛伊德看来，潜意识是外推形式的运动，而意识却是打压形式的运动，这就产生了我们所说的压抑（suppression）。

弗洛伊德进一步解释：“那些被压抑的东西继续存在于正常或非正常人的心中，同时具有精神功能。梦本身就是这种受压抑材料的表现……在清醒时分，由于头脑中被压抑的东西存在的各种矛盾被消除了，所以这种压抑在表达上受阻，也和内在感知隔绝……但是夜间，受到妥协结构的冲动影响，备受压抑的东西找到强行进入意识的方法和途径。”①

在早期，弗洛伊德认为人格分别由意识、前意识、潜意识三部分组成。在晚期作品中，他进一步对自己的人格学说进行了改

① Sigmund Freud, *The Interpretation of Dreams*, Trans., James Strachey, Basic Books, 2010, p. 603.

良，提出人格的三个层次分为本我（Id）、自我（Ego）以及超我(Superego)。

1. 本我

本我是指原始的、与生俱来的潜意识的结构部分，其中蕴含着人性中一些本能性的冲动，按照快乐原则行事。

据记载，本我的第一次提出是1923年，弗洛伊德在他德语版的《自我与本我》(*Das ich und das Es*）中用德语词汇Es提出了“本我”这个概念，该书后来被译成英文版的《自我与本我》(*The Ego and the Id*)。该书揭示了“本我”这个概念，最初来源于德国著名精神病学家乔治·果代克（Georg Groddeck)，但最终归因于德国著名的哲学家弗里德里希·威廉·尼采（Friedrich Wilhelm Nietzsche)。

弗洛伊德对自己的人格学说进行了改良，提出人格的三个层次——本我、自我以及超我，代替了1920年以前潜意识—前意识—意识的结构模式。本我即无意识的我，是天生的自我的表达，是生命原始的冲动及欲望。在人格结构中，本我构成了自我和超我的基础，自我和超我都是以本我为基础发展而来的。本我的源泉和行为准则就是快乐，不为任何社会的伦理道德行为规范所左右。本我追求的是人类最本真的快乐，被无意识中的欲望所控制，难以觉察。弗洛伊德指出，快乐原则支配着本我，本我具有一股巨大的能量，它的内容一部分是与生俱来的，另一部分来自受压制而隐藏的经验。本我不断地和自我与超我发生冲突，而自我和超我都是从本我发展而来的。对于三者的关系，他作了这样一个形象的比喻："自我是被围攻的，绝不是一个全能的协调者，在威胁它的力量以及可能的冲突之间有折中能力。它的工作包括使本我对来自外界和超我的压力得以明晰洞察，另一方面也去说服外界和超我顺服本我的欲望。"①

由此可见，本我来自对外界的感知，处于无意识欲望中最深层次的地方，是人格中最原始的人格结构部分，由与生俱来的本能和冲动构成。弗洛伊德称它是"力比多"(libido) 的大量储存器，它本无道德性，只是遵循快乐原则去追求本能的满足。本我思想表现最突出的时期也是享乐原则最具影响的阶段，就是在人的孩童时期。

2. 自我

自我是处于本我和超我之间的部分，是本我的"监管者"，按照现实原则行事。自我大部分为意识结构部分，由唯实主义原则（the reality principle）所支配，在外部现实、本我与超我中起调节作用。弗洛伊德对这种关系加以阐释："自我服务于三个主人，所以面临三重危险，它们分别来自外部世界、本我的力比多、超我的严惩。自我不仅仅是有意识的思想，正如人们总爱这样来解释弗洛伊德的理论：在神经症中，自我会产生防御机制，这一功能大多是无意识的。"②

弗洛伊德认为，在人格结构中，自我是从本我发展而来的部

① ［美］彼得·盖伊：《弗洛伊德传》(下册)，龚卓军、高志仁、梁永安译，鹭江出版社，2006年，第291页，第50页。

② Sigmund Freud, *The Ego and the Id*, Trans., Joan Riviere, W. W. Norton & Company, 1960, p. 58.

分，属于本能的现实化，位于本我和超我之间，是现实化和理性化的本能。相比于本我，自我更加的趋向外部现实，遵循理性原则，在本我与外部世界之间起调节作用，能够压制和调节本能的冲动和欲望。自我与本我的关系就类似于骑手和马的关系。马就是本我，是前进的动力，骑手就是自我，驱动马而前行。同样，骑手要驾驭马而行，但马只凭借自我的欲望而行。因此，自我无时无刻不在调节本我，本我也需要自我的管控才能顺利抵达目的地。

3. 超我

在人格结构中，超我是遵循于理想原则（principle of ideal），最符合社会道德规范的部分，是最理想化、规范化的部分，因此，它是人格结构层次的最高阶段。

1923 年，弗洛伊德在他的著作《自我与本我》中第一次提出“超我”这个概念。在之后的著作《新精神分析引论》中，他认为超我具有三种功能，即自我观察（self-observation），有良知（conscience），遵从于理想主义原则。超我是最趋向于道德和规范的人格结构，它就是人类在不断的教育和教化过程中获得的社会化价值观念。

本我、自我、超我三者相互独立、相互作用，从而构成了完整的人格系统。本我、自我、超我三者揭示了人的一切心理活动内容。超我、本我处于对立的两方面，而自我存在于两者之间，起着对矛盾的调节作用，使人格机制在遭遇矛盾和破坏时，趋于平衡。本我作为无意识内容是每个人天生的原始人格存在。前意识的自我和来自意识的超我二者却是后天逐渐发展而来的。弗洛伊德认为，本我先于二者，又产生二者，本我依次生出自我和超我。通过自居作用（identification），自我控制本我，超我又为本我和自我制订了规则。三者协同作用，构成完整的人格关系，以实现人的和谐发展。若三者间的关系失衡，就会引发神经症等精神疾病。

（三）本能之思——人类活动之源头

在弗氏理论体系中，“本能”是人的驱动力量，是人类一切活动的源头。他的本能理论具体分为生本能和死本能两部分。生本能是生命存在的根源性力量，维护着个人乃至种族的延续，生本能也称为“力比多”。然而死本能却表现成某种独具破坏性的本能，例如人类的自杀以及其他自我破坏性的行为。

1. 生本能

弗洛伊德在他的书中，使用了“生本能”(Eros）作为力比多的同义词，但在《超越唯乐原则》(*Beyond the Pleasure Principle*, 1920）中，他使用自卫本能来进行概括，把力比多定义为一种与生本能有关的能量，也是源于生本能的力量。

经历了惨烈的第一次世界大战，弗氏修改了之前的本能论，形成了一个崭新的生本能概念。在《超越唯乐原则》中，弗洛伊德说：“我们进一步大胆地将这种性本能看作生本能，也叫厄洛斯，是万物的保护者，也为自我从力比多的储量中获得自恋力比多提供保护。”①

弗洛伊德提出了其本能理论学说——生本能和死本能。他认为“厄洛斯源于生命之初，表现为一种‘生本能’，与之相对的‘死本能’回到了一种无机物质的存在”②。

至于本能的起源，弗洛伊德引用了柏拉图的《会饮篇》中阿里斯托芬说过的一段话：“最初的世界，人是一个圆球，一面为男人，一面为女人，雌雄同体，有着四只手四条腿和两个面孔。宙斯把人劈成两半。被分成两半的人散落在各处，都想要找回原本属于自己的另一半。因此在他看来，产生本能的原因乃是使得人格恢复某种圆满状态的需要。”

2. 死本能

弗洛伊德认为，人的生命中同时存在着另一种本能——死本能，即“桑纳托斯”(thannatos)。他指出：“承认高级生物体会自然死亡，这一点对我们并无帮助。因为如果死亡是生物体的后天习性，那么从地球上出现生命之始就有死本能，对此也就没有任何疑问了。”③生本能代表着对生的积极向上的力量，而死本能则代表破坏向下的力量。

弗洛伊德为了给他的本能学说寻找科学依据，特别借鉴了德国生物学家魏斯曼（A. Weisman）关于对肉体（soma）和种质(germ-plasam）的区分理论。弗洛伊德提道：“魏斯曼对肉体与

① Sigmund Freud, *Beyond the Pleasure Principle*, Trans., James Strachey, W. W. Norton & Company, 1961, p. 46.

② Ibid., p. 57.

③ Ibid., p. 41.

种质的区分和生本能与死本能的区分具有显著的相似性，这两种理论的相似性会继续存在，并且具有重大意义。”①

弗洛伊德在魏斯曼对生物体必死和不死的区分方式上找到了对自己本能理论的支持。弗洛伊德强调死本能是更为根本的本能，因为任何生命和本能状态最终都将回归到死亡的状态。而生命的过程就是生本能和死本能的矛盾所不断推动前进的。

（四）俄狄浦斯情结——恋母情结

通过对神经症的治疗过程，弗洛伊德发现在人格心理中存在着对父亲或者母亲其中一方的浓烈的感情冲动——对母亲爱恋，对父亲妒忌，亦或是对父亲爱恋，对母亲强烈妒忌。这种破坏性的感情对人格的形成和社会关系的发展产生了重大的影响，改变了人的成长心理和交际方式。弗洛伊德认为这种情况就是俄狄浦斯情结，这也是引发神经症的最重要的内在原因。而这种情结可以用来解释文化中出现的各类复杂的情感现象。

弗洛伊德在1913年出版的《图腾与禁忌》(*Totem and Taboo*)一书中提出了“恋母情结”的概念，它是个体人格发展的不可忽视的一个要素，和社会与文化的起源密切相关。根据弗洛伊德的理论，“儿子把父亲看作爱慕母亲的竞争者（因为他让一切都太明显了)，而母亲正是儿子萌芽期的性愿望在模糊暗示下追逐的一个对象。因此，小男孩形成了对待双亲的一种典型态度——我们称之为‘俄狄浦斯情结’，即‘恋母情结’，这也普遍被认为是

① Sigmund Freud, *Beyond the Pleasure Principle*, Trans., James Strachey, W. W. Norton & Company, 1961, p. 43.

神经症的一种核心症状”[①]。

恋母情结（oedipus complex），通常是指人倾向于和自己的亲生母亲在一起的一种喜悦感受。恋母情结是对母亲的依恋和依赖，不同于男女之间的爱情。这种情结广泛地存在于社会中，不仅仅是儿子，女儿也有可能产生恋母情结。

俄狄浦斯情结的名字来源于古希腊神话《俄狄浦斯王》（*Oedipus the King*）。传说俄狄浦斯的父亲拉伊奥斯因劫走了国王的儿子克律西波斯（Chrysippus），作为神对他的惩罚，他会被儿子杀死，妻子会被儿子所娶。于是他把俄狄浦斯丢弃到野外，丢弃的婴儿被科林斯（Corinth）的国王吕波斯（Polybus）抚养长大。多年以后，俄狄浦斯与人发生争执，失手杀了他的父亲拉伊奥斯。后来，俄底浦斯通过破解著名的斯芬克斯（Sphinx）之谜解救了这个被狮身人面兽所困的国家，被推举为王，并不知情地娶了身为自己母亲的王后。后来底比斯连年不断发生瘟疫和饥荒，俄底浦斯通过神谕才知道了自己犯下了杀父娶母的不可饶恕的罪行。俄底浦斯悲愤交加，从此离开了伤心之地，四处流浪。

力比多（libido）即性力。弗洛伊德认为，“力比多”作为一种本能力量，简而言之就是身体所产生的快感。他认为，力比多是人类各项生命活动以及心理活动的根本驱动力量。

1905年，在《性学三论》（*Three Contributions to the Theory of Sex*）中弗洛伊德首次正式使用了“力比多”这个术语，作为代表性本能的一种人类心理与生俱来的根本性力量。他解释道：

---

① SigmundFreud, *Totem and Taboo*, *Trans.*, James Strachey, Routledge, 1950, pp. 149-150.

“人类和动物的性需求，可以用生物学中的一种‘性本能’设想加以表述。这种本能可以类比为觅食和饥饿。这种与饥饿对应的性表达还没找到一个合适的口语名称，科学上的表述为‘力比多’。”①

早期，弗洛伊德的“力比多”学说单纯指性方面的冲动，后期“力比多”的含义扩展为人类趋利避害，逃避痛苦，追求快乐的一种本能愿望。力比多属于生本能力量，与死的本能相对立。与其他哲学家不同的是，在弗洛伊德看来，力比多就是人一切活动和行为的根本动力之源。

人格发展理论是弗洛伊德的重要理论部分。为了更加全面地论证自己的人格发展理论，1905 年弗洛伊德出版了《性学三论》。并于第二年出版了《精神分析引论》(*A General Introduction to Psychoanalysis*)。在这两部著作中，弗洛伊德根据力比多的变化发展过程把人的心理发展分为五个阶段。

第一个阶段（0 到 18 个月）是“口唇期”(oral stage)。弗洛伊德认为：“性器官发育前的首要的性敏感区就是口唇。这一时期的性活动还没有脱离觅食，也没有辨别各种对照。”②

口唇性格的人表现为口腔生活异常活跃，例如这些人喜好美食、吸烟和聊天等等。他们在这一时期所形成的独特的性格特点也对成人后的择业产生了影响。

第二个阶段（18 个月到 3 岁）是肛门期（anal stage)。弗洛

① Sigmund Freud, *Three Contributions to the Theory of Sex*, Nervous and Mental Disease Publishing Co., 1920, p. 478.

② Ibid., p. 517.

伊德提出："这一阶段，儿童利用肛门区的性敏感实现性感觉，不难看出他们会抑制排便，直到这种抑制导致肌肉剧烈收缩，达到一定程度才释放排泄物。"①

人在排泄时往往会产生某种愉悦之情。这一阶段父母训练孩子排便时，孩子就不会像父母所希望的那样按常理出牌，他们的反抗主要通过在不适当的时机来对抗父母。同理，弗洛伊德认为在肛门阶段会使人分化为行事井井有条或完全没有条理的性格。

第三个阶段（3岁到6岁）是性器区（phallic stage）。这一阶段的性感区在生殖器，力比多在该时期多表现在性器区。性器性格分化出来的男人与性器性格分化出来的女人表现为两种截然不同的性格特点：这时男孩常常产生俄狄浦斯情结。而与此类似的是，在此阶段的女孩也会表现为明显的恋父情结。而弗洛伊德认为，性器性格分化出来的男人与性器性格分化出来的女人却走向了两个不同的方向——男人的恋母情结导致其人际交往的困难和性格形成上的失败，男孩子需要解决此情结。而对于女性，这种情结更有安全感，有利于其性格发展。但对于女性，正确处理好这一时期的问题仍具有重要性，否则在性格上就会产生女性性格中的虚荣性。她们往往自我评价过高，并且具有嫉妒心，往往自恃清高，看不起任何人。在弗洛伊德看来，在这个阶段形成性器性格的人，会表现出不同的人格特征。男性表现为极度的自信自负，大男子主义表现强烈，力求别人对他的肯定及认可。该性格特征的女性会表现得异常强势，要求自身要在多方面超越男性，

① Sigmund Freud, *Three Contributions to the Theory of Sex*, Nervous and Mental Disease Publishing Co., 1920, p. 517.

争强好胜极具事业心，甚至有着女权主义的倾向。

第四个阶段（6岁到12岁）是潜伏期（latent stage）。该时期没有明显的性倾向，在此阶段寻找同伴也多倾向于同性。潜伏期比较前三个阶段，持续时间最长，长达六年。弗洛伊德认为，潜伏期对于人一生的性格特征的形成都是至关重要的。之所以把它称为“潜伏期”，是因为在此阶段人失去了对与性有关事务的关注，而把注意力倾注在其他事务上，例如发展学业、培养良好的爱好等。

第五个阶段（青春期到成年）是生殖期（genital stage）。这一阶段也叫两性期，虽然不是儿童成长的最初阶段，也不是最重要的阶段，但是它在个体从青春期到成年的发展进程中发挥着重要的作用。弗洛伊德认为：“男性和女性的性感觉都和排尿有关。这一性感区属于真正的生殖器，后来的‘正常’性生活就是从这个区域的性活动开始的。”①

在生殖阶段，人的本我得到了充分体现，对人一生的发展起着重要的影响。

（五）焦虑之思——人格发展的防御机制

焦虑第一次正式在心理学研究领域被提出，就是在弗洛伊德的精神分析领域。在精神分析学里，焦虑对人格发展机制的影响也是弗洛伊德所研究的重点。研究焦虑对人心理健康和人格发展的重大影响对弗氏精神分析学的发展、精神病的治疗都有积极的意义。

---

① Sigmund Freud, *Three Contributions to the Theory of Sex*, Nervous and Mental Disease Publishing Co., 1920, p.518.

弗洛伊德认为，焦虑产生的原因是个体在压抑或感受到外界危险时的一种身体机能的本能反应。这就是弗洛伊德著名的“焦虑的信号理论”。在精神分析学的研究中，如果对焦虑处理不当，就会导致心理甚至精神疾病。他认为，人的焦虑总共可以分为两个时期：一为原始的焦虑时期，二为后续的焦虑时期。原始的焦虑是与生俱来的，而后续的焦虑是伴随成长发展起来的。

在弗洛伊德看来，人类的焦虑最早来自婴儿出生时与母亲的分离，并称这种“弥漫性”的感觉为出生创伤。在婴儿以后的发展中，人如果遇到许多无法应付的情形，凡是可能使他陷入婴儿式的无能为力的状态的情况，都将触发焦虑。所以，由出生而产生的创伤是以后一切焦虑经验的基础，焦虑代表了早期创伤经验的重复出现。

通过更进一步的研究，弗洛伊德把焦虑分为三个不同的种类：神经性焦虑（neurotic anxiety）、客观性焦虑（objective anxiety）和道德焦虑（moral anxiety）。神经性焦虑具体是指由于对自身本我欲望导致者和不良后果的某种担忧进而产生。神经性焦虑是因为对本我不能自控的担忧而产生的。这种焦虑具体可以分为三种：游离性焦虑（free-floating anxiety），这种焦虑常伴随着本我而存在；恐怖症焦虑（或恐惧症）（phobia），表现为对某些特殊的事物或者事情产生恐惧和焦虑，例如，一部分人毫无原因的恐高，害怕密集的人群，见到血液就极为恐惧，等等；惊恐反应焦虑（panic reaction），表现为突然发怒、一反常态。某些罪犯对陌生人的突然袭击也是惊恐反应焦虑的典型表现。然而除了十分局促和不安外，他自身也无法解释其具体的原因。惊恐反应焦虑的人总是出于本我的原因，支配自身的行为；客观性焦虑是指在特定情况下遭遇特定危险或威胁时产生的焦虑，客观性焦虑是针对特定的对象，趋近于对要发生的某项事故的恐惧感；道德焦虑是指在做的某项事务违背社会道德时，自己内心产生的愧疚型焦虑。精神分析理论认为，人的焦虑并不是只表现为单纯一种，而往往是以几种焦虑混合的形式表现出来。弗洛伊德认为，神经性疾病与焦虑有着极大的相关性，两者在一定程度下可相互转换。

在精神分析学中，自我要时时承受本我以及超我所带来的压力，承受二者共同的威胁。面对来自本我以及超我所带来的压力，自我可能予以接受认可，也可能适得其反的做出抵抗，以求得平衡。自我这种以适得其反的方式做出抵抗以求得平衡的方法就是弗洛伊德所谓的自我防御机制（defence mechanism）。自我防御机制被定义为是自我的一种表现，本能的对抗本我、超我，应对焦虑、挫折及事实的方法。如果自我防御得当，防御机制就可以缓解两者之间的矛盾，如果自我防御不得当就会产生焦虑，并有可能进一步发展为难以释怀的沮丧情绪，从而引发精神疾病。

弗洛伊德把人的自我防御机制划分为十个具体的发展阶段，即否认阶段、反应结构阶段、转移阶段、抑制阶段、投射阶段、理智化阶段、合理化阶段、补偿阶段、升华阶段、退化情感阶段。

自我防御机制是用来应付本我和超我的一种手段，是自我以这种适得其反的方式做出抵抗以求得平衡的方法。弗洛伊德认为，自我防御是人们进行自我保护的一种方式。然而，虽然自我防御是人们进行自我保护的一种潜意识避免焦虑的方式，但如果过多依赖于自身的这种机制，就会造成对现实问题的过分逃避，难以适应现实社会和焦虑感，影响正常的人格发展。

（六）弗洛伊德名言及译文

（1）Prehistoric man, in the various stages of his development, is known to us through the inanimate monuments and implements which he has left behind, through the information about his art, his religion and his attitude towards life which has come to us either directly or by way of tradition handed down in legends, myths and fairy tales, and through the relics of his mode of thought which survive in our own manners and customs.①

处于不同发展阶段的史前人类之所以能为世人所知，是通过无生命的遗迹和他们留下的器物，通过艺术、宗教和人生观中承载的信息——我们可以间接获得这些信息，也可以从神话传说中所流传的传统了解这些信息，还可以通过他们存留在当今行为和习俗之中的思考模式的遗迹来实现。

（2）They [dreams] reproduce logical connection by simultaneity in time. Here they are acting like the painter who, in a picture of the School of Athens or of Parnassus, represents in one group all the philosophers or all the poets. It is true that they were never in fact assembled in a single hall or on a single mountain-top; but they certainly form a group in the conceptual sense.②

---

① Sigmund Freud, *Totem and Taboo*, Trans., James Strachey, Routledge, 1950, p. 1.

② Sigmund Freud, *The Interpretion of Dreams*, Trans., James Strachey, Basic Books, 2010, p. 330.

这些梦境重新生产出一种具有时间同时性的逻辑联系。这很像雅典或帕纳萨斯派画家们的做法，他们在一幅画中汇聚了所有的哲学家和诗人。事实上，这些人从来没有在一个大厅或者一座山顶聚集过，但是他们又的确在概念上属于同类。

（3）If，however，we were to admit the claims thus asserted by our conscience，it would follow，on the one hand，that these prohibitions would be superfluous—both taboo and our own moral prohibitions—and，on the other hand，the fact of conscience would remain unexplained and no place would be left for the relations between conscience，taboo and neurosis.①

如果我们承认良知所做出的断言，那么一方面这些禁止就会变得多余——无论是禁忌还是我们的道德禁令；另一方面，良知是无法解释的，而且良知、禁忌和神经症三者之间的关系也是无从说明的。

（4）Dreams themselves are among the manifestations of this suppressed material；this is so theoretically in every case，and it can be observed empirically in a great number of cases at least，and precisely in cases which exhibit most clearly the striking peculiarities of dream-life.②

梦本身就是这种受压抑物质的表现，在理论上每一种梦境都是如此；至少在实际经验中大部分梦境是这样的，特别是那些表

① Sigmund Freud，*Totem and Taboo*，Trans.，James Strachey，Routledge，1950，p. 81.

② Sigmund Freud，*The Interpretion of Dreams*，Trans.，James Strachey，Basic Books，2010，p. 603.

现出最明显生活特征的情况。

（5）If the ego were merely the part of the id modified by the influence of the perceptual system，there presentative in the mind of the real external world，we should have a simple state of things to deal with. But there is a further complication.①

如果自我仅仅是受感知体系影响所限制的本我的一部分，那么就会表现出对真实外部世界的想法，我们处理事情也会很简单，但实际上这要复杂得多。

（6）The way in which the super-ego came into being explains how it is that the early conflicts of the ego with the object-cathexes of the id can be continued in conflicts with their heir，the super-ego.②

超我的形成方式可以解释以下问题：自我和本我的对象投入之间所存在的早期冲突会继续和它们的后继者，即超我，保持冲突状态。

（7）It［the ego］owes service to three masters and is consequently menaced by three dangers：from the external world，from the libido of the id and from the severity of the super-ego.③

自我服务于三个主人，所以面临三重危险，它们分别来自外部世界、本我的力比多和超我的严惩。

（8）The super-ego is，however，not simply a residue of the ear-

① Sigmund Freud，*The Ego and the Id*，Trans.，Joan Riviere，W. W. Norton & Company，1960，p. 22.

② Ibid.，p. 35.

③ Sigmund Freud，*The Ego and the Id*，Trans.，Joan Riviere，W. W. Norton & Company，p. 50.

liest object-choices of the id; it also represents an energetic reaction-formation against those choices.[①]

超我不能被简单地看作是本我的早期对象选择留下的残迹；它也表现了一种积极对抗那些选择的反向作用。

（9） The id, to which we finally come back, has no means of showing the ego either love or hate. It cannot say what it wants; it has achieved no unified will.[②]

我们最终回到了本我，本我无法向自我表达爱或恨，说不清它想要什么，它没有一个统一的意愿。

（10） Eros operates from the beginning of life and appears as a "life instinct" in opposition to the "death instinct" which was brought into being by the coming to life of substance.[③]

厄洛斯源于生命之初，表现为一种"生本能"，与之相对的"死本能"回到了一种无机物质的存在。

三、主要影响

（一）对心理学影响——精神分析的创立

弗洛伊德创立的精神分析学说对心理学的发展历程产生了重

---

① Sigmund Freud, *The Ego and the Id*, Trans., Joan Riviere, W. W. Norton & Company, 1960, p. 30.

② Ibid., p. 62.

③ Sigmund Freud, *Beyond the Pleasure Principle*, Trans., James Strachey, W. W. Norton & Company, 1961, p. 55.

要的影响。他在理性主义盛行的时代开创了对潜意识心理的研究方向。在人格心理学领域、精神分析领域及精神病的治疗领域，都做出了重要的贡献。同时，弗洛伊德在意识潜意识领域的研究也对治疗心理精神创伤具有积极的意义。

由于弗洛伊德具有独特的学术经历，其精神分析学也有着独特的研究方式及研究内容。虽然弗洛伊德本人毕业于鼎鼎大名的维也纳医学院，但他事实上没有进行过心理学的科班学习。因此，他本人对心理学的研究是基于多年精神病临床治疗的经验进行的。弗洛伊德的精神分析学是对以往的心理学研究的重大突破。在弗洛伊德之前，心理学研究的主要领域都是以意识为基础。弗洛伊德是第一个把潜意识问题具体提出并进行系统化研究的心理学家，他摒弃了以往对潜意识深层心理的忽视，开创了心理学把潜意识研究作为对象的先河。精神分析学说肯定了心理学中非理性因素的重要作用，破除了理性主义的统治地位，开创了潜意识研究的心理学体系。在弗洛伊德看来，人的精神生活就是潜意识的生活，因此潜意识也是心理学研究的重点内容。对人类行为产生重大影响的就是潜意识的活动内容。他认为人的本能特别是性本能是心理活动的内在动力。他对性本能对个人、社会以及整个人类重要作用的揭示，填补了该领域的空白。哈特曼就是在弗洛伊德对该问题的研究基础上进而提出了自我心理学体系，心理学家艾里克森对哈特曼的研究成果进行了发展。

在心理治疗领域，弗洛伊德所采用的研究方法和传统的方法有着根本的区别。精神分析的方法过程是先尽量鼓励前来求诊的精神病人把涌上心头的东西如实讲出来，而不要顾虑这些东西是否荒谬、是否合乎逻料、是否有伤大雅。之后再根据病人的各种表现进行分析，从潜意识的角度理解发病原因。潜意识“翻译”为有意识揭穿症状的真面目，从而对消除患者的症状起到了重要的引导作用。

传统心理学以从外向内的方式探寻人的心理，精神分析心理学却是反其道而行之，从人心理的深层向外逐渐发展研究。精神分析学认为人就是一个能量的系统，正是这种潜意识根源决定并影响了人的心理和人格发展，由此建立了动力心理学。自弗洛伊德，西方开创了人格心理学之先河，经过一代代心理学家的努力，人格心理学已逐渐发展为心理学的重要研究领域。弗洛伊德的研究使之前心理学家对各种异常心理现象的记录分析有了更加系统化理论化的分析，使之真正成为一个重要的学科。虽然弗洛伊德的研究理论体系仍有许多有待改善的地方，但他的研究为心理学的发展开拓了新的方向，对心理治疗领域的研究工作产生了长远的影响。

（二）对社会的影响——社会心理学探索

除了对心理学的影响，弗洛伊德的精神分析学说也对社会的发展起到了重大的推动作用，对各个学派各个领域的研究都产生了重要影响。同时，弗洛伊德之后的心理学家又在其精神分析法的基础上进行了更进一步的深入研究。

首先，弗洛伊德以其对人格的深入研究和对原始文化中人类深层心理的探索为社会心理学开辟了新的研究领域。自从弗洛伊德对图腾与禁忌的考察为人类学通往心理学打开了大门之后，有关文化与人格的研究大量涌现。布罗尼斯拉夫·马林诺夫斯基（Bronislaw Kaspar Malinowski）、鲁斯·本尼迪克特（Ruth Benedict）和乔治·赫伯特·米德（George Herbert Mead）等人类学家以及一些新精神分析学家，如艾布拉姆·卡丁纳（Abram Kardiner）、哈里·斯塔克·沙利文（Harry Stack Sullivan）等人深入原始部落获取第一手资料，以此来验证和充实弗洛伊德的学说。他们详细地考察了各个文化与文明当中人的社会化过程，填补了心理学的研究空白。尤其是文化与人格的研究最终导致了人们对民族性格和社会性格的研究。这种研究对于改进国民素质、推动社会的发展都产生了巨大影响。

其次，弗洛伊德通过著名社会心理学家库尔特·勒温（Kurt Lewin）的影响，推动了现代社会心理学的发展。勒温社会心理学的核心之一是人的紧张系统，紧张系统是行为的主要来源，而紧张系统的提出是受到了弗洛伊德的重大影响。在心理学史上，弗洛伊德首先用紧张的释放来解释人的求乐行为，并把行为动力当作研究对象。勒温承认这一影响，并且利用实验方法研究了弗洛伊德提出的问题。经过勒温的改造，弗洛伊德的动机概念成为实验心理学可以应用的概念，其对后世的影响日趋深入。

最后，弗洛伊德提出的问题还渗透于社会学习理论方面。社会学习理论试图对行为主义的原理进行改造，使之能够说明社会行为，其代表人物就是多拉德和米勒。他们将行为主义原理与精神分析的动机观点结合起来，提出了一个比动物行为模式更广泛的人类行为模式。他们承认人类的基本驱力，如攻击、性本能等，并称之为原始驱力（primary drive），但认为在社会条件的强化之下，人们可以在原始驱力基础上形成第二性驱力（second drive），后者即是社会驱力，如合群性、社会服从、模仿、追求财产。他们的社会学习理论就是研究人的原始驱力是如何在复杂的社会条件下变成社会动机的。在解释人类行为驱力方面，弗洛伊德的思想理论是其重要的研究基石。

（三）对艺术的影响——文学艺术新诠释

精神分析学虽然属于心理学学科，但也体现了弗洛伊德在艺术方面的思想，他的思想对艺术的发展也产生了深远影响。弗洛伊德认为，一切精神科学以及与此有密切关系的人文科学，都必须反映人类心理活动的基本规律。只有这样，写出的作品才能引起人们的共鸣。在艺术创作的过程中，作家、画家、音乐家、诗人、雕塑家等艺术家在心理的三个层面——意识、前意识和潜意识中进行活动，创作者在三种心理领域中自由翱翔。在弗洛伊德看来，在文学艺术创作中，恰恰需要放松意识和理智对于潜意识的控制力，使潜意识获得任意驰骋、“自由联想”的机会。但是在潜意识活动之中和之后，作者毕竟还是有理性的人，要保持清醒的头脑，发挥“自我”和“超我”对于“本我”的控制作用，保持意识在整个创作过程中独立自主的领导地位。归根结底，作为意识形态的艺术是创作者的头脑对自然和社会生活的反映。艺术并不是纯粹情感的表现，而是理智与感知、意志与感情、意识与前意识和潜意识的联合表现。弗洛伊德的理论受到诸多文学家、艺术家的盛赞，许多艺术家正是以这个理论所提供的原则去指导自己的创作实践。

首先，在弗洛伊德的著作中，反复论述了潜意识、性冲动在文学创作中所起的作用。艺术作品是艺术家内心潜意识的表现。这个潜意识的基本内容就是原欲，而原欲最初的和最原始的表现便是“俄狄浦斯”——儿子亲母反父或女儿亲父反母的感情。一切文学艺术作品不过是这类感情的不同形式或不同程度的表现。

在索福克勒斯创作的俄狄浦斯王弑父娶母这一悲剧中，事实上表明了一种愿望的达成——一旦文学家由于对人性的探究而发掘出俄狄浦斯的罪恶时，他就使我们看到了内在的自我，同时也意识到这个愿望实际上是被压制在自己的内心深处。艺术作品不仅表现了作家的潜意识，而且所有观众和读者的内心深处同样也有这类被压制的情绪。这是一切文学艺术作品有感染力的根本原因。

其次，弗洛伊德自 20 世纪 20 年代起就已经成为西方文学艺术界所极力崇拜的重要人物。自那以后到现在，精神分析学在文学艺术界的影响越来越深入，精神分析应用于电影导演和创作，首先表现的是心理片，尤其是恐怖心理片。这些影片描写的都是催眠者、酒徒、精神病者或心理变态的人的冒险和经历。崩溃中的意识，现实的丧失、幻觉的状态——这些都变成了作家和导演们的宝贵材料，他们所拍出的“心理分析片”风靡一时。

尤其是许多美国电影，更深入地揭示社会与人性的冲突问题。如表现越南战争的电影《猎鹿者》和《荣归》、反对核污染的《中国并发症》、接触人权问题的《午夜快车》等，都被看成是战争后遗症与人性冲突的结果。但正是这些影片，也同样受到弗洛伊德精神分析学理论的影响。《午夜快车》中的男主角终于抑制不住潜意识的爆发，影片还表现了牢狱中犯人的同性恋等性变态的情景。这些影片反映了一部分人对战争创伤、现代科学所产生的消极作用及人权问题的关注，其中《猎鹿者》获得 1979 年奥斯卡金像奖。电影导演们巧妙地用心理分析方法表现人的心理动向，使影片具有深刻的社会性，产生了巨大的感染力。

由于精神分析学在医学以外的广阔领域的影响和渗透，弗洛伊德的确已成为当代社会富有影响力的人物。他的精神分析学在文学艺术领域所引起的波动，在半个多世纪以来一直没有停息过，一直在发展着。尤其是在当今资本主义国家，特别是在美国，弗洛伊德主义和新弗洛伊德主义作为一种哲学思潮，在一般意识形态中都得到了广泛的传播。它不仅影响了西方当代的文学艺术，而且对宗教、伦理学、历史学也产生了深远的影响。

四、启示

（一）对理性的启示——科学破除迷信权威

著名的哲学家萨特认为，除了马克思与爱因斯坦，对人类影响最大的犹太人就是弗洛伊德，以此来表达弗洛伊德对理性的贡献。作为精神分析学的创始人，弗洛伊德对传统理性控制的心理范畴发起了革命性的挑战，破除了传统理性权威对人类的完全统治。从此，非理性主义因素登上历史舞台，发出更加瞩目的光辉。因此，弗洛伊德对非理性主义的探索具有历史性的开端意义。

首先，弗洛伊德发现了潜意识，拓宽了心理学的研究领域。传统心理学把心理和意识等同起来，而弗洛伊德认为心理应包括意识和潜意识两部分。潜意识的提出使人们知道了精神世界的一个一向被忽视了的奇异领域，使人们进一步认识了心理活动的复杂性和多维性。

其次，弗洛伊德发现了性机能在人格发展中的动力作用，对人们重视生物因素，从生物学的角度理解人格发展有一定的启发作用。他对性的研究，也冲击了传统的、陈旧的性观念，使人们对性的问题不再感到神秘，从而促进了性科学的发展。

最后，弗洛伊德在研究人格发展的过程中，注意到了心理发展的阶段性、每个阶段的生理基础以及教育和训练在各发展阶段中的作用。他对心理发展五个阶段的划分也与心理年龄阶段的科学划分有着一致性。这是弗洛伊德对心理发展阶段理论的重大贡献，对整个后世学说具有深远的影响。

（二）对认识的启示——积极认识自我心理

弗洛伊德发现了潜意识，拓宽了心理学的研究领域。他认为，潜意识内容是过去没有认识到的领域，试图说明潜意识过程的存在和作用。

潜意识，是一个人以往经历的总和通过内化过程构成这个人独特的情结和人格对事物做出的瞬间反应，它仅仅是习惯性的或者偶然性的没有通过意识指导的行为状态，是人内在的本我所具有的需要借助外在表现而反映的意识，它反映的是人的内在人格以及原始欲望，是真正的精神实质。

人不全是他自己的主人。即我们的思想、感情和行为是不能够完全被自我认识到并理性地加以控制的，而是源于潜意识的欲望和需求借助种种方法，不知不觉地从幕后操纵着我们的精神活动。一个人的潜意识尽管是完全潜伏的，尽管它的作用丝毫不被当事人知觉到，但能主导一个人的行为。潜意识是以意识为基础的，是由最初的意识衍化出来的，是最初的意识的一种压抑状态。弗洛伊德认为不能把心理的主体置于意识中。一个人在进行心理活动时，一般都是意识和潜意识同时进行的，或者说一个人在行为时就会有潜意识的动作和有意识的动作，表面是有意识的行为，而核心却是潜意识的行为。潜意识的行为和作用都是当事人本身知觉不到的，这也就是人为什么“日有所思，夜有所梦”的原因，白天有很多意识到的认识，到了晚上做梦的时候就会以另一种情形“达成愿望”。人们有太多的欲望被压抑在潜意识中，这种得不到满足的欲望不断在潜意识中凝聚，在人们的内心形成了强大的动力能量，并寻求一些虚幻的或幻想的形式来实现在现实中被压抑的欲望。

弗洛伊德提出的潜意识概念，是对传统心理学重理性、轻欲望，重意识、轻潜意识的反抗，进一步积极认识了自我心理。他强调人类发展的动机，重视人类情绪的发展动机，注意心理冲突的动力过程，扩大了意识的范围，发现了本能欲望受到压抑、被排挤到潜意识的领域中。这些设想在精神病和神经病患者所表现的症状中获得了证实，从而逐步构成他的理论体系并在治疗精神病和神经病患者方面收到了一定的疗效。潜意识的提出使人们知道了精神世界的一个一向被忽视了的奇异领域，使人们进一步认识了心理活动的复杂性和多维性。

（三）对教育的认识——重拾幼时人格培养

作为一种心理学观点，弗洛伊德的精神分析学说提高了人们的自我认知水平，对重拾自我心理自信、治疗心理疾病都有极为重要的意义。而弗洛伊德的人格结构论提出了人心理的发展阶段及各个阶段对人成长发展的重大影响，标志着其理论走向完整化和成熟化。精神分析学的发展对教育具有深刻的影响意义，使人们更好地了解幼儿心理，重拾幼时人格培养。

首先，弗洛伊德强调早期经验的影响是有科学道理的。弗洛伊德对早期经验在人格发展中的作用进行了充分的肯定。心理分析论揭示了婴幼儿、儿童时期是人格发展的关键期。他认为早期经验发生于儿童人格尚未完全发展的时候，更容易产生重大的结果，人格障碍产生的原因之一就是早期经验产生的心理印记或创伤。心理分析学者对于问题少年的研究表明，许多不良行为都源于幼年阶段的坏习惯没有得到及时矫正。所以幼年时期的教育与教养方式极为重要，是个人学习生涯与正常发展的奠基阶段。在今天，重视早期经验，提倡早期教育已成为世界各国培养人才的共识，这与弗洛伊德的人格理论有很大关系。

其次，心理分析理论虽是关于心理与人格的论见，但对于教学活动甚有帮助，对于教师辅导学生与家长管教子女也都有所启迪。心理分析理论为父母提供了正确的管教方式。家长是儿童的生活重心，担任人格形塑的角色，至为重要。父母如具有正确的认知，并施予合理的期望与适切的管教方式，将有利于儿童人格的正常发展。儿童人格的发展有一定的序阶，各具不同的特征，心理分析理论提供了一个明确的发展概要，增进教师及家长了解儿童每一阶段的特性，了解各种防卫行为的产生，并提供适当的辅导方向，以培养学生健全的人格。

最后，弗洛伊德理论还影响了学习动机理论的发展。动机是促使有机体趋向目标的动力状态，也是学习的重要支柱。弗洛伊德在 1900 年出版的《梦的解析》一书中认为，性、攻击与潜意识是人类行为的动机；同时指出表面上相似的行为，可能有不同的前因；相似的动机，很可能导致不同的行为。此种论见对人类的动机，提供了另一个解释。心理分析论不仅影响动机理论，也会给予教师启迪，使他们在教学中和辅导学生时更加重视学生的学习动机。

五、术语解读与语篇翻译

（一）意识（Consciousness）

1. 术语解读

意识即自觉，自己能察觉的心理活动都属于意识的范畴，它是人的心理结构的表层，它感知着外界现实环境和刺激，用语言来反映和概括事物的理性内容。意识的现代概念的渊源是约翰·洛克（John Locke）出版于 1690 年的《人类理解论》(*Essay Concerning Human Understanding*)。而英语最早使用“意识”一词可追溯到 1500 年左右。英语单词“意识”最初源于拉丁词汇 conscius（con 意为“在一起”，cius 意为“知道”），但拉丁语里没有同英语一样表示“知道”，或者是“共同了解”的词汇。然而在许多拉丁文著作中出现的短语 consciussibi，字面上的意思是“自己了解”，或者说“自己与自己认识某种事物”。作为现代英语单词“有意识的”，这个短语已经具有“认识所了解的”的生动意义。例如，托马斯·霍布斯（Thomas Hobbes）在《利维坦》（*Léviathan*，1651）中写道：“当两个甚至更多的人意识到一个事实后，他们就会有意识地口口相传”①。

2. 语篇精粹

语篇精粹 A

The man who is reflecting is also exercising his *critical* faculty; this leads him to reject some of the ideas that occur to him after perceiving them, to cut short others without following the trains of thought which they would open up to him, and to behave in such a way towards still others that they never become conscious at all and are accordingly suppressed before being perceived. The self-observer on the other hand need only take the trouble to suppress his critical faculty. If he succeeds in doing that, innumerable ideas come into his consciousness of which he could otherwise never have got hold.②

译文参考 A

一个正在反思的人，还需运用他的批判能力；这样当他察觉某些浮现到意识里的想法后就能拒绝这些想法，中断那些引诱他

---

① Thomas Hobbes, *Leviathan*, Oxford University Press, 1996, p. 43.

② Sigmund Freud, *The Interpretation of Dreams*, Basic Books, 2010, pp. 126-127.

进行一系列类似思考的想法，并且同样中断其他那些还没达到意识层面的想法，所以在他察觉之前就已经将其杜绝。但是自我观察者唯一要做的就是抑制他的批判力。如果他能成功地做到这点，数不胜数的想法都将浮现到意识里。

语篇精粹 B

When we bear in mind that the latent dream-thoughts are not conscious before an analysis has been carried out, whereas the manifest content of the dream is consciously remembered, it seems plausible to suppose that the privilege enjoyed by the second agency is that of permitting thoughts to enter consciousness. Nothing, it would seem, can reach consciousness from the first system without passing the second agency; and the second agency allows nothing to pass without exercising its rights and making such modifications as it thinks fit in the thought which is seeking admission to consciousness. Incidentally, this enables us to form a quite definite view of the "essential nature" of consciousness: we see the process of a thing becoming conscious as a specific psychical act, distinct from and independent of the process of the formation of a presentation or idea; and we regard consciousness as a sense organ which perceives data that arise elsewhere.[①]

译文参考 B

在进行分析之前，隐梦是不会被人有意识地记住的，然而显梦是被有意识地记下来，那么我们就认为第二种行为享有特权，能允许想法进入意识层面，这种假设也就显得符合情理了。好像

① Sigmund Freud, *The Interpretation of Dreams*, Basic Books, 2010, p. 168.

没有什么东西能不经过第二种行为就能从第一个系统到达意识层面；而且第二种行为也不会让任何事情不经它批准就随意通过，必须在它的各种限制下，那些被认可的想法才能进入意识。顺便提一下，这就使我们对意识的“本质”形成了一种很确定的观点：我们把产生意识的过程看作某种精神行为，这种行为不同于而且独立于一种表现或一种想法的形成过程；另外，我们还把意识看作一种感觉器官，它能察觉任何地方出现的各种数据。

语篇精粹 C

Actions and consciously expressed opinions are as a rule enough for practical purposes in judging men's characters. Actions deserve to be considered first and foremost; for many impulses which force their way through to consciousness are even then brought to nothing by the real forces of mental life before they can mature into deeds. In fact, such impulses often meet with no psychical obstacles to their progress, for the very reason that the unconscious is certain that they will be stopped at some other stage.①

译文参考 C

在判断人们性格特点时，他们的行为和有意识表达出来的观点在足以发挥实际用途。行为位居首位，也是最重要的，因为许多意识层面的冲动未形成行动前，就被精神生活的真正力量中和掉了。实际上，这些冲动通常不会遇到什么物理阻碍，就是因为潜意识肯定会在某个其他阶段将其制止。

---

① Sigmund Freud, *The Interpretation of Dreams*, Basic Books, 2010, p. 168.

（二）前意识（Preconscious）

1. 术语解读

前意识又称下意识，是调节意识和潜意识的中介机制。前意识是一种可以被回忆起来的、能被召唤到清醒意识中的潜意识，因此，它既联系着意识，又联系着潜意识，使潜意识向意识转化成为可能。但是它的作用更体现在阻止潜意识进入意识，它起着“检查”作用，绝大部分充满本能冲动的潜意识被它控制，不可能变成前意识，更不可能进入意识。在精神分析学中，前意识是无意识思想在特定的时刻可以被唤起的思想活动，但前意识不是压抑，因此前意识能够进行回忆，很容易“能够成为意识”——这一短语由西格蒙德·弗洛伊德创造，约瑟夫·布鲁尔翻译成英文。该词在弗洛伊德的《超心理学》中表述为德语词汇“das Vorbewusste”。

弗洛伊德把前意识与意识和潜意识进行对比，构成了他的人格结构学说。弗洛伊德认为前意识的特点是检验现实，回忆记忆，以及连接现实世界——特别是最后一点，是与无意识现象的关键区别。

2. 语篇精粹

语篇精粹 A

From this we may infer that the maintenance of certain internal resistances is a *sine qua non* of normality. A lowering of resistances of this sort, with a consequent pressing forward of unconscious material, takes place regularly in the state of sleep and thus brings about a necessary precondition for the formation of dreams. On the other hand, preconscious material can become temporarily inaccessible and cut off by resistances, as on occasions of passing forgetfulness, or a preconscious thought can actually be temporarily pushed back into the unconscious condition, as seems to be necessary in the case of jokes. We shall see that a similar reversion of preconscious material or processes to the unconscious condition plays a great part in the causation of neurotic disorders.①

译文参考 A

由此我们可以推断，坚持某种内在抵制是保证常态性的必要条件。降低这种抵制就会让潜意识材料向前推进，这种情况一般发生在睡眠状态，因此会给梦的形成提供一个必要的前提条件。但是因为有时通过遗忘，有时前意识想法被暂时退回到潜意识，看似是在开玩笑，所以前意识材料暂时难以接近，而且被内在抵制所切断。我们能看出，前意识材料这种类似的逆转，或者潜意识状态的进程，都在神经紊乱的成因方面起到重要作用。

语篇精粹 B

It is merely to be determined at what point preconscious thought processes in the analyst "take over" and determine his reaction, a question which touches upon every analyst's personal experience. There are some who are inhibited if they attempt consciously to formulate the steps to be taken, with whom full awareness acts as inhibition or dis-

---

① Sigmund Freud, *An Outline of Psychoanalysis*, The Modern Library, 1955, p. 18.

traction. There are those who at least from time to time wish to think over what they are doing or have done in a particular case, and others who almost incessantly wish to know "where they are." No optimal standard can be established. The idea, however, that the preconscious reactions of the analyst are necessarily opposed to "planning" seems, in the present stage of our knowledge about preconscious thought processes, to say the least, outdated.①

译文参考 B

只要确定前意识思想进程处于哪一个时刻，分析员就能"接收"它，而且做出相应的反应，这个问题涉及每个分析员的个人经历。如果有些人尝试有意识地形成计划步骤，所有意识就会受阻和分散，这些人也会受到阻碍。也有一些人，偶尔希望思考他们在某一个情况下正在做和已经做完的事情，还有一些人总是不断地希望知道"他们身在何处"。目前还不能确立一个最佳标准。然而，分析员的前意识反应有必要和"计划"处于对立状态，就这一观点，从我们现阶段对前意识思想进程所掌握的知识来看，至少可以这么说，它已经过时了。

语篇精粹 C

The preconscious condition, which is characterized on the one hand by having access to consciousness and on the other hand by being linked with the verbal residues, is nevertheless something peculiar, the nature of which is not exhausted by these two characteristics. The proof of this is that large portions of the ego, and in particular of the

① Sigmund Freud, *An Outline of Psychoanalysis*, The Modern Library, 1955, pp. 88-89.

superego, which cannot be denied the characteristic of being preconscious, none the less remain for the most part unconscious in the phenomenological sense of the word. We do not know why this must be so. We shall attempt later on to attack the problem of the true nature of the preconscious.①

译文参考 C

前意识状态有两个特点，一方面可以进入意识层面，另一方面和言语残留有关，但是前意识又是很奇特的，它的性质还不能完全用这两个特点来概括。以此为证，大部分自我和一部分超我，都无可否认地具有前意识特点，从言语的现象学意义来看，它们大多还处于潜意识状态。我们不知道为什么一定会这样。日后我们要努力攻克有关前意识真正本质的难题。

（三）潜意识（Unconscious）

1. 术语解读

这一概念是指大脑持续产生的无意识信息，这一活动在大脑广泛存在，并通过行为表现出来。对于这一过程，方法论上面临的困难就是区分无掩盖的潜意识信念欲望和从主体的行为中毫无凭据的进行解读。然而无意识的信仰欲望被认为拥有更详细的理论形式和耸人听闻的内容，这一观点仍是具有争议的。

潜意识又称无意识，是在意识和前意识之下受到压抑的没有被意识到的心理活动，代表着人类更深层、更隐秘、更原始、更

① Sigmund Freud, An Outline of Psychoanalysis, The Modern Library, 1955, pp. 19-20.

根本的心理能量。“潜意识”是人类一切行为的内驱力，它包括人的原始冲动和各种本能（主要是性本能）以及同本能有关的各种欲望。由于潜意识具有原始性、动物性和野蛮性，不见容于社会理性，所以被压抑在意识下，但并未被消灭。它无时不在暗中活动，要求直接或间接的满足。正是这些东西从深层支配着人的整个心理和行为，成为人的一切动机。弗洛伊德潜意识理论的提出，以一种学科的方式揭示、确指另外一种意识领域和意识状态的存在。人们不再相信自己是完全理性的，自我言说的都是正确的，真诚如表面所显现得那样简单。

潜意识的术语最早在欧洲思想界使用是在17世纪，但类似潜意识的思想在东西方哲学、宗教领域都有所表达。17世纪起，哲学家莱布尼茨、费希特、赫尔巴特等用潜意识概念来探讨日常生活中产生新知识的建设性过程。19世纪时，哲学家用潜意识的概念探讨人类情感动机、人的本性，如叔本华认为性和本能冲动是“本能中的潜意识愿望”，尼采认为潜意识被情欲和本能所占据。这些观点对弗洛伊德有直接的启示。德国在浪漫主义时期，其文学家用潜意识来描绘创作的想象力，席勒认为诗歌从潜意识出发，而歌德宣称《少年维特之烦恼》是在他几近潜意识的状态中写成的。医学界也用想象力的术语来描述意识分裂、梦等现象。麦斯麦的催眠术用“动物磁性”代替了“想象力”。但随着催眠术的广泛研究，人们认识到是“暗示作用”而非“动物磁性”使大脑状态发生了变化。19世纪随着催眠术、多重人格、“歇斯底里症”的普遍研究和讨论，心理因素的重要性被人们普遍认可，“潜意识”概念从哲学和文学领域走向了精神病理学和心理学的应用领域。普遍而言，潜意识概念是指人类心理活动中，不能认知或没有认知到的部分，是人们已经发生但并未达到意识状态的心理活动过程。

2. 语篇精粹

语篇精粹 A

And even if a dream with another content had had this act of *lèse majesté* as its meaning, would it not be right to bear in mind Plato's dictum that the virtuous man is content to dream what a wicked man really does. I think it is best, therefore, to acquit dreams. Whether we are to attribute *reality* to unconscious wishes, I cannot say. It must be denied, of course, to any transitional or intermediate thoughts. If we look at unconscious wishes reduced to their most fundamental and truest shape, we shall have to conclude, no doubt, that *psychical* reality is a particular form of existence not to be confused with *material* reality. Thus there seems to be no justification for people's reluctance in accepting responsibility for the immorality of their dreams.①

译文参考 A

如果另一种内容的梦有冒犯君主之意，难道我们就不该相信柏拉图的格言——“善良的人只是梦见恶人的所作所为就知足了”——是正确的吗？所以我认为最好免去梦的罪行。然而，我不敢说是否现实归因于这些潜意识里的愿望。当然那些处于过渡或媒介的思想绝对不是真实的。如果我们以最根本，最真实的一

① Sigmund Freud, *The Interpretation of Dreams*, Basic Books, 2010, p. 614.

面看待潜意识，无疑我们会得出这样的结论，那就是精神现实是一种特殊的存在形式，它不应该与物质现实混淆。因此，人们不愿接受其梦境中的不道德感似乎是毫无道理的。

语篇精粹 B

How, then, are we to picture psychical conditions during the period of sleep which precedes dreams? Are all the dream-thoughts present alongside one another? or do they occur in sequence? or do a number of trains of thoughts start out simultaneously from different centres and afterwards unite? There is no need for the present, in my opinion, to form any plastic idea of psychical conditions during the formation of dreams. It must not be forgotten, however, that we are dealing with an *unconscious* process of thought, which may easily be different from what we perceive during purposive reflection accompanied by consciousness.①

译文参考 B

然而，梦前的睡眠期里我们的精神状态是什么样的呢？所有的梦都会相互并排出现在我们脑海里吗？或是一个接一个按次序出现？又或是一系列的想法同时从不同的中心出发，然后集合起来？我认为目前无需任何不真实的遐想去思考梦形成时的精神状态。然而我们不要忘记这里所探讨的是潜意识里的思想，这与我们有意识地进行的目的性思考截然不同。

语篇精粹 C

Cyclamens, I reflected, were my wife's *favourite flowers* and I re-

① Sigmund Freud, *The Interpretation of Dreams*, Basic Books, 2010, p. 298.

proached myself for so rarely remembering to bring her *flowers*, which was what she liked. —The subject of "*bring flowers*" recalled an anecdote which I had recently repeated to a circle of friends and which I had used as evidence in favour of my theory that forgetting is very often determined by an unconscious purpose and that it always enables one to deduce the secret intentions of the person who forgets.①

译文参考 C

我想到，仙客来是我妻子最喜欢的花，于是我自责总不记得给她带她喜欢的花。——"带花"一事让我想到一件趣事，我最近不停地给朋友复述。我曾经用这个故事来支持我的观点——遗忘通常会因为潜意识的要求而产生，并且我的观点能帮助我们推理出这个忘事的人的秘密意图。

（四）快乐原则（Pleasure Principle）

1. 术语解读

在弗洛伊德心理学中，快乐原则（德语为 Lustprinzip）是指人本能地寻求快乐，以及为了满足生理和心理的需要而避免痛苦的行为与思维方式。具体来说，快乐原则是指导本我的驱动力。正如弗洛伊德所说："我们整个的心理活动似乎都是在下决心去追求快乐而避免痛苦，而且自动地受唯乐原则的调节。"②

伊壁鸠鲁在古代，边沁在近代，都强调快乐对人生的指导作

① Sigmund Freud, *The Interpretation of Dreams*, Basic Books, 2010, p. 193.

② ［奥］西格蒙德·弗洛伊德：《精神分析引论》，商务印书馆，1988 年，第 285 页。

用。对弗洛伊德具有最直接指导作用的就是古斯塔夫·西奥多·费希纳（Gustav Theodor Fechner）和他的心理物理学。弗洛伊德首次提出心灵追求快乐和避免痛苦的思想是在他1895年科学心理学的项目中，以及在1900年的《梦的解析》理论部分，他将其称之为“不快乐原则”。在1911年出版的《精神功能的两个原则》一书中，对比现实原则，弗洛伊德正式提出了快乐原则。1924年，他将快乐原则与力比多相联系，称其为对生活的守望。在1930年出版的《文明与不满》一书中，他仍然认为决定生活目的的仅仅是快乐原则。虽然有时弗洛伊德认为在精神生活中快乐原则是接近全能的，在别处他更谨慎地提到心灵的强烈（但并不总是满足）倾向快乐原则。

许多哲学家和心理学家早已发现，人类行为在很大程度上都是趋乐避苦所致。弗洛伊德把这种理论归入他的无意识理论里去，但改变了其重心。整个精神机关的基本促进动力，是来自没有得到满足的愿望或者没有得到平息的激动——一个释放由此而产生的未满足感（不快）的愿望，从而消解紧张，得到快乐。“快乐原则”这个词，后来被纳入心理学术语中。

2. 语篇精粹

语篇精粹 A

In the theory of psycho-analysis we have no hesitation in assuming that the course taken by mental events is automatically regulated by the pleasure principle. We believe, that is to say, that the course of those events is invariably set in motion by an unpleasure tension, and that it takes a direction such that its final outcome coincides with a lowering of that tension—that is, with an avoidance of unpleasure or a production of pleasure.①

译文参考 A

在精神分析理论中，我们毫无疑虑地认为，快乐原则可以自动调节心理事件的过程。也就是说，我们肯定那些事件的过程一定是由一种不愉快的紧张状态导致的。这种过程的发展方向是要最终降低这种紧张状态——避免不愉快或产生快乐。

语篇精粹 B

It is of no concern to us in this connection to enquire how far, with this hypothesis of the pleasure principle, we have approached or adopted any particular, historically established, philosophical system. We have arrived at these speculative assumptions in an attempt to describe and to account for the facts of daily observation in our field of study. Priority and originality are not among the aims that psycho-analytic work sets itself; and the impressions that underlie the hypothesis of the pleasure principle are so obvious that they can scarcely be overlooked. On the other hand we would readily express our gratitude to any philosophical or psychological theory which was able to inform us of the meaning of the feelings of pleasure and unpleasure which act so imperatively upon us.②

---

①② Sigmund Freud, *Beyond the Pleasure Principle*, Trans., James Strachey, W. W. Norton & Company, 1961, p. 1.

译文参考 B

通过快乐原则这个假设，在多大程度上我们能接近或者采纳某个特殊的、历史既成的哲学体系，其实这个问题和我们毫无关系。我们是在努力描述和解释自己在研究领域中日常观察到的事实而获得这些思辨性假设的。优先权和独创性并不是精神分析给自己设定的工作目标；强调快乐原则这一假设的想法非常明显，根本不可能被忽视。另一方面，我们乐于向任何哲学或心理理论表达感激之情，因为这些理论让我们知道了那些直接影响我们的快乐情感和不快乐情感的意义。

语篇精粹 C

The facts which have caused us to believe in the dominance of the pleasure principle in mental life also find expression in the hypothesis that the mental apparatus endeavours to keep the quantity of excitation present in it as low as possible or at least to keep it constant. This latter hypothesis is only another way of stating the pleasure principle; for if the work of the mental apparatus is directed towards keeping the quantity of excitation low, then anything that is calculated to increase that quantity is bound to be felt as adverse to the functioning of the apparatus, that is as unpleasurable.①

译文参考 C

很多事实让我们相信快乐原则在精神生活中起主导作用，这些事实也可以用一种假设来表达，精神器官努力保持自身尽可能

① Sigmund Freud, *Beyond the Pleasure Principle*, Trans., James Strachey, W. W. Norton & Company, 1961, p. 3.

少的兴奋量，或者至少让兴奋持续。这后一种假设只是用另一种方式陈述快乐原则；如果精神器官是为了使兴奋量降低，那么想要增加数量的任何东西就一定和精神器官的运行机制相反，也就是不快乐的感觉。

（五）俄狄浦斯情结（Oedipus Complex）

1. 术语解读

俄狄浦斯情结的概念在弗洛伊德精神分析理论中被提出。指未成年男孩对母亲的性欲望以及对父亲的嫉妒心甚至偷偷的希望杀死他。这种愧疚感很自然地引起了超我的发展，或者良心的束缚。同样，该情结也反应在女性的良心上，也被称为爱列屈拉情结（electra complex）。弗洛伊德创造了这个词，用以表达一种对父母（既包括父亲也包括母亲）的欲望。弗洛伊德弃用了荣格提出的关于恋母情结表现在年轻女孩身上的“爱列屈拉情结”。

尽管弗洛伊德有关性的一些思想直到1900年以后才初具规模，在他的系统里才开始显示出重要性。他认为，这个驱动力最重要的一个方面是，在儿童时期，它通常因为原初过程而导向异性的父母。俄狄浦斯式的愿望包含了很严重的危险。结果，这种愿望与恐惧之间的冲突导致了不可忍受的焦虑。弗洛伊德直到1910年才把这个东西叫作“俄狄浦斯情结”，可在90年代末期的一些作品或信件当中，他已经开始把这个类比引向俄狄浦斯神话了，在1900的《梦的解析》中，他已以简单的形式公开论及这个理论。他认为俄狄浦斯情结是人类经验中不可避免的一部分，是所有人的命运。

2. 语篇精粹

语篇精粹 A

At the conclusion, then, of this exceedingly condensed inquiry, I should like to insist that its outcome shows that the beginnings of religion, morals, society and art converge in the Oedipus complex. This is in complete agreement with the psycho-analytic finding that the same complex constitutes the nucleus of all neuroses, so far as our present knowledge goes. It seems to me a most surprising discovery that the problems of social psychology, too, should prove soluble on the basis of one single concrete point—man's relation to his father... I have often had occasion to point out that emotional ambivalence in the proper sense of the term—that is, the simultaneous existence of love and hate towards the same object—lies at the root of many important cultural institutions.①

译文参考 A

在总结这个极度浓缩的调查结论时，我坚持认为，调查结果表明宗教、道德、社会和艺术的开端都集中在俄狄浦斯情结中。这和精神分析的发现完全一致，就我们目前知识所了解的情况来看，同一情结构成了所有神经症状的核心。对我而言，最令人惊讶的发现就是，那些社会心理问题也可以在一个具体要点上得以解决——人类和他们父亲的关系……我经常会指出来，就“俄狄

① Sigmund Freud, *Totem and Taboo*, Routledge Press, 1950, p. 182.

浦斯情结”这个术语的本来意义来说，情感矛盾——对同一对象同时出现爱与恨——是很多重要文化制度的根源。

语篇精粹 B

The patient cannot remember the whole of what is repressed in him, and what he cannot remember may be precisely the essential part of it. Thus he acquires no sense of conviction of the correctness of the construction that has been communicated to him. He is obliged to repeat the repressed material as a contemporary experience instead of, as the physician would prefer to see, remembering it as something belonging to the past. These reproductions, which emerge with such unwished-for exactitude, always have as their subject some portion of infantile sexual life of the Oedipus complex, that is, and its derivatives; and they are invariably acted cut in the sphere of the transference, of the patient's relation to the physician.①

译文参考 B

病人记不清内心所压抑的所有东西，他记不起来的那部分可能恰好是很重要的一部分。因此他不会坚信传递给他的那种正确建构。按照医生所希望的那样，他被迫重复这些被压抑的材料，把它们当成现在的经历，而不是当成过去的记忆。这些重现往往会很准确地冒出来，其实这并不是人们所希望的，它们总是以幼儿时的性生活内容，也就是俄狄浦斯情结及其派生内容作为主题；另外，它们总是出现在移情的范围内，在医患关系中表现出来。

---

① Sigmund Freud, *Beyond the Pleasure Principle*, Trans., James Strachey, W. W. Norton & Company, 1961, p. 12.

语篇精粹 C

After the boy's fear of his father had been removed by reassurances, it became evident that he was struggling against wishes which had as their subject the idea of his father being absent (going away on a journey, dying). He regarded his father (as he made all too clear) as a competitor for the favours of his mother, towards whom the obscure foreshadowings of his budding sexual wishes were aimed. Thus he was situated in the typical attitude of a male child towards his parents to which we have given the name of the "Oedipus complex" and which we regard in general as the nuclear complex of theneuroses. The new fact that we have learnt from the analysis of "little Hans"—a fact with an important bearing upon totemism—is that in such circumstances children displace some of their feelings from their father on to an animal.①

译文参考 C

小男孩在不断安抚下已经消除了对他父亲的恐惧，此后很显然，他一直在和心里的愿望做斗争，这种愿望的主题就是他希望父亲缺位（去旅行、死亡）。儿子把父亲看作爱慕母亲的竞争者（因为他让一切都太明显了），而母亲正是儿子萌芽期的性愿望在模糊暗示下追逐的一个对象。因此，小男孩形成了对待双亲的一种典型态度——我们称之为“俄狄浦斯情结”，即“恋母情结”，这也普遍被认为是神经症的一种核心症状。我们可以从“小汉斯”案例分析中得知一个新的事实——对图腾制度有重要影响的事实——在这种情形中，儿童会把他们对父亲的感受移情到一种

① Sigmund Freud, *Totem and Taboo*, Routledge Press, 1950, p. 150.

动物身上。

（六）力比多（Libido）

1. 术语解读

弗洛伊德把性的欲望称为“力比多”即“原欲”，他认为凡能引起感官满足和自己需要的活动皆属于力比多的活动。在弗洛伊德性学理论中所论述的“性”也被广义化为“欲”的概念。弗洛伊德把力比多定义为“一种视为量化级的能量……这些本能必须与爱相符合”[①]。力比多是一种本能能量或动力，包含了弗洛伊德所说的本我，被潜意识心理的结构所严格限制。

弗洛伊德早期认为人类有两大基本本能：一为性本能；二为自体生存本能，包括饮食本能、避险求安本能等，但从某种角度看，它仍是为了繁殖后代而存在的。所以从生物学种族生存的长链看，性本能始终居于核心环节。后来，他修改了原来的观点，认为人类的两大基本本能分别为生本能（包括性欲本能与自体生存本能）和死本能。弗洛伊德认为爱及生存本能与攻击和破坏本能虽然是对立的，但也可相互转化（如爱会转化为恨），而且还可以结合在一起。

弗洛伊德指出，各种原始本能的大本营居于本我，本我又是各种本能活动能量的源泉，力比多根据个体的情况进行关注、活动或转移。弗洛伊德还认为，对性本能的升华作用，是创造、繁

---

① Sigmund Freud, *Group Psychology and the Analysis of the Ego*, Trans., James Strachey, Hogarth Press, 1959, p. 37.

荣人类社会文学、艺术与科学技术进步的重要源泉。

2. 语篇精粹

语篇精粹 A

And in particular it is still true that the transference neuroses, the essential subject of psycho-analytic study, are the result of a conflict between the ego and the libidinal cathexis of objects. But it is all the more necessary for us to lay stress upon the libidinal character of the self-preservative instincts now that we are venturing upon the further step of recognizing the sexual instinct as Eros, the preserver of all things, and of deriving the narcissistic libido of the ego from the stores of libido.①

译文参考 A

我们要特别注意到的事实是，精神分析研究的基本课题，即移情性神经症，就是在自我和对象性力比多投注之间产生冲突的结果。但是我们很有必要重点分析具有自我存贮本能的力比多的特点，因为我们可以进一步大胆地将这种性本能看作生本能，也叫厄洛斯，是万物的保护者，也为自我从力比多的储量中获得自恋力比多提供保护。

语篇精粹 B

It is also well known, though the libido theory has not yet made sufficient use of the fact, that such severe disorders in the distribution

① Sigmund Freud, *Beyond the Pleasure Principle*, Trans., James Strachey, W. W. Norton & Company, 1961, p. 46.

of libido as melancholia are temporarily brought to an end by intercurrent organic illness, and indeed that even a fully developed condition of dementia praecox is capable of a temporary remission in these same circumstances.①

译文参考 B

虽然力比多理论还没有被充分利用，但是这一事实已经为人所知，就像忧郁症那样，力比多在分布上严重紊乱，这种情况可能会因为并发器官疾病而暂时消失，但它的确存在，而且就连症状严重的早发性痴呆也能在同样情况下暂时得到缓解。

语篇精粹 C

The germ-cells themselves would behave in a completely "narcissistic" fashion— to use the phrase that we are accustomed to use in the theory of the neuroses to describe a whole individual who retains his libido in his ego and pays none of it out in object-cathexes. The germ-cells require their libido, the activity of their life instincts, for themselves, as a reserve against their later momentous constructive activity.②

译文参考 C

生殖细胞本身采取一种完全“自恋”的行为模式——这是我们通常在神经症理论中的习惯用词，用来描述这样一个完整的个体，即他在自我中保留着力比多，但绝不会在对象性投注中消耗任何力比多。生殖细胞需要有它们自己的力比多，对于它们而言，

---

① Sigmund Freud, *Beyond the Pleasure Principle*, Trans., James Strachey, W. W. Norton & Company, 1961, p. 27.

② Ibid., p. 44.

这些力比多是其生本能活动的一种储备，以备日后应对重要建构活动之需。

（七）死本能（Death Instinct）

1. 术语解读

在经典的弗洛伊德精神分析理论中，死本能（德语为 Todestrieb）是死亡冲动、自我毁灭和回到无机状态："死亡本能的假设，即是使有机生命回到无机的状态"。[①] 弗洛伊德认为所有生命的目标都是死亡。死亡本能，或有时也被称为死亡愿望的最重要的派生物是攻击，根据弗洛伊德的观点，攻击是指向外部对象而不是指向自身的一种自我毁灭的需要；弗洛伊德认为，残酷、自杀、谋杀以及攻击都是死亡本能驱使的。弗洛伊德认为生本能和死本能是人类两大基本本能。和日神酒神的关系一样，生本能与死本能也是对立统一的。对立的就是两者的目的与作用截然不同。死本能是富于破坏性的，因为在死本能的驱动下，一切生命的目标都是死亡，而且终究也会走向死亡。弗洛伊德认为，世界本来是无机的，生物的出现就是因为世界发生了变化，世界环境的变化使得生物有了繁殖的能力，也就是说有了生的本能，但显然这是外界促使其在生物体中形成的，真正先天存在的是无机的本性，死本能就是把人带向无机的，所以生物的目标就是向死前进，生物的真正本能是死本能。

① Sigmund Freud, *The Ego and the Id*, Trans., Joan Riviere, W. W. Norton & Company, 1960, p. 37.

西格蒙德·弗洛伊德最初在1920年出版的《超越快乐原则》一书中第一次使用了“死本能”这个术语，提出“自我或死本能和性欲望或生本能之间存在对立关系”。[①] 在这部著作中，弗洛伊德多次提到了“死本能”。死本能站在倾向生存、创造、延续生命的生本能的对面。然而需要注意的是，弗洛伊德全集的英文版混淆了两个在德语里不同的术语，“Instinct”(本能）和“Trieb”(驱动)，经常同样被翻译为本能。[②] 弗洛伊德“死本能”实际上指的是“死亡本能”，是一种“驱动和力量”不是有机生命所必需的（不像一个本能)，而是使其曲解，甚至有些违反直觉。弗洛伊德的这个词在学术文献中被普遍应用，被称为“死亡本能”。精神分析学家拉康通常称之为“本能”，尽管弗洛伊德也提出了其他本能的存在。

2. 语篇精粹

语篇精粹 A

It will be seen at once that to concede in this way that higher organisms have a natural death is of very little help to us. For if death is a *late* acquisition of organisms, then there can be no question of there having been death instincts from the very beginning of life on this earth. Multicellular organisms may die for internal reasons, owing to defective differentiation or to imperfections in their metabolism, but the matter is

① Sigmund Freud, *Beyond the Pleasure Principle*, Trans., James Strachey, W. W. Norton & Company, 1961, p. 38.

② Otto Fenichel, *The Psychoanalytic Theory of Neurosis*, W. W. Norton & Company, 1946, p. 12.

of no interest from the point of view of our problem. An account of the origin of death such as this is moreover far less at variance with our habitual modes of thought than the strange assumption of "death instincts".①

译文参考 A

承认高级生物体会自然死亡，这一点对我们并无帮助。因为如果死亡是生物体的后天习性，那么从地球上出现生命之始就有死本能，对此也就没有任何疑问了。多细胞生物体可能死于内在原因，诸如有缺陷的变异或者新陈代谢失调，但这一点和我们关注的问题联系不大。关于死亡本源的描述，只谈惯性思想模式的改变远不及"死亡本能"的奇异设想。

语篇精粹 B

It was not our intention at all events to produce such a result. Our argument had as its point of departure a sharp distinction between ego-instincts, which we equated with death instincts, and sexual instincts, which we equated with life instincts... Our views have from the very first been dualistic, and today they are even more definitely dualistic than before—now that we describe the opposition as being, not between ego-instincts and sexual instincts but between life instincts and death instincts.②

---

① Sigmund Freud, *Beyond the Pleasure Principle*, Trans., James Strachey, W. W. Norton & Company, 1961, p. 41.

② Ibid., p. 47.

译文参考 B

所有事件得到这样的结果并非是我们的本意。我们论述的出发点是阐释自我本能，即死本能和性本能，即生本能之间的显著差异……我们最初从二元论形式开始讨论，如今这无疑更是一种二元论的形式——因为我们把对立作为存在，不是自我本能和性本能之间的对立，而是生本能和死本能之间的对立。

语篇精粹 C

But what is the important event in the development of living substance which is being repeated in sexual reproduction, or in its fore-runner, the conjugation of two protista? We cannot say; and we should consequently feel relieved if the whole structure of our argument turned out to be mistaken. The opposition between the ego or death instincts and the sexual or life instincts would then cease to hold and the compulsion to repeat would no longer possess the importance we have ascribed to it.①

译文参考 C

通过性繁殖或者作为先驱的两种单细胞生物结合，经过不断重复而创造的生命物质在发展过程中会遇到什么样的重要事情呢?我们无法回答。假如我们整体的理论结构最终是错的，我们会感到宽慰。自我本能或死本能和性本能或生本能之间的对立，因此将不复存在；被迫进行的重复也将不再有我们曾经赋予它的重要性了。

---

① Sigmund Freud, *Beyond the Pleasure Principle*, Trans., James Strachey, W. W. Norton & Company, 1961, p. 41.

第五章　萨特：逆风行走的哲学家

The writer can guide you and, if he describes a hovel, make it seem the symbol of social injustice and provoke your indignation. The painter is mute. He presents you with a hovel, that's all. You are free to see in it what you like. That attic window will never be the symbol of misery; for that, it would have to be a sign, whereas it is a thing. The bad painter looks for the type. He paints the Arab, the Child, the Woman; the good one knows that neither the Arab nor the proletarian exists either in reality or on his canvas. He offers a workman, a certain workman. And what are we to think about a workman? An infinity of contradictory things. All thoughts and all feelings are there, adhering to the canvas in a state of profound undifferentiation. It is up to you to choose.[①]

——Jean-Paul Sartre

如果作家描述了一个小屋，他就可以引导你把小屋视为社会不公的象征，从而激起你的愤怒。画家保持缄默，他只呈现给你一个小屋。你能自由地从中看到心仪之物。尽管阁楼的窗户可能是一种标志，但它就是一样东西，永远不会成为痛苦的象征。糟糕的画家寻求的是类型。他画阿拉伯人、孩子、女人；而优秀的画家知道，无论在现实中还是在画布中都不存在阿拉伯人和无产阶级。他展现了一位工匠，某一位具体的工匠。那么我们怎么看待这位工匠呢？一个无数矛盾事物的集合。所有的思想和所有的感情都在那里，它们以一种深奥的统一体附着在画布上。由你来选择其中的意义。

——让-保罗·萨特

① Jean Paul Sartre, "*What Is Literature?" and Other Essays*, Harvard University Press, 1988, pp. 27-28.

一、成长历程

（一）外祖父的书房

1905年6月21日，让-保罗·萨特（Jean-Paul Sartre）出生于法国巴黎。他的父亲让-巴蒂斯特·萨特（Jean-Baptiste Sartre）是一位海军军官，但在法属殖民地驻扎的时候染上了阿米巴热病，在萨特两岁时去世。在萨特的童年生活中，父亲只是挂在母亲房间里的一张照片而已。父亲去世后，因家庭窘迫，没有职业的母亲安娜-玛丽·施韦泽（Anne-Marie Schweitzer）只得带着小萨特回到外祖父家生活。

萨特

萨特的外祖父名叫夏尔·施韦泽（Ciel Schweitzer），是一名德语教师。他迎接了萨特的到来，只要萨特出现在他面前，他就觉得很满足。在萨特的印象中，外祖父的办公室里到处都是书，书柜里有法国和德国的经典著作、一些语法书、几本小说和画册。萨特在还不认识字的时候，就要求有属于他自己的书。于是，外祖父到他的出版商那要来了诗人莫里斯·布肖（Maurice Bouchor）的《故事集》(*The Tales*，1888)。在书中，作者以儿童的视角对民间传说进行编写，是一本非常适合儿童的读物。然而，他的第一次“拥有”并没有成功，只得把书放到母亲膝盖上，让母亲讲给他听。然而好强的萨特并不甘心，拿到一本《一个中国人在中国的苦难》(*Tribulations of A Chinaman in China*，1879)，躲在堆杂物的房间里大声地给自己编故事，家人见状，便决定教他识字。最后，终于学会了念埃克多·马洛（Hector Malot）的《苦儿流浪记》(*Sans Famille*，1878)。

最初的阅读如“演戏”一般，当房门打开，家人看他在干什么时，他立即把手中阿尔弗雷德·德·缪塞（Alfred de Musset）的著作放回原处，踮着脚尖捧下“皮埃尔·高乃依”(Pierre Corneille)。事实上他并不喜欢高乃依，但他对高乃依剧作的简介倒是很感兴趣。在翻阅词典的时候他亦是如此，家人以为他在认真钻研着沉甸甸的字典，实则他在读里面的剧本和小说简介。萨特每星期都要母亲给他买画报和杂志等儿童读物，当然，这些作品对孩子来说更有吸引力。

萨特沉浸于书的海洋中。在田间长大的小孩的幼年记忆是天真烂漫的玩耍，而他童年的记忆中只有书。在现实生活中，矮小瘦弱的他没有玩伴，书就是他的乡间，是他最好的陪伴者。而且随着阅读的积累，萨特也开始尝试写作，用他稚嫩的笔触，描绘他心里的世界。然而，外祖父对他的这些“作品”漠不关心。后来，随着阅历的增长，他阅读到更多的文学作品，便很快地转向真正的创作。

外祖父并不鼓励萨特从事文学创作，他是一名语言教师，所以也希望萨特能够向他一样理所当然地成为一名教师。因此，在萨特还年轻的时候，就“自然而然”地顺着这个方向走。在1915年萨特十岁的时候，外祖父把他送往亨利四世中学走读，学校功课很多，以至于他少有时间写作。但是在准备大学入学考试时，他把专业由文学改为哲学。1924年，萨特以第七名的成绩考取高等师范学院，攻读哲学。1928年，参加哲学教师学衔会考，但名落孙山；翌年，以第一名的成绩考取高中教师的职位。1931年，他开始担任勒阿弗尔中学（Le Havre）的哲学教师。

（二）背后的女人

提到萨特，有一个人是与之分不开的，那就是女权主义者西蒙娜·德·波伏娃（Simone de Beauvior）。身材高挑的她，引人注目；身材矮小的他，相貌平平。

1929年，哲学教师学衔会考口试时，萨特位居第一名，波伏娃名列第二，这是他们的名字第一次联系在一起。那年，萨特24岁，波伏娃21岁。考试结束后，萨特与波伏娃来往频繁。此后，他们的一生紧紧相连，再也没有分开过。由于不愿受一纸契约的束缚，他们从未正式结婚，只是将彼此当作志同道合的终身伴侣。

他们是朋友、是恋人，不过更像是夫妻。虽然他们经常分离，但每过一段时间，总要回到对方身边。当波伏娃在文学创作上一筹莫展的时候，萨特建议波伏娃可以将自己写进作品中，于是，波伏娃开始了小说《女宾》(*L'Invitée*，1943）的创作。小说实际上就是波伏娃自己的经历。

波伏娃是一个兼具智慧与细腻的女人，萨特一直把她视为最理想的谈话者，《恶心》(*La Nausée*，1938）和《存在与虚无》(*L'Etre et le Néant*，1943）都是献给“海狸”(萨特对波伏娃的昵称)的。萨特发表的每部作品都要波伏娃来阅读并给予评价，得到的或是尖锐的批评，或是真诚的赞许。她对萨特的许多文学作品的创作功不可没，但她自身也很有名望。她的才华毋庸置疑，被认为是法国当时最有地位的作家，并且她的小说《名士风流》(*Les Madarins*，1954）获得了龚古尔小说奖（Prix Goncourt)。萨特在生命的最后时期身体状况很差，1973 年中风再次发作之后就陷入了神志不清。从那时起，波伏娃每天照顾他的生活起居，减少了自己的写作时间。

他们在生活中是彼此的守护者，也互为创作上的动力源泉。萨特相当一部分作品的写作素材与创作动力都来自现实的感情生活，他的文学创作与情感生活是相关联的，创作灵感很多时候来源于女性和爱情赋予他的动力。萨特和波伏娃作为作家，以现实生活为基础，他们的生活态度给予了彼此创作的欲望，并提供了创作的题材。他们感情生活的经历，让萨特能够对人与人之间的关系进行深入的思考与探索。

除了文学作品、哲学著作和戏剧，从 20 世纪 20 年代起的几十年间，萨特给波伏娃和其他女性写过很多信件。其中写给波伏娃的信数量最多，内容最丰富。他经常给波伏娃写篇幅很长的信，尤其是二战期间，通信更为频繁。这些信件毫无掩饰地记录了萨特的日常生活，以及他对生活的思考、对价值观的思考、对哲学的思考。同时，在那些信件中，我们也看到了萨特与波伏娃之间那自由平等、忠贞不渝的爱情。萨特和波伏娃的关系一直备受人们的关注，他们的爱情是那样自由，自由得让人羡慕。他们彼此坦诚相待，相互鼓励、支持。从 1929 年相爱，到 1980 年萨特逝世，他们对彼此的爱坚定了 51 年，让人们感受到了他们契约式爱情的唯美。

（三）笛卡尔、胡塞尔、海德格尔的影响

在巴黎高等师范学院（Ecole Normale Supérieure）攻读哲学期间，萨特读了笛卡尔（René Descartes）、康德（Immanuel Kant）、柏拉图（Plato）等人的主要著作，这对他哲学思想的形成有很大影响。作为二元论（dualism）和怀疑论（skepticism）者，笛卡尔在《谈谈方法》（*Discours de la Méthode*，1637）中提出了认识论中的著名命题——我思故我在，它是笛卡尔全部认识论哲学的起点。笛卡尔的哲学是法国理性主义的哲学，萨特所受的哲学教育正是法国理性主义哲学的传承。笛卡尔的“我思”是我在怀疑，是一种反思，不是纯粹意识（pure consciousness）

笛卡尔

的活动。“我思”是最原始的东西，它不依赖于其他任何物质。萨特也将“我思”作为出发点，他的“我思”是一种原始状态的无意识，是具有意向性（intentionality）的纯粹意识。所以说，笛卡尔的“我思”是萨特哲学的重要思考点。

在1934年至1935年间，萨特还接触到了埃德蒙德·胡塞尔（Edmund Husserl）的现象学（phenomenology）思想，并且表示出一定程度的认同。他相信，胡塞尔的现象学为他的哲学思想探索奠定了基础。因此，他决定去德国柏林（Berlin）进修。后来他如愿以偿，作为官费留学生前往柏林。在柏林法兰西学院（L' Institut de France），萨特系统研习了胡塞尔的现象学。与此同时，写下了《论自我的超越性》（*La Transcendance de l'égo*，1936）和《想象》（*L'imagination*，1940），这些著作的确受到了胡塞尔的直接影响。在柏林，他也开始着手小说《恶心》的写作。

《想象》是萨特早期现象学的主题，他批判了传统哲学对“意向”（intention）的诠释，并在胡塞尔现象学有关“意向”的基础上提出了自己的观点。它不仅延续了胡塞尔现象学的核心话题，而且比胡塞尔现象学著作阐述得更加清晰。胡塞尔尽力解释现象学的“意向性”和“现象学的观念”（phenomenological concept）有关问题，而萨特直接将现象学的观念称为“意向”。他以现象学的方法，尤其是胡塞尔的“悬置”（epoche）来解释现实生活，比如自我和他人的关系。在《存在与虚无》中，萨特指出，人可以通过“虚无”（nothingness）的现象学方法来实现人的自由。

胡塞尔在《笛卡尔的沉思》（*Cartesian Meditations*，1931）中

讨论了自我与他人的关系以及“唯我论”(solipsistic)的问题，萨特对胡塞尔的思路加以延伸，转向对存在论（existentialism）的分析，自我需要通过他人来解决“唯我论”，并且要通过对他人的虚无来实现个人的自由。

第二次世界大战爆发时，萨特投身于法国的抵抗运动（French Resistance Movement）中，不幸被德国俘虏。在战俘营里，他读了马丁·海德格尔（Martin Heidegger）的著作《存在与时间》(*Sein und Zein*，1926)，《存在与时间》被认为是存在主义哲学的主要著作之一，它提出了存在的问题是哲学的基本问题。萨特每星期都会向他的教士朋友传授海德格尔的哲学。在此期间，海德格尔的著作对萨特的影响很大，他从中得到的所有收获都体现在后来的著作《存在与虚无》中。

因此，海德格尔的《存在与时间》和萨特的《存在与虚无》在内容和思想上存在一些相似的地方，他们都以胡塞尔现象学的“意向”哲学为出发点。萨特所倡导的“意向”是站在大众的角度，呼吁自由选择，通过自由选择实现人的本质。第二次世界大战以后，萨特的进一步研究使得存在主义的重心从德国转移到法国。

海德格尔

（四）文字生涯

1934年他从柏林法兰西学院学成归国，继续在勒阿弗尔中学任教，同时开始了他的写作生涯。1936年，出版第一本著作《想象》。1938年，长篇小说《恶心》首次以文学形式提出存在主义哲学的一个基本命题：没有本质的存在等于虚无。在《恶心》中，他觉得自己就是小说的主人公，通过主人公梳理他生活的脉络。《恶心》是萨特个人比较偏爱的作品，同时，它的完成也标志着萨特文学创作上的成熟。

1939年，短篇小说集《墙》(*Le Mur*，1939）出版，共有五篇作品——《墙》《卧室》《*The Room*)、《艾罗斯特拉特》(*Erostratus*)、《闺房秘事》(*Intimacy*）和《一个企业主的童年》(*The Childhood of A Leader*)，并提出存在主义哲学的另一个基本命题：人是自由的，人的命运取决于自己的选择。五篇作品中，短篇小说《墙》反响最大。1943年，《存在与虚无》出版，评论界当时称之为“存在主义哲学”。《存在与虚无》是萨特一生中最重要的哲学作品，也是萨特哲学思想最成熟的时期。1946年，出版《存在主义是一种人道主义》(*L'existentialisme est un Humanisme*）一书。1960年，他的又一部哲学著作——《辩证理性批判》(*Critique de la Raison Dialectique*）面世。

自传体小说《文字生涯》(*Les Mots*）自1953年着手写作，1954年完稿，但陆续修改了十年，直至1964年出版。着手写这本书的时候，他花费了很多时间回忆童年。从十五岁到获得学士学位期间，他一直沉迷于写作。1945年到1946年，他想知道自己为何会陷入这种状态，于是他就写了《文字生涯》。它以孩童的口吻叙述其童年生活，同时又进行了自我剖析。这部作品问世后，萨特被授予“诺贝尔文学奖”(Nobel Prize in Literature)。除了小说，萨特在戏剧的创作方面也卓越非凡。比如，《苍蝇》(*Les Mouches*)、《肮脏的手》(*Les Mains Sales*) 等。

怎样才能完成一部好的作品呢？在与圣灵的“交谈”中，圣灵给了萨特这样一个答案：勤奋。与他人相比，萨特觉得他没有任何奇特之处，和世界上存在的每个人一样。人只有经过吃苦，才能站在最顶端，发出耀人的光芒，唯一的问题就是要知道应该吃怎样的苦，耐怎样的劳。在萨特看来，写作的过程实际上就是阅读的过程。写作的目的不是去向读者揭示那些埋藏的真理，而是在与读者交流，通过交流，看到读者的反响。只有作者与读者之间实现了完美的联合，才能说在真正意义上创作了这部作品。

长久以来，萨特通过写作把自己从偶然性中摆脱出来，他希望用著作解救同胞、解救自己。对于萨特而言，他的作品是其存在主义的重要表征，然而他发现，文学创作等文化事业本身不能救世济人，也不能维护正义，更不能阻止暴行。但文化可以让作者认识自己，从这面批判的镜子中看到折射出的自己。为此，他要将文字生涯继续下去，因为写作早已成为他的习惯。

二、理论内涵

(一) 自在和自为

1. 自在的存在与自为的存在

存在论是存在主义的本体论。在《存在与虚无》中，萨特将存在划分为“自在”(being-in-itself) 和“自为”(being-for-itself)。萨特看来，存在不是能动的也不是被动的，它就是它自己。“自在的固化超越了自我肯定的无限性”,[①]所以，存在就是自在的。如果存在是自在的，那么它就是自我充实的，因此存在是其所是。这是萨特对自在的存在所归纳的三个特点。这种存在是孤立的，它与其他东西没有任何联系；这种存在是偶然的，既不是可能的，也不是不可能的；这种存在具有不透明性，它是自己与自己的结合。自在是对自身的充实，它在存在中没有任何虚无。

自为的存在被定义为：“正是它所不是的，而且不是它所是的”[②]，不是自身，不能依靠自身存在，是通过对自在的存在的内在否定来规定自身的，是一种虚无。萨特将自为的存在分为三个部分：

(1) 自为的直接结构 (immediate structures of the for-itself)。意识是存在的减压，它有着固有的存在方式，没有任何物质是意识的形成原因。“自为就是一种自我限定存在的存在，它不能和

①② Jean-Paul Sartre, *Being and Nothingness: A Phenomenological Essay on Ontology*, Pocket Books, 1978, p. lxv.

自身同时出现”[①]。因此，人是虚无地来到这个世界上的，意识是自为的内在结构。

（2）时间性（temporality）。时间性是一个有组织的结构，为了能达到对它的整体直观，萨特分析了三维时间的现象学——过去、现在和将来。过去是人作为超越物的自在；现在不是过去（是其所是），也不是将来（是其所不是）；而将来是现在朝着可能实现的方向超越，“既然它（将来）有自为的含义，所以它既不是自在的，也不以自为的存在方式而存在。”[②] 自为的存在分散于三维时间中，同时又统一于其中。

（3）超越性（transcendence）。对超越性的研究，是要解决“人类现实和现象的存在或自在的存在有一种什么样的原始关系?”[③] 人的自我虚无化能够认识未来的可能性，在这一过程中，人类不断地自我超越。而这种超越，就是自为趋向自在的过程。萨特通过运用现象学的方法，将存在分为自在的存在和自为的存在。世界上的万物都自在地存在着，因为它们早已有了被确定好的本质，而人的本质是在自由地自我规划着，所以人是自为地存在着。

---

① Jean-Paul Sartre, *Being and Nothingness: A Phenomenological Essay on Ontology*, Pocket Books, 1978, p. 78.

② Ibid., p. 129.

③ Ibid., p. 171.

2. 存在先于本质

1945年10月29日，萨特作了“存在主义是一种人道主义”这一著名演讲，对存在主义提出了不同的见解，也是在此次演讲中，提出了存在主义的一个基本原则：存在先于本质。存在先于本质的内涵是这样的，“存在主义的核心精神：包括这样一种人，他的本性或选择范畴没有被预先决定，但是总能自由地重新选择，因此可以把他（她）自己重新建构成另一个不同的人。”① 那么萨特提出的这一原则是什么意思呢？我们应该怎样去理解它呢？

比如，一件成品（裁纸刀），师傅将它制成时，头脑里肯定会有关于它的概念，包括它的制作过程和功能。因此成品在被制成之前，它就被赋予了明确的生产过程、概念以及目的。“因此，我们说，对于裁纸刀的本质就是一种生产并定义它的公式和性质的总和——先于它的存在。”② 因此看到裁纸刀我们就明确地知道它的功能与用途，摆在我们面前的成品，是确实存在的。“在此，我们是站在技术的角度去看世界的，所以我们说，生产先于本质。”③

在西方哲学史上，有些哲学家主张“本质先于存在”，他们认为先于个别人存在着人的概念；而有神论者把人看成上帝的产物，上帝在从事创造的时候，早已知道创造的是什么，对人类本质的概念与工匠对裁纸刀的概念是相似的；18世纪的一些哲学

---

① Simon Blackburn, *The Oxford Dictionary of Philosophy*, Oxford University Press, 2005, pp. 124-125.

② Jean-Paul Sartre, *Existentialism is a Humanism*, Yale University Press, 2007, p. 20.

③ Ibid., p. 21.

家，比如丹尼斯·狄德罗（Dennis Diderot）和伊曼努尔·康德（Immanuel Kant）等，抑或是无神论者，抑或否认上帝这一概念。但是他们不会否认人拥有“本性”（nature）——人人都具有的本质，每个人都是人类普遍概念中的一个特例。也就是说，虽然他们摒弃了“上帝”这一概念，但并没有取消“本质先于存在”的理念。

然而，存在主义者认为，无论你是处于自然状态中，还是处于高度文明的社会中，我们拥有相同的本质，并且先于个体具体的或历史的存在。萨特所代表的无神论存在主义认为，如果上帝不存在，那么至少应该有一个存在先于本质的生物，而这个生物就是人。这里的存在先于本质是什么意思呢？“我们想说，人首先存在：他真实地存在于这个世界，经过各种遭遇，而后才能定义自己。”[①]人类的本质根本不可能被提前给予，也没有上帝提前赋予他概念。在无神论看来，既然上帝没有为人有意地设计本质，那么人只能通过行动实现自己的本质。起初，个体的人只是生物性的，然而人在走向社会的过程中结成各种关系，以致最终形成人的本质，所有的一切都是后天的，而且是在人存在之后形成的。

物被创造出来以前，其功能与用途早已被设计好，而人只能通过自我选择来寻找自己的本质。人像一粒种子一样，被抛到这个世界上，除了存在，什么都没有。人首先存在于这个世界上，历经各种遭遇，然后才能成为他自己。人将自己设计成什么样，就成为怎样的人，而不是想要成为什么样。“通常我们所理解的‘意志’，是我们当中的大多数人成为自我之后才出现的有意识的

① Jean-Paul Sartre, *Existentialism is a Humanism*, Yale University Press, 2007, p. 22.

决定。”①人可以看一本书，可以喝一杯咖啡，可以买一件衣服，和意志相比，这些是更为无意识的选择。

（二）自由与责任

1. 自由是行动的首要条件

在萨特看来，行动是活动的从属概念，它是为着某种目的而使用的某些手段。行动不仅仅是物质的运动，因为行动在原则上是具有意向性的。如果一个吸烟者无意将烟灰缸打翻了，这并不是一个意识性的活动；但是一个为了服从命令的工人在采石场使用雷管开山炸石的时候，因为他知道他即将要做的事情，所以他意向性地完成了一项有意识的活动。

自由总是同人类个体的行动联系在一起，“事实上，从人们将这种否定世界和意识本身的权力赋予意识时，就必须承认一切行动的必要和基本条件就是行为存在的自由”①。自由是行动的首要条件。人之所以是自由的，是因为人的行动是为了超越过去的自我，因此这种自由是选择和创造的自由。人的存在是虚无的，是自由本身，存在就是自我选择。

2. 自由和责任

自由是萨特存在主义学说的核心，但他所谓的自由，并不是随心所欲、为所欲为的自由，而是思想的自由，选择的自由，意

① Jean－Paul Sartre, *Being and Nothingness: A Phenomenological Essay on Ortolegy*, Pocket Books, 1978, p. 436.

味着选择的主动性和独立性。从童年开始，萨特就感到自己是自由的。在萨特回忆过往的时候，也把自身的经历与对自由的体验联系到一起，“巴蒂斯特的死是我一生中的大事：它又给我的母亲套上了枷锁，却给了我自由”①。

他把自由看作是一种状态，一种感受。尽管在现实中，人类的行动并不都是自由的，但是人懂得如何遵循社会规定的法则的话，他就是自由的。

自由的人可以选择自己要干的事，你面对别人是自由的，别人面对你也是自由的。一个真实存在的人是自由的，因为“我注定是自由的”②，没有理由，也无法隐藏。让-雅克·卢梭（Jean-Jacques Rousseau）和康德倡导“意志自由”（will freedom），而萨特认为，无论是人的意志、情感还是作为个体的人的整个存在都是自由的。并且，这一自由必须是完整的，“自由等同于人的全部存在”③。

在《存在与虚无》中，萨特提倡人是绝对自由的。他说存在先于本质，实际上意指人是自由的。“除了自由本身，没有什么能限制我的自由，如果你愿意，我们就不会随意停止自由。”④ 在萨特看来，自由只能以自身为目的。如果上帝不存在，我们就没有任何价值说明我们的行为是正当的。我们把自己的自由作为目

---

① Jean-Paul Sartre, *The Words: The Autobiognophy of Team-Paul Sartre*, George Braziller, 1964, p. 18.

② Jean-Paul Sartre, *Being and Nothingness: A Phenomenologiod Essay on Ontology*, Pocket Books, 1978, p. 439.

③ 车铭洲，王元明：《现代西方的时代精神》，中国青年出版社，1988年，第217页。

④ Jean-Paul Sartre, *Being and Nothingness: A Phenomenological Essay on Ontology*, Pocket Books, 1978, p. 439.

标，这只有在把他人的自由也作为目标时才有可能实现。人是一种存在先于本质的生物，在任何情况下都得要求有属于他自己的自由。人是生而自由的，也就是说，他是一个自为的存在，他自己决定自己。但是在他人的眼里，这个人只是一个人的存在，是一个物的存在。从这个意义上说，他人有时是对自身自由的限制甚至否定，一个人的自由必须通过同他人的关系才能实现。

萨特认为，人是自为的存在，不是自在的存在，人是意识的虚无，存在着的人通过主观自由地决定自己的本质。人之所以是自由的，是因为人是一种虚无，是不充实的。人是“注定自由的”，虽然被偶然地抛到这个世界，但我们每时每刻都在选择只属于我们个体的本质。但是在要求个人自由的同时也要考虑他人的自由，否则，个人的自由就无法实现。

人在选择自身是自由的同时，他又不得不尊重他人的自由。在寻求自身自由的过程中，我们认识到，“我们的自由依赖于他人的自由，而他人的自由又依赖于我们的自由”[①]。当然，我们的自由不能取决于他人，然而当人承担了责任时，只有把他人的自由作为我的目的，才能把我的自由作为我的目的。

根本来看，人是要为自己的存在负责的。“我们说，人要对自己负责，并不是说人仅仅对个体性负责，而是说他对所有人都负责。”[②] 人一旦被抛到这个世界上，他就要对自己的行为负责。

萨特还认为，人有出于自我意志进行自由选择的权利，这种自由的选择与责任相统一。在通常意义上使用的“责任”这个词

---

① Existentialism is a Humanism, Yale University Press, 2007, p. 48.

② Jean-Paul Sartre, *Existentialism is a Humanism*, Yale University Press, 2007, p. 23.

的意思是，“这样的一种存在意识，即成为某件事或某个对象的无可争议的倡导者”①。事实上，除了人的行为责任本身之外，人还要对其自由选择承担起责任，尽管有时在现实中这种责任的承担是不完满的：“我突然发现自己是孤立无援的，介入一个无法对其完全负责的世界。”②

当我们进行了自由的选择后，没有理由去抱怨、责备，我们必须承担起自由选择的责任。在选择做什么样的自己这个过程中，不仅是为了自己，也是为了所有人。因此，萨特强调自由与责任是相统一的。萨特说，即使我们创造了自己并创造了自己的价值，但是不可以创造出我们所想象的人的本质。当我们选择这个或那个行为时，应该给予它所带来的价值以肯定，因为你的选择是在尊重他人，尊重社会的前提下做出的选择。人的一生会做出多种多样的选择，既然一切行为都是出于自己的选择，那么就必须对自己的一切负责任。在对自己的选择负有责任的同时，萨特也强调人要敢于选择、敢于负责。

（三）荒诞的世界

1. 偶然性思想的产生

萨特第一次谈到“偶然性”是在一个笔记本里，那是他在巴黎地铁里发现的封面上印有“米迪栓剂”的本子，里面的页码是按照字母顺序排列的。因此，他按字母顺序记录下他的思想，比

---

① Jean-Paul Sartre, *Being and Nothingness: A Phenomeno Logical Essay on Ontology*, Pocket Books, 1978, p. 553.

② Ibid., p. 555.

如产生一个关于爱的思想，就把它写在L页；产生一个关于战争的思想，就写在W页，以这种方式记录下所有种类的思想。

萨特关于偶然性观念的起因来自于他在一次观影过程中的体验，电影的情节中并没有偶然性的内容，而当他走出电影院时，发现了偶然性。“电影的必然性令我在走出电影院之后，发现街上没有必然性。”也就是说，这种偶然性是存在的，在电影院没有偶然性，而观影后到街上除了偶然性，什么都没有。这正是通过对人们在电影院和在街上两种状态的对比发现的。

例如他的小说《恶心》从“我思”出发，借用文学的形式表达对世界、对人的存在的感受。这种感受是复杂的，是“恶心”的。当然，这里的恶心不是我们平常所说的令人作呕的感觉，而是人对存在、对外部世界的哲学化的认识。

这部小说是以主人公安托万·罗冈丹（Antoine Roquentin）的感受为线索写的。他本是一个居无定所的知识分子，经过六年的旅行归来之后，定居在布维尔（Bouville），开始着手写传记。本来他对于自己的存在、对于外部世界没有一个清醒的认识，然而有一天，他突然感到浑身不适。对日常所见的事物有着陌生感，一种恶心的感觉萦绕着他，这种感觉越来越强烈，这就是偶然性所引起的恶心。“从那以后，恶心从没离开我，它牢牢地控制着我。”① 在这种对外物极度的恶心中，罗冈丹意识到了自己的存在。然而有一天，他在咖啡馆不经意间听到一首黑人音乐家的乐曲——《有一天》(*Some of These Days*)，恶心消失了。在音乐中，偶然、荒诞被虚无化了，罗冈丹才重新获得了自由。

① Jean-Paul Sartre, *Nausea*, Penguin Classics, 2000, p. 27.

在萨特看来，小说以罗冈丹在日常生活中的心理漫游为主线，通过罗冈丹对恶心的感受和认识过程，向我们展示了人的世界的荒诞，而存在的本质就是——虚无与偶然。那么罗冈丹为什么会产生这种恶心的感觉呢？这是来自于存在的偶然性，他所处的世界中的每一个个体都是偶然地存在的，没有任何一个物质是必然地存在的。因为整个世界都是偶然的，因此它是荒谬的、恶心的，同样，人也是荒谬的、偶然的。当我们有一天发现自己被偶然地、不知缘由地抛到了这个世界上，我们只有意识到这个世界的恶心，才能努力超越这种环境，寻找自由。即便世界是荒诞的，人还是可以自由地去创造自己、创造自己的价值。

2. 生死选择——“墙”

小说《墙》以1936年至1939年西班牙内战为背景，主人公帕勃洛·伊比埃塔（Pablo Ibbieta）及两名同伴被法西斯逮捕入狱，在被枪决之前，面对死亡，他们的精神饱受折磨。天亮后，同伴被处死，法西斯分子留下了伊比埃塔，如果他说出领导人格里斯（Ramon Gris）的藏身之处，就饶了他的性命。当然，伊比埃塔知道格里斯藏在城外四公里处的堂兄家，他完全可以出卖格里斯以此来换取自己的性命，可他拒绝这样做，他宁愿去死也不出卖格里斯。在他选择死亡后，打算跟敌人开一个玩笑，故意告诉他们格里斯藏在公墓里。谁知事与愿违，格里斯离开堂兄家，真的藏在了公墓。知道真相的伊比埃塔“一切开始在我眼前旋转，我终于一屁股坐倒在地，笑得连眼泪都出来了”①。

① Jean-Paul Sartre, *The Wall*, New Directions, 1969, p. 33.

萨特在《墙》中描写的是一个事与愿违的偶然性事件，伊比埃塔本是出于捉弄敌人的目的而开的玩笑，却被偶然性开了一个更大的玩笑。最后，伊比埃塔的笑不是因为免于死刑而笑，是他在意识到这个事件的荒谬后，对这个荒谬的世界的嘲笑，同时也是对整个世界、对自己的嘲笑。

伊比埃塔的一个玩笑将格里斯置于死地，却把自己从高墙中解救出来，推向墙外。墙里、墙外，生与死只隔了一道墙，这道墙既是监狱的高墙，也是荒诞和命运之墙。牢房的墙壁阻止了伊比埃塔对外界事物做出正确的选择；当他宁愿死也不出卖战友时，事与愿违的结果让二人都没能跨越生死墙；人们无法认识超越自己理性的事物，那是一道无形的理性之墙，人生是充满意外与荒谬的。

事实上，伊比埃塔完全可以自由地选择自己的道路，他可以出卖格里斯，换取自己的自由，但是他固执得宁死不屈。当伊比埃塔跟法西斯分子开玩笑时，他是完全自由的，可他没有想到，因为他的捉弄改变了事情发展的结局。也就是说，伊比埃塔的选择是非理性的，而格里斯因为理性的选择，为了求生，换了藏身之处，在伊比埃塔的“捉弄”下被法西斯逮个正着。最后，从谎言变成了真实，从宁死不屈变成了贪生怕死，从躲藏追捕到落入魔掌。伊比埃塔的非理性选择和格里斯的理性选择，因为他们选择行动的结果与动机不符，才体现出荒诞性。无论是哪种选择，他们都不能决定自己的命运，都在被一种无形的东西牵扯着，那就是荒诞。

人被偶然地抛入这个世界，他就要对他所做的一切负有责任。

伊比埃塔的捉弄变成了现实，他不可逃避自己选择的结果，既然人意识到了这个世界的荒诞，那么他必须面对这荒诞的世界，他仍然要继续做出选择。因此，人的存在即便是无知，世界即便是荒诞的，我们也要勇敢地去承担、去负责。

（四）存在主义

1. 存在主义

“存在主义”一词源于拉丁文“Existentia”，意为存在、生存、实存。这一词最早由法国有神论存在主义者加伯列·马塞尔（Gabriel Marcel）提出。存在主义是当代西方主要哲学流派之一，它是一种以人为中心，强调人的自由的哲学思潮。最先提出存在主义基本观点的是19世纪丹麦哲学家索伦·奥贝·克尔凯郭尔（Soren Aabye Kierkegaard）。克尔凯郭尔的思想具有浓厚的非理性主义与神秘主义色彩，他主张用内心体验的方式直接领悟自己的存在，上帝的存在，并且直接与上帝沟通。他相信，人的一生是在忧心忡忡中度过的，当人遇到危机的时候，这种忧虑就变得特别严重。只有当人处于极度的孤独、恐惧和绝望状态的时候，人对自身的认识才会深刻起来，才能真正领悟到自己的存在。不过在当时，克尔凯郭尔的思想并没有引起人们的关注。

第一次世界大战使得欧洲资产阶级受到剧烈冲击，第二次世界大战的爆发更是让人们的内心充满孤独与恐惧。战争在人们内心留下的阴影挥之不去，这时萨特的存在主义出现了，他向人们揭示了世界的荒谬，又呼唤人们行动起来，把握自己的命运，因此引起社会的强烈共鸣。萨特指出：“我们所讲的‘存在主义’

指的是这样一种学说，能使人的生活具有可能性，而且断言，每条真理和每个行动都意味着某种环境和人的主观性。”①

萨特认为，存在主义者分为两类：一类是基督教存在主义者，另一类是无神论存在主义者。卡尔·雅斯贝尔斯（Kaul Jaspers）和马塞尔属于前者，海德格尔、法国存在主义学派以及他本人属于后者，而他们的共同点是：都认为存在先于本质。存在主义从不把人当作最终目的，因为人始终是需要创造的。存在主义是一种无神论，人应该确信，除了他自己，没有任何人能够救他。

2. 人道主义

“人道主义”一词是从拉丁文 humanistas（人道精神）引申而来的，最早起源于欧洲文艺复兴时期，它是指一种以人为本、以人为中心，提倡关怀人、尊重人、保护个人权利的世界观。

维克多-马里·雨果（Victor-Marie Hugo）是 19 世纪法国杰出的浪漫主义文学领袖，人道主义思想贯穿于他的文学作品中，他始终关怀着人类的命运。《巴黎圣母院》(*Notre-Dame de Paris*, 1831）和《悲惨世界》(*Les Misérables*，1862）这两部小说，反映了 19 世纪中期法国社会的现实生活，雨果坚信，用爱和道德完善能够改造社会，正义必定最终战胜邪恶，同时，这也是雨果人道主义思想的核心。在雨果的创作中，他强烈地表达了对遭受资本主义社会迫害和剥削的劳苦大众的同情，受苦的群众不是消极被动的，而是有着自己要求与愿望的人。处于底层的劳动人民更是他作品中的中心人物，他希望人与人之间应该是一种友爱、和谐

① Jean-Paul Sartre, *Existentialism is a Humanism*, Yale University Press, 2007, p. 18.

的关系。

萨特向我们揭示了世界的荒诞性，而阿尔贝·加缪（Albert Camus）关注的是人如何在这种荒诞中生存，并强调爱与反抗的重要性。爱的力量可以让人们在绝望中战胜荒诞，爱可以将人与人联系在一起；反抗是生命存在的动力，是充实自身的过程。加缪认为，生命的存在是一切问题的出发点。处于荒诞世界中的人们，具有自我价值，人能够在绝境中战胜荒诞的命运。有人说，面对荒诞的现实，萨特走向的是焦虑与绝望，加缪走向的是幸福。

对于人道主义，萨特给予我们两种不同的解释：一种是“把人视为目的和最高价值的理论”[①]，当然这种人道主义是荒谬的；另一种是“人一直处于自身之外：把自己投射并消失于自身之外，这样才能使得自身得以存在；另一方面，人正是通过追求超验目标才能存在”[②]。

超验性（transcendentalism）并不是指上帝是超验的（transcendent），而是指人要超越（transcend）自己。人只能在体现超越的范围内才能体现超越，人处在超越的中心位置，是超越的主体和客体。除了人类主观世界，没有其他世界存在。超验性和主观性被人类主观世界所联系着，“人类具有的超验性（这里不是指上帝的超验意义，而是指人类超越自身的意义）和主观性（人不是自我封闭的，而是永远出现在人类宇宙中）的关系，就是我们所称的存在主义的人道主义”。[③] 因而，超验性是人的组成部

① Jean-Paul Sartre, *Existentialism is a Humanism*, Yale University Press, 2007, p. 51.

② Ibid., p. 52.

③ Ibid., pp. 52-53.

分。人不能停滞不前，他必须要不断超越自身，称之为人道主义，是说对于人，除了他自己没有其他存在者，他没有任何可依赖的环境。而且，我们不应该返回自身，要在自身之外寻找目标，唯有这样，人才能把自己创造为人。

人类自我超越的目的在于超越过去、趋向未来，正是超越规定了我们存在的特征。在人类数千年的文明史上，人道主义是一种源远流长的哲学思潮。古希腊哲学家普罗泰戈拉（Protagoras）就曾提出："人是万物的尺度"，从而体现了人对于自身的价值。对于人来说，他的存在决定本质，没有存在，就没有其他的一切。对人性的剥夺，是不人道的，也是存在主义的人道主义所极力批判的。我们不能在抽象的社会概念中谈论人，因为对这种人道主义来说，更要突出的是个体，人的存在才是最高的存在。萨特最关心的是人的问题，尤其是人对于生活的介入。

（五）萨特名言及译文

（1）I bagan my life as I shall no doubt end it：amidst books.[①]

我在书中开始我的生活，无疑也会在书中结束我的生活。[②]

（2）I had found my religion：nothing seemed to me more important than a book. I regarded the library as a temple.[③]

我已经发现了自己的宗教：在我看来，没有任何东西比书更

① Jean-Paul Sartre, *The Words: The Autobiography of Jean-Paul Sartre*, George Braziller, 1964, p. 40.

② ［法］萨特：《萨特读本》，艾珉选编，人民文学出版社，2012 年，第 135 页。

③ Jean-Paul Sartre, *The Words: The Autobiography of Jean-Paul Sartre*, George Braziller, 1964, p. 135.

为重要，我把书房视为教堂。[①]

（3）By writing I was existing，I was escaping from the grown-ups，but I existed only in order to write.[②]

对我来说，写作即存在；我摆脱了成年人，我的存在只是为了写作。[③]

（4）I faced my destiny and recognized it：it was only my freedom；it had been set up before me by my own efforts.[④]

我正视自己的命运，清楚地看到我的命运不是别的，正是自由，正是我自己所确定的。[⑤]

（5）One writes for one's neighbors or for God. I decided to write for God with the purpose of saving my neighbors.[⑥]

我们要么为同胞写作，要么为上帝。而我决心为上帝写作，目的在于解救同胞。[⑦]

（6）Writing，my grim labor，had no reference to anything and was thus an end in itself：I wrote in order to write.[⑧]

---

① ［法］萨特：《萨特读本》，艾珉选编，人民文学出版社，2012 年，第 59 页。

② Jean-Paul Sartre，*The Words*：*The Autobiography of Jean-Paul Sartre*，George Braziller，1964，p. 153.

③ ［法］萨特：《萨特读本》，艾珉选编，人民文学出版社，2012 年，第 193 页。

④ Jean-Paul Sartre，*The Words*：*The Autobiography of Jean-Paul Sartre*，George Braziller，1964，p. 171.

⑤ ［法］萨特：《萨特读本》，艾珉选编，人民文学出版社，2012 年，第 201 页。

⑥ Jean-Paul Sartre，*The Words*：*The Autobiography of Jean-Paul Sartre*，George Braziller，1964，p. 182.

⑦ ［法］萨特：《萨特读本》，艾珉选编，人民文学出版社，2012 年，第 206 页。

⑧ Jean-Paul Sartre，*The Words*：*The Autobiography of Jean-Paul Sartre*，George Braziller，1964，p. 182.

写作，一项残忍的工作，毫无归宿，因此写作本身成了目的：我为写作而写作。①

（7） To exist was to have an official title somewhere on the infinite tables of the word.②

存在，就是对语言的无数规律运用自如，就是能够命名。③

（8） To write was to engrave new beings upon them or–and this was my most persistent illusion–to catch living things in the trap of phrases：if I combined words ingeniously，the object would get tangled up in the signs，I would have a hold on it.④

写作，就是把新的生灵刻画在语言里，或者按我始终不渝的幻觉，把活生生的东西禁锢在字里行间；如果我巧妙地搭配词语，事物就落入符号的网里，我便掌握住事物。⑤

（9） I would give my works the violence of those corrosive flashes，and later，in ruined libraries，they would outlive man.⑥

我要使我的著作放射耀眼的光芒；当人类消失，图书馆沦为废墟，我的书仍旧存在。⑦

（10） I was going quietly to my end，having no hopes or desires

---

① ［法］萨特：《萨特读本》，艾珉选编，人民文学出版社，2012 年，第 206 页。

② Jean–Paul Sartre，*The Words：The Autobiography of Jean–Paul Sartre*，George Braziller，1964，p. 182.

③ ［法］萨特：《萨特读本》，艾珉选编，人民文学出版社，2012 年，第 207 页。

④ Jean–Paul Sartre，*The Words：The Autobiography of Jean–Paul Sartre*，George Braziller，1964，p. 182.

⑤ ［法］萨特：《萨特读本》，艾珉选编，人民文学出版社，2012 年，第 207 页。

⑥ Jean–Paul Sartre，*The Words：The Autobiography of Jean–Paul Sartre*，George Braziller，1964，p. 183.

⑦ ［法］萨特：《萨特读本》，艾珉选编，人民文学出版社，2012 年，第 207 页。

other than what was burst of my heart would be inscribed on the last page of the last volume of my works.①

我慢慢走向我的终点，唯一的希望和欲望是能写完我的书，确信我的心脏最后一次跳动刚好落在我著作最后一卷的最后一页上。②

三、主要影响

（一）对人道主义的影响

人道主义最先产生于意大利，而后传播到整个欧洲。文艺复兴时期，人道主义是揭露封建制度的有力武器；启蒙运动时期，资产阶级人道主义在反封建斗争中起了重大历史作用。

人的问题是当代西方哲学研究中一个非常重要的问题，存在主义将人的问题作为哲学的基本问题，着重探讨人的生存问题。存在主义的“存在”，“不是唯物主义讲的物质存在，不是客观唯心主义讲的客观精神的存在，也不是主观唯心主义讲的主观感觉的存在，而是人的存在，个人的存在”③。在萨特看来，人只有超越自身，充分发挥其主观性，才能实现人道。而“未来”才是超越的正确方向，其间的选择是由个体的主观性决定的，人道也只能体现于自由选择中。萨特认为，“恐惧”“焦虑”“绝望”等内

① Jean-Paul Sartre, *The Words: The Autobiography of Jean-Paul Sartre*, George Braziller, 1964, p. 198.

② ［法］萨特：《萨特读本》，艾珉选编，人民文学出版社，2012年，第214页。

③ 车铭洲，王元明：《现代西方的时代精神》，中国青年出版社，1988年，第201页。

心情绪使人的存在成为真正有意识的存在。

中国近代启蒙思想家严复认为，决定善恶的标准是苦与乐——乐者为善，苦者为恶，而求乐为善的前提是“自由”，个人的自由以他人的自由为界，同时，个人求乐必须以不损害他人为前提。三民主义的创始者孙中山以“平等、博爱、自由”的人学思想为起点，引出他“民族、民权、民生”的民主主义革命理念。

萨特规定了人的本质、强调了人的价值、突出了人的行动，其哲学充分体现了个体的主观能动性。他开辟了文学界对“人”的重新审视之路，“人道主义”“文学介入”成为文学创作新的焦点。许多学者将认识自我、实现自我、自我塑造作为文学创作的主题。

（二）对后现代主义的影响

在萨特无神论存在主义的哲学中，自由处于核心地位。人是自为的存在，不是自在的存在；人是意识的虚无，具有某种意向性，能够自己决定自己的本质，因而人注定是自由的。

在当代西方思想界，占据主导地位的无疑是后现代主义思潮。在这一时期，雅克·德里达（Jacques Derrida）的结构主义、米歇尔·福柯（Michel Foucault）的后结构主义等，赋予了人无限的自由。后现代主义者对于自由的理解已经超越了传统的自由观念，他们所强调的是人类创作自由的“可能性”。为摆脱传统西方文化和社会制度的限制，后现代主义把自由从现实扩展到“可能性”的领域。作为后现代主义的自由，“可能性”

既然是可能的，就意味着它的不确定性。它把对于人类自由的观点，转移到对于人类自由的可能性，并把这种可能性当作人的自由的最本质内容。

萨特称“存在主义是一种人道主义”，他的哲学是一种以人为中心的思想的体现。他坚信，人是主体，人的存在先于万物的存在。也就是说，以这种思想为指导的后现代主义使得单纯以人为中心的逻各斯中心主义前进了一步，从而确立了一种“主体间性”。

（三）对文学创作的影响

作为法国著名的文学家与哲学家，萨特对西方乃至世界的文化领域有着举足轻重的影响。1938 年，萨特的小说《恶心》在法国成功问世，奠定了他在文学界的地位。钱钟书先生曾留学于法国巴黎大学，受萨特存在主义影响，他的短篇小说集《人·鬼·兽》体现着令人作呕的社会状态的气息；著名小说《围城》也流露着萨特存在主义哲学中人存在的荒诞性这一思想，在《围城》中，钱钟书先生将哲学范畴和文学艺术引入中国。

1944 年，作家荒芜翻译了萨特的短篇小说《墙》，诗人戴望舒也曾翻译过这一作品，并于 1947 年写下《我和世界之间是墙》一诗。1963 年商务印书馆出版了《存在与虚无》一书，它让人们了解了萨特的哲学思想。20 世纪 60 年代，我国处于“文化大革命”时期，经历十年浩劫后的中国，许多学者将目光转向萨特。党的十一届三中全会以后，我国意识形态领域基本完善，以崭新的面貌迎接新思想，尤其对萨特及存在主义文学的研究达到高潮。

萨特的大量文学作品涌入中国，除此之外，他的许多戏剧作品也在中国的舞台上演。

1976 年，“文化大革命”结束，中国文学界走入新的开端，文化界再次掀起“萨特浪潮”，许多人都读过他的代表作品，“存在先于本质”“自由选择”“他人即地狱”等名言风靡全国。20 世纪 80 年代，新时期作家受萨特存在主义影响创作了大量有关作品，将萨特的影响带入文学界。柳鸣久先生在 1980 年出版的《读书》中高度赞扬了萨特的历史地位及其在精神文化领域所做出的贡献。1981 年，柳先生主编的《萨特研究》被中国社会科学出版社出版，汇集了国外对萨特的研究、评论文章。1985 年以后，我国学术界对萨特的研究达到鼎盛时期，几乎每年都有研究萨特的著作和文章发表。可以说，在 20 世纪文学发展史中，作为一名文学家与哲学家，无论是作品还是思想，萨特对中国文学领域都产生了深远的影响。

四、启示

（一）对生活的启示——拥有梦想，追求理想

因为有梦想，我们才能拥有奋斗的目标。即使在成功的道路上会历经坎坷，在前进的路途中会迷失方向，在布满荆棘的前方会摔得遍体鳞伤，这些都是奋斗过程中必须经历的。梦想是在不断地选择和承担责任中实现的，这个过程需要人具备勇气、智慧与执着的品格。

梦想并不像星星那样看起来可望而不可及，我们要坚守着自

己的信念，脚踏实地朝着梦想去攀爬，终究能够踏上追求梦想的征途。即使在最黑暗的时候，梦想这束温暖的光芒也可以照亮前方的道路。

萨特的一生全身心地投入到他的存在主义学说中，他坚信人的一生就是自我实现的过程。他将人的生存问题视为哲学的基本问题，将追求人的自由作为毕生的使命。

（二）对道德的启示——承担责任，讲究诚信

萨特认为人有选择的自由，只有不断的选择才能实现人作为自为的存在的意义。在享有自由的同时，还要承担不可推卸的责任。你的每一个选择的确是重要的，而选择之后需要承担的责任更为重要。人的一生会面临很多选择，我们每天都在不断地选择。曾经，你有没有因为做出了选择却没承担起责任而感到自责呢？

负责任选择的第一要务是诚实守信。诚实是为人之本，守信是立事之先。诚实守信是中华民族的传统美德，是现代文明社会的重要基石，是每个社会成员都应遵守的最基本道德底线。中国自古以来就有诸多贤人志士阐述诚信：孔子曰，人而无信，不知其可也；孟子曰，不诚，未有能动者也；荀子曰，养心莫善于诚；庄子曰，真者，精诚之至也；墨子曰，言不信者行不果。

从道德上来讲，诚信即待人处事真诚、讲诚信。诚，是儒家提出的一个重要的伦理学概念；信，也是中国伦理之思想。传统伦理将诚信作为人的一个基本品质，是个人生活的准则，是处己立身、成就事业的基石。从哲学意义上说，诚信既是一种世界观，又是社会价值观和道德观的体现。因此，处于社会中的每个个体，

都要做到恪守诚信，对自己的所作所为承担起责任。

（三）对教育的启示——业精于勤，行成于思

受家庭环境影响，萨特从小就很喜欢读书，痴迷于写作，没有人知道他一生到底读过多少书。他立志要成为雨果和福拜楼那样的人，能写下永垂不朽的作品。后来，他通过自己的不懈努力，成为 20 世纪最有影响力的哲学家之一。他的每部作品都是经过深思熟虑完成的，这种永不止步的进取精神影响了一代又一代人，他的著作更是留给后世取之不尽的财富。他的许多著作——《存在与虚无》《辩证理想批判》《存在主义是一种人道主义》等堪称 20 世纪思想文化领域的经典。

萨特倾注一生探索人的生存和自由问题，他那充斥着自由气息的作品，以及追求人道主义和自我超越的精神，对我们审视人生的责任与使命有着深刻的意义。他最大的成就就是，将哲学与文学完美地结合在一起。他说自己首先是一个作家，其次才是哲学家。然而，在我们看来，无论是他的哲学著作、小说还是戏剧，在西方思想文化界都产生着深远的影响。

五、术语解读与语篇精粹

（一）焦虑（Anguish）

1. 术语解读

萨特将“焦虑”看作是人面对虚无时的焦虑，把焦虑作为人

的实在的一个范畴。人是自由的，在自由的同时，对自己的行动还负有责任，因此，焦虑就是人在进行选择时，面对种种可能性所表现的一种情绪。比如，一位军事长官接到上级命令，要负责一次进攻，他必须派人前往战场，这关系到十个、十五个或二十个人的性命。在他做出选择时，肯定会有某种焦虑，但并不妨碍他行动，这是他行动的条件。因此，萨特说："焦虑表现为对他人的一种直接责任感，他人也会受到这种责任感的影响。"[①]因而，焦虑是行动的一部分。

克尔凯郭尔将焦虑与恐惧相区别，"焦虑与恐惧的区别在于，恐惧是对世界上的存在的恐惧，而焦虑是在我自己面前的焦虑"。[②]"一个处境引起焦虑是因为它很可能从外部改变了我的生活，我的存在引发了焦虑，以至于我无法相信在那个环境下的自己和所做出的反应。"[③]当一个人因为股票大跌而失去大量资产时，他会对即将到来的贫困产生恐惧，他会大喊着：我该怎么办？在这种情况下，"恐惧就是对超验的东西给予草率的理解，焦虑是对自我的一种反思性理解"[④]。而海德格尔则将焦虑看作是对虚无的把握。

那么焦虑是一种怎样的状态呢？萨特认为，它是与"严肃精神"(the mind of the serious）相对立的，具有严肃精神的人是从世界给予我的压力的角度来理解和把握自由的，而这就是对自由意

---

① Jean-Paul Sartre, *Existentialism is a Humanism*, Yale University Press, 2007, p. 27.

② Jean-Paul Sartre, *Being and Nothingness: A Phenomenological Essay on Ontology*, Pocket Books, 1978, p. 29.

③ Ibid., p. 30.

④ Ibid., p. 40.

识的逃避。“其实，所发生的一切都好像表明，我们关于焦虑的本质性和直接的行为就是逃避。”① 然而，逃避是为了不知，但我又不能不知道我正在逃避，对焦虑的逃避只是焦虑意识的一种方式。因此，焦虑是不可能被掩盖、被消除的。

2. 语篇精粹

语篇精粹 A

Existentialists like to say that man is in anguish. This is what they mean: a man who commits himself, and who realizes that he is not only the individual that he chooses to be, but also a legislator choosing at the same time what humanity as a whole should be, cannot help but be aware of his own full and profound responsibility. True, many people do not appear especially anguished, but we maintain that they are merely hiding their anguish or trying not to face it.②

译文参考 A

存在主义者喜欢说，人是焦虑的。他们的意思是：承担责任的人意识到他不仅是自己选择成为的那一个体，同时也是一个立法者，决定全人类应该成为什么样子，所以他们不得不意识到自己所要承担的全部的、重大的责任。诚然，有许多人并没有显得特别焦虑，但我们认为他们只是在掩盖自己的焦虑，或者尽量不去面对焦虑。

---

① Jean-Paul Sartre, *Being and Nothingness: A Phenomenological Essay on Ontology*, Pocket Books, 1978.

② Jean-Paul Sartre, *Being and Nothingness*, Washington Square Press, 1993, p. 25.

语篇精粹 B

Certainly, many believe that their actions involve no one but themselves, and were we to ask them, "But what if everyone acted that way?" They would shrug their shoulders and reply, "But everyone does not act that way." In truth, however, one should always ask oneself, "What would happen if everyone did what I am doing?" The only way to evade that disturbing thought is through some kind of bad faith. Someone who lies to himself and excuses himself by saying "Everyone does not act that way" is struggling with a bad conscience, for the act of lying implies attributing a universal value to lies. Anguish can be seen even when concealed.①

译文参考 B

的确，许多人认为他们的行动只涉及自己，不涉及其他任何人。我们问他们："如果大家都像你们那样做怎么办?"他们耸耸肩膀回答道："但不是所有人都这么做呀。"然而事实上，人们应该经常自问："如果大家都像我这么做，那么会发生什么呢?"逃避这种令人不安的思想的唯一方式就是自欺。人们通过"并不是每个人都那样做"来对自己撒谎、为自己找借口，从而与内心的愧疚作斗争，因为说谎的行为就表明谎言具有普遍价值。即便焦虑被隐藏，它也会被看出来。

语篇精粹 C

Behold a new question has been raised here: if freedom is the being of consciousness, consciousness ought to exist a consciousness of

① Jean-Paul Sartre, *Being and Nothingness*, Washington Square Press, 1993, p. 25.

freedom. What form does this consciousness of freedom assume? In freedom the human being is his own past (as also his own future) in the form of nihilation. If our analysis has not led us astray, there ought to exist for the human being, in so far as he is conscious of being, a certain mode of standing opposite his past and his future, as being both this past and this future and as not being them. We shall be able to furnish an immediate reply to this question; it is in anguish that man gets the consciousness of his freedom, or if you prefer, anguish is the mode of being of freedom as consciousness of being; it is in anguish that freedom is, in its being, in question for itself.①

译文参考 C

这里产生了一个新问题：如果自由是意识的存在，意识就应该是自由的意识。这种自由的意识是以什么形式呈现的呢？在自由中，人类的存在就是在虚无形式下的自己的过去（同样也是自己的将来）。如果这样的分析没有把我们带入歧路，那么当一个人意识到他的存在时，他就会以某种模式面对自己的过去和将来，因为他的存在既是过去也是将来，同时他的存在既不是过去，也不是将来。对于这个问题，我们能直接作答：倍感焦虑的人获得了自由的意识，或者说如果人们愿意，焦虑就是把自由作为存在意识的一种存在方式；正是在焦虑中，自由以一种存在方式关注着自身。

① Jean-Paul Sartre, *Being and Nothingness*, Washington Square Press, 1993, p. 29.

（二）意识（Consciousness）

1. 术语解读

萨特认为，现象是物体自身显露于外的东西，而存在一定会以某种方式表现出来，我们能够谈论存在，因此也应该有一种存在的现象可以表现为存在的显现。然而，这种存在的现象与现象的存在并不是等同的。比如，我们看见一个杯子，可以说这个杯子是存在的。但我们说的并不是杯子本身的存在，而是说从这个方位看到的那个杯子——即现象的存在。因为我们能够以不同的方式（时间、方位等）来看这个杯子，所以杯子本身的存在除了显现出来的存在的现象以外，还有未显现出来的现象。

然而这种未显现出来的现象不能称为现象，它意味着超乎现象的存在，即萨特所谓的意识的存在。在萨特看来，意识不是与客观世界相对立的独立性的存在，意识本身是一种“虚无”。从主观意识出发，笛卡尔“我思故我在”中的“思”是一种“反思”，而萨特认为，确立“我思故我在”之前，应该先确立反思前的我思。

这种反思前的我思是“意向性”的意识，即“任何意识都是对某物的意识”。正因为意识是“意向性”的，意识才能从“某物”获得内容，意识正是由于意向性才能超越自身。我们说，任何意识都是对某物的意识时，“某物是作为意识的意向所指向的对象，而这意向本身，就是意识”①。

① 徐崇温：《存在主义哲学》，中国社会科学出版社，1986年，第427页。

2. 语篇精粹

语篇精粹 A

Consciousness is consciousness of something. This means that transcendence is the constitutive structure of consciousness; that is, that consciousness is born supported by a being which is not itself. This is what we call the ontological proof. No doubt someone will reply that the existence of the demand of consciousness does not prove that this demand ought to be satisfied. But this objection cannot hold up against an analysis of what Husserl calls intentionality, though, to be sure, he misunderstood its essential character. To say that consciousness is consciousness of something means that for consciousness there is no being outside of that precise obligation to be a revealing intuition of something—i. e. , of a transcendent being.①

译文参考 A

意识是对某物的意识，这意味着超验性是意识的组成结构；也就是说，意识本质上被一个不是自身的存在所支撑。这就是我们所说的本体论证明。无疑，有人会说，意识具有某种需求，但并不能证明这种需求就应该得到满足。但是这种异议并不能反驳对胡塞尔称为意向性的分析。的确，他误解了所谓意向性的本质特征。我们说意识是对某物的意识，意思是对于意识，不会对超越某物之外的存在，即一种超验的存在，产生明确的具有启示性的直觉。

① Jean-Paul Sartre, *Being and Nothingness*, Washington Square Press, 1993, p. lxi.

语篇精粹 B

Not only does pure subjectivity, if initially given, fail to transcend itself to posit the objective; a "pure" subjectivity disappears. What can properly be called subjectivity is consciousness (of) consciousness. But this consciousness (of being) consciousness must be qualified in some way, and it can be qualified only as revealing intuition or it is nothing. Now a revealing intuition implies something revealed. Absolute subjectivity can be established only in the face of something revealed; immanence can be defined only within the apprehension of a transcendent.①

译文参考 B

如果纯粹主观性最初就被给定，它不仅不能超越自身来假定客观事物，而且一种"纯粹的"主观性也会消失。能够被正确地称为主观性的东西，就是关于意识（的）意识。但是这种（成为）意识的意识必须以某种方式限定，可以把它描述成具有启示性的直觉，否则它就什么都不是。具有启示性的直觉意味着被揭示的某种事物。绝对的主观性只有面对被揭示的某种事物才能形成，内在性只能在对超验事物的理解中加以定义。

语篇精粹 C

Consciousness is a being whose existence posits its essence, and inversely it is consciousness of a being, whose essence implies its existence; that is, in which appearance lays claim to being. Being is everywhere. Certainly we could apply to consciousness the definition

① Jean-Paul Sartre, *Being and Nothingness*, Washington Square Press, 1993, p. lxi.

which Heidegger reserves for Dasein and say that it is a being such that in its being, its being is in question. But it would be necessary to complete the definition and formulate it more like this: consciousness is a being such that in its being, its being is in question in so far as this being implies a being other than itself.①

译文参考 C

意识是一种存在，这种存在假定了意识的本质。倒过来说，意识是一种存在的意识，它的本质意味着它的存在；也就是说，其中的表象宣告着存在。存在遍布各处。当然，我们把海德格尔对“此在”的定义应用于意识，可以说意识就是这样一种存在，它的存在就是关注对象。但有必要进一步来补充和表达这个定义：意识是这样一种存在，只要这个存在表示那种区别于自身的存在，它的存在就会得到关注。

（三）否定（Negation）

1. 术语解读

在萨特看来，自在的存在是自我充实的肯定性，它不包含任何的否定。一般情况下，人们通过系词“是”来确定它是肯定判断，系词“不是”在否定判断中起作用。因此，否定是一种判断行为，不存在于“存在”中。既然否定没有自己存在的能力，它是以怎样的方式存在呢？萨特认为，“它的存在正是在于它的被

① Jean-Paul Sartre, *Being and Nothingness*, Washington Square Press, 1993, p. lxii.

感知”[①]。

在人与世界关系的原始基础上，我们不能否认否定，也不能将非存在看作是不可能的。同样地，我们不能说否定只是判断的一种性质，它是判断前的行为，“我通过质疑而以某种方式面对存在，而且与存在的这种关系就是一种存在关系，判断只是对它的可选择的表达”。[②]

如果我们承认“不”这个范畴，是因为某些肯定判断突然出现，那么我们就会陷入把否定具有的否定作用抹杀掉的想法。在萨特看来，否定是对存在的拒绝，存在通过否定提出来，继而被抛向虚无。

2. 语篇精粹

语篇精粹 A

Thus negation would be simply a quality of judgment and the expectation of the questioner would be an expectation of the judgment—response. As for Nothingness, this would derive its origin from negative judgments; it would be a concept establishing the transcendent unity of all these judgments, a propositional function of the type, “X is not.”[③]

译文参考 A

因此，否定仅仅是判断的一种性质，提问者的期待是一种对

① Jean-Paul Sartre, *Being and Nothingness: A Phenomenological Essay on Ontology*, Pocket Books, 1978, p. 6.

② Ibid., p. 7.

③ Jean-Paul Sartre, *Being and Nothingness*, Washington Square Press, 1993, p. 6.

判断——反应的期待。至于虚无，可能源于否定判断；也可能是一个概念，它建立在所有这些判断的超越统一的基础上，是“X不是”这一类型的命题函数。

语篇精粹 B

Thus negation would be “at the end” of the act of judgment without, however, being “in” being. It is like an unreal encompassed by two full realities neither of which claims it; being-in-itself, if questioned about negation, refers to judgment, since being is only what it is-and judgment, a wholely psychic positivity, refers to being since judgment formulates a negation which concerns being and which consequently is transcendent. Negation, the result of concrete psychic operations, is supported in existence by these very operations and is incapable of existing by itself; it has the existence of a noema-correlate; its esse resides exactly in its percipi.①

译文参考 B

因此，否定会在判断行为的“终点”而不在存在“当中”。它像被两个完整实在所包围的非实在物，其实这两个实在都不需要它。如果自在受到关于否定问题的质问，自在就会指向判断，因为自在就是它本身的样子，而判断完全是一种心理肯定，它会指向存在，因为判断形成了一种和存在相关并最终超越存在的否定。否定是具体的心理活动的结果，正是由这些活动支持才能存在，它自身没有存在的能力，它具有和对象相关联的存在，它的存在正在于它的被感知。

① Jean-Paul Sartre, *Being and Nothingness*, Washington Square Press, 1993, p. 6.

语篇精粹 C

Negation is an abrupt break in continuity which can not in any case result from prior affirmations; it is an original and irreducible event. Here we are in the realm of consciousness. Consciousness moreover can not produce a negation except in the form of consciousness of negation. No category can "inhabit" consciousness and reside there in the manner of a thing.①

译文参考 C

否定是一个连续性的突然中断，无论如何都不可能是先前肯定的结果；它是一个原始的不可还原的事件。在此，我们是在意识范畴内讨论。另外，除了以否定的意识形式出现，意识不可能产生否定。没有一个范畴能“占据”意识之中并且以物的方式留在那里。

（四）虚无（Nothingness）

1. 术语解读

萨特借存在来谈“虚无”，他的虚无并不是一种形而上的实体，而是一种非存在化的所指。在萨特看来，正是因为人赋予了“虚无”，才使他成为“存在”的一种形式，所以虚无只对人来说才有意义。萨特将重点放在阐释人类存在的虚无本质，而这里的虚无是指意识本身。意识只有通过对他物的虚无化才能实现自身的存在，意识的虚无化将自在转向自为，并实现了自我超越。

---

① Jean-Paul Sartre, *Being and Nothingness*, Washington Square Press, 1993, p. 11.

黑格尔说："存在和虚无都是空洞的抽象，其中一个和另一个同样空洞。"[①] 海德格尔强调的是"此在"，而萨特对虚无保有的是一种积极的态度，它是否定判断的起源，是否定本身，让人类在荒诞的世界中寻找自身存在的意义。虚无为行为的否定奠定了基础，因为它是作为存在的否定。"只有确切地把自己虚无化为世界的虚无，这才是真正意义上的虚无；换句话说，只有当它的虚无化明确指向这个世界时，才能让自己成为对这个世界的拒绝。"[②] 因此，虚无属于人的实在，属于人的自由。

萨特眼中真正的主体是"虚无"，是摆脱自在的存在，以达到自为存在的状态。人是虚无的，他不是其所是，他是其所不是。正是因为人的虚无，才为人的自由提供了更多的可能性。

2. 语篇精粹

语篇精粹 A

Man is "a being of distances". In the movement of turning inward which traverses all of being, being arises and organizes itself as the world without there being either priority of the movement over the world, or the world over the movement. But this appearance of the self beyond the world—that is, beyond the totality of the real—is an emergence of "human reality" in nothingness. It is in nothingness alone that being can be surpassed. At the same time it is from the point of

① Jean-Paul Sartre, *Being and Nothingness: A Phenomenological Essay on Ontology*, Pocket Books, 1978, p. 15.

② Ibid., p. 18.

view of beyond the world that being is organized into the world, which means on the one hand that human reality rises up as an emergence of being in non-being and on the other hand that the world is "suspended" in nothingness.①

译文参考 A

人是"一种距离的存在"。在穿越整个存在的内部转向运动中，存在产生并把自身形成世界，其中既不是运动先于世界，也不是世界先于运动。但是这种超越世界的自我表象，也就是超越实在整体的表象，就是"人类实在"在虚无中的浮现。唯有在虚无中，存在才能被超越。同时，从超越世界的观点来看，存在组成了世界。从一方面讲，人类实在以非存在的存在浮现，并明显增加；从另一方面讲，世界又是"悬置"于虚无之中的。

语篇精粹 B

Only being can nihilate itself; however it comes about, in order to nihilate itself, it must be. But nothingness is not. If we can speak of it, it is only because it possesses an appearance of being, a borrowed being, as we have noted above. Nothingness is not, nothingness "is made-to-be," nothingness does not nihilate itself; nothingness "is nihilated." It follows therefore that there must exist a being (this can not be the in-itself) of which the property is to nihilate nothingness, to support it in its being, to sustain it perpetually in its very existence, a being by which nothingness comes to things.②

---

① Jean-Paul Sartre, *Being and Nothingness*, Washington Square Press, 1993, p. 18.

② Ibid., p. 22.

译文参考 B

只有存在才能将自我虚无化；无论怎样，为了自我虚无化，它都必须存在。但是虚无是不存在的。如果我们能够谈论虚无，那么只是因为它拥有一种存在的表象，一种借来的存在，就像我们之前提到的那样。虚无是不存在的，虚无是“被存在的”；虚无不会把自我虚无化，虚无是“被虚无化的”。因此必须有一种存在（不可能是自在），它的属性就是能让虚无虚无化，能用它的存在支撑虚无，并且保证它永远处于这种存在中，只有这样，虚无才能来到事物之中。

语篇精粹 C

The being by which nothingness arrives in the world is a being such that in its being, the nothingness of its being is in question. The being by which nothingness comes to the world must be its own nothingness. By this we must understand not a nihilating act, which would require in turn a foundation in being, but an ontological characteristic of the being required.①

译文参考 C

使虚无来到世界上的存在是这样一种存在，在它的存在中，存在的虚无成为关注对象。使虚无来到世界上的存在应该是其自身的虚无。通过这一点，我们必须理解的不是一种需要以存在为基础的虚无化的行为，而是一种被需要的本体论特征。

---

① Jean-Paul Sartre, *Being and Nothingness*, Washington Square Press, 1993, p. 23.

（五）自欺（Bad Faith）

1. 术语解读

对自欺这种心理现象的描写，在萨特哲学作品中同样占有很重要的地位。萨特认为，自欺和说谎是两种不同的概念，我们应该将两者区别开来。一个人自欺或对自己说谎是一种漠不关心的态度，我们承认自欺是对自己说谎，在一般情况下，我们将这种“对自己说谎”和说谎相区别。说谎是一种消极的态度，说慌的本质就是，“其实说谎者完全掌控他所掩盖的真相”①。一个人不会因为他的无知而说谎，不会因为被误解而说谎。的确，自欺就是隐藏了让人不愉快的事实或者是把一个让人愉快的假象当作事实来看待。也就是说，自欺是从个人的角度隐藏了真相，它从本质上是个体的意识表现。

对于萨特来讲，人们会欺骗自己无法做出自由的选择，但人们无法假装自己不是自己、不是一个有意识的活生生的人。没有自由就没有责任，人们为了逃避责任、逃避焦虑，因而陷入自我欺骗之中。

2. 语篇精粹

语篇精粹 A

Yet to flee anguish and to be anguish can not be exactly the same thing. If I am my anguish in order to flee it, that presupposes that I

① Jean-Paul Sartre, *Being and Nothingness*, Washington Square Press, 1978, p. 48.

can decenter myself in relation to what I am, that I can be anguish in the form of "not being it," that I can dispose of a nihilating power at the heart of anguish itself. This nihilating power nihilates anguish in so far as I flee it and nihilates itself in so far as I am anguish in order to flee it. This attitude is what we call bad faith.①

译文参考 A

然而，逃避焦虑和成为焦虑，不可能是一回事。如果我为了逃避焦虑而成为自己的焦虑，那就等于假设我能在关于我所是的方面去中心化，我能在“不焦虑”的形式下焦虑，我有能力把焦虑本身虚无化。在我逃避焦虑时，这种能力使焦虑虚无化；在我为了逃避焦虑而感到焦虑时，这种能力又将自身消解得无影无踪。这种态度就是我们所说的“自欺”。

语篇精粹 B

Bad faith on the contrary implies in essence the unity of a single consciousness. This does not mean that it can not be conditioned by the Mit-sein like all other phenomena of human reality, but the Mit-sein can call forth bad faith only by presenting itself as a situation which bad faith permits surpassing; bad faith does not come from outside to human reality. One does not undergo his bad faith; one is not infected with it; it is not a state. But consciousness affects itself with bad faith. There must be an original intention and a project of bad faith; this project implies a comprehension of bad faith as such and a pre-reflective

---

① Jean-Paul Sartre, *Being and Nothingness*, Washington Square Press, 1993, p. 44.

apprehension (of) consciousness as affecting itself with bad faith.①

译文参考 B

相反，自欺本质上是单一意识的统一体。这并不表示自欺可以像人类实在的一切现象那样，不受“共在”的限制，但是“共在”只能在自我表现为自欺允许超越的情况中才能产生自欺。自欺不是从外部走入人类实在的。一个人经受不了自己的自欺，人不会被它感染，它不是一种状态。但是意识本身会受自欺影响，必须有一种自欺的原始意图和计划；这项计划蕴含着对自欺的理解，对意识（的）反思前的理解就是用自欺影响意识本身。

语篇精粹 C

That which affects itself with bad faith must be conscious (of) its bad faith since the being of consciousness is consciousness of being. It appears then that I must be in good faith, at least to the extent that I am conscious of my bad faith. But then this whole psychic system is annihilated. We must agree in fact that if I deliberately and cynically attempt to lie to myself, I fail completely in this undertaking; the lie falls back and collapses beneath my look; it is ruined from behind by the very consciousness of lying to myself which pitilessly constitutes itself well within my project as its very condition.②

译文参考 C

用自欺影响本身的行为一定会意识（到）自欺，因为意识的存在就是存在的意识。这就好像表明我一定是真诚的，至少我意

① Jean-Paul Sartre, *Being and Nothingness*, Washington Square Press, 1993, p. 49.

② Ibid., p. 50.

识到我的自欺。但整个心理体系都会无效。其实我们必须承认，如果我故意用犬儒主义方式企图对自己说谎，我就会彻底失败，谎言会在我的注视下被节节击退，彻底瓦解；对自己说谎的意识恰好作为自欺的条件，无情地在我的计划中自我建构，这样一来就从幕后毁掉了谎言。

（六）注视（Look）

1. 术语解读

在萨特看来，对于存在本身，不能通过现象去认识，而是通过诸如情绪化的焦虑、恶心等内心体验来把握。他认为，“我和他者之间的关系，首先而且从根本上看，是存在与存在的关系，不是了解与了解的关系。”[①] “注视”是萨特讨论他者问题的一个重要出发点。

萨特认为，他者的注视是与眼睛相分离的，注视是一种可能存在的他者目光，因此，“他者的注视掩盖了他的眼睛，他好像走在眼睛前面”。[②] 而这种注视“首先是一种从我指向我本身的中介”。[③] 对于这中介的本质，以及对于“我”来说，被看见意味着什么，萨特以一个生活中的例子给予我们答案。

“我”出于嫉妒、好奇或怪癖，把耳朵贴在门上，透过锁孔窥视别人。然而这时，我听到走廊里有脚步声，这就意味着有人注视我。因此，我的存在方式被未反思的意识所控制，我看见自

① Jean-Paul Sartre, *Being and Nothingness*, Washington Square Press, 1978, p. 244.

② Ibid., p. 258.

③ Ibid., p. 259.

己是因为有人看见我，自己就像是他人的目标。而羞耻和骄傲向我揭示了他人的注视，使我有了生命。也就是说，正是因为注视，我才能从“虚无”中摆脱出来；正是通过注视，我才能具体地体验到他人是自由的、有意识的主体。

2. 语篇精粹

语篇精粹 A

Every look directed toward me is manifested in connection with the appearance of a sensible form in our perceptive field, but contrary to what might be expected, it is not connected with any determined form. Of course what most often manifests a look is the convergence of two ocular globes in my direction. But the look will be given just as well on occasion when there is a rustling of branches, or the sound of a footstep followed by silence, or the slight opening of a shumtter, or a light movement of a curtain.①

译文参考 A

朝向我的每个注视都会在我们的认知领域体现出来，它和一种可察觉形式的表象有关，但是和人们可能期待的东西相反，它与任何确定的形式无关。当然，最常见的表达一种注视的东西，就是两个眼球对我的聚焦。但注视有时也可以这样体现出来：可能当树枝的沙沙作响时，当静谧中传来脚步声时，当百叶窗缝隙微张时，或者当窗帘轻飘摆动时。

① Jean-Paul Sartre, *Being and Nothingness*, Washington Square Press, 1993, p. 257.

语篇精粹 B

I should willingly say here: we can not perceive the world and at the same time apprehend a look fastened upon us; it must be either one or the other. This is because to perceive is to look at, and to apprehend a look is not to apprehend a look-as-object in the world (unless the look is not directed upon us); it is to be conscious of being looked at. The look which the eyes manifest, no matter what kind of eyes they are is a pure reference to myself. What I apprehend immediately when I hear the branches crackling behind me is not that there is someone there; it is that I am vulnerable, that I have a body which can be hurt, that I occupy a place and that I can not in any case escape from the space in which I am without defense—in short, that I am seen.①

译文参考 B

在此我要说，我们不可能在知觉世界的同时，又能理解固定在我们身上的注视；一定是二者选一，要么是这个，要么是另一个。因为知觉就是对某物的注视，理解一个注视并不等于理解世界上的注视对象（除非这个注视没有指向我们），只是意识到被注视。不管是什么样的眼睛，眼睛体现的注视都是对我本身的纯粹指向。当我听到背后树枝的断裂声，我马上理解到的不是背后有人，而是我很脆弱，我有一个可能受到伤害的躯体，我占据了一个地方，在任何情况下我都不能没有防御而逃出那个空间——简言之，我被看见了。

---

① Jean-Paul Sartre, *Being and Nothingness*, Washington Square Press, 1993, p. 258.

语篇精粹 C

We are able now to apprehend the nature of the look. In every look there is the appearance of an Other-as-object as a concrete and probable presence in my perceptive field; on the occasion of certain attitudes of that Other I determine myself to apprehend—through shame, anguish, etc. —my being-looked-at. This "being-looked-at" is presented as the pure probability that I am at present this concrete *this*—a probability which can derive its meaning and its very nature as probable, only from a fundamental certainty that the Other is always present to me inasmuch as I am always *for-others*.①

译文参考 C

现在，我们能够理解注视的本质了。在一切注视中，都有一个他者对象在的知觉领域，作为一种具体的和可能的在场体现；因为那个他者的某些态度，我决定通过羞耻、焦虑等，自己来理解我的被注视的存在。这个“被注视的存在”表现为纯粹可能性，也就是此刻我是这个具体的——这一可能性只能从一种基本的确定中产生意义和本质。这种确定性就是，因为我总是为他，所以他者总是出现在我面前。

（七）他者（The Other）

1. 术语解读

在《存在与虚无》中，萨特着重探讨了自我与他者的问题，

① Jean-Paul Sartre, *Being and Nothingness*, Washington Square Press, 1993, p. 280.

而戏剧《禁闭》(*Huis Clos*，1944）更是对这一问题的延伸。最初，萨特拟将《禁闭》取名为“他者”，这就说明作者想要表述的是自我与他者的关系问题。有人会对萨特的本意产生误解，认为我们与他者的关系是对立的，是地狱般的关系。然而，他的意思是，当一个人和他者的关系变得恶化，那么这时他者就是地狱。

其实这句话包含着两层含义：第一层意思是说，当你把别人推向地狱时，你自己也就选择了入地狱。人是处于社会中的个体，既然处于社会中，必然会与他者产生各种相互关系，与此同时，自由也是通过与他者的关系而实现的。《禁闭》中的三个主角为了实现自己的欲望，不惜互相折磨，虽然他们实现了自己的自由，但阻碍了别人的自由，因此只有从这个角度来看，他人才是地狱。

第二层意思是说，如果你依赖他者的目光来确定自己，那么他者的“注视”就是地狱。在《存在与虚无》中，萨特强调，人总是把他者看成一个客体，这在一定程度上否定了他者的主体性。人是生而自由的，他注定是自由的，但在他者眼中，这个人是自在的存在，是一个物的存在。在他者的“注视”下，“我”变成了一个客体，始终受他者的支配。处于社会化的人，只有得到他者的肯定与赞许才能凸显个人的价值，因此在与他者的交往中，人往往为了获得别人的赞许而改变自己。

2. 语篇精粹

语篇精粹 A

Then what is the Other? In the first place，he is the being toward whom I do not turn my attention. He is the one who looks at me and at whom I am not yet looking, the one who delivers me to myself as unrevealed but without revealing himself, the one who is present to me as directing at me but never as the object of my direction; he is the concrete pole (though out of reach) of my flight, of the alienation of my possibles, and of the flow of the world toward another world which is the same world and yet lacks all communication with it.[①]

译文参考 A

什么是他者？首先，他者是我还没有将注意力向其转向的存在。他者注视着我，而我却没有注视他的存在，他者向我表明我是未被揭示的，但没表明自己身份的存在，他者对我而言一种在场的存在，因为他朝向我，而永远不是我所指向的对象，他者是具体的一极（尽管遥不可及），我的逃避，我可能性的异化，向另一个相同但缺乏交流的世界流动，这些都达不到那一极。

语篇精粹 B

The Other is present to me without any intermediary as a transcendence which is not mine. But this presence is not reciprocal. All of the world's density is necessary in order that I may myself be present to the other. An omnipresent and inapprehensible transcendence, posited upon me without intermediary as I am my being unrevealed, a transcendence separated from me by the infinity of being, as I am plunged by this look into the heart of a world complete with its distances and its instruments—such is the Other's look when first I ex-

① Jean-Paul Sartre, *Being and Nothingness*, Washington Square Press, 1993, p. 269.

perience it as a look.①

译文参考 B

对我而言，他者是没有任何中介的在场，它作为一种不是我的超验性的超验性而存在。可是这种在场不是相互的。为了使我自己成为他者的在场，所有的世界密度都是必要的。这是一种无处不在而又无法捕捉的超验性，在没有任何中介的情况下置于我之上，因为我是我自己未被揭示的存在；这种超验性通过存在的无穷将我分离，因为我被这种注视投入到充满距离和工具的世界的中心——这就是我第一次所体验的他者的注视。

语篇精粹 C

Furthermore by fixing my possibilities the Other reveals to me the impossibility of my being an object except for another freedom. I can not be an object for myself, for I am what I am; thrown back on its own resources, the reflective effort toward a dissociation results in failure; I am always reapprehended by myself. And when I naively assume that it is possible for me to be an objective being without being responsible for it, I thereby implicitly suppose the Other's existence; for how could I be an object if not for a subject. Thus for me the Other is first the being for whom I am an object; that is, the being *through whom* I gain my objectness.②

译文参考 C

此外，他者在固化我的可能性时，向我表明除非对另一个自

① Jean-Paul Sartre, *Being and Nothingness*, Washington Square Press, 1993, p. 270.

② Jean-Paul Sartre, *Being and Nothingness*, Washington Square Press, 1993, p. 271.

由而言，否则我不可能是对象。我对自身而言不能是对象，因为我是我所是；反思性努力竭尽全力，想达到分离的目的最终失败，我总是被自己再次捕捉到。当我天真地假定我可能是一个客观的存在而无需负责时，我就暗暗地猜想他者的存在，因为如果不是相对一个主体而言，我又怎么能成为一个对象呢？因此，对我而言，他者首先是我作为他的对象的存在，也就是说，通过他者的存在，我才能获得我的对象性存在。

第六章　杜威：实用主义集大成者

A philosophic reconstruction which should relieve men of having to choose between an impoverished and truncated experience on one hand and an artificial and impotent reason on the other would relieve human effort from the heaviest intellectual burden it has to carry. It would destroy the division of men of good will into two hostile camps. It would permit the cooperation of those who respect the past and the institutionally established with those who are interested in establishing a freer and happier future. For it would determine the conditions under which the funded experience of the past and the contriving intelligence which looks to the future can effectually interact with each other. It would enable men to glorify the claims of reason without at the same time falling into a paralyzing worship of super-empirical authority or into an offensive "rationalization" of things as they are.①

——John Dewey

哲学的改造要把人们从两种选择困境中解脱出来，一方面是贫乏的碎片化经验，另一方面是虚伪和无效的理性，这种改造会让人们从最沉重的理智负担中得到缓解。它会摧毁将好人分化为两个敌对阵营的行为。对于那些尊重过去和现行制度的人们，以及那些有兴趣建立一个更加自由幸福的未来的人们，哲学的改造将允许他们展开合作，因为它决定了过去的丰富经验能和面向未来的构想智慧间有效交流的条件。它使人们崇敬各种理性要求的同时，不会盲目地陷入对超经验的权威崇拜或对现成事物"理性化"的冒犯之中。

——约翰·杜威

① John Dewey, *Reconstruction in Philosophy*, Henry Holt and Company, 1920, p. 101.

一、成长历程

（一）童年时光——美丽的伯灵顿

杜威

美国实用主义哲学家及教育家约翰·杜威（John Dewey，1859—1952）出生于佛蒙特州（Vermont）伯灵顿市（Burlington）的一个杂货商家庭，他的父亲阿齐博尔德·杜威（Archibald Dewey）与母亲卢奇娜·杜威（Lucina Dewey）夫妇共有四子，约翰·杜威排行第三。在杜威少年时，伯灵顿是美国的第二木材仓库，也是佛蒙特州的商业和文化中心。1870年，伯灵顿市有超过40%的人口是爱尔兰裔和法裔加拿大籍的工人。当地老牌的中产阶级与工人阶层在阶级、种族与宗教等方面存在较大的差异，这种差异性也使伯灵顿变为一个颇具社会多元化的城市。伯灵顿市坐落在尚普兰湖与格林山脉之间，自然风景秀丽迷人，但这里的工业资本主义也相当发达。第二次世界大战后，美国最先开始新一轮工业革命。美国早期工业化开始于19世纪前10年，到60年代基本完成，并且拥有了比较完备的纺织、钢铁和机械制造、铁路运输系统，是世界上少数几个比较早完成第一次工业化的国家。作为率先转变为工业化城市的伯灵顿市，通过发展，拥有了一定的工业和资本，但同时也出现了许多社会问题，例如移民问题、城区贫困化、贫富分化。社会问题越来越严重，改革的呼声与浪潮也就随之而起，“进步主义运动”（The Progressive Movement）、强烈的时代责任感及一些新的思想油然而生，同样也孕育了一种新的美国式精神。[①] 在这些社会问题中杜威意识到工业时代里存在的民主问题，使他对当时国内出现的各种问题加以深刻的思考。[②]他认为需要对现有的哲学思想加以改进，并把这些哲学思想与时代相结合，让人们从中得到智慧，解放思想、获得幸福。

（二）家庭感染——深受母亲影响

卢奇娜出身于佛蒙特社会政治的精英阶层，接受了良好的教育，是一位有信仰、有知识、注重家庭的女性。她给予儿子们很高的期望，非常注重对孩子们的教育。她笃信福音派教义。卢奇娜在少女时代就皈依了公理会的虔敬派并成为其中的一名信徒。伯灵顿市的第一公理教会宣扬的是一种令人感到宽慰、理性和自由的信仰。在卢奇娜的宗教信仰中，罪恶感处于信念的中心，她认为只有信仰耶稣基督才能获得救赎。

杜威的母亲不仅照顾自己的家庭。她也对一些有困难的人给予帮助。她救助当地的贫民，又为佛蒙特大学的年轻人做咨询工作，她无私与善良的举动，使她成为教会中致力于慈善事业的妇

① 刘华初：《实用主义的基础：杜威经验自然主义研究》，人民出版社，2012 年，第 35 页。

② ［美］罗伯特·威斯布鲁克：《杜威与美国民主》，王红欣译，北京大学出版社，2010 年，引言第 5 页。

女领袖。母亲的种种善举促使杜威逐渐形成社会良知。[①]

杜威的母亲身为里奇家族的一员，与其他名门望族建立了良好的社会关系，并在伯灵顿的“老牌美国”社会文化精英阶层中树立了自己的核心地位，并使自己的孩子在上流社会生活中受益。卢奇娜出身于上流社会，她的家族中有许多人都受过大学教育，基于对孩子们的高度期望，她决心把儿子们培养为杜威家族的第一批大学毕业生。为了弥补伯灵顿公理学校课程内容的不足，她让儿子们广泛阅读大量书籍，以此来扩充知识。1875 年秋，约翰和戴维斯进入佛蒙特大学（University of Vermont）就读。[②]

（三）大学时代——思想萌芽之地

佛蒙特大学

坐落在伯灵顿的佛蒙特大学是新英格兰地区最负盛名的高等院校之一。这所大学的盛誉大部分归功于第五任校长詹姆斯·马

① Joseph Gerard Brennan & Patricia Albjerg Graham, *American Journal of Education*, Vol. 82, No. 3, 1974, p. 809.

② ［美］罗伯特·威斯布鲁克：《杜威与美国民主》，王红欣译，北京大学出版社，2010 年，第 3~5 页。

什（James Marsh），这位美国先验主义的领军人物。内战前，佛蒙特大学成为思想交汇与教育革新的中心。但在内战期间，佛蒙特大学失去了往日的光辉，1865 年被提名为佛蒙特州的阵地学院（grant institution）之后，这里又渐渐恢复了曾经的辉煌，虽然有所起色但其卓越地位已不比往昔。在杜威就读期间，佛蒙特大学又一次成为伯灵顿文化生活的中心，许多大学教师都是杜威家的朋友，他们都信仰伯灵顿市第一公理教会宣扬的基督教正统教义。

自大学二年级起，杜威学习了地质学（这使他接触了进化论、生物学、生理学）。在三年级接触自然科学后，对此学科产生了浓厚的兴趣。四年级开设的道德哲学包括政治经济学、法律、历史、心理学、伦理学、宗教哲学、逻辑学等方面的内容，也让杜威着迷。杜威在大学最后一年成绩优秀，因此被美国大学优等生之荣誉学会（Phi Beta Kappa）这一美国大学毕业生的荣誉组织接受为会员。同时，杜威自主地进行了大量的课外阅读，在哲学方面，他主要阅读了赫伯特·斯宾塞（Herbert Spencer）编著的很多巨著；在文学方面，他阅读了乔治·艾略特（George Eliot）的小说。此外杜威还对社会学感兴趣，给他留下特殊印象的是弗雷德里克·哈里森（Frederick Harrisson）对奥古斯特·孔德（August Comte）社会理论的英国化改造。他喜欢阅读英国的期刊，并在进化生物学方面有一些自己独特的认识。①

佛蒙特大学的哲学课与当时大多数美国大学的哲学课一样。课程的主要目的是为了强化新教中青年人的宗教和道德信仰。杜威

① ［美］约翰·杜威：《从绝对主义到实验主义》，单中惠编译，安徽教育出版社，1958 年，第 415~421 页。

的导师亨利·奥古斯斯都·皮尔森·托里（Henry Augustus Pearson Torrey）毕业于协和神学院，曾经在佛蒙特州的弗金斯任公理教会牧师，于1868年继其伯父约瑟夫·托里（Joseph Torrey）之后任知识与道德哲学教授。佛蒙特大学非凡之处在于这里的哲学家是19世纪里较早从康德（Immanuel Kant）以及德国的后康德哲学中寻求真理的一群人。内战前，美国哲学的教学以苏格兰“常识的”现实主义思想为主。当时的美国哲学家坚信英国传统的经验主义，但詹姆斯·马什带领佛蒙特大学的哲学家探寻新的哲学之路。之后，马什的朋友约瑟夫·托里（Joseph Tory）以及亨利·托里（Henry Tory）传承了马什的哲学思想，并对马什的哲学理论进行深入的研究并加以改进。[①]

（四）黑格尔、皮尔士、詹姆斯、达尔文的影响

对于杜威来说，影响最大的莫过于黑格尔的哲学，即使杜威后来在进化论和科学的影响下，希望摆脱黑格尔，但是在思想上还是受其束缚。1882年，杜威成为约翰·霍普金斯大学的哲学研究生，在这里听了皮尔士的逻辑哲学讲座，不过当时对他影响最大的是黑格尔派哲学家乔治·西尔维斯特·莫里斯（George Sylvester Morris）和实验心理学家格朗维尔·斯坦利·霍尔（Granville Stanley Hall）。两年后，他以《康德的心理学》（*Kantian Psychology*）论文取得哲学博士学位。1884年，杜威到密歇根大学（University of Michigan）教授哲学，在此任职10年。1888年在明尼苏达大学

① ［美］罗伯特·威斯布鲁克：《杜威与美国民主》，王红欣译，北京大学出版社，2010年，第6页。

（University of Minnesota）任教。初期，他的哲学观点大体上接近黑格尔主义。他对心理学的研究很感兴趣，并与哲学相结合。通过这种研究，促使他进一步去研究教育学。他主张运用心理学的方法去进行教学，并认为应当把对教育的实验当作哲学在实际生活运用中的重要内容。[①]

查尔斯·桑德斯·皮尔士（Charles S·Peirce，1839—1914）的哲学理论对杜威产生了很深的影响，他是著名美国数学家本杰明·皮尔士（Benjamin Peirce）之子。皮尔士擅长数学和科学。他是现代符号关系逻辑的创始人之一。“实用的”（pragmatic）这一词就是皮尔士通过研究康德的思想提出来的。实用主义的核心思想明确的表达在皮尔士1872年提出的“信念是行动的准则，思想的意义在于引起什么行动”[②]的观点中，这个观点也被詹姆斯称为“皮尔士原则”（peirce principle）。皮尔士反对把一个概念局限在为达到个人目的的活动中。皮尔士运用科学的方法来进行哲学探索。随后，杜威习得了这个理论并将这个理论的应用范围加以延伸和扩展。

皮尔士

杜威的哲学理论深受威廉·詹姆斯（William James，1841—

① ［美］约翰·杜威：《杜威全集——中期著作》（第12卷），刘华初、马荣、郑国玉译，华东师范大学出版社，2011年，第2页。

② 涂纪亮：《杜威文选》，社会科学文献出版社，2006年，第3~5页。

1910）的影响。作为美国心理学之父，实用主义的倡导者，詹姆斯对皮尔士的理论有所发展。詹姆斯要给予实用主义一种新的解释，是因为他当时正致力于把这种方法应用于用来确定哲学意义的一些问题上，他选出一些具有神学和宗教性质的哲学理论加以考察。他想确立一个标准，用来判断一个特定的哲学问题。威廉·詹姆斯通过他关于相信的意志（the will to believe）的理论，或者如他自己所称，是一种“关于相信的权力”（the right to believe）的理论，使实用主义完成一次新的推进。[①]詹姆斯的《心理学原理》（*The Principles of psychology*，1890）一书作为实用主义的代表性著作，其中的实用主义思想正是后来杜威摆脱黑格尔的绝对唯心论的动力。詹姆斯试图用生物学的概念来说明人的意识活动。杜威也发展了詹姆斯的多元论和开放性的观点，吸收其心理学原理，但反对詹姆斯的“必然真理观”和唯心论倾向 。与皮尔士的哲学思想相比，詹姆斯将关注的焦点从客观的概念的意义转到了人的身上，也就是将哲学运用到人自身。[②]

威廉·詹姆斯

对于杜威来说，进化论、物理学（相对论、量子力学），心理学的机能主义与行为主义的发展对他影响很大，他们也属于杜威著作中最常出现的词汇。在杜威看来，查尔斯·罗伯特·达尔

① 涂纪亮：《杜威文选》，社会科学文献出版社，2006年，第7~10页。

② 刘华初：《实用主义的基础：杜威经验自然主义研究》，人民出版社，2012年，第37~38页。

文（Charles Robert Darwin）的《物种起源》（*On the Origin of Species by Means of Natural Selection*）是哲学上的一道分水岭，它标志着人类文化的转折点。亚里士多德的“物种”概念在哲学上始终占据着重要的地位，但那是一种固定不变的形式、事物最终的原因，任何变化总是被认为是一种缺陷和非实在的表现。达尔文的理论有效地消除了亚里士多德的这种观念，完满不再是固定不变的。达尔文之后的世界是一个真正的经验世界，承认变化和过程才是真正的世界，转化和基质（substance）一样重要，固定不变的物质观念被生长和变化的思想所取代。对于杜威来说，是达尔文的进化论，而不是皮尔士和詹姆斯的哲学论述，才去掉了附着在古希腊的老旧的思想，赞颂存在高于变成，赞颂追求知识高于执着于合理的、信仰的理论僵死的外壳。[①] 进化论对詹姆斯和杜威的影响很大，詹姆斯的“意识流”（stream of consciousness）就好比物种演化过程在思想意识中的缩影。杜威推崇实证性科学而思辨的哲学理论。随之在欧洲受到自然科学的影响，也就是批判黑格尔学说的唯物主义自然主义思潮，而黑格尔的学说也传到了美洲大陆。达尔文的科学实验方法也冲击了唯心主义的理论。哲学也就变成了为解决我们生活中所产生的问题而做出在伦理学与政治上的诊断。[②]

（五）著书立说

1875 年，杜威考入佛蒙特大学（University of Vermont），深

① 刘华初：《实用主义的基础：杜威经验自然主义研究》，人民出版社，2012 年，第 59 页。
② 同上，2012 年，第 112 页。

受进化论的影响。1879年，他大学毕业，在一所中学和一所乡村学校教学，此时他阅读了大量哲学著作，深受当时美国圣路易斯黑格尔学派刊物《思辨哲学杂志》(*Journal of Speculative Philosophy*)的影响，1882年，他在该刊发表了《唯物主义的形而上学假定》(*The Metaphysical Assumption of Materialism*）和《斯宾诺莎的泛神论》(*Spinoza Pantheism*）二文，很受鼓舞，并决定以哲学为业。1884年，他以《康德的心理学》论文取得了哲学博士学位。

1884年，杜威到密歇根大学教哲学，任职10年，其间，1888年在明尼苏达大学待了一年。起初，他的哲学观点与黑格尔主义相近。他对心理学研究很感兴趣，并与哲学相结合。通过对心理学和哲学深入的研究，他由黑格尔主义转向了实用主义。当时已出版并享有盛誉的《心理学原理》(*The Principles of Psychology*, 1890）对他思想的转变产生了强烈的影响。杜威对心理学的研究在研究教育学上也产生了很大的积极作用。他主张把心理学应用到教学中，并认为应当把教育与哲学相结合，运用到实际生活和实践中去。

1894年，杜威应聘到芝加哥大学（University of Chicago）进行教学，后任该校哲学系主任，再次任教10年。1895年，他开办了基础大学（University Elementary School），名为杜威学校（Dewey School）或者实验学校（Laboratory School）。1896年，杜威创办了另一所实验学校。在这个学校中，他舍弃了传统的教学方法，不单纯重视书本教育，而强调与实际的生活加以结合；不片面地重视理论知识的传授，而是强调实际技能的训练。杜威后来一再倡导的“教育是一种生活过程，而不是为生活做准备”

“从做中学”(learning by doing) 等口号，就是对这种教学法的概括。杜威在芝加哥执教时期，已是美国思想界的一位引人注目的人物了。他聚集了一批志同道合的学者，包括在密歇根大学就与他共事的塔夫茨（Tufts)、米德（Mead)，形成了美国实用主义运动中著名的芝加哥学派。杜威称他们共同编纂的《逻辑理论研究》(*Dewey's Logical Theory*，1903) 一书是工具主义学派的“第一个宣言”，这本书标志着杜威在整体上已经从由黑格尔主义转向了实用主义。自1905年起，杜威转到纽约哥伦比亚大学任教，在该校任教长达26年之久。

1922年，杜威出版了《经验与自然》(*Experience and Nature*) 一书。1929年，杜威在爱丁堡发表演讲，随后发表了《追求确定性》(*The Quest for Certainty*)。直到1930年以荣誉教授退休。1931年，他在哈佛大学演讲，随后出版了《经验的艺术》(*Art as Experience*)。1934年，《一个共同的信念》(*A Common Faith*) 面世。他退休以后仍然一如既往地钻研教育工作，这一时期不仅是他学术活动的鼎盛时期，也是他参与各种社会活动和政治活动最频繁且名声最卓著的时期。①

杜威一生出版了40种著作，发表了七百多篇论文，内容涉及哲学、社会、政治、教育等各个方面。拥有一系列的著作和权威的卷集：《学校与社会》(*The School and Society*，1899)、《我们如何思维》(*How We Think*，1910)、《哲学的改造》(*Reconstruction in Philosophy*，1920)，他推动学校革新，于1915年著成《明日之学校》

---

① ［美］约翰·杜威：《杜威全集——中期著作》(第12卷)，刘华初、马荣、郑国玉译，华东师范大学出版社，2011年，第12页。

(*School of Tomorrow*, 1929)、《人性与行为》(*Human Nature and Conduct*, 1922)、《经验与自然》(*Experience and Nature*, 1925)、《公众及其问题》(*The Public and Its Problems*, 1927)、《追求确定性》(*The Quest for Certainty*, 1929)、《新旧个人主义》(*Individualism Old And New*, 1930)、《经验的艺术》(*Art as Experience*, 1934)、《一个共同的信念》(*A Common Faith*, 1934)、《经验与教育》(*Experience And Education*, 1938)、《自由与文化》(*Freedom and Culture*, 1939)等，试图建立其自然主义的综合表述，特别是自然主义的形而上学。从1919年起，杜威开始了一系列国外讲学旅行，到过日本、墨西哥、俄罗斯、土耳其等国。“五四”前夕，他到达中国的南京、上海、广州等十多个城市发表讲演，1921年7月返回美国。[①]

1952年6月1日，杜威因肺炎病逝于纽约，人虽已离世，但他的哲学思想极大地推动了东西方哲学的发展。

二、理论内涵

(一) 哲学的改造

1. “经验”的诞生

为了解决哲学目前的处境和所处的危机，我们首先要认清哲学的起源，探究人们究竟为什么需要哲学？与许多哲学家不同，杜威是从人类生活的角度出发考察哲学的起源。与詹姆斯的“纯

① [美] 约翰·杜威：《杜威全集——中期著作》(第12卷)，刘华初、马荣、郑国玉译，华东师范大学出版社，2011年，第12页。

粹经验”（pure empirical）相似，杜威提出了“原始经验”（primitive experience）这个概念。原始经验指的就是日常经验，未经过反思的经验，来源于自然，它的题材是最粗糙的、宏观的、非精炼的、充满着自然原始的气息。[①]人的经验源于人的实践活动，人的实践活动丰富了人的经验。杜威认为依据经验而产生的实践活动，既注重活动的结果也注重活动的过程。

杜威认为，人们在做某事时会获得相关经验，并将它们记忆下来。人的生活每天都在发生变化，事情发生的变化都有密切的联系，人类可以运用之前习得的经验对其加以改造并应用到新的活动中去。“这种生物经历，遭受着自身行为所造成的后果。行为、遭遇或者承受间的紧密联系就形成了我们所谓的经验。”[②] 存储在记忆中的经验与实际的实践相结合而加以运用，这种方法也就是将记忆在头脑中的经验运用到将要发生的事件中，之前获取的经验与实践相互作用就会产生一种新的经验。这种通过结合而不断产生的新经验可以推动人类的进步与发展。杜威认为，有机体并不是被动地、懈怠地等待着外界给予它的各种力量。有机体依据其简单的或复杂的构造而对他们的环境采取相应的行动。[③]

在古代，原始人凭借经验捕食、抵御各种侵略，他们信仰神明，崇拜图腾，避免遭到攻击，但是由于缺少对科学的了解，他们长期处于落后的思想之中。杜威所强调的经验并不单纯是我们通常意义上的“经验”。这里的经验没有明显着重意识的过程，

① 刘华初：《实用主义的基础：杜威经验自然主义研究》，人民出版社，2012 年，第 92 页。

② John Dewey, *Reconstruction in Philosophy*, Henry Holt and Company, 1920, p. 86.

③ 涂纪亮：《从古典实用主义到新实用主义——实用主义基础观念的演变》，人民出版社，2006 年，第 116 页。

它更多是在强调单纯的回忆的状态，也就是记忆。“记忆将这些彼此分离的事件保存并且积累起来。”[①] 有时，人们为了记住一些事情运用一些符号帮助记忆。

如今，在对哲学的研究中，哲学家们习惯用理论来进行推理，用事实来验证推理的结果。这样形成的理论最终也成为他们的一种经验，并将这种经验教给后人，之后人们按照习得的经验来继续进行新的研究。通过继承前人而得到的经验使那些没有受过思维训练的人们，不能根据自己理性的观察和推论对事件本身加以了解和探索。仅凭记忆前人的经验而获得的知识并不是对客观世界真正的理解，而只是一种结论。“我们不单是重复过去的事情，或者等待意外事件来迫使我们转变，而是利用过去的经验给未来构造新的和更好的经验。”[②]

杜威对“经验”的改造，是在批判传统哲学的经验观基础上进行的。对哲学的改造是要“摆脱哲学思想中呆板的形而上学和认识论，而不是剥夺哲学的问题和论题，这样为我们开启了一条道路”[③]。杜威不仅将传统的经验与知识的真伪问题区分开来，并将经验作为一切哲学的基本问题，杜威对经验的改造是在批判传统哲学经验观的基础上进行的。[④]要形成真正严谨的哲学理论，在杜威看来至少经过两个阶段：首先是从故事、传说演化而来，然后对它加以严密的合乎逻辑的推理，之后对得到的结论进行巩固。故事产生于在现实生活中经常出现并刺激人们情绪的某些事件。

---

① John Dewey, *Reconstruction in Philosophy*, Henry Holt and Company, 1920, p. 79.

② Ibid., pp. 94-95.

③ Ibid., p. 126.

④ 刘华初：《实用主义的基础：杜威经验自然主义研究》，人民出版社，2012年，第165页。

人们将这些事件加以联系，总结这些事件的共同经验。“思考作为一种改造经验的方法，仔细观察事实；另一方面，思考也是明确问题、找到麻烦之所在的不可或缺的步骤，而不仅仅是一种模糊的、情绪化的感觉，只是知道是什么困难，处于何处的简单问题。”[①] 对经验的改造不是无目的的、随便的，它是有目标的，并且与所遇到的事情有密切的联系。作为有经验的个人把得出的经验汇聚在集体的经验之中，与集体中的人们沟通交流，对经验加以改造，然后形成正确和科学的哲学理论。

2. 改造“经验”

杜威认为，哲学的研究途径具有三个特征。

第一个特征是：哲学一开始为自身设定了一个目标，之后按照一定的目标开始行动。在这个过程中，哲学自身要批判旧观念中不道德的地方并汲取其中积极的方面。在改造的同时，杜威强调还要合乎过去的信念。

第二个特征是：需要使用逻辑分析的方法来进行哲学研究。为了避免错误的研究方法。需要经过严谨思考以及科学的推理来证实哲学的真理性。

第三个特征是：哲学影响社会生活的每个方面。在欲望的内在影响和公共权威的外在影响下，形成的各种信仰是具有普遍性和综合性的特征。

就此来看，哲学就是对终极实在的认识，也是在纯粹的沉思中最高和最后的。杜威在书中提道：“哲学最终形成的物质，与

① John Dewey, *Reconstruction in Philosophy*, Henry Holt and Company, 1920, p. 141.

科学和解释都没有关系。它是比喻、畏惧和希望的象征，由想象和暗示组成，并没有理智所面临的客观事实的世界意义。”①

杜威认为未来哲学的任务就是解决人类自己在社会和道德上出现的各种问题，并把哲学作为一种工具用来帮助人们及时的解决遇到的各种问题。“道德品质的本质是自发地将每个特例服从于固定原则的判断。”② 人们会在道德指引下生活得更加有序并最终获得幸福。个人生活在社会中，不仅要接受社会提供的各种便利，也要为社会服务。个人要按照社会中的标准，定下自己的目标，并朝着目标努力奋斗。社会是由多数人组成的社会。在社会活动中，人与人彼此沟通交流组成了相互依赖的整体。在社会集体中，人们需要发展自身的聪明才智和学习必要的知识技能。

在杜威看来，有些未经哲学训练的人在处理事情时，只会顾眼前的利益，满足个人的野心，不会使用科学的方法，仅靠自己的猜测，加之先前的经验。“哲学改造的真正影响，与其说是在对制度、个人、国家、自由、法律、秩序等一般概念的精炼中，不如说是在对特殊情况改造的这一问题里。”③国家设立的法律、制度因人而设，为人而设，它们帮助人们建立更加有秩序和文明的社会，这些规定不能为个人所利用，它们是使人们走向幸福的途径。在遵守道德的基础上，人们还要对自身加以认知，认识自我，运用教育对自我加以改造。但是改造不仅要强调个人的价值还要对社会中人与人的关系加以研究。在社会实践中人们要共同

① John Dewey, *Reconstruction in Philosophy*, Henry Holt and Company, 1920, p. 7.

② Ibid. , p. 163.

③ John Dewey, *Reconstruction in Philosophy*, Henry Holt and Company, 1920, p. 193.

分享经验，建立共同的利益。国家就是在这个基础上建立起来的。

在《哲学的改造》一书中，杜威提及应以道德理念对哲学加以深入的改造。思想观念的改变影响着道德观念。我们要理性地对发生的事情进行分析然后谨慎地权衡利益。有了道德作为行动的指导，我们可以理性地行事。杜威谈到对道德的探究和发明需要运用特殊方法：探究问题的方法是用来确定困难和错误所在，解决问题的方法就是使用假定来计划快速高效的解决问题。这些一般化的考察还应更加引申。从哲学思辨的角度来看，我们在道德层面探究问题“最终的结果不是追求完满，而完满、成熟、改善的永久过程才是生存的目的”①。人拥有道德还需要运用我们的知识解决在道德中遇到的各种问题。

教育可以使人拥有智慧，洞悉到哲学中的谬误与不足。杜威认为可以借助教育对哲学加以改造。教育不仅是对现在，更重要的是对未来产生影响，它可以让人们拥有知识和技能。“学习是为了了解某些事物，因为这些知识今后会有帮助。”②使习得的理论知识应用到平常的社会生活中，为社会做出更多的贡献。然而技术、知识和教养的习得并不是最终的目的，它只是使人进步、走向成功过程中的一步。教育是人类社会发展的核心。当认识到德育过程和特殊生长过程的同一性时，对儿童所进行的有意识和正式的教育被看作社会进步的重要环节。

在杜威看来，哲学就是终极实在的认识，也是在纯粹沉思中最后的和最高的一步。对拥有的知识要运用各种方法进行沉思。

---

① John Dewey, *Reconstruction in Philosophy*, Henry Holt and Company, 1920, p. 170.

② Ibid., p. 183.

知识在本质上就是对实在的一个掌握和观察，充分地了解它们，得出的结论再用科学技术进行判断检验。此时的认知活动不单是纯粹的认知活动，而是变为现实的实践活动了。“但是它将让人类从谬误中解脱出来，从而减轻了人类处理问题时的重担。哲学本身除了提供向新奇多样事物的转化条件以外，其实也酝酿了谬误产生的条件，哲学还培养了独立于物质和身体的理想、精神和理性。”[①] 哲学理念永远是人类智慧的精华也是文明的象征，人们不断地对哲学思想进行探索与发现。哲学与科学有着密不可分的联系，在实践活动中被不断地进行改造，运用科学的方法进行探索，彻底对哲学进行改造，让人类清楚地了解哲学的本质，更好地指导我们以后的生活。

随着社会的发展，科学和文化不断发展，人通过实践活动对事件本身加以仔细的研究才会真正了解哲学改造的意义。要对哲学进行彻底的改造就必须要让哲学回归到现实的生活世界。杜威通过对哲学进行改造，认识到自己以前错误的思想，转变了对哲学错误的认知方式。近代认识论中的经验不再是无生命力的、谬误的、阻碍真理探索的过程，而是让人们认识自然、了解自然、揭示自然的途径。

杜威认为，对哲学进行彻底的改造被称为“哲学上的革命”，它真正地解放了哲学，让更多的人认识哲学，理解哲学。哲学不单单是为追求真理而进行探索，是为了让人类更好的生活而进行真理的探索。

---

① John Dewey, *Reconstruction in Philosophy*, Henry Holt and Company, 1920, p. 130.

（二）教育与非正规教育

1. 教育的内涵

关于什么是教育，在杜威看来，所有的教育形式都是个体参与到整体之中进行的一种社会活动。这种活动在个体出生时就已经无意识地开始了。通过教育可以“发展人的能力，形成人的意识，养成一定的习惯，锻炼他的思想，并激发他的情感和情绪，唯一的真正教育是通过对儿童能力的刺激而来的”①。杜威的教育观念包括教育即生活、教育即成长、教育即经验这些理论含义。教育可以使人思想进步，将先进的思想运用到社会实践中，可以带动社会的发展。对于个人来说，教育可以提升个人能力，拓展知识。对于社会来说，教育是发展社会的前提条件，教育时刻影响着个人和社会的进步和发展。

对于教育，杜威有自己的独特见解，在《民主主义与教育》（*Democracy And Education*）一书中，他把教育区分为广义教育和狭义教育。广义的教育就是学校教育。狭义的教育是家庭教育。“到目前为止，我们所考虑的是就广义而言的教育过程，是一种较为正规化的教育种类，即直接教学或学校教育。”② 教育是无处不在无时不在的。有效的训练可以使儿童习得参与共同生活的能力，增长并拓展人生的经验。

---

① ［美］约翰·杜威：《民主主义与教育》，陶志琼译，中国轻工业出版社，2014 年，第Ⅱ页。

② John Dewey, *Democracy and Education*, A Penn State Electronic Classics Series Publication, 2001, p. 11.

2. 批判传统的教育方式

在杜威看来，传统的、正规化的、直接性的教育有时显得教条、呆板、缺少人情味。正规化的教学所使用的资料只是学校教材，这种教学方式不仅与社会生活脱节，而且有可能忽视了个体的社会价值。“确实，学校教育是一种传递知识的重要方法，对不成熟的人进行气质培养；但相比其他很多机构，它还仅是一种比较表面化的方法。”① 杜威认为，传统模式下学校的主要目的是使学生从课程中获取详细的知识内容和完备的知识技能，为日后寻找一份满意的工作打基础。

在杜威看来，传统教育课程的内容和方法是由前人长期积累的、系统的间接经验，是符号和文字构成的教材，由成年人编著而成。它们代表着成年人的种种标准，不适合儿童现在的发展，超出了儿童已有的经验范围。“正规教育仅强调学校的内容，孤立于生活经验。由此可见，我们可能会失去永恒的社会价值。”② 学校的教材与学生的需要和目标相脱离，它们只是应对考试的刻板记忆，这样教育就变成机械的和强制性的了，儿童所受教育就是被动的和缺少创造性的，这也就失去了教育的原有的实际价值了。即便运用逻辑的形式和最科学的方法整理好的教材也失去了它原有的功效了。传统的教材和教育的方法阻碍了儿童思维和能力的发展。

---

① John Dewey, *Democracy and Education*, A Penn State Electronic Classics Series Publication, 2001, p. 8.

② Ibid., p. 13.

3. 正规教育和非正规教育

在《民主主义与教育》一书中，杜威第一次提出“非正规教育”这一思想理念。他认为，教育应分为正规教育与非正规教育，所谓正规教育，是指专门为培养儿童思想和传授知识而建立的学校，这是一种正式的、直接的教育。非正规教育，是指人们在社会生活中获得的教育，这是一种非正式性的、间接性的教育，这两种教育之间应相互联系起来。“有两种知识存在：一种是人们有意识的为达到某种目的而习得的知识，因为他们知道通过完成规定的学习任务就会掌握这些知识；另一种就是人们无意识学到的，因为他们是在人际交往中习得知识进而培养自己的品性。避免两种知识彼此割裂，这也是学校教育发展中越来越棘手的任务。”① 杜威认为，如果缺少正规化的教育，就不可能正确地传授学校的文化和知识，学校是一个特殊的、获取知识的环境，也就是简化了的社会，是经过组织而条理化的，也是经过严谨的思考和优选的。非正规的教育也应得到重视，因为人每天都要与社会生活相接触，这种教育会潜移默化地影响人的各方面的发展。在两者之中，杜威认为应多关注儿童的学校教育，理想的学校应是儿童快乐的生活园地。应多注重对学校环境的优化，使正规教育和非正规教育协调一致，呼吁进行科学的教育改革。

① John Dewey, *Democracy and Education*, A Penn State Electronic Classics Series Publication, 2001, p. 13.

4. 教育本质

杜威所说的教育即生活，是指个体和群体在生活实践中获得的全部经验，包括习惯、制度、信仰等。人类要将知识与经验传递给下一代，就需要通过教育的方法来进行延续与拓展。教育实现了思想、情感的代代相传，从而使人类不断实现自我发展，以达到对自我的超越。杜威认为个体生活在社会群体中，在这个群体中，每个人都有他们各自的目标、生活习惯、做事方法。“一个人只有行为举止和其他人保持一致，才可以亲密平等地与他人进行交往。”[①] 每个人都要尊重他人，理解他人。在这个群体中每个社会成员需要适应并接受群体中提出的各种规章制度。社会的存在就是通过人们不断的传承，年长者把思考问题的方式和感知事物的经验传授给年轻者而实现的。年轻人对获取经验进行思索、探究并正确合理地加以使用。

在教育即生长这一点上，杜威认为，应废除阻碍儿童自由发展的教育方法、理念，改变落后和错误的教育和教学方法以适合儿童的心理发展和兴趣，因而杜威一直提倡遵循儿童身心规律发展特点，这也是使儿童得到充分成长和发展的重要条件。给儿童提供一个利于生长的场所，让儿童可以充分的、自由的成长，这是杜威一直追求的教育目标与梦想。“一个训练有素的人会仔细斟酌自己的行动，并且行为谨慎，就会产生自律性。训练有素意

① John Dewey, *Democracy and Education*, A Penn State Electronic Classics Series Publication, 2001, p. 40.

味着要有掌握能力，能巧妙运用有效资源来完成所承担的事情。”[①] 一个社会，通过各种教育机构，把年幼无知的、与社会格格不入的人训练为对社会有用的人才，使他们成长为身心健康、积极向上的社会管理者。教育的过程在杜威看来就是对儿童进行积极正确的培育和教导的过程，培养受教育者成为有理想有抱负的社会人才。要使未成年人形成正确的信念，不应把教育的内容强行施加给受教育者身上，而应潜移默化的在其心理和行动上形成正确、稳定的行为和行为倾向。

5. 教育环境

杜威认为，教育维系了社会和个人的存在与发展。教育的形式是多样的，不必限制于特定的教育理论之中。教育是随着社会发展而改革，既不能超越现有的社会发展水平，又要制约于社会中各种条件。“社会环境塑造了个体的精神和情感倾向，通过让个体参与各种活动来激发和强化某些行为冲动，这些活动还具有特定的目标，需要特定的结果。”[②] 个人处在社会环境中，是要与其所处的环境相互作用的，个体的成长与发展是不能离开社会环境的。杜威认为应注重教育的方法和教育的环境，提供一个良好的环境和适合儿童发展的教育方法，这对儿童的教育是非常重要的。

杜威认为，在一个社会中的个人不是独立存在的，他的各种

---

① John Dewey, *Democracy and Education*, A Penn State Electronic Classics Series Publication, 2001, p. 135.

② Ibid., p. 21.

活动都会依赖于一个群体，在行动之前会受到群体中他人的影响，要顾忌到他人的感受，人类会做什么和能做什么取决于他人的期望、要求、赞同和谴责。“人类所做的和人类能做的事情取决于他人的期望、要求、赞同和谴责。每个人都与他人存在联系，如果在行动时不考虑他人，那么自己的行为也很难实施，因为他人的行为趋势是实现自己行动所不可缺少的条件。一个人的行为会带动他人，反之亦然。”① 在一个群体中，作为其中的一员，我们应该尊重他人，理解他人，在行动之前多为他人考虑一些，多与他人沟通交流，这样社会才会更加和谐。

学校是社会的一个缩影。杜威对他所处时代的美国教育不太满意，认为学校的管理者在管理方法上的一些错误不利于学校教育的发展。现在的学校教育，存有诸多与实际生活相脱节的地方，某些教育内容、方法脱离了实际生活。对于相当一部分学校来说，某些教学内容过于陈旧、刻板，缺乏对特定事物的直观感受，使受教育者不能轻易地理解和接受知识，无法将学到的知识与实际相联系。如今的教育，使受教育者拥有了良好的学习环境和充足的学习资料，学习者要充分地利用这些资源，敢于创新，大胆地进行探索，理论与实践相结合。

从人才的育成来看，学校具有这样的作用：“学校环境的职责就是平衡社会环境中的各种因素，确保每个人都有机会摆脱其出生时所属社会群体的限制，与一个更广阔的环境建立活跃的联

---

① John Dewey, *Democracy and Education*, A Penn State Electronic Classics Series Publication, 2001, p. 16.

系。”[①] 在杜威看来，发展教育的误区有时包括很容易忽视受教育者自身的个性发展，缺乏对受教育者兴趣的培养。正规的教育观念应以现实生活为起点，逐步增加对受教育者各方面的培养。在杜威看来，与实际生活相联系的教育活动会帮助儿童从自己狭小的世界中跳出来，而逐渐接近广阔的外部世界。

常见的“学校即社会”这一说法，并不是将学校与社会等同，在他看来，学校应成为一个单纯的、理想的学习环境，让学生在良好的学校环境中学习知识。因此，教师要把单方面的教授知识变成学生主动学习，引导学生积极、主动地投入到学习活动中，从活动中获得知识，形成良好的道德品质。杜威认为，人们只有主动地参与社会实践，才有利于个体的成长和对经验的改造。教育的目的就是为了避免青年人在未来的人生道路上误入歧途，不仅要重视受教育者的先天经验，也要重视后天能力和知识的培养。利用教育的力量来改善人的观念，形成正确的世界观、人生观、价值观，让他们可以更好地服务社会，造福社会，实现自己的人生理想。

6. 教育方法

一个人会依据兴趣爱好而选择自己擅长的事情。“‘兴趣’这个词从词源上讲，包含有‘介于中间’的意思，即把两个本来距离遥远的事物连接起来。”[②] “兴趣”是积极发展的全部状态、预

---

① John Dewey, *Democracy and Education*, A Penn State Electronic Classics Series Publication, 2001, pp. 24–25.

② Ibid., p. 133.

料和想要的客观性结果和个人的情感倾向。在杜威看来，儿童的兴趣和思维等机能不是与生俱来的，对他们的培养离不开对生活的真实感受。杜威非常注重生活中蕴含的教育意义，这对儿童以后的发展产生了深远的影响。

“从做中学”的方法在杜威看来是实现参与式学习理念的重要途径，“教育并不是一件‘告知’和‘被告知’的活动，而是一个有着积极性和建设性的过程。此原则在理论上得到普遍承认，但在实践中也普遍被违反。”[①] 在教学和训练中，受教育者很少有机会直接获得经验，作为教育的施教者，教师应根据自己以往的教学经验总结概括出最适合教学的方法。传统教学的联合教学方式对教育有着根深蒂固的影响。这需要具体的切实可行的新的教育理念来改变旧的教育理念。“从做中学”的理论就是杜威为改造旧的教育理念而进行的一次教育思想改变，并将这种思想理念运用到教育实践中。“从做中学”就是主张学生积极地参与到学习活动中，从被动的获取知识到主动的学习知识，主张教育即生长、生活以及经验改造，注重学生自身所有的经验价值，而经验的获得不是被动地、强硬地灌输知识，而应主动积极地参与到教育活动中。杜威认为，对传统教育的改造就是把人从死记硬背的教学模式中解放出来，开创一个新的教育模式。杜威把人视为自然界的组成部分，认为有机体应适应各种变化，并在社会实践中得到全面的发展。

杜威认为教育的进步是在社会生活中逐步获得的，社会的发

---

① John Dewey, *Democracy and Education*, A Penn State Electronic Classics Series Publication, 2001, p. 44.

展又依赖于教育的进步，二者相互作用、相互依存，正是由于教育与社会之间存在这种相互依赖的关系，教育只有与社会相联系，才能对儿童的发展产生影响。学校教育应从儿童的自身经验出发，对其经验不断地进行改造，使其习得有利于自身发展的经验。杜威指出也要对儿童进行道德方面的教育，把培养儿童品德的任务与日常的教育活动相结合。

如今的一些教育方法，在一定程度上使孩子们失去了原本应属于他们的快乐，教育与生活的分离渐渐让孩子们失去了感受生活、感悟真理的机会。如果学校能够冲破分数与功利的束缚，让孩子们在接受教育的同时感受到教育所带来的快乐，让教育成为孩子生活的一部分，让他们快乐地、积极主动地学习、观察、思考并自由地发挥自己的聪明才智，他们就会感受到生活和学习所带来的乐趣，进而可以更加主动参与到学习中，健康快乐地成长。

（三）经验与自然

经验与自然的关系问题是杜威哲学研究的重要命题。一定方式之下相互作用的许多事物就是经验，它们就是被经验的东西。经验到达了自然的内部，它具有了深度和宽度，而且扩张到一个可以无限伸缩的范围。“事物以一定方式相互作用形成了经验；它们是被经历的事情。经验有广度并且其可无限伸缩。经验深入自然而且在自然中无限扩张。在自然科学中，我们习惯把经验当作出发点和研究自然的方法，而且当作揭秘自然真相的目标。”① 经验自身在某些方法基础上与另一个自然的事物相互联系，相互

① John Dewey, *Experience and Nature*, George Allen & Unwin Ltd., 1929, p. 4.

发生作用，这就是经验形成的过程。一旦经验形成，就证明它具有了一定的深度与广度。一件事情的发生，单凭经验而取得的结果不能被称为真理，只有经过深入的研究被经验的事物，才具有了真理性，也就在哲学的研究上具有了一定的意义。

经验的方法指的是经验与自然要相互依赖并维系其相互存在的关系，它使经验成为一种感受的生命活动的过程。经验与自然被考虑为一个内在统一的有机的系统。杜威区分了“原初经验”（primary experience）和“第二经验”或“反思的经验”（secondary or reflective experience）。它们之间的区别在于，前者是一种瞬间的反思（a minimum of incidental reflection），而后者则表现为一种持久而正式的反思性的探求（continued and regulated reflective inquiry）。

“原始经验”主要有两层意义。一是指经验来源于自然事物，事物与思想不过是原始经验的两种不同表现形式。二是指粗糙的、未经提炼的经验，与此相对应的是经过反省的、提炼过的经验。“逻辑上，它是否认经验原始性和终极性的必然结果。原始性是指经验不受控制的一种形式，终极性则是指它更受约束和更具意义的一种形式，这种形式的存在得益于经验反思的方法和结果。”[①] 杜威基于对原始经验的理解指出，自然科学与哲学是以精炼过的经过反思的经验作为研究对象的，但是两者又有很大的不同，这表现在解决原始经验出现的各种问题上。自然科学的获得要从原始经验出发，再回归到原始经验之中去以求验证。与此不同，非经验的哲学方法之所以受到质疑，是因为它依赖理论，把

① John Dewey, *Experience and Nature*, George Allen & Unwin Ltd., 1929, p. 15.

未精炼过的、未经过反复思考的事物回溯到原始经验中去加以证实，这样产生的哲学对象就变成了抽象的事物。反省的对象应是通过理性的思考获得的。它们否认粗糙的、原始的、经验事物的存在，把原始经验称为“现象”(phenomenon)。

杜威认为自然的终结是每一个产生变化的事物为了最后成为不变事物而发生的。每一个终结本身是静止的，一件事物在转变成另一件事物时，具有过渡性的特点，但这并不是最后的终结。“所谓‘终结’，我们也指考虑中的目的、目标、经过深思之后视为值得获取和激发努力的事物。它们从直接和终端性质中，构建所接纳的对象，这种对象过去曾经作为事物的结局而发生过，现在却不存在了，而且它们不可能再出现，除非通过一种改变周围环境的行动。”① 一件事物的终结对它自身来说是一个历史的结束，但对其他事物来说是一个新的开始，从这个性能上来，所涉及的事物乃是过渡的或者说是会变动的。

被给予或由深思熟虑所构成的东西是否是一个较好的或较高的终结，这不是一个内在的性质问题而是在反省中所决定的判断的问题。“被给定或由深思熟虑所构成的事物是否是一个较好的或较高的终结，这不是一个本质问题而是具有反思性的判断。多样、安全的终结依赖于对现存终结的放弃，把它们缩小到只有指示性和暗示性。”② 杜威批判传统观念，认为方法是不完备的、有缺陷和暂时的，结果是圆满的、完美的和永久的。这种传统观念，把经验方法与结果完全割裂开来，在哲学上呈现出形而上学二元

---

① John Dewey, *Experience and Nature*, George Allen & Unwin Ltd., 1929, p. 104.

② Ibid., p. 127.

论。杜威试图从经验与自然关系中来分析经验与自然的相互关系，从自然中主体与客体的关系来理解人与环境的互动性，从心与物的关系中来认识人与世界的不可分离性。这为我们探索与认识人与世界的关系问题提供了一种积极的思维方法。

杜威肯定经验与自然之间有很大的联系。经验与自然的连续性是由人类与外部事物相互作用形成的。由于人与所处环境之间的相互影响，使人类与相互作用的外部事物分别具有了各自的特性。经验作为人与所处环境之间相互作用的媒介，使他们之间建立起内在的联系。人与外部事物相互作用而产生的联系，是人对所处环境的认知过程，这是一个主动的、不断发展和提高的过程。通过这种相互联系，人类得以透过经验去了解自然，并使之成为人的经验的一部分。

（四）我们如何思维

“如何思维”（*How to think*）是当代美国教育家杜威所论述的一个重要命题，对反思性思维与教学理论的研究也是杜威教育思想体系的一个重要组成部分。杜威指出：思维的最好方式就是反省思维，即对某个问题进行反复的、严肃的、持续不断的思考。①

在杜威看来，反省是学习活动中一种较好的思维方式，它不同于一般的思维方法。杜威将“反思意味着相信（或不相信）某事，不是靠自身来解释，而要立足于其他的证人、证据、证明、证实、辩解，即以信仰为依据。定义思维，是通过现有的事实暗

---

① ［美］约翰·杜威：《我们怎样思维·经验与教育》，姜文闵译，人民教育出版社，1991年，第1页。

示了其他事物（或真理），用先前的证据或证明的方式引出后来的信仰，这也是探究的目标。”[①] 杜威也指出，反思性思维并不是传统意义上的沉思默想，而是指把经验运用到人的活动中。反省之前，会处于迷惑、困难与纷乱中，提出各种疑问，通过反省思维来解答疑问并得到一种直接的经验。反省思维注重的是结果，正是反省促使人们不断对真理进行探究。

在杜威看来，思维源于对某种事情的质疑。只要人们不断地对所遇到的困惑进行探究，他就具有了反省性思维能力。“一个具有反思能力的主体，他的行为模式不受一种无意识的本能或习惯力量所驱使，而是受到（至少是在某种程度上）一种间接意识到的遥远事物的驱使。”[②] 从杜威对“什么是思维”的讨论来看，杜威对这个命题有着自己的见解。思维源于一种疑惑或不确定的问题情境。没有这种特定的情境，也就没有思维的产生。思维是一个有意识地探究行动和结果之间相互联系的过程。没有这个过程，也就不能获得有意义的经验。在生活和教育这两个问题的研究上，反省思维是一种理智的学习方法、一种科学的经验方法。反思性思维是最好的思维方式。

反思主要的任务就是去解决疑惑。思维能够指导我们的行动，在行动之前应明确行动的目标，然后按照目的去计划行动。在杜威看来，应通过有秩序的行动而获得一些有秩序的思维。“思维活动，按字面的意思，指的是一种推理。推理把我们从一件事情

---

① John Dewey, *How We Think*, D. C. Heath & Co Publishers, 1910, pp. 8-9.

② Ibid., pp. 14-15.

带到对另一事情的理解，对另一件事情产生信念。”[①] 反省思维可以推论出未知的事物。在各种反省的活动中，一个人如果碰到一种特定的、不同的状况，他就要推理不存在的某种另外的事物。[②]

杜威认为在各种反省活动中，推论就是以现有的事实为基础，通过深入理解先前获取的知识，推出真理。“除了科学的方法，推论还依赖于习惯，这些习惯在特定经验的影响下形成，而不是为了逻辑目的自我构成的。”[③] 反省思维的功能是把经验从模糊的、矛盾的情境中转变为清楚的、有条理的和系统的情境中。

当一个人身陷困难之中，他可以想到很多解决办法，但只能从中选出一种更有效的方法，来解决困难。反省首先从观察开始，从所处的环境出发。而观察分为两种，一种是凭借感官，另一种是通过自己的回忆和以往的经验。急需解决的事情和由经验所产生的解决方法，这两个环节不断交替的影响着所要解决的事情。“思维，简言之，必须在具体的观察中开始和结束，才是完整的思维。”[④] 在反省中，事实与观念是必不可少的环节。观察到的事情就是事实。事实与观念是在所有反省活动中不可或缺的两种环节。

杜威在《我们怎样思维》这本书中，提出了以观念为工具来解决真实生活中的问题的五个阶段：“感知困难；对困难的定位和定义；提出可行性方案的假设；对假设的推理发展；通过进一

---

① John Dewey, *How We Think*, D. C. Heath & Co Publishers, 1910, p. 26.

② ［美］约翰·杜威：《我们怎样思维·经验与教育》，姜文闵译，人民教育出版社，1991年，第13页。

③ John Dewey, *How We Think*, D. C. Heath & Co Publishers, 1910, p. 145.

④ Ibid., p. 96.

步观察和实验，赞同或否定这个假设，即相信或怀疑所得结论。”① 这就是杜威著名的“思维五步法”。

第一，感知到困难。学习者在真实情境中运用经验，个体在参与其感兴趣的活动时，如果在活动过程中受到阻碍，学习者感到困难时，就需要在行动中思考，回到思维本身，来仔细思考遇到的问题。

第二，定位和定义。当学习者感到困惑或困难、受到阻碍的时候，学习者需要运用不同的思维方法来进行合理的思考，而非做出情绪性或感情性的反应。在具体的“情境”中激励学习者去思考遇到的各种问题。

第三，提出可能的解决方法。根据现存的情境和行动，学习者要仔细思考困难本身，在思考中得到更多的启迪。具有反省思维的人会仔细观察困难、猜测和分析可能是哪些地方出现了问题，并由此得出合理的解决方法。

第四，理性的对提出的见解和假设加以思考，也就是推理阶段。在这个阶段，就需要理智发挥作用，将解决问题的各种设想整理起来，使其更加有助于解决所遇到的问题，也就是使解决的方法更具有逻辑性和有效性。

第五，验证假设。将设想的方法付诸实践。如果我们假设问题的解决方法都符合实际情况并顺利地帮助我们解决困难，那么由此可以证明之前的假设和推理都是正确的。

杜威认为，掌握好的思维方式比单纯从书本上学到的刻板知

---

① John Dewey, *How We Think*, D. C. Heath & Co Publishers, 1910, p. 72.

识更为重要。他认为，反省思维是一种好的思维方式。“教育过程中对思维进行严明的、有逻辑性的训练，其目的就是让思维在任何特殊情况下都能准确判断每一步需要走多远。”[①] 在受教育者思维活动的最早活动阶段，有效的思维，与解决问题有着直接的联系。思维与知识和个人的智力也有很大的联系。

在杜威看来，思维不仅是教学的基础，也是教学的目标。成功的教育关键是能激发儿童的正确的思维。因此，无论是施教者，还是受教育者，思维的训练都是十分必要的。在《我们怎样思维》一书中，杜威介绍了如何通过活动、语言、观察、知识和授课等方面来训练和培养反省思维。

1. 活动和思维训练

教育者要让儿童重视课堂学习并积极地参与其中，要让儿童在游戏、工作及类似的活动中进行思维的训练。“儿童到了一定的时期，必须对现存事物有一个更广泛和更精确的了解；必须充分明确事物的目的和结果来指导他们的行动，必须获取某些技巧来选择和梳理各种方法，由此达到这些目的。”[②] 为儿童设计的活动内容，要考虑到儿童的兴趣和活动的内在价值，唤起儿童的好奇心与求知的渴望，使儿童主动地参与其中，在活动中进行思考，使其理解反省思维的方法。

① John Dewey, *How We Think*, D. C. Heath & Co Publishers, 1910, p. 78.

② Ibid., p. 165.

2. 语言和思维训练

语言是思维的工具。施教者传授学习者要有一定的口头语言和书面语言，使语言由原来无意识的大众的社交工具，逐步变成有意识地传播知识、辅助思维的工具。语言和教育在杜威看来是相互作用的。学校教育中需要不断进行语言的训练，语言是人类相互交流的工具。“然而，思维不可能离开语言，我们必须回忆语言，不仅是口头语言和书面语言。姿势、图画、历史遗迹、视觉现象、手指活动等，这一切有意识地活动作为一种符号，从逻辑上讲都是语言。”[①] 在教育过程中，其作用就是把语言转变成理智的工具。

3. 观察和思维训练

当一个人开始进行反省思维时，首先要从对事物的观察开始，因为观察可以使儿童获取思维的材料。观察对思维形成有直接的影响，“从这一点看，观察可被看作是大量粗糙的原始材料，之后反思过程可以运用到观察中”[②]。训练思维才是目的。因而在思维训练中，要把观察摆在首要的位置上。要使观察有助于思维训练，就必须掌握一定的观察方法，再进行思维的训练。

4. 知识和思维训练

通过直接观察所获得的知识是有限的，因而在进行思维训练

① John Dewey, *How We Think*, D. C. Heath & Co Publishers, 1910, p. 170.

② Ibid., p. 189.

时，要借助传授知识来提供更丰富、更精确的材料。教育者既应认识到知识的传授对思维训练的重要性，又要时刻注意传授的教材应当是必须的。也就是说，是个人观察所不易获得的。“以信息方式提供的材料应与学生经验中的重要问题密切相关。”①

5. 讲课和思维训练

授课对训练儿童的思维有着积极的作用，但并非任何授课的方式都能称为思维的训练。“简言之，教师在讲述过程中要统一各个连续步骤。实际上，教师传授的逻辑步骤就是把自己对主题的理解强加于仍在努力思考的学生身上，从而阻碍了学生自己的逻辑思维。”② 在思维训练和讲课的关系中，首先教师要有详细的讲课目标，讲课应激起学生主动学习的热情，唤起他们对于理智活动、知识及学习的渴望；讲课就是要教授学生养成良好的学习习惯，也是对已获得的知识进行验收，看学生是否彻底懂得教材上讲的内容，是否能对学过的知识进行正确的运用。

杜威认为，“思维五步”指的是思维方法，而“教学五步”指的是教学方法。思维过程的五个步骤不是固定不变的，杜威也没有把教学过程的五个步骤排列固定化。尤其对个人而言，个人在思维和教学中会产生各种变化。在杜威看来，在思维和教学过程中，每个人会呈现出不同的反应，也会出现不同的学习态度，也会对思维和教学活动产生不同的影响。从这一点来看，教学之中重要的是运用科学合理的思维和教学方法。密切地与实际生活

① John Dewey, *How We Think*, D. C. Heath & Co Publishers, 1910, p. 199.

② Ibid., p. 206.

相结合的教学方法才是学校教育的一个长久任务。

杜威提出的反思性思维及其在教学中的应用对当前教育改革提供了理论基础。在教师教育方法的研究上要锐意创新和突破，在培养目标、内容和手段方面都要进行相应的变革，从而推动教师教育改革。教师应努力改变传统的教育方式，更加深入地研究如何可以提高儿童学习兴趣和全面培养高素质人才的教学方法。

（五）杜威名言及译文

这些从杜威的诸多著作中节选出来的美言佳句，凝结着这位哲人的伟大智慧：

（1）If thought is a distinct piece of mental machinery, separate from observation, memory, imagination, and common-sense judgments of persons and things, then thought should be trained by special exe-rcises designed for the purpose, as one might devise special exercises for developing the biceps muscles.①

如果思维是心智机器的一个独特的部件，可以将对人或事的观察、记忆、想象以及常识性判断相区分，那么思想本应该通过特殊训练设计的联系来训练思维，正如一个人可以设计一些特殊的联系来练就他的上臂二头肌。②

（2）Direct immediate discharge or expression of an impulsive tendency is fatal to thinking. Only when the impulse is to some extent

① John Dewey, *How We Think*, D. C. Heath & Co Publishers, 1910, p. 45.

② ［美］约翰·杜威：《我们怎样思维·经验与教育》，姜文闵译，人民教育出版社，2013年，第46页。

checked and thrown back upon it does reflection ensue.①

一种冲动的倾向直接立即的免除或者表达，对思维来说，会造成灾难性后果。只有当冲动在某种程度上进行核实并且反射到自身时，继而产生反省思维。②

（3）Genuine communication involves contagion; its name should not be taken in vain by terming communication that which produces no community of thought and purpose between the child and the race of which he is the heir.③

真正的知识传播，包括思想的传播；如果传播知识不能使儿童和他的种族之间产生共同的思想和目的，那么，所谓的传播知识，不过是徒有虚名而已。④

（4）Persons do not become a society by living in physical proximity, any more than a man ceases to be socially influenced by being so many feet or miles removed from others. A book or a letter may institute a more intimate association between human beings separated thousands of miles from each other than exists between dwellers under the same roof.⑤

人们相邻而居并不一定能成为一个社会团体，最多一个人不

① John Dewey, *How We Think*, D. C. Heath & Co Publishers, 1910, p. 64.

② ［美］约翰·杜威：《我们怎样思维·经验与教育》，姜文闵译，人民教育出版社，2013年，第72页。

③ John Dewey, *How We Think*, D. C. Heath & Co Publishers, 1910, p. 224.

④ ［美］约翰·杜威：《我们怎样思维·经验与教育》，姜文闵译，人民教育出版社，2013年，第242页。

⑤ John Dewey, *Democracy and Education*, A Penn State Electronic Classics Series Publication, 2001, p. 9.

会受到远在天涯的人的思想观念的影响。一本书或是一封信，可以使相隔几千里的人们建立亲密的联系，产生天涯若比邻的心灵感应，而居住在一室的人则可能同床异梦。①

（5）A person boxing may dodge a particular blow successfully, but in such a way as to expose himself the next instant to a still harder blow.②

一个拳击手可能会成功地躲避一次特殊的打击，但这个行为下一次会让他遇到更沉重的打击。③

（6）The problem of instruction is thus that of finding material which will engage a person in specific activities having an aim or purpose of moment or interest to him, and dealing with things not as gymnastic appliances but as conditions for the attainment of ends.④

因此，教学该做的问题就是寻找适当的材料让人从事专门的活动，这种专门活动有一个重要的目的或目标，或者说他对其有兴趣；同时，处理这种活动不是作为体操器械，而是作为达到目标的条件。⑤

（7）A stone is not merely hard, a thing into which one bumps;

---

① ［美］约翰·杜威：《民主主义与教育》，陶志琼译，中国轻工业出版社，2014 年，第 4 页。

② John Dewey, *Democracy and Education*, A Penn State Electronic Classics Series Publication, 2001, p. 28.

③ ［美］约翰·杜威：《民主主义与教育》，陶志琼译，中国轻工业出版社，2014 年，第 25 页。

④ John Dewey, *Democracy and Education*, A Penn State Electronic Classics Series Publication, 2001, p. 138.

⑤ ［美］约翰·杜威：《民主主义与教育》，陶志琼译，中国轻工业出版社，2014 年，第 134 页。

but it is a monument of a deceased ancestor. A flame is not merely something which warms or burns, but is a symbol of the enduring life of the household, of the abiding source of cheer, nourishment and shelter to which man returns from his casual wanderings.①

一块石头不只是人们撞上去感觉得硬的东西，而是怀念已故先人的一块纪念碑。一团火焰，不单单是个能温暖和能燃烧的东西，而是持久家庭生活的象征，它会给游子提供一个流浪归来向往的欢乐、食物和庇护所。②

（8）Experience means the new, that which calls us away from adherence to the past, that which reveals novel facts and truths. Faith in experience produces not devotion to custom but endeavor for progress.③

经验意味着新，让我们远离对过去的坚持；它揭示新的事实和真理。对经验的信赖不应产生尊崇习惯的钟爱，而应努力去进步。④

（9）Nature is an artist that works from within instead of from without. Hence all change, or matter, is potentiality for finished objects.⑤

自然是一个艺术家，他是从内部而不是从外部工作。因此，

① John Dewey, *Reconstruction in Philosophy*, Henry Holt and Company, 1920, p. 1.

② ［美］约翰·杜威：《杜威全集——中期著作》（第 12 卷），刘华初、马荣、郑国玉译，华东师范大学出版社，2011 年，第 64 页。

③ John Dewey, *Reconstruction in Philosophy*, Henry Holt and Company, 1920, p. 93.

④ ［美］约翰·杜威：《杜威全集——中期著作》（第 12 卷），刘华初、马荣、郑国玉译，华东师范大学出版社，2011 年，第 105 页。

⑤ John Dewey, *Experience and Nature*, George Allen & Unwin Ltd. Ruskin House, 1929, p. 92.

所有一切的变化或事件，是已完成对象的可能性。[①]

（10）Subjectivism as an "ism" converts this historic, relative and instrumental status and functions into something absolute and fixed; while pure "objectivism" is a doctrine of fatalism.[②]

主观主义作为一种“主义”之后，就把这个历史的、相对的和具有工具性的状态和功能转变为一些绝对的和固定的东西了，而纯粹的“客观主义”只是一种宿命论学说而已。[③]

三、主要影响

杜威不仅属于美国，更属于世界，这不单是因为他在世界各地进行过访问和讲学，也不单因为他写过诸多的影响世界的著作。主要是他的哲学思想对后世产生了深刻而广泛的影响，为之后学者的哲学探索之路奠定了基础。杜威的教育理念注重的是在现实社会生活中，或是在一定自然和社会环境中，人的生存和教育问题，以及如何通过人本身的行为、行动来实践合理的处理人与人以及人与世界（自然和社会环境）中的关系，解决人所面对的种种困难、疑问和阻碍，使人得到长期安定的生活，还能充分的全面发展。实用主义的思想就是关于人的实践和行为的哲学。杜威哲学的理念是希望将实用主义的思想贯彻于人类现实社会、生活

---

① ［美］约翰·杜威：《经验与自然》，傅统先译，商务印书馆，1960 年，第 69 页。

② John Dewey, *Experience and Nature*, George Allen & Unwin Ltd., Ruskin House, 1929, p. 92.

③ ［美］约翰·杜威：《经验与自然》，傅统先译，商务印书馆，1960 年，第 240 页。

和实践的各个方面。

（一）哲学改造与现代哲学的转向

杜威希望通过对“经验”的改造，可以真实地反应出物自体或世界本身的价值，因为在这其中包括被传统哲学分开的思维与物质两种事物，它们属于连续的有机统一体。经验不再是充满谬误的、虚假的、阻碍我们认识事实真相的、被否定的过程，而是人彻底的认识自然、了解自然、改造自然的途径。

杜威认为，遵循权威与先例的方法是与科学实验相对。权威与先例的方法在历史上的表现如上帝的意志、披上神圣外衣的统治者的意志、自然的法则、个人良知、国家的宪法、古老的传统等等，其实质都是没有运用科学正确的方法对事物的本质加以探索。科学实验的方法并不是要完全取消先例，而是要把先例作为实验的“工具”加以“使用”，分析当前的形式，不可盲目地遵循先例，应对事物存在的问题加以研究，找出事物的本质。实验的方法也不完全排除权威。在探索自然科学时，只有找到可靠的证据才可以推翻前人的发现和理论，在此之前科学家们依然要沿用前人总结的结论，但这些科学家并不会把这些发现视为在任何条件下绝对的、不可改变的终极真理。对任何事物都应持有辩证的理性思维，而这种理性的思维方式是对未经考证的事实带有批判和怀疑的态度。

（二）对传统哲学的影响

杜威注重运用科学的方法来探究事物本质的行动、变化和结果，这是对传统哲学的批判，也是对传统哲学所维护的等级制度的否定和抛弃。在传统形而上学的思想中，始终把探索确定性作为哲学探究的最终目的。在这种观念的指导下，人们总是探索稳定、和谐、完满、绝对、永恒的东西而轻视变化着的、矛盾事物。随着现代化社会的到来，尤其是科学的迅猛发展，传统的哲学观念应该进行彻底的变革。杜威观察到了这一点，对传统的哲学进行了改造，努力扭转传统哲学轻变化、重理论和脱离实际的倾向。杜威的实用主义理念紧密地将理论与实践联系在一起。在杜威理念中，思想、理念不是教条，而是可以指导我们日常的生活，它们能够帮助我们增加未来行动的主动性，避免盲目性。为人类谋划一个更完美的未来，并努力去实现它。在这一点上，杜威的观点与马克思非常吻合。马克思认为，人的思维具有客观的真理性，是在实践下产生的。首先，人应该思考行动本身，随后在实践中证明自己思维结果的真实与否，这就要借助自己思维的力量。理论必须能够联系实际，能够在日新月异的变化世界中，给人们的行动以方向性的指导。杜威哲学的目标不仅是对世界进行解释，更重要的是要对所处的世界进行改造，使其更加完善。传统的哲学家们一直致力于用各种方法来探索世界的本源，探讨世界万物存在的原因，并且尝试以某种不变的事物来解释不断变化的现实世界。杜威反对传统哲学家的这种做法，以改造世界为己任。不仅为改造世界提供理论基础，而且更注重改造现实生活中不合理的地方的具体方法。

（三）对教育的影响

美国哲学本身不是一门纯粹的理论学科，它更多地表现为一种个人的生活态度和方式。在美国教育的发展上，杜威的教育理论起到了很大的作用。私立学校的出现在美国日渐增多。这些学校得到公共资金的资助，但在选拔学生上面，还是会因宗教、种族等原因，对一些学生有些歧视。相比之下，杜威支持民主教育这一思想。杜威认为，民主社会必须避免歧视。认为公立学校是社会化的主要机构，在公立学校里，一个孩子能够接触到各种不同的人，接受到不同的教育方法，这些不同之处不仅有利于对孩子们的教育，也有利于社会的发展。

受杜威教育思想的影响，美国现在学校的教育活动会以学生为中心，充分调动他们创造的积极性，反对死记硬背的考试方法。现在的美国课堂是开放的。他们在座位的安排上比较随意，课上教师与学生的距离很近，这样不仅有利于教学，而且有利于师生间的交流沟通。学校的管理制度也比较宽松，在美国的小学里，教学往往在宽松的活动中进行，师生活动都很自由。美国现行的课堂教学，注重课堂上的提问和讨论。师生间的问与答被认为是教育创新中最有效的形式之一。教师常在课堂上提出问题，然后指导学生自己去查阅书本或网络，以得出自己的答案，教师并没有现成的答案，也不需要让每个学生的答案相统一，更不会束缚学生的创造力与想象力的发展。学生的积极性被更好地调动起来，创造能力也能得以最大限度地发挥。通过一些课外活动，学生不仅可以学到一技之长，还能够积累社会经验、增强自我管理和组织的能力。

四、启示

（一）对理智的启示——崇尚科学，不断进步

杜威相信科学的力量，关注科学在调节我们生活和价值方面的功能。在经验主义、实用主义和工具主义的观念中，杜威有自己独特的探索现代科学的思考。在杜威的实用主义哲学中，现代科学是人应对生存、解决生活中出现的诸多问题的方法，是需要运用实验来获取真理的活动。科学并不是反映客观世界本质的静态的理论，科学就是人类生活的一部分，它是对传统哲学的批判。现代科学的意义是以科学的方法引导人们获得真理。在探索解决问题的活动中，人类运用科学的理论对事物的本质加以探索，这种探索可以使我们更加真实、更加清楚地了解事物的本质。

现代科学所做的一切事情最终目的就是要解决人类实际生活中遇到的各种问题，如果不能彻底将其解决，现代科学也就变成了一种思辨的玄学而失去了探索的价值。杜威坚信，一切认识活动都起源于对经验的探索，其目的和价值也是为了解决在探索事物本真时所产生的问题。当今探索科学的目的和价值不单是要得到一些抽象的理论知识，而是要解决人类实际生活中的问题。科学的意义不单是在理论知识上面，而是可以加以利用到技术研究中，科学也可以像工具一样为人类所使用。我们要想理解现代科学的真正意义，就要从其技术性的角度开始，全面考察现代科学具有的一切本质、属性和含义。杜威坚信，科学革命所带来的科学发展是全面的，对人类的意义在于详细地认识科学的真正含义，

科学也可以以技术的形式存在而发展，使科学可以被广泛地使用。

现代科学的发展对人类的影响不仅需要人们理解科学自身的含义，也要帮助人们了解科学理论对于人类社会发展的意义，了解科学在现代社会发展中所处的地位就是人们要研究的一个重要的论题。自现代科学产生以来，科学对于现代社会的形成和发展具有非常重要的意义。随着社会现代化的不断发展，科学也具有越来越重要的作用。杜威对现代科学发展的支持，就是对那种“实验性”精神和方法探索的赞同。在杜威看来，中世纪神学中的世界观被人类抛弃之后，我们需要相信和运用的就是人类自身存在的“理智”，而最能够代表人类“理智”思想的就是现代科学中所说的“实验性”精神和方法的探索，探索现代科学的精神和方法能充分地表现人类的“理智”。在杜威看来，应该不断观察、探索科学的现代性，我们不能只相信“绝对主义”中的“理性”对问题错误的解决方法，应该对问题进行深入的探索，得出最适合的解决方法。这种不断的探索就需要那种“实验主义”的“理智”，因为只有以“实验主义”的“理智”态度和方法，才可能打破现有的各种束缚，构建人类未来更加美好的社会。科学技术的进步促进了生产力的发展，也在改变着我们的思想。

（二）对教育的启示——教学相长，薪尽火传

未来的生活是不确定、难以捉摸和把握的，这也就要求今天的教育活动为未来不确定的生活做准备，儿童难以独自应对这种不确定的未来。杜威认为，教育的目的就是对未来生活的最好准备。教育的最终目标就是使人得到幸福，但是这并不意味着受教

育的过程就应该是一种被动的、机械的接受过程。在教育活动中，调动受教育者的积极性，培养他们的学习兴趣，让他们参与到教育活动之中。在活动过程中，获取知识，增进与他人的交流，提升自身的价值。让受教育者在教育过程中获取知识并获得快乐。

杜威教育哲学所追求的不是将人与社会对立开来，而是试图进行整体性的观察和整体性的解释。杜威所论的教育是民主背景下的教育。民主背景下的教育，既是促进个人成长的力量，又是促进社会发展的力量。杜威构建了一个教育价值的评判标准，即“人的生长”，而构建促进人的生长的教育形态，正是杜威的教育理想所在。人是社会中的一员，人的生长会促进社会发展。“教育是解放个人能力，使之朝着社会向前生长的事业。”①

杜威的教育思想启发我们要努力明白教育目的，更要重视教育目的的内在含义，教育教学活动不可以成为私人谋取利益的工具或手段，要清楚儿童内在的需要、愿望、兴趣和爱好，然后依据他们不同的本性施以教育。关于教育的内容，不能强加给儿童任何东西，或者强迫他们做一些事情。学生是学习的主体，他们有自己的规律和特点，任何教育目的都必须通过学生自身的内化才能实现和完成。教育的使命就应该是为学生教育提供最好的环境，教育工作者要“关心每个学生，促进每个学生主动地、生动活泼地发展，尊重教育规律和学生身心发展规律，为每个学生提供适合的教育”②，继而激发学生学习的愿望，培养他们学习的动力，快乐积极地学习。

① ［美］约翰·杜威：《经验·民主·教育》，上海社会科学出版社，2007年，第135页。

② 国务院：《国家中长期教育改革和发展规划纲要（2010—2020）》，2010年12月。

（三）对自由的启示——净化身心，民主平等

杜威哲学思想的产生与发展正处于美国资本主义迅猛发展的时期。在这个时代背景下，进步、自由、民主的观念得以彰显。当个人的生活得到不断的创造和全面的发展时，一个国家的其他方面才可以同时进步，只有人们的社会生活在本质上体现出真正的自由，才是民主的。

“民主”（Democracy）这一思想在杜威的整体哲学理念中，具有很重要的方法论和价值论的意义。杜威的哲学思想中，民主问题是不可或缺的部分，这也是他的思想得以建立和发展的根基。就杜威而言，民主思想不是指某种政治机制，它指一种生活方式；换言之，民主是一种理想的和正确的生活态度和方法，它体现在人每天的日常生活实践中。因此，杜威经验哲学的一种表达方式就是“民主”，“经验”和“经验方法”也是杜威哲学思想的基石。

在《自由与文化》（*Freedom and Culture*）一书中，杜威把民主表达为一种信仰、研究方法和生活方式。就信仰而言，民主就是实现人道主义精神所持的坚定信念。作为一种研究方法，就是人可以在言论表达和与人交流上的自由。综合这两方面，就可以达成一种生活上的民主与自由。所以，民主主义“首先是一种联合生活的方式，是一种共同交流经验的方式”①。这样看来民主的社会是一种普遍的社会生活方式，在这种生活方式中，打破了之前社会所存在的各种障碍，使人们可以更加自由的往来和进行经

① ［美］约翰·杜威：《民主主义与教育》，人民教育出版社，1990年，第92页。

验的交流，从而使各种利益相互渗透，使民主社会比其他各种社会更加有益于人的发展。民主社会的意义就是把人性解放和个人价值放在社会发展的首位。民主社会在为个人发展创造条件的同时，也认为社会的变革与人格的创造是紧密相联的。“然而当自我是一个能动的历程时，社会的变革成为创造人格的唯一手段。制度的好坏由它的教育效果来衡量——即它所培养的个体性格。”[①]“增加生命价值的所有人力能够汇集在一起，都是因为自身具有独特至上的价值。”[②]把自身价值奉献于人生的人，也就是把自身奉献于社会，其人生的价值也就得到了提升。民主主义既是目的，又是方法；既是效果，又是过程。只有增进人的智慧的发展，让人们活动更自由，才能不断获取经验，使自身全面发展，这样才会有助于实现人的理想和促进民主社会的进步。

（四）对学习的启示——目标明确，方法正确

杜威的教育理念与经验紧密相连。杜威认为一切教育都是从经验中产生的，他的实用主义教育思想核心就是：教育即生活、教育即生长、教育即经验。他主张教育要与生活联系，教育要从经验出发，这种“从做中学”的思维方法，就是反省思维的体现。反省思维强调学习者要学会思索，重视学习者个人的主观经验，强调学习者是学习的主体，教师也要有高效的培养学生学习的方法，教育学生养成他们科学的思维方式，以提高学生学习的效率。

---

① John Dewey, *Reconstruction in Philosophy*, Henry Holt and Company, 1920, p. 196.

② Ibid., p. 204.

首先，是要打破学习空间的限制，建立益于学习的场所。学习者学习的知识场所不只是学校，除了接受学校的正规系统的教育，人们也会在社会实践中得到教育。除了可以在学校得到教育，也会在家庭和社会中受到潜移默化的影响，教育无处不在、无时不在。杜威的教育理念是一种宏观的，他从广义的角度来延伸和扩展教育的含义，这样打破了获取知识的空间限制。

其次，要以个体经验为中心进行学习。杜威教育思想的中心围绕着经验，杜威把经验视为有机体与环境互相作用的产物。经验涉及人类生活中的诸多事物，经验的改造影响着个人和社会。随着有机体不断地成长，有机体随时随地都会获得经验，不同的经验让人们在之后的实践中得到展现。个体与客观环境相互作用不断得到获得新的经验，也就是将改造旧的经验获取新的经验，进而促进个体自身的发展。经验的取得有利于个体学习与生活，个体如何运用自身的经验进行学习这是终身学习的一个重点，这要求个体能够了解自己曾经拥有的经验以及新习得的经验，在学习中能把过去以及新的经验相互联系起来，从个体自身经验出发，通过不断对自身经验进行改造与提升，获得适应新环境和掌握新知识的能力。

最后，提倡“在做中学习”。杜威认为一切教育是从“做”(do) 开始的，个体应该在社会实践活动中获取知识，掌握一定的技能。在杜威的实验学校教学中，注重学习者积极主动参加活动的能力。在参与教学活动时，关注儿童对反省思维的运用，培养个体主动探索与反省思维的能力，使其在新的环境中和遇到困难时可以随时重组或改造自己的经验，以便于适应新的环境，解决所面临的问题，为个体终身学习打下坚实基础。随着社会的发展，获取知识的方式也有了革命性的改变，人们可以通过很多方法获取知识、掌握本领，打破了人们学习中的种种限制，方便了人们的学习。并且还应培养学生主动探索的精神和反省思维的能力，这不但符合杜威“在做中学习”的理念，还可以更好地提升个体学习和实践的能力。

五、术语解读与语篇精粹

（一）经验（Experience）

1. 术语解读

人们在同客观事物直接接触过程中，通过感觉器官获得的事物现象和外部联系的认识。有时也把对于感性经验的概括和总结、直接接触客观事物的过程称为经验。经验在社会实践中产生，是客观事物在人们头脑中的反映，是认识的开端，它有待于上升到理论。它有时也指人们在实践中获得的知识或技能。[①] 经验论有唯物主义和唯心主义之分。前者经验来源于外部客观实在，后者则否认经验的客观来源。不可知论认为客观事物不可知或拒绝回答感觉经验的来源。西方哲学史上古希腊智者普罗泰戈拉肯定知识就是感觉，强调一切感觉都是真实的。德谟克利特提出感觉是知识的来源，理性以感觉为基础，并提出影像说。亚里士多德认

① 简明哲学百科辞典编写组：《简明哲学百科辞典》，现代出版社，1990 年，第 197 页。

为感觉是认识的来源，提出灵魂好比蜡块，只有外界事物印上痕迹才有感觉。伊壁鸠鲁强调感觉的客观来源及其实在性，认为一切有感官的报道都是真实的，认识的错误在于判断和解释。中世纪的经验论主要表现在经验哲学内部的唯名论思想中，唯名论的认识论具有唯物主义倾向，强调知识始于感官对个别事物的感觉经验。文艺复兴时期的经验论是近代经验论的先声，它强调经验和实验的知识。

18 世纪法国唯物主义经验论者继承并发展了英国唯物主义的经验论原则，摒弃约翰·洛克（John Locke）的内省经验说，以感觉论反对先验论。19 世纪的经验论，除了德国的路德维希·费尔巴哈（Ludwig Feuerbach）是唯物主义经验论者外，一般都会沿用乔治·贝克莱（George Berkeley）的唯心主义经验论和大卫·休谟（David Hume）的不可知论路线发展。他们虽主张经验是知识的来源但是他们强调感觉经验，贬低理性思维的作用，把知识局限于经验现象之外的客观实在。20 世纪以后的现代经验论有实用主义、新实用主义、批判实用主义、逻辑实证主义、语言分析哲学。实用主义的主要代表有美国的詹姆斯、杜威等。他们把经验解释成一个包罗万象的唯一存在，对传统的经验概念进行改造。认为经验是一种超越心物对立的东西，主体与对象、经验与自然是统一的经验整体的两个不同的方面。逻辑实证主义以维也纳学派为主要代表，还包括英国罗素及维特根斯坦早期的一些思想。他们认为知识的基础不是依赖于个人的感觉经验，而是取决于命题的意义标准和经验证实。主张以数理逻辑的分析方法为数据，对知识作逻辑的分析。逻辑分析和经验证实的结合是逻辑经验论的基石。①

“经验”一词是杜威经验自然主义理念的核心。杜威对这个概念的认识是由绝对唯心主义发展到实用主义的。他在黑格尔哲学的影响下，把经验理解为一个单一的、能动的和统一的整体，其中的每个事物都是相互联系的。杜威始终相信经验和自然是密不可分的，经验是关于自然的经验。“这个变化过程可能通过引起对另一情境的关注而加速发展。在那个情境中，自然和经验和谐共存，经验乃是接触自然、洞察自然奥秘的一种且唯一的方法，通过经验主义感知的自然（在自然科学中使用经验的方法）深化、丰富、指导经验的进一步发展。”② 经验是个体在幻境之中对某一情境问题的整体反应，而个人存在于特定环境中，与情境之间存在“遭受”(suffer) 和“作为”(on) 的行动关系。在杜威看来，非反思过的经验不能是真正的经验，而是自然，如石头、植物等等。以各种方式相互作用的事物才是经验，他们是被反思过的经验事物。用科学来验证出的经验，具有一定的深度和广度并且可以无限地延伸到经验的内部。

与詹姆斯提出的“纯粹经验”(pure experience) 相似，杜威提出的“原始经验”(primitive experience) 就是说处于反思活动之前的原始经验，也就是处于原始状态之下的经验。“因此，在原始经验中，自然事物是产生所有变化的决定性因素，这种原始经验的特性如下：要么认为根本不存在可疑事物，只要大脑被赋予某种神奇力量就能感知事物；要么就是否认所有存在，仅保留

① 冯契：《外国哲学大辞典》，上海辞书出版社，2008 年，第 110~111 页。

② John Dewey, *Experience and Nature*, George Allen & Unwin Ltd., 1929, p. 161.

心理状态、印象、知觉、情感这些复合体。"① 原始经验是根据自然事物的变化而产生的。真正的经验法是从"原始经验"出发，对所观察的事物进行研究和反思。再把研究后的结论追溯到之前的经验之中，对原先经验中错误的地方加以改造，得到清晰而有条理的新的经验。新的经验对人们生活有更多的帮助。

杜威改造后的"经验"理论，放弃了对绝对实在的追求，把哲学的根基回归到现实世界中的"经验"。②

"经验"是杜威研究的起点和终点，经验可以更好地帮助我们发现问题和解决问题。杜威认为经验是一个统一的整体，是人与环境共同作用相互影响下形成的。杜威的经验概念不仅是一个完整的有机整体，而且是内在相关的，不仅与产生经验的情景相关，而且探索经验是一种持续不断地发展。对于杜威来说，人类作为自然的和社会的创造物而生活着，从自然和社会环境中产生出来，也必须与它们发生相互作用。③ "有机体和环境之间的相互作用产生了一些适应性变化，保护了对环境的开发利用。这种相互作用是首要事实和基本范畴。"④ 人要通过自己的理性活动对经验加以改造，人每天都是在活动、享乐和承受。人的经验与人的理智有关系，也与之前的所获取的知识有关系。理智不是强制施加给经验的，它可以扩充和丰富人类的经验，并以此得到新的经验。

---

① John Dewey, *Experience and Nature*, George Allen & Unwin Ltd., 1929, p. 107.

② 刘华初：《实用主义的基础：杜威经验自然主义研究》，人民出版社，2012 年，第 19 页。

③ 刘华初：《实用主义的基础：杜威经验自然主义研究》，人民出版社，2012 年，第 174~179 页。

④ John Dewey, *Experience and Nature*, George Allen & Unwin Ltd., 1929, p. 127.

2. 语篇精粹

语篇精粹 A

The problems to which empirical method gives rise afford, in a word, opportunities for more investigations yielding fruit in new and enriched experiences. But the problems to which non-empirical method gives rise in philosophy are blocks to inquiry, blind alleys; they are puzzles rather than problems, solved only by calling the original material of primary experience, "phenomenal" mere appearance, mere impressions, or by some other disparaging name.[①]

译文参考 A

总之，经验的方法为出现的问题提供了更多调查的机会，在崭新和丰富的经验中得到结果。但是在哲学中非经验的方法所引起的问题却阻碍着探究，是一条死路，它们是困惑而不是问题，解决的方法只有通过原始经验的原始材料，称为“现象的”东西仅是表象、印象，或是其他某个有贬低含义的字眼。

语篇精粹 B

"Experience" denotes the planted field, the sowed seeds, the reaped harvests, the changes of night and day, spring and autumn, wet and dry, heat and cold, that are observed, feared, longed for; it also denotes the one who plants and reaps, who works and rejoices, hopes, fears, plans, invokes magic or chemistry to aid him, who is downcast or triumphant. It is "double-barreled" in that it recognizes

① John Dewey, *Experience and Nature*, George Allen & Unwin Ltd., 1929, p. 7.

in its primary integrity no division between act and material, subject and object, but contains them both in an unanalyzed totality.①

译文参考 B

“经验”指开垦过的土地，播下的种子，收获的成果以及日夜、春秋、干湿、冷热等等变化，这些都是被人们所观察的、畏惧的、渴望的东西；经验也指人们种植和收割、工作和欢欣、希望、敬畏、计划，祈求用魔法或化学方法来帮助垂头丧气或欢欣鼓舞的人。它是具有“两层含义”的，即它承认在主要完整的内容之中，不能在行为与材料、主观与客观彼此分离，而在一个不可分析的整体之中彼此包含。

语篇精粹 C

The doings and sufferings that form experience are, in the degree in which experience is intelligent or charged with meanings, a union of the precarious, novel, irregular with the settled, assured and uniform a union which also defines the artistic and the esthetic. For wherever there is art the contingent and ongoing no longer work at cross purposes with the formal and recurrent but commingle in harmony. And the distinguishing feature of conscious experience, of what for short is often called "consciousness," is that in it the instrumental and the final, meanings that are signs and clews and meanings that are immediately possessed, suffered and enjoyed, come together in one.②

① John Dewey, *Experience and Nature*, George Allen & Unwin Ltd., 1929, p. 8.

② John Dewey, *Experience and Nature*, George Allen & Unwin Ltd., 1929, p. 358.

译文参考 C

某些行为和苦难可以形成经验，在一定程度上，经验是具有某种智慧或意义的，是一种对既定事物产生危险、新奇和无规律性的一种联合体，也是在艺术的和审美上形成的确定一致的联合体。只要有艺术存在的地方，各种可能和发展就不再与那些合乎规范、循环反复的东西背道而驰，而是和谐地交织融汇。有意识的经验，简称“意识”，其最显著的特征就是它的工具意义和终极意义合二为一，即那些表明迹象和线索的意义，那些直接被占有、被忍受、被享受的意义。

（二）自然（Nature）

1. 术语解读

该词源于拉丁语 natura，是希腊语 physis 的翻译，这两个词的词根的意思是生产、生长、生育，表示事物变化生长的过程。在古希腊，前苏格拉底的哲学家均致力于要发现一种始基以解释万物的变化。柏拉图把自然看成由永恒的理念世界所建立的变化的王国；有时也以自然指一个事物的生长。亚里士多德认为自然有五个特征，即不是人的创造物，不是永恒不变的，包括质料与潜能，具有内在的运动原则，具有形式与本质。斯多亚学派认为自然包括人与神的体系，没有东西是在自然以外的。

中世纪埃里金纳认为，自然是创造的部分与被创造的部分；神是创造者，也是最后的归宿，并采纳了新柏拉图主义的理念在创造中的作用的学说。亚里士多德提出的自然事物与理性事物的区分在中世纪被扩大使用，前者指自然界的事物，后者则指心灵中的东西。由此形成托马斯·阿奎那（Thomas Aquinas）所强调的自然物与超自然物。自然物属于由第一因所决定的、一些次要原因的层次。奥卡姆的威廉（William of Ockham）强调自然物层次完全依赖于上帝的意志。法国的勒内·笛卡尔（Rene Descartes）认为，自然是占有空间的广延的物体，而有限的灵魂与上帝则在自然之外。英国的约翰·洛克把自然看成作为实体经验的对象，是独立存在的，但已有不可知的因素。贝克莱则把自然看成由上帝印在人们头脑中的一连串的观念，开创了把自然看成观念的理论。大卫·休谟（David Hume）从其观念的联想理论出发，认为自然是由我们认识中的观念材料形成，有一定的秩序，具有规律。德国康德将自然意指为现象世界。认为自然由因果必然性的秩序表示，因果必然性构成了现象界，自然不属于自在之物。马克思用“人化的自然”表示人对自然的认识，人化的自然即人所认识到的自然界，这种认识是永远发展的。①

杜威的自然主义源于美国传统的自然主义，而这个思想可追溯到古希腊的思想。在对传统哲学的改造中，杜威不只是改造“经验”，同时也改造“自然”，与皮尔士、詹姆斯一样，杜威也深受达尔文进化论的影响。他视“经验”为有机体与环境之间相互作用的过程和结果。杜威的自然概念是有深度和广度的。在杜威看来，自然外在于人和其经验，他并不否认在人出生之前，或者人类诞生之前的自然世界。“因此，真正的原始经验有很多特性，其中自然事物是产生一切变化的决定性因素。”② 杜威的“自

① 冯契：《外国哲学大辞典》，上海辞书出版社，2008 年，第 32 页。

② John Dewey, *Experience and Nature*, George Allen & Unwin Ltd., 1929, p. 2a.

然”概念的重点并不是原始人的那种外在世界生活，而在于现实的直接现实世界。人类生活在现实世界中，为了使自身更好地生存下去，就必须把自己视为自然中的一部分，根据自然产生的各种变化来调节自身，以适应自然带来的各种挑战。

杜威的自然主义运用了科学的方法、证据和推理去探索自然以及人在自然中的关系。杜威的自然主义思想的突出特点不单是利用科学和技术的方法去探索自然本质，而是去解决人在社会生活中出现的问题。“有断言称，处处存在同样的规律，即自然界每处的物质和过程都有同质性。那种遥不可及、具有审美意义的崇高可以用日常熟悉的事件和力量进行科学地描述和解释。”① 杜威自然主义伦理学主张运用科学与理性相结合的探究方法来验证自然本真和解决人的问题。

2. 语篇精粹

语篇精粹 A

Nature is an artist that works from within instead of from without. Hence all change, or matter, is potentiality for finished objects. Like other artists, nature first possesses the forms which it afterwards embodies. When arts follow fixed models, whether in making shoes, houses, or dramas, and when the element of individual invention in design is condemned as caprice, forms and ends are necessarily external to the individual worker. They preceded any particular realization. Design and plan are anonymous and universal, and carry with them no

① John Dewey, *Experience and Nature*, George Allen & Unwin Ltd., 1929, p. 16.

suggestion of a designing, purposive mind.①

译文参考 A

自然是一个艺术家，它是从内部而不是从外部进行工作的。因此，一切的变化或事件，都是成品对象的潜能。像其他的艺术家一样，自然首先拥有了形式，然后把它体现出来。当艺术遵循固定模式时，无论是制造鞋子，搭建房子还是创作戏剧；当设计中出现的个人创新元素被批为是异想天开时，形式和目的就必然是对个体工人的外在要求。它们先于任何一种实现。设计和计划显得毫无特色，极为普遍，不会表现出一种具有设计灵感和创作意图的思维。

语篇精粹 B

If nature is as finished as these schools have defined it to be, there is no room or occasion in it for such a mind; it and the traits it is said to possess are literally supernatural or at least extra-natural. A realist may deny this particular hypothesis that, existentially, mind designates an instrumental method of directing natural changes. But he cannot do so in virtue of his realism; the question at issue is what the real is.②

译文参考 B

如果自然是像这些学派所定义的那样已是成品，那么在自然中就没有提供给思维的空间或机会；按字面上讲，思维及其特性是超自然的或至少是在自然之外的。一位现实主义者可能会否认

① John Dewey, *Experience and Nature*, George Allen & Unwin Ltd., 1929, p. 92.

② Ibid., p. 160.

这种假设，即从存在主义角度讲，思维意味着一种指导自然变化的工具方法。但是他不能凭借他的现实主义观点就真的否认以上假设，问题关键在于什么才是现实的？

语篇精粹 C

And unless we start from knowing as a factor in action and undergoing we are inevitably committed to the intrusion of an extra-natural, if not a supernatural, agency and principle. That professed non-supernaturalists so readily endow the organism with powers that have no basis in natural events.①

译文参考 C

除非我们开始把认知作为行动和经历中的一个因素，否则我们不可避免地要承认，如果不是超自然的，也是有一个自然之外的行动和原则介入其中。那个自称非超自然主义者如此轻易地赋予有机体各种能力，以至于在自然事件中毫无依据可循。

（三）价值（Value）

1. 术语解读

价值，是表征现实的人同满足其某种需要的客体的属性之间关系的范畴。指某种事物或现象对个人、阶级或社会具有积极意义，能满足人们的某种需要，成为人们的兴趣、目的所追求的对象，就客体的属性满足主体的不同需要而言，可分为经济的、科学的、道德的、审美的、法律的、政治的、文化的、宗教的和历

① John Dewey, *Experience and Nature*, George Allen & Unwin Ltd., 1929, p. 23.

史的价值等。价值在本质上是一个历史社会的范畴。它是客观的，同时又受一定社会历史条件所制约。它的实现要通过人们的社会实践。①

在杜威的伦理学中，价值理论是一个核心概念。“价值就是价值，是直接具有一定内在特性的东西。”② 在杜威看来，“某些价值不是罕有的或喜庆场合才有的特征。它们会在当任意对象颇受欢迎或流连徘徊时出现，也会在任意对象引起厌恶和抗议时出现，即使这种徘徊只是暂时的，这种厌恶也只是向另一事物匆匆一瞥罢了”③。这样价值是由内在心理产生的，价值与外在事情相互联系。价值显现出的特性或性质会附加在外在事件或事物之上。

杜威认为，价值与评价的区别，评价是评价者经过审慎的思考，经过思维或判断后得出来的。杜威把价值称为直接的，而把评价称为间接的。之所以把价值称为直接的，是因为价值是人类直接享有的，而评价是通过人审慎思考研究得出的。在他看来，价值是物体的存在属性，不会因人对它的看法、评价不同而改变它自身的价值。对某物评价是否得当，就根据物品的价值还有评价者依据科学而有效的评判。在杜威看来，“在已经认可的好和那种直观感觉好但判断成坏的好，二者之间差别的合理性，通常取决于反思的价值，尤其是一种特殊反省活动的价值。”④

杜威坚决反对传统经验主义对价值的解释。因为这个理论把价值降为事先享受的对象，而不顾及这些对象之所以产生的方法。

---

① 简明哲学百科辞典编写组：《简明哲学百科辞典》，现代出版社，1990 年，第 180 页。

② John Dewey, *Experience and Nature*, George Allen & Unwin Ltd., 1929, p. 4.

③ Ibid., p. 16.

④ Ibid., p. 400.

有些享受因为没有受到智慧操作的调节，是偶然的，而经验主义理论则把这种偶然性当作价值本身。因此，“享受不再是一种基准，而变成一个问题了。变成一个问题了！它意味着我们对于一个价值对象的条件和结果进行理智的探索，那就是批评”①。杜威所做的批评，既包括判断，也包括评价。批评的核心内容有：第一，在对事物的欣赏中发现新意义；第二，通过批评将意义转化为价值；第三，通过批评，探究价值产生的条件、评估价值产生的后果。杜威认为，做出一个评价，进行一个估计和判断，使价值成为有意义的、有理智的和可理解的。探究价值，可以更容易理解价值。从单纯的思考转向试验，让价值更加理智；从终极转向实用，让价值更有意义。

2. 语篇精粹

语篇精粹 A

For by implication at least values are recognized to be fugitive and precarious, to be negative and positive, and indefinitely diversified in quality. Even that metaphysical theory of super-idealism which finds them to be eternal, and the eternal foundation and source of shifting temporal events, bases its argument upon the undeniable insecurity, the interminable elusiveness, the appearance and disappearance, of values in actual experience.②

---

① John Dewey, *Experience and Nature*, George Allen & Unwin Ltd., 1929, pp. 402–403.

② Ibid., p. 396.

译文参考 A

至少暗示了价值是难以捉摸和不稳定的，既消极又积极，在性质上具有无限的变化。即便超唯心主义的形而上学理论发现价值是永恒的，具有永恒的基础，是改变暂时事件的源泉，但仍然不可否认，该理论在现实经验价值中的论证基础实在薄弱，永远让人捉摸不定，反复出现又再消失。

语篇精粹 B

Values are values, things immediately having certain intrinsic qualities. Of them as values there is accordingly nothing to be said; they are what they are. All that can be said of them concerns their generative conditions and the consequences to which they give rise. The notion that things as direct values lend themselves to thought and discourse rests upon a confusion of causal categories with immediate qualities.①

译文参考 B

价值就是价值，它们是直接具有一定内在性质的东西。于是，仅把它们作为价值来看，自然没有什么可说的，它们就是它们自己。所有值得讨论的都是有关于它们产生的条件和所造成的后果。事物作为直接价值可以参与思考，并且拥有话语权，这一观点基于具有直接性的因果范畴所产生的困惑而提出。

语篇精粹 C

Any theory of values is perforce entrance into the field of criticism. Value as such, even things having value, cannot in their immediate

---

① John Dewey, *Experience and Nature*, George Allen & Unwin Ltd., 1929, p. 396.

existence be reflected upon; they are or are not; are or are not enjoyed. In themselves, values may be just pointed at; to attempt a definition by complete pointing is however bootless. Sooner or later, with respect to positive or negative value, designation will have to include everything.①

译文参考 C

任何关于价值的理论都是通向批评领域的必然入口。从价值本身来看，即便事物拥有价值，也不能把价值的直接存在表现出来；它们要么存在，要么不存在；要么被享受，要么不被享受。价值本身只能被指出来，想要通过全面指出价值来试图定义它们，无论如何都是徒劳的。至于是积极价值还是消极价值，迟早会有命名来说明一切。

（四）科学（Science）

1. 术语解读

科学是以范畴、定理、定律形式反映现实世界多种现象的本质和运动规律的知识体系。它是社会意识形式之一，有时也指生产知识的活动和过程，具有认识功能和实践功能，目的是在正确认识世界的指导下能动地改造世界，使人类在对自然界、社会的关系中获得自由。大体分为自然科学、思维科学、数学和哲学五大部分。它推动生产力的发展，能够由知识形态转化为生产力，又直接或间接地引起社会关系的变化和变革。现代科学的发展在

---

① John Dewey, *Experience and Nature*, George Allen & Unwin Ltd., 1929, p. 396.

高度分化的基础上达到高度综合，各门类、学科和分支之间相互联系、相互渗透，交织成人类科学认识之网。科学活动既是一种精神生活现象又是一种物质实践活动。作为一种精神生活的现象，科学活动是知识的生产。科学的任务是正确说明和解释现实世界的过程和现象，探究其运动规律，揭示客观真理，进而对事物的发展做出正确的预见，指导人的实践活动。科学的最终目的，是在对世界的正确认识的指导下能动地改造客观世界，使人类在自然界的关系中和在社会关系中获得自由。科学来源于社会，它的发展和所起的作用也受社会的制约。科学是无国界的，实现社会主义现代化建设，必须吸取和掌握一切先进的科学技术。①

杜威的科学方法就是经验的方法：一方面紧贴着自然，与自然界相互作用，另一方面又扬弃过时的价值，使经验成为改造世界和解决问题时创造新价值的工具。杜威对科学的认识是建立在实用基础上的。达到真理的方法就是有逻辑探究的方法，也就是科学的方法。杜威从他的工具主义出发，把科学看作一种工具、一种方法、一种完善的对行动的控制工具。科学是由人类创造出来的特殊工具和方法形成的，人们使用科学的方法来进行思考和解决问题。科学不是人类与生俱来的，而是通过对事物观察研究获得的。科学作为一种有组织的或系统的知识，是一个经过适当的和必要的检验和证实而形成的组织和系统。“所谓的科学对象，实际上就是指一种完整且自足、认知终结的物理对象。因此，对待这种科学对象使我们承担了一个毫无必要，而又问题无解的重

① 刘华初：《实用主义的基础：杜威经验自然主义研究》，人民出版社，2012 年，第 154 页。

担。”① 一个人要拥有必要的专业知识和探索科学的精神，充分利用科学这个有效的工具。杜威认为，要拥有一种坚持不懈的、批判的、探究的和测试的科学态度。

杜威高度肯定科学对人类社会做出的巨大贡献。工业革命以后，各种科学发明应用于生产和生活，使人们得到了更多的便利。科学是人类认识世界的过程，科学在直接的和间接的程度上成为人们改变人类生活和改造世界的工具。科学可以客观的反映事实和规律。科学作为一种认识世界的方法论在人们的意识之中日益根深蒂固。“近代科学世界是一个开放的世界，内部构成变化不定，不设任何限制，可以无限向外伸，没有边际。”② 科学是由各种复杂的学科知识组成的学科群，由此形成了一个多方面、深层次的知识系统。科学技术是推动现代生产力发展的重要因素和重要力量。科学技术是现代生产力发展和经济增长的第一要素。现代科学的超前性对生产力发展具有先导作用。杜威竭力要把科学方法用于伦理学，使科学成为民主希望和信仰的力量。③

在本质上，科学的探究是解决不确定情境的问题，在待解决的问题面前人们都是探索者，共同的合作、协商、探求是共同解决问题所必需的。因此，科学探究过程必然是民主的、平等的、自主的、自由的过程。鉴于民主、平等、自由是民主社会的精神核心，自主探索、平等协商、自由表达、达成共识的科学探究过程自然就是一种民主教育训练的过程，就是潜移默化地民主精神、

① John Dewey, *Experience and Nature*, George Allen & Unwin Ltd., 1929, p. 4.

② John Dewey, *Reconstruction in Philosophy*, Henry Holt and Company, 1920, p. 54.

③ ［美］约翰·杜威：《人的问题》，傅统先译，上海人民出版社，1956年，第21页。

培养民主社会的公民教育过程。杜威之所以得出科学探究的方法与民主社会的活动方式是一致的结论，是因为他认为，科学探究的活动是解决人们共同关心的问题，科学活动是一种公开的活动，科学结论是科学家们共同达成的共识，科学家达成共识的过程需要重视发现证据，需要彼此讨论、协商，探索科学理论的过程是公开的、民主的、平等的。

2. 语篇精粹

语篇精粹 A

Modern science took its first step when daring astronomers abolished the distinction of high, sublime and ideal forces operating in the heavens from lower and material forces actuating terrestrial events. The supposed heterogeneity of substances and forces between heaven and earth was denied. It was asserted that the same laws hold everywhere, that there is homogeneity of material and process everywhere throughout nature. The remote and esthetically sublime is to be scientifically described and explained in terms of homely familiar events and forces.①

译文参考 A

天空的意义高贵、庄严、理想化，大地的意义显得那么卑贱、充满物欲。当大胆的天文学家抛弃了天地之间的区别时，现代科学就迈出了它的第一步。天地存在的物质和力量的异质性被否定了。值得肯定的是，处处运行着同样的法则。自然界每处的物质和变化过程都有同质性。那种遥不可及、具有审美意义的崇高，

① John Dewey, *Reconstruction in Philosophy*, Henry Holt and Company, 1920, p. 65.

可以用日常熟悉的事件和力量进行科学地描述和解释。

语篇精粹 B

The net result of the new scientific method was conception of nature as a mathematical-mechanical object. If modern philosophy, reflecting the tendencies of the new science, abolished final causes from nature, it was because concern with qualitative ends, already existing objects of possession and enjoyment, blocked inquiry, discovery and control, and ended in barren dialectical disputes about definitions and classifications.①

译文参考 B

这种新的科学方法的纯粹结果，是作为一种数学—力学对象的自然概念。如果反映这种新科学趋势的现代哲学从自然中废弃了终极因，这是因为考虑到质的终结、对现存对象的拥有和享受，阻碍了探究、发现和控制，最终以对定义和分类的无效辩论而告终。

语篇精粹 C

Hence the ultimate objects of science are guided processes of change. The instrumental objects of science are completely themselves only as they direct the changes of nature toward a fulfilling object. Thus it may be said intelligibly and not as mere tautology that the end of science is knowledge, implying that knowledge is more than science, being its fruit.②

---

① John Dewey, *Experience and Nature*, George Allen & Unwin Ltd., 1929, pp. 131-132.

② Ibid., pp. 160-161.

译文参考 C

由此可见，科学的终极对象是被指导的变化过程。科学的工具对象完全是它们自己，因为它们将自然变化指向一个令人愉悦的对象。因此，我们很容易理解，科学不仅仅是一个恒真命题，即科学的终结是知识，其实更意味着知识不仅是科学，更是它的成果。

（五）民主（Democracy）

1. 术语解读

民主就是承认多数人的意志是政权的基础并宣布公民自由平等的国家制度，与“专制”相对。民主的基本特征是国家承认少数服从多数的原则，权力是受限制和监管的，它是阶级社会的产物，有具体的阶级内容和发展过程，实质是阶级专政的表现，总之只是统治阶级中的多数人享有国家权力，而对敌对阶级实行专政。[①] 民主属于上层建筑，属于政治范畴，它植根于经济基础之中并为它服务。

在原始社会，没有私有制、阶级和国家，在氏族公社内部生活中实行原始的民主制，这是一种非政治民主，只是人类历史上的民主制的萌芽。在奴隶社会，奴隶主主宰一切，奴隶与奴隶主之间没有任何民主可言。古希腊的民主制，是历史上的奴隶民主制的典型。在封建社会，政权集中在君主（帝王）一人手中，形

① 简明哲学百科辞典编写组：《简明哲学百科辞典》，现代出版社，1990 年，第 197 页，第 293 页。

成等级森严的封建专制统治，不仅劳动群众没有任何政治权利，就连统治阶级内部也无民主可言。中世纪是封建专制主义统治最黑暗时期。资产阶级民主是资本主义经济在封建社会内部有了初步发展之后才兴起的。他们的思想家孟德斯鸠、伏尔泰、卢梭、狄德罗等人都激烈抨击封建专制制度，提出自由平等是“天赋人权”。随着历史的发展，出现了与资产阶级相对立的无产阶级社会主义民主制。马克思、恩格斯赋予民主以新的含义，明确指出无产阶级对民主的要求不限于消灭特权，它以消灭阶级本身为其政治内容。无产阶级把争取民主的斗争与争取社会主义的斗争两者紧密的联结在一起。通过无产阶级革命所建立的无产阶级民主，是一种新的民主。①

独立战争的爆发使美国人民从等级的传统观念中解放出来，自由与民主的观念开始出现。在自由与民主观念引领下，渐渐塑造了一个崭新的美国精神。民主社会是杜威心中的理想国。而民主的功能，杜威在其代表作《民主主义与教育》中做了细致描述：“一个社会中，它的全体成员都能在同等条件下共同享受社会的利益，并通过相关生活的不同形式产生互动，使社会各种制度得到灵活的重新调整，目前而言，这就是民主社会。”② 杜威认为，共同生活是人类最完美的生活形式。在论述民主思想时，首先是将民主一词局限于“共同生活”的范围内。民主社会的形成虽注重个人权利的重要性，但最终还是为所有人的共同利益着想。

---

① 刘华初：《实用主义的基础：杜威经验自然主义研究》，北京人民出版社，2012年，第195~207页。

② John Dewey, *Democracy and Education*, A Penn State Electronic Classics Series Publication, 2001, p. 104.

他强调人们是因为需要某种共同的东西而生活在一起，这表明了这种群居的空间含义和共同群体的重要性，这是一种社群主义式的民主。“民主主义不仅是一种政府形式，它主要是一种相互联系的生活方式，也是共同交流经验的方式。”①

杜威的社会理念就是建立个体与社会相互和谐的民主社会，这是杜威民主思想最重要的思想。虽然当时的美国已经按照民主法制的思想建国一百多年，但杜威认为其民主体制仍不健全，还有很多地方需要加以改进。因为在这个社会中还存有广泛的种族歧视、战争等现象，个人眼界的狭隘与低下也与杜威提倡的民主体制思想不匹配。民主思想可以使人们彼此平等和谐地进行交谈，通过交谈，一方面，解决彼此之间的问题与冲突，进而成功地协调、整合各种不同价值观，构建一个相互理解、相互肯定的彼此包容的和谐社会；另一方面，要知道自身独特性，发现自身拥有独特的观察力，并在交流中不断地更新自己的理念，得到更多新的知识。对于杜威而言，“民主”理想不再是某种抽象的概念，而是具体地表现为一种生活方式，一种渗透到个体生活中的观念。作为一种道德理念，民主思想促使人们和谐平等的建立共同体，“通过形形色色的交往产生各种新的情况，在此形势下就会出现不断地重新调整。”② 为每个成员都提供充分的机会与资源，使人们通过参与政治、社会与文化生活而完全实现其自身的价值。

要实现杜威的“民主”思想，不能按照某种外在的灌输或遵

① John Dewey, *Democracy and Education*, A Penn State Electronic Classics Series Publication, 2001, p. 91.

② Ibid., p. 91.

循已有的规律。民主社会的理念就是要使全体成员都可以以同样的条件参与社会活动，共同享受社会利益，建造适合大众的体制，构建和谐民主的社会生活。形成一个民主社会的方式与途径是要通过教育活动。杜威认为民主社会没有一个最终的结果，需要不断进行改造与完善。人是民主社会的核心，教育要从人自身出发，也是社会价值的体现。而这些需要通过教育活动来改造，因为杜威认为教育具有改造社会的作用。“他们努力塑造年轻人的经验，而不是复制现有习惯，这样就能形成更好的习性，因此未来的成年社会将会靠他们自己来获得成功。”① 教育是一个社会形成的必要条件，人通过教育来实现社会的延续和传承。

2. 语篇精粹

语篇精粹 A

Upon the educational side, we note first that the realization of a form of social life in which interests are mutually interpenetrating, and where progress, or readjustment, is an important consideration, makes a democratic community more interested than other communities have cause to be in deliberate and systematic education. The devotion of democracy to education is a familiar fact. The superficial explanation is that a government resting upon popular suffrage cannot be successful unless those who elect and who obey their governors are educated. Since a democratic society repudiates the principle of external authority,

① John Dewey, *Democracy and Education*, A Penn State Electronic Classics Series Publication, 2001, p. 84.

it must find a substitute in voluntary disposition and interest; these can be created only by education.[①]

译文参考A

在教育方面，我们首先注意到，由于民主社会实现了一种社会生活方式，在这种社会中，各种利益相互渗透，并特别注重进步或再调整，这就使民主社会比其他社会更有理由关心微妙又系统的教育问题。众所周知，民主政治热心教育。表面的解释是，一个民主的政府，除非选举人和受统治的人都受过教育，否则这种政府就是不能成功的。因为民主社会否定外部权威原则，必须用自愿的倾向和兴趣来替代权威，而自愿的倾向和兴趣只有通过教育才能实现。

语篇精粹B

When social efficiency as measured by product or output is urged as an ideal in would be democratic society, it means that the depreciatory estimate of the masses characteristic of an aristocratic community is accepted and carried over. But if democracy has a moral and ideal meaning, it is that a social return be demanded from all and that opportunity for development of distinctive capacities be afforded all. The separation of the two aims in education is fatal to democracy; the adoption of the narrower meaning of efficiency deprives it of its essential justification.[②]

---

① John Dewey, *Democracy and Education*, A Penn State Electronic Classics Series Publication, 2001, p. 91.

② Ibid., p. 127.

译文参考 B

在一个号称民主的社会中，用产品和产量来衡量社会效率，并且把它当作为理想，这就等于接受并沿袭了一种贵族社会所特有的贬低人民大众的传统。但是如果民主具有道德和理想的含义，那么它就要求所有人都要回报社会，与此同时给所有人提供发展独特才能的机会。个人的发展与社会效率这两个教育目的分离，是对民主的致命打击；采用狭义的效率，就剥夺了效率的基本判断标准。

语篇精粹 C

A society which makes provision for participation in its good of all its members on equal terms and which secures flexible readjustment of its institutions through interaction of the different forms of associated life is in so far democratic. Such a society must have a type of education which gives individuals a personal interest in social relationships and control, and the habits of mind which secure social changes without introducing disorder.①

译文参考 C

在一个社会中，它的全体成员都能以同等条件，享受社会的福利，并通过各种形式的生活彼此联系、相互影响，使社会制度得到灵活的再调整，那么这个社会就是民主社会。这种社会必须有一种教育，能使每个人都对社会关系和社会调控产生兴趣，形成良好的心智习性，保证社会变化不会引起混乱。

---

① John Dewey, *Democracy and Education*, A Penn State Electronic Classics Series Publication, 2001, p. 104.

（六）教育（Education）

1. 术语解读

教育哲学是用哲学观点研究和解释教育的本质。价值、作用、目的、方法、课程、教材等重大理论问题的交叉学科，是教育学的基础理论学科。教育哲学一词最早出现于1848年德国教育学家卡尔·罗森克兰茨（Karl Rosenkranz）所著的《教育学体系》（*Education System*）一书中。可以说，教育哲学是综合教育学科的知识而成为整体的学问，还可以认为，教育哲学是从哲学观点论教育和从教育的观点论哲学的学问；而且教育哲学具有思辨性、规范性和批判性的特点，是从总体上去认识教育的学问。一般分为自然主义派、理性主义派、实验主义派。20世纪60年代又兴起了新托马斯主义派、存在主义派、新行为主义派、结构主义派、分析主义派等。杜威的《民主主义与教育》（*Democracy and Education*）就是其中的代表作之一。[①]

杜威教育理念的形成与他早期的教学和研究活动有着密切的联系，因为早期工作经验使他对教育活动产生了很大的兴趣。他对传统教育形式进行了深入的研究和批判，并将此确定为他为之奋斗的目标，即打破传统的教育形式，建立一套新的教育理念和教育形式。在黑格尔、詹姆士和达尔文等人的影响下，杜威得出了新的教育理念并运用新的教育理论，结合美国教育现状，让学习参与到教育活动中。这也是杜威的教育思想产生的源泉。

---

① 金炳华等：《哲学大辞典》，上海辞书出版社出版，2001年，第640页。

19世纪末的美国正处于南北战争结束后的大规模扩张和改造时期，大量移民的涌入，人口爆发式地增加，特别是由于工业技术的提升，使得大型企业迅速发展，这就对教育提出了新的挑战，迫切要求学校培养出灵活并适应急剧社会变化的创造型和知识型综合性人才。然而当时的很多学校的制度、课程、教学方法还是沿袭欧洲旧理论旧思想，形式主义占主导地位。传统的教育模式束缚了创造性才能的培养。“信息的获取和积累大多是从背诵和考试中机械复制而来。”[①] 为此，杜威对传统的经院式教育进行了深刻地批判。他在描述传统学校中，讲到很多学校束缚儿童创造力自由发挥的空间，只是供儿童静听和被动接受的场所，教师教授学生准备好的现成教材，让学习者在较少的时间内获得尽可能多的知识技能。“教育工作者的问题就是让学生参与到这些活动中：通过参与活动使他们不但得到手工技巧，提升技能效率，也能在工作中及时获得满足感，共同为今后的有效运用做好准备，所有这一切都应将隶属于教育。”[②] 杜威认为这种与生活脱离的学校学习方式不利于学习者获取知识。

杜威实用主义的教育思想，在发达国家中，无论是中学小学还是大学，无论是在教材还是教学方法上，都注重从基础开始培养学生熟悉社会、适应社会、培养在社会上独立生活的能力。根据杜威的理念，明智的学习方法就是要学会思维，就是在教学过程中获取明智的经验。他说：“所谓思维或反思，就是要辨明我

---

① John Dewey, *Democracy and Education*, A Penn State Electronic Classics Series Publication, 2001, p. 164.

② Ibid., p. 204.

们尽力所为之事和所发生的结果之间的关系。虽然之前没有明确它，但实际上我们已经领会了这一点。离开某种思维的因素，就不可能产生有意义的经验。”① 儿童只有身处直接的经验的环境中，独立思考各种问题，找寻解决问题的方法，才能称为真正的思维。而社会上需要的一些知识能力，学校却不能在实际教学中传授给学习者，因此，学生在走上社会后需要花费很长时间来重新学习知识和掌握相关的本领。

2. 语篇精粹

语篇精粹 A

If our conclusions are justified, they carry with them, however, definite educational consequences. When it is said that education is development, everything depends upon how development is conceived. Our net conclusion is that life is development, and that developing, growing, is life. Translated into its educational equivalents, that means (i) that the educational process has no end beyond itself; it is its own end; and that (ii) the educational process is one of continual reorganizing, reconstructing, transforming.②

译文参考 A

如果我们的结论合情合理，它们就具有明确的教育成果。当我们说教育就是发展时，一切就看对发展一词怎样理解。我们得

---

① John Dewey, *Democracy and Education*, A Penn State Electronic Classics Series Publication, 2001, p. 150.

② Ibid., p. 54.

出的最终结论就是：生活就是发展，不断发展，不断成长，这就是生活。换成教育的术语来说，就是①没有超越教育过程的目的，教育过程本身就是目的；②教育过程是一个不断重组、不断重建和不断转变的过程。

语篇精粹 B

Development, in short, has taken place by the entrance of short-cuts and alterations in the prior scheme of growth. And this suggests that the aim of education is to facilitate such short-circuited growth. The great advantage of immaturity, educationally speaking, is that it enables us to emancipate the young from the need of dwelling in an out-grown past. The business of education is rather to liberate the young from reviving and retraversing the past than to lead them to a recapitulation of it.①

译文参考 B

简而言之，发展就是另辟捷径并且改变先前的成长计划。这就表明，教育的目的是为了促进这种成长。就教育而言，年轻人的未成熟状态有很大的优势，可以使他们解放出来，不去重蹈覆辙。教育的任务就是要把年轻人从过去的套路中解放出来，而不是让他们重演过去。

语篇精粹 C

The breakdown of his philosophy is made apparent in the fact that he could not trust to gradual improvements in education to bring about a

① John Dewey, *Democracy and Education*, A Penn State Electronic Classics Series Publication, 2001, p. 78.

better society which should then improve education, and so on indefinitely. Correct education could not come into existence until an ideal state existed, and after that education would be devoted simply to its conservation. For the existence of this state he was obliged to trust to some happy accident by which philosophic wisdom should happen to coincide with possession of ruling power in the state.①

译文参考 C

事实上，柏拉图哲学观的瓦解表明了，他不相信教育的逐步完善能使社会变得更好，进而改进教育，如此循环以至无穷。理想的国家才能产生正确的教育，然后，教育便一心致力于维持这个理想国。为了使这个理想国存在下去，他必须信任某些可喜的事件，使哲学的智慧和拥有国家统治权的思想一致。

（七）思维（Think）

1. 术语解读

思维有两种意义，第一种意义是理性认识，思维包括抽象（逻辑）思维和形象思维，通常指抽象思维。人脑是思维的器官，人脑的思维活动在社会实践的基础上，对感性材料进行分析和综合，通过概念、判断、推理的形式，反映客观事物的本质和规律性，它是一个从抽象到具体的过程。思维必须通过语言来进行，思维是语言的内容。第二种意义是与存在（物质）相对而言，和

① John Dewey, *Democracy and Education*, A Penn State Electronic Classics Series Publication, 2001, pp. 95-96.

意识，精神同义。思维与存在是对立统一的关系。①

古希腊哲学家德谟克利特（Democritus）认为灵魂是一种特殊的原子，它可以进行思维。柏拉图认为人的思维能力在于人的理性灵魂，人的思想在于灵魂对理念世界的回忆，感觉只起一种刺激作用，使人回忆起他已经遗忘了的东西。亚里士多德把思维看成有机体的产物，认为理性灵魂也是有机体的形式，因而他趋向于用人的大脑的功能来说明思维。托马斯·阿奎那认为人的肉体和灵魂都是上帝创造的，灵魂决定和推动肉体，使人能感觉，也能思维。邓斯·司各脱从亚里士多德的观点出发，认为一切事物都由形式和质料构成，质料是人的精神活动的基础，提出了物质能不能思维的问题。笛卡尔的二元论认为心灵实体是各种精神属性的承担者，它的本质是思想，因而把思维与物质的活动分裂开来，笛卡尔学派的后继者试图用偶因说、“二时钟”说等，把精神实体和物质实体的分裂结合起来，把精神和肉体的活动看成是由上帝预先建立的和谐关系，思维也带有上帝决定的性质。巴鲁赫·斯宾诺莎（Baruch Spinoza）把笛卡尔的哲学改造为实体一元论，并用身心平行说来解释活动问题，认为一切物体都有思维属性，因而思想是物体的属性。英国的托马斯·霍布斯（Thomas Hobbes）把思维看成物体或物质的属性，认为能思维的物质仍然是物质的机体，人的思想就像是计算那样的物质活动。德国古典哲学则把思维看成心灵运动的产物。康德认为先验自我的统觉是一种综合能力，它可以把感觉所得到的材料加以先验的组合，形

---

① 简明哲学百科辞典编写组：《简明哲学百科辞典》，北京现代出版社，1990 年，第 409 页。

成一种有秩序有规律的知识。马克思主义哲学从人对外界事物的能动的反映来说明人的思维活动，认为它是从初步的感性认识进一步概括而达到的理性认识的产物，并强调实践在思维提高中的作用。思维根本不能实现什么东西，为了实现一种思想，就必须要有实践能力的人。①

在《民主主义与教育》(*Democracy and Education*) 一书中，杜威指出，“所谓思维或反思，就是要辨明我们尽力所为之事和所发生的结果之间的关系。虽然之前没有明确它，但实际上我们已经领会了这一点。”② “对于任何信念或假设性的知识，依据其基础和进一步的结论，进行积极的、持续的和谨慎的思考，就形成了反思性思维。”③

关于教育的方法，主要是激发学生学习的积极性。学生是学习的主体。杜威提出，教师首先要弄清学生的兴趣是什么，然后教授儿童书上的知识，使儿童有兴趣地参与活动，使教育活动成为有目的的、能产生积极结果的、积极地进行知识的探究，并将这种探究活动称为一种不仅向人求知，同时向书本求知的能力。我们要培养学生的思维，就不能单纯传授一些文化知识，不能靠死记硬背的教学，而是要为学生提供激发其思维的情境，让其可以主动地参与到活动中进行学习和实践。“教育工作者给小学生一些事情去做，而不是给他们一些东西去学；做事情就需要进行

① 冯契：《外国哲学大辞典》，上海辞书出版社，2008 年，第 43 页。

② John Dewey, *Democracy and Education*, A Penn State Electronic Classics Series Publication, 2001, p. 150.

③ John Dewey, *How We Think*, D. C. Heath & Co. Publishers, 1910, p. 6.

思考或者有意识地注意事物间的联系，最后他们自然地就学到了知识。"[①]

杜威提出的反思性思维及其在教学中的使用，对当前的教育改革提供了不可取代的思想源泉。"因此，教师既要懂得知道教育主要内容，也要知道学生的特殊需要和各种能力。"[②] 我们在教育问题上的探讨要突显创新和突破，在驾驭培养目标、内容和方法上都要进行相应的改变，推动教育的改革与创新。教师应更多地关注教育的目的、行为在社会与个人的关系上，以及教育的产生背景、教育方法和课程的原理等更宏观的教育问题上。作为现代教育的代表人物，杜威的教学思想在20世纪上半叶美国乃至全世界教学改革中起了重要的理论指导作用。杜威的反思性思维观正适于我国教育改革，对教育工作者确立现代教学理念、改革课堂教学具有重要的意义。

2. 语篇精粹

语篇精粹 A

Where there is thought, things present act as signs or tokens of things not yet experienced. A thinking being can, accordingly, act on the basis of the absent and the future. Instead of being pushed into a mode of action by the sheer urgency of forces, whether instincts or a habit, of which he is not aware, a reflective agent is drawn (to some

---

① John Dewey, *Democracy and Education*, A Penn State Electronic Classics Series Publication, 2001, p. 160.

② Ibid., p. 191.

extent at least) to action by some remoter object of which he is indirectly aware.[①]

译文参考 A

这里需要思考的是那些目前还没经历过的事物，它们表现为某种迹象或预兆。因此，有思维能力的人就能够根据尚未出现的和未来的事情而采取行动。能够进行反思的主体并不是在他无意识的本能或习惯的驱使下被动地采取行动，他会间接意识到（至少是在某种程度上）某种较遥远的对象而采取行动。

语篇精粹 B

Thinking is important because, as we have seen, it is that function in which given or ascertained facts stand for or indicate others which are not directly ascertained. But the process of reaching the absent from the present is peculiarly exposed to error; it is liable to be influenced by almost any number of unseen and unconsidered cause, past experience, received dogmas, the stirring of self-interest, the arousing of passion, sheer mental laziness, a social environment steeped in biased traditions or animated by false expectations, and so on. The exercise of thought is, in the literal sense of that word, inference; by it one thing carries us over to the idea of, and belief in, another thing.[②]

译文参考 B

正如我们所想，思维是重要的，因为它具有这样一种功能，

---

① John Dewey, *How We Think*, D. C Heath & Co. Publishers, 1910, pp. 14-15.

② Ibid., p. 26.

已有的或已确定的事实就代表着或者暗示着那些并未直接查明的情况。但这种从现有事物获得所缺事物的过程尤其会暴露错误。这种过程容易受到很多看不见和想不到的原因的影响，如以往的经历，信奉的信条，自我利益萌动，激情振奋，精神怠惰，充满传统偏见或受错误期待驱使的社会环境等。按字面意思看，思维实践就是推理，把我们对一件事的想法和信念带到对另一件事的思考中。

语篇精粹 C

The trained mind is the one that best grasps the degree of observation, forming of ideas, reasoning, and experimental testing required in any special case, and that profits the most, in future thinking, by mistakes made in the past. What is important is that the mind should be sensitive to problems and skilled in methods of attack and solution.①

译文参考 C

一种训练有素的思维在任何特殊情况下都能精确地掌握观察程度，形成想法，进行推理、实验、测试，并且从以往的错误中吸取经验，使今后的思维得到最大限度的改善。重要的是，这种思维应该对各种问题感觉敏锐，在批评和解决方法上技巧娴熟。

① John Dewey, *How We Think*, D. C Heath & Co. Publishers, 1910, p. 78.

第七章 列维-斯特劳斯：结构世界的揭示者

This totalitarian ambition of the savage mind is quite different from the procedures of scientific thinking. Of course, the great difference is that this ambition does not succeed. We are able, through scientific thinking, to achieve mastery over nature—I don't need to elaborate that point, it is obvious enough—while, of course, myth is unsuccessful in giving man more material power over the environment. However, it gives man, very importantly, the illusion that he can understand the universe and that he does understand the universe. It is, of course, only an illusion.①

——Claude Lévi-Strauss

野性思维的这种极权主义雄心和科学思维的过程截然不同。当然，最大区别就是这种雄心并没有获得成功。通过科学思维，我们实现

① Claude Lévi-Strauss, *Myth and Meaning*, Routledge, 1978, p. 6.

了对自然的掌控——这一点显而易见，我无需详述——当然，神话并没能赋予人类更多控制环境的物质力量。然而重要的是，神话给了人类一种错觉，让他觉得能够了解宇宙，并且他真的了解宇宙。当然，这只是一种错觉。

——克劳德·列维-斯特劳斯

一、成长历程

（一）早年生活

列维-斯特劳斯

克劳德·列维-斯特劳斯（Claude Lévi-Strauss），于1908年出生于比利时的布鲁塞尔（Brussels）。他的母亲名叫埃玛·列维（Emma Levy），娘家姓是斯特劳斯（Strauss），是一个显赫的犹太家族的姓氏。斯特劳斯姓氏的另一个部分——列维（Lévi），是他祖父的姓氏，而斯特劳斯的父亲是其家族中第一个以列维-斯特劳斯（Lévi-Strauss）作为姓氏的人。他的父亲雷蒙德·列维-斯特劳斯（Raymond Lévi-Strauss）是一位古典派肖像画家，还是音乐和歌剧的爱好者，他不太喜欢贾科莫·普契尼（Giacomo Puccini）的作品，却特别钟爱威廉·理查德·瓦格纳（Wilhelm Richard Wagner）的交响乐。在父亲的不断影响下，斯特劳斯自小受到众多大师的熏陶，养成了良好的文艺素养，而且他很小就学会了素描，这时形成的美术功底使得他受惠终身。斯特劳斯自从幼年时期，就流连于罗浮宫（Musée du Louvre）等各大著名博物馆。在精致的家庭生活情调的影响下，他酷爱收藏美术作品，尤其喜欢搜寻具有异国情调的物品。

他的生活具有小资产者和艺术家的双重优势，这也就使他得以更为深入地接触并进入广阔的文化领域。随着20世纪的到来，列维-斯特劳斯家族的“美好时光”一去不复返了。然而这位哲人天赋的养成和发展，可以从他家庭生活的历程中瞥见。[①]

在1909年，列维-斯特劳斯的家庭从布鲁塞尔迁往法国巴黎。从家庭环境和成长氛围中得到的深厚积累，使得斯特劳斯从小就是个“尖子生”，经常取得良好的学业成绩。他的强烈求知欲使他整个童年对各种艺术形式与科学门类都充满着真正的探索热情。进入少年时期以后，列维·斯特劳斯开始反叛家庭以及童年的爱好。父亲迷恋瓦格纳的音乐，他偏要抛弃；父亲憎恶现代绘画，他偏要痴迷。他的叛逆期恰逢20世纪之初的立体主义绘画的出现。列维-斯特劳斯在高中时代就读于巴黎的名校昂松-德-萨意（Lycee Janson-de-Sailly）中学。在1924—1925年，也就是在他十六七岁的时候，第一次接触到马克思主义，并深入研读了马克思的大量著作，如《资本论》(*Das Kapital*)，并且特别关注了马克思主义的社会构造理论。他还深入考察了立体主义（Cubism）等艺术流派，并撰文考察这一流派对日常生活的影响，得到一些著名美术评论家的赞赏。除了阅读，马克思主义对列维-斯特劳斯的影响还渗透到他的实际行动中，他加入了“社会主义者学生联盟”，并担任职务。到了20世纪20年代后期，列维-斯特劳斯又开始对地质学产生了兴趣，并投身于实地考察。在这个过程中，他习惯了远足和探险，并养成了亲近自然的性格，感受到了自然

① ［法］德尼·贝多莱：《列维-斯特劳斯传》，于秀英译，中国人民大学出版社，2008年，第11页。

带来的浪漫气息。而且，他把弗洛伊德的作品带到了法国，特别是《梦的解析》(*The Interpretation of Dreams*，1899）和《精神分析导论》(*A General Introductionto Psychoanalysis*，1920）这些前沿性的著作。这就是为什么众多评论者称列维-斯特劳斯有“三位情人”：地质学的地层构造理论、马克思的社会构造学说以及弗洛伊德的潜意识构造观点，这些理念对后来结构主义思想的形成与发展产生了重大影响。

1926 年，列维-斯特劳斯进入著名的巴黎索邦大学，修读法学和哲学专业。这一时期，他仍然热衷于左派运动，积极参加“校际社会小组”，参与编辑左派刊物《社会主义大学生》的“书籍与杂志”栏目。在 1927 年，他考入巴黎法学院，并仍在索邦大学兼修哲学。1927 年和 1928 年，他分别获得了法律与哲学的学位证书。在这期间，他遇到了萨特的密友保罗·尼赞（Paul Nizan），之后他的学术兴趣逐渐转向人类学，并开始进行人类学调查。自 1931 年起，他开始在一所中学担任哲学教师。后来，他偶然读到了美国著名人类学家罗伯特·路威（Robert Rovio）的《初民社会》(*Primitive Society*，1920)，这促使他将自己先前的学科积淀贯通起来，并在人类学当中获得了新的突破。由此可见，多学科背景使得列维-斯特劳斯的学术视野更具广度。

布鲁塞尔

（二）走进陌生世界

1934 年秋天，列维-斯特劳斯之前的老师乔治·杜马斯（George Dumas）推荐他申请巴西圣保罗大学（University of Sao Paulo）社会学的教师席位，以参与他领导的法国援外项目。随着职位的成功申请，他正式踏上了人类学的实地调查之旅。1935 年 2 月，他从马赛出发，途经巴塞罗那、卡迪兹、阿尔及利亚、卡萨布兰卡、达喀尔，前往巴西。他在途中写下了为数众多的笔记与手稿，为后来出版《忧郁的热带》（*Tristes Tropiques*）提供了素材。在 1935 年到 1939 年间，列维-斯特劳斯住在巴西，首次进行了人类学的田野调查。他不畏艰险，深入到马托格罗索州与亚马逊雨林深处。在接下来的时间里，他对巴西周边的各个原始部族进行了两次大规模的实地研究。1936 年，首先考察卡杜维奥（Caduveo）和博罗罗（Bororo）部族，两年之后，又对南比夸拉人（Nambikwara）和图皮卡瓦伊布人（Tupi Kawahib）进行了调查。通过这些调查所带来的丰富资料，列维-斯特劳斯于 1955 年写出了他的代表作《忧郁的热带》，其中提供了关于当地语言的大量资料，体现出他的人类学调查功力。

亚马逊热带雨林

（三）巴黎人在纽约

1936年冬天，列维-斯特劳斯返回巴黎，同时他的考察成果也在法国人类博物馆展出。同年，他发表了对博罗罗人的调查结果，引起了人种学家的充分关注。通过这些研究成果，列维-斯特劳斯备受美国人类学领域关注。

1938年，他再度带领研究团队到巴西进行考察，于1939年初返回巴黎。1940年，列维-斯特劳斯阅读到汉学家葛兰言（Marcel Granet）的著作《古代中国的婚姻制度和亲族关系》（*Polygynie sororale et sororatdans la Chine Feodale*），开始对于亲族关系（kinship）产生浓厚的兴趣。

1940年9月，列维-斯特劳斯曾去过国家教育部谋职，在此之前他已经获得巴黎亨利四世高中的教职，但是当时的法国维希政府遵循希特勒的反犹主义政策，使得作为犹太后裔的他在法国的处境举步维艰。随着局势的日益恶化，在美国友人以及洛克菲勒基金会的赞助下，列维-斯特劳斯逃亡美国。

1941年2月，列维-斯特劳斯从马赛出发，踏上美国之旅。他美国之行的第一站是纽约，在这里，他结识了马塞尔·杜尚（Marcel Duchamp）等流亡艺术家。1942年，他在建立于1919年的纽约社会研究新学院（New School for Social Research）教授人类学课程（该校现名为新学院大学 New School University）。同年，亚历山大·柯瓦雷（Alexandre Koyre）介绍他与俄罗斯裔著名语言学家罗曼·雅各布森（Roman Jakobson）相识。雅各布森的结构语言学思想与列维-斯特劳斯的结构主义产生了共鸣，并直接激发了后者的结构主义人类学思想，对其后来的学科转向起到了至关重要的作用。列维-斯特劳斯继续进行他关于亲族关系的研究。在美国，他结识了安德烈·布列东（André Breton）、马塞尔·杜尚（Marcel Duchamp）等超现实主义明星，罗伯特·罗维（Robert Lowie）、弗兰兹·博厄斯（Franz Boas）、鲁思·本尼迪克特（Ruth Benedict）等人类学巨擘。后来他还在纽约的其他高校担任教职，并就任法国驻美国文化参赞。在此期间，列维-斯特劳斯在美国人类学界声名鹊起，不断发表关于巴西考察的论文。他运用先前研究的积累，历时五年，终于在1947年写就了《亲族关系的基本结构》(*The Elementary Structures of Kinship*）这部里程碑式的著作。1948年，他以此作为博士论文，获得了巴黎索邦大学（Université Paris-Sorbonne）的博士学位。

（四）求知之路

1944年，列维-斯特劳斯在纽约的伯纳德大学（Bernard college）任教，后被法国文化关系处召回法国。次年开始与莫里斯·梅洛-庞蒂（Maurice Merleau-Ponty）等学者研讨萨特的存在主义，这使得列维-斯特劳斯认为“以主体为中心”(agent-centred）的形而上学哲学已经走向死亡。在1947年之前，他就任文化参赞，在美国华盛顿的法国大使馆工作，并且经常造访纽约。其间，他结识了大量法国文化名人，包括西蒙娜·德·波伏娃(Simone de Beauvoir)、阿尔贝·加缪（Albert Camus）等人。1949年，《亲属关系的基本结构》这部代表作正式出版，奠定了列维-斯特劳斯在人类学领域的学术地位，受到整个学术界的广泛好评。波伏娃和乔治巴特耶（George Bataille）等著名学者也对这部著作发表了评论。

1955 年，列维-斯特劳斯发表了《忧郁的热带》这部著作，不仅在学术领域取得了成功，也因其文笔的生动流畅，获得了一般读者的普遍好评，成为著名畅销书。法国最著名的文学奖评委们甚至遗憾此书不是小说，否则应该授予它最高文学奖。同年，列维-斯特劳斯发表了《神话的结构研究》(*The Structural Study of Myth*) 一文。1958 年，《结构人类学》(*Structural Anthropology*) 出版。次年，他的法兰西公学院职位申请终于获准，并且当选社会人类学科主席，而这个席位以前一直被社会学研究者占据。那段时间，列维-斯特劳斯与历史学家费尔南·布罗代尔（Fernand Braudel)、语言学家埃米尔·邦维尼斯特（Emile Benveniste)、神话宗教学家乔治斯·杜梅泽尔（Georges Dumezil）等著名学者进行深入交流。

早在 1942 年列维-斯特劳斯在纽约时，就结识了雅各布森这位俄裔形式主义（formalism）和布拉格学派代表人物，他深受费尔迪南·德·索绪尔（Ferdinand de Saussure）结构语言学的影响，在研究语言的深层结构方面取得了重要成果。在索绪尔等语言学者的研究基础上，雅各布森提出了语言学的“二元对立”(binary opposition）模式，即隐喻和转喻。在结构主义语言学的基础上，雅各布森通过对语言本质的考察，提出了语言的诗学功能。他的研究方法，是采用“选择”与“组合”的二元对立，在诗学分析领域中运用结构主义语言学观点。在雅各布森看来，这种“二元对立”能够简单化语言的结构框架与描述方式。

列维-斯特劳斯正是通过雅各布森，认识了索绪尔的语言学以及布拉格学派的语言学。雅各布森的观点在很大程度上启发了列维-斯特劳斯的人类学研究，特别有利于他对语言现象的考察。雅各布森的语言学与列维-斯特劳斯的结构主义人类学在思想上相互辉映，成为学科间融会贯通的佳话。

（五）田野中之绅士

1960 年，列维-斯特劳斯在法兰西公学院创造性地开办了社会人类学实验室。1961 年，他参与创建了法国第一部人类学期刊，提升了法国的人类学研究水平。1962 年，列维-斯特劳斯出版了《图腾制度》(*Totemism*) 与《野性的思维》(*The Savage Mind*) 这两部重要著作。这两部著作在法国和其他国家的人类学和哲学领域引起了广泛关注和探讨。1964 年，他出版了神话逻辑学系列的第一卷《生食与熟食》(*The Raw and the Cooked*)。1966 年，他在芝加哥获得维京人类学基金会（Viking Fund）颁发的金奖。1967 年，他出版了神话逻辑学系列作品的第二卷《从蜂蜜到烟灰》(*From Honey to Ashes*)，从神话的角度来剖析人类思维的本质。1968 年，他又出版了《餐桌礼仪的起源》(*The Origin of Table Manners*)。

20 世纪 60 年代末到 70 年代初，列维-斯特劳斯更加专注于神话研究。1971 年，他出版了《神话逻辑学》的最后一卷《裸人》(*The Naked Man*)，对南美和北美这两个不同地区的神话进行了比较研究，从个性中把握共性。他在 1973 年当选了法兰西科学院院士（法兰西学会下有学术院、文学院、科学院、艺术院等)。1975年，他花费四年时间著成的《面具之道》(*The Way of the Masks*) 一书问世，该书考察了美洲土著民族的面具和相关神话，于1978年再版。1978年，又出版了《神话与意义》(*Myth and Meaning*)，这是一部简明易懂的人类学著作，从中概括性地考察结构主义人类学及其基本概念。

从1971年开始，列维-斯特劳斯着手将不同民族的各种神话整合到一个体系当中，形成了《遥远的目光》(*The View from Afar*, 1983) 一书。1985年，他出版了《妒忌的制陶女》(*The Jealous Potter*)作为《神话逻辑学》的补充。1991年，《猞猁的故事》(*The Story of Lynx*) 出版，书中再次探讨了北美神话。1995年，《怀念巴西》(*Saudades do Brasil*) 问世，对他一生的人类学成就进行了总结。2009年11月1日，列维-斯特劳斯以101岁高龄与世长辞，至此，他的写作生涯才算告一段落。

事实上，列维-斯特劳斯的结构主义人类学所要考察的，是人类自产生以来的各种文化现象、行为等，并从中归纳出人类社会的结构性要素，考察神话等人类学现象的共性。尽管各个民族的历史不同，文化传统不同，但是都存在着对立与统一的关系，在这种关联中发现结构，是结构主义人类学的“社会—文化”(society-culture) 理论特征。我们可以说，这种对象征符号（图腾等）的考察，是一种“象征体系”(symbolic system) 决定论，也就是透过象征符号来考察人类行为的动因。总而言之，列维-斯特劳斯的“结构主义”是基于费尔迪南·德·索绪尔的结构语言学和埃米尔·图尔干（Mile Durkheim）的社会人类学而形成的。在雅各布森结构主义语言学的影响下，列维-斯特劳斯通过借鉴语言学的理论，将人类学进行结构主义化。系统（system）是决定结构主义人类学的中心观念。在系统当中存在着整体和部分，列维-斯特劳斯对整体—部分之间的关系是这样看待的，“当模型的某一成分被更改的时候，该模型会如何反应。最后，构拟一个模型应当使其运行、能够解释全部被观察到的事实”。[①]

总而言之，列维-斯特劳斯结构主义人类学分析路径的形成，是通过对语言学分析方法的借鉴而来的。他认为社会生活方方面面（包括艺术和宗教）的内在性质与语言是相通的。[②] 例如他在对生食和熟食的研究当中，提出了著名的“烹饪三角”说，即烹饪有三种手法：烤、熏、煮。在这三种手法当中，“烤”和“熏”属于自然手段，而“煮”因为需要烹饪工具，而被认为是人为的、具有文化意义的，并且包含一定的社会属性。[③] 正如杰弗里·利奇（Geoffrey Leech）所说，“列维-斯特劳斯之所以受到称赞，不单是因为他思想的新颖，而且也是因为他力求运用这种思想的大胆独创精神，他对大家都知晓的事实提出了新的观察方法。”[④]

---

① ［法］克洛德·列维-斯特劳斯：《结构人类学》，张祖建译，中国人民大学出版社，2007年，第67页。

② 同上。

③ ［法］克洛德·列维-斯特劳斯：《神话学：餐桌礼仪的起源》，周昌忠译，中国人民大学出版社，2007年，第484页。

④ ［英］埃德蒙·利奇：《列维-斯特劳斯》，王庆仁译，生活·读书·新知三联书店，1988年，第9页。

二、理论内涵

(一) 语言结构

在列维-斯特劳斯看来，语言无疑是一种社会现象。而且具有这样的特征："许多语言行为依赖于无意识思考的层次"[①]，意思是，在事实上我们并不关注过于具体的词法和句法规则，而是关注语言本身的内在结构。特别是当我们说话的时候。而且作为一种社会现象的语言，表现出使用语言的客体的相对独立性。索绪尔的语言学标志着结构主义语言学的产生，但在列维-斯特劳斯之前，还没有人类学家采用结构的观点来分析语言。

社会结构、语言结构，还有数学结构，共同塑造了列维-斯特劳斯的结构主义人类学，语言结构在其中的作用最为突出。在系统与部分观点的基础上，列维-斯特劳斯借鉴语言结构当中的"共时性系统"(synchronic system)，试图在众多的语言现象当中探索一种同时性的模型，以使之能够适用于各种各样的社会事实。列维-斯特劳斯认为，对结构的界定，就是明确采用结构途径分析对象的特征。首先，结构显现了系统的特征。结构蕴含在系统的要素当中，要素之间相互影响，直至影响到整个系统。其次，分析模型是存在转变可能性的。在人类学研究当中，一个既有模型需要涵盖所有观察现实。

---

① Claude Levi-Strauss, Language and the Analysis of Social Laws, *American Anthropologist*, Vol. 53, No. 2, 1951, pp. 155-163.

而且，列维-斯特劳斯重视结构主义语言学分析模型的普遍化推广。如果思维的无意识活动是认知客体投射在意识当中的途径之一，那么这种情况会出现在传统的、现代的、原始的、文明的社会情境当中。因此“有必要把握隐含在每种体制与每种习俗之下的无意识结构，目的在于获得一种对其他的体制与习俗有效的解释原则，前提是分析是充分的”[①]。

在列维-斯特劳斯的人类学探索中，起到奠基作用的是一系列第一手材料。首先，对客观事实的详尽描述是不可或缺的，之后通过归纳等手段，形成各种人类学研究模型，其必须具有解释性意涵。在理论构建的过程中，列维-斯特劳斯尝试从资料收集和经验观测当中脱离，达到更高层次的系统构建目的。通过构建这样的分析系统，才能更好地考察社会现象与社会活动（技术、经济、礼仪、审美或宗教），并且对其进行比较研究和价值转换。

从他的人类学研究中，我们可以认为，从地理上来看，亲缘关系的总体特征可以从对地域当中语言的总体特征进行识别来发现。而且相对于单纯的语言学考察而言，这种探索方式更好地接近了社会生活的本质。早期在语言形成，而文字并不完善的时代，语言的一些要素也通过图腾等手段得到了传承，这也是语言的一个再创造过程，“首先至少从图腾来看，它承载了比语言更为复杂的东西”[②]。这种传承，是人类文化发展的最初模式。

在列维-斯特劳斯结构主义人类学的发展当中，索绪尔、雅各布森等人的语言学说起到了不可替代的作用。列维-斯特劳斯

---

① Edmund Leach, *The Structural Study of Myth*, Routledge, 2004, p. 207.

② Ibid., p. 128.

对语言的考察，主要是考察其文化意涵和作用。第一，语言是人类特有的，是人类文明的标志，也是文化的载体。第二，语言推动人类社会的形成与发展，构成了人类社会关系网的基本结构，可以从语言现象中瞥见社会的源流，这体现了语言的社会性。第三，语言是人类思维的表达手段，传递了人类的行动意图与目标。第四，语言的研究是一切社会科学和人文科学的基础。

因此，列维-斯特劳斯注重对语言结构的分析。19 世纪中晚期以来，在西方哲学占据主导地位的主要是人本主义本体论，这对当时的思想文化以及社会科学领域产生了重大的影响。列维-斯特劳斯的学说，体现了 20 世纪西方哲学的人本主义演化，这为后现代的解构主义和后结构主义等学说开辟了理论道路，从而根本上改变了人类学的面貌，使之更具科学性，更具人文意涵。这使得以结构主义人类学为代表的结构主义思潮引领了现代的理论革命。

（二）亲族系统

亲族系统是列维-斯特劳斯研究亲族关系的核心术语。家庭与伦理观念形成了人与动物的区别。在家庭伦理观念中，亲族关系是最基本的一环。人是具有强烈社会性的，亲族关系正是社会关系结构中的最基本要素，而且家庭关系也被看作是人类社会最基本的组成部分。因此，列维-斯特劳斯注重对人类社会的家庭关系进行研究，认为这样才能追溯到人类的最初起源，并探索其建构的奥秘。列维-斯特劳斯认为，不能把亲族关系的基本结构简单地归为夫妻二人关系，而是要挖掘更为广泛的亲族关系，才能把握亲族关系当中的社会性和生物学血缘性之间的关系网络，以及其中的自然和文化因素。

在列维-斯特劳斯的结构主义人类学当中，亲族关系不仅仅是狭义的亲缘联系，同样是一种社会关系。对亲族关系的分析，必须从社会的角度来进行。列维-斯特劳斯的人类学研究是从这样的问题开始的：是什么使人之所以为人，是什么在推动着人性的形成，人类社会的形成，以及人类文化的形成？列维-斯特劳斯致力于挖掘人类行为背后所蕴含的普遍性和延续性，从各民族的神话故事开始，他致力于挖掘极具相异性的神话与习俗背后所蕴含的某种稳固特质，也就是人类共同的思想创作模式。

在初民社会，人们是与自然相互调适的。人与自然长期共存，尽管存在冲突，与自然有着生存竞争的矛盾，但是人通过代际积累的自然生活，做到了与自然之间的这种协调与调适，形成了人的动物性以及生存本能。而亲族关系的确立，推动了人类社会的发展进步，使人逐渐脱离动物性，并远离了纯粹自然，踏上了对自然的改造之路。

在列维-斯特劳斯的结构主义社会人类学产生和形成的过程中，他首先注意的是作为两性关系的典范的原始亲属关系的形成过程及其基本结构。之后，他从亲属关系基本结构出发，进一步研究了原始人的神话结构以及在神话创作中的语言结构、社会结构以及基本思想模式。正是这样的亲族关系，使人类渐渐与纯粹自然相区别，形成了人类社会，以及自存的、独特的民族与文化体系。具体地说，列维·斯特劳斯的亲族结构包括①夫妻关系，②兄弟姊妹关系，③父子关系，④母舅和外甥的关系。这是一个四方形系统的关系网络，涵盖了血缘关系（a relation of consanguinity）、亲族关系（a relation of affinity）、继嗣关系（a relation of affiliation）。正是这种四方型的亲属关系网络，形成了人类社会的最初构架，也构成了人类最初的伦理道德观。

在人类的发展跨越了“童年阶段”之后，亲族结构观念的产生，以及伦理禁忌的形成，都对社会关系起到了普适性的调节作用，保障了人类社会基本结构的维系，以及人类与种族再生产（reproduction）的继续进行，从而形成了人类社会一直传承至今的基本模式。这是人类世代相传宝贵经验的积累。

我们可以从人类社会的基本关系——亲族关系当中看出两种性质：自然性质和社会性质。上文提到了亲族关系的“四方形系统”，是基于自然血缘关系而形成的。这也构成了所谓的社会基本关系网络。从这点出发，可以看出列维-斯特劳斯结构主义人类学的基本社会规范制度体系。当然，在自然因素之外，构成人类亲族关系的更多的是社会关系网络。亲缘和继嗣关系与财产权、继承权等物质因素有关。这些因素共同作用，维持了人类社会的存在与延续。

（三）图腾制度

图腾制度是列维-斯特劳斯考察结构人类学的核心术语。在人类刚刚脱离纯粹自然的时期，自然环境对人类思维的影响仍然大量存在，其中，图腾制度就是一个显著的例子，这也是人类学研究的重要课题，克劳德·列维-斯特劳斯为论述这个问题，著有《图腾制度》一书，用他的结构主义人类学观点来分析图腾现象。在新大陆发现之后，随着欧洲商人、殖民者开始与当地印第安人进行交流，图腾现象被发现了。从定义上来看，图腾是以不同的自然事物来作为原始社会氏族或部落的标志。不难看出，图腾标志就是表达历史上已经出现过的制度的一切特性和性质。图腾制度是一种古老的文化体系，它体现了人与自然、文化等周遭现象之间的关系。例如人与自然的关系，自然与文化的关系，人与文化的关系，人与动植物之间的关系，社会亲属与图腾的关系等诸如此类的关系结构。在结构主义思维的影响下，列维-斯特劳斯采用整体—部分的观点来考察各个民族图腾现象之间的关系。

通过对"图腾"这个人类学独特现象的分析，列维-斯特劳斯呈现了人类在思维上的共性——分类的思维方式，对所观察到的周遭事物进行整理和分类的能力。这是人类先天就具备的能力，通过这种能力，认识论当中的"经验世界"得以构建。"所谓图腾制度实际上只是一般分类问题的特殊情况，在进行社会分类时往往赋予特定目的作用的一个例子。"①

从这里我们可以看出，在列维-斯特劳斯的结构人类学观点中，图腾制度更像是一种社会分类。通过对詹姆斯·乔治·弗雷泽（James George Frazer）等人的图腾建构论与威廉·黑尔斯·里弗斯（William Halse Rivers）等学者认为图腾是社会组织和宗教仪轨形式等观点的逐一分析与批驳，列维-斯特劳斯更为赞同弗朗茨·博厄斯（Franz Boas）的图腾制度说，并在其著作中加以分析。

列维-斯特劳斯从图腾概念的形成与其分类作用这两个角度，

---

① ［法］克洛德·列维-斯特劳斯：《野性的思维》，李幼燕译，商务印书馆，1987年，第73页。

说明了其中的二元对立观点。之后结合其结构主义人类学说，根据对系统概念中的整体与部分关系的辩证思考，提出了“系统转换”的概念。他吸收了图腾等概念用于理论建构。根据列维-斯特劳斯的观点，相对于对自然界的描绘而言，图腾制度只是对人类意识“分类”作用的外在表现。图腾制度的独特性，决定了其能够成为人类学学术争论长盛不衰的话题。学者们试图通过对这种现象的研究，来全面、准确地把握人类社会与人类行为的本质。

（四）神话学

神话学是列维-斯特劳斯考察人类神话的核心术语。神话（myth）既可以理解为包罗万象，也可以视为空空如也，神话或许是唯一真实存在的故事，或许是精心杜撰的故事。它可能是神的旨意，也可能是凭空猜想。神话是对神明的赞颂，但也被人们看作是对祖先的崇拜，有时甚至下及凡人。《结构人类学》的第二卷第九章提到，神话可以翻译为“mythos”，也可以译为“die Sage”“die Mythe”。它既是“阿斯蒂卡瓦的故事”（La geste d'Asdiwal），又是“西西弗的神话”（Le mythe de Sisyphe），这在加缪的著作当中也有提及。神话，可以是世界观、某种反复出现的主题、某一人物类型、流传已久的观念、半真半假的陈言、传说，或许纯粹就是谎言。然而列维-斯特劳斯对当时神话研究的现状并不满意，“纵观宗教人类学的所有领域，没有一个会像神话领域的研究那样停滞不前”①。由此，列维-斯特劳斯断定神话语言

① Claude Levi-Strauss, Language and the Analysis of Social Laws, *American Anthropologist*, Vol. 53, No. 2, 1951, pp. 155-156.

与一般语言具有类似性，之后他提出了对神话理论加以结构性的分析。

一提到列维-斯特劳斯的神话理论，总是以神话结构分析开始，也常常以神话结构分析结束。在列维-斯特劳斯的神话理论中，为什么要把“神话”“童话故事”“传奇”“历史”加以分类呢？在他眼里有没有像马林诺夫斯基理论中那种作为“重要故事”的事物呢？列维-斯特劳斯认为神话是一种呈现出强结构性特征的、具有非凡意义的故事。列维-斯特劳斯在判断一种故事是否为神话时，一个重要的依据就是它是否具有内在的结构性。

对神话与民间传说的研究在列维-斯特劳斯的理论构造中占据着重要的地位，但是以神话传说为客体的研究具有一定的特征，因此科学的方法是取得确切结论的前提。对此，他提出了这样的启示性观点：“首先，因为这些社会的真实功能和它的表面情况截然不同……而且第二点，也是更为重要的是，这种研究必须建立在比较的基础上。”① 而且传说故事与神话之间存在着一定的不同。传说故事中的构造，在内在对立上要比神话构造弱，相对而言，神话在逻辑的相容性、宗教的正统性和集体的强制性这三个方面更加严格一些。传说故事提供更多演绎的可能，其变换更改相对较为自由一些，因此带有某种随意性的特征。

列维-斯特劳斯的神话研究，目的在于通过对这种形成于原始社会的叙事方式进行解读，从而追根溯源，找到人类原初状态的思维逻辑。列维-斯特劳斯认为，神话是“野性的思维”，并不具有文明社会抽象思维所具有的分析性，而是直接的、经验的形

① Claude Lévi-Strauss, *Structural Anthropology*, Basic Books, 1963, p. 21.

象思维，当人类走出原始、蒙昧的阶段，走向文明的时候，“神话”的色彩被各种形式的“祛魅”所取代。最终，到了现代社会，很难在文化中找到这种野性的思维。现代社会，以及其中的思想、文化和教育，为现代人赋予了各种先验逻辑或思维。但是神话是代代流传的，所以可凭借神话提供的第一手素材，来对人类的过去进行追根溯源，来考察这种原始的社会逻辑，或者说，是“野性的思维”。

列维-斯特劳斯通过在其各种人类学著作中分析他在之前田野调查积累的大量神话资料，对人类社会中的神话现象进行了进一步的阐释。例如，在他的神话学系列作品中，收集并分析了南北美洲的上千个神话故事。从对这些分析的总结中，列维-斯特劳斯发现人类思维当中存在三元结构，即两个相对的范畴，以及二者之间的中介因素。他称之为“结构辩证法”，这类似黑格尔的“正题”(thesis)、“反题”(antithesis)、“合题”(synthesis)辩证思维形式。从上述分析中，列维-斯特劳斯发现了人类社会原始思维和现代思维的某种一致性。

归根到底，列维-斯特劳斯的神话研究是对神话当中所蕴含逻辑的结构分析。尽管对其研究仍然存在着相当争论，学者们的批评，主要是围绕着对神话的总结概括过于简单，以及仅仅将视角局限在新世界的少数原始部落与地方神话。但是不可否认的是，列维-斯特劳斯的结构主义神话学启发了20世纪的现代结构主义思潮，也启发了人类学、神话学、社会学等社会科学研究领域。因此，列维-斯特劳斯的结构主义神话学具有重大的理论影响。

（五）列维-维特劳斯名言及译文

（1）Contemporary anthropologists seem to be somewhat reluctant to undertake comparative studies of primitive art. We can easily understand their reasons. Until now, studies of this nature have tended almost exclusively to demonstrate cultural contacts, diffusion phenomena, and borrowings.①

当代人类学家好像不怎么情愿对原始艺术进行比较研究。我们很容易理解他们的理由。直到现在，这种性质的研究往往都只是展示文化接触，传播现象和借鉴情况。

（2）Of all the chapters of religious anthropology probably none has tarried to the same extent as studies in the field of mythology. From a theoretical point of view, the situation remains very much the same as it was fifty years ago, namely, chaotic. Myths are still widely interpreted in conflicting.②

纵观宗教人类学的所有发展时期，没有一个和神话领域的研究一样如此停滞不前。从理论的观点来看，这种情形和五十年前的神话研究状况几乎一样，也就是说，杂乱无章。关于神话的阐释仍然聚讼纷纭。

（3）But I am not a sociologist, and my interest in our own society is only asecondary one. Those societies which I seek first to understand are the so-called primitive societies with which anthropol-ogists are

---

① Claude Lévi-Strauss, *Structural Anthropology*, Basic Books, 1963, p. 238.

② Edmund Leached, *The Structural Study of Myth*, Routledge, 2004, p. 207.

concerned.①

但我不是社会学家，我对这个社会的兴趣只是第二位的。我首先要了解的那些社会是人类学家所关心的所谓原始社会。

（4）Linguistics occupies a special place among the social sciences, to whose ranks it unquestionably belongs. It is not merely a social science like the others, but, rather, the one in which by far the greatest progress has been made.②

语言学在社会科学中占有特殊的地位，它的排名位置毋庸置疑的。它不仅和其他学科一样，是一门社会科学，而且是目前进展最大的一门学科。

（5）Such being the case, it is obvious that the term "social structure" needs first to be defined and that some explanation should be given of the difference which helps to distinguish studies in social structure from the unlimited field of descriptions, analyses, and theories dealing with social relations at large, which merge with the whole scope of social anthropology.③

在这种情况下，显然需要先定义"社会结构"这个术语，而且要解释差异性，这有助于辨明社会结构研究不同于那些泛泛的社会关系的研究，总体上涉及对社会关系的描述、分析和理论，后者是与整个社会人类学的范畴相融合的。

（6）What does "to mean" mean? It seems to me that the only

① Claude Lévi-Strauss, *Structural Anthropology*, Basic Books, 1963, p. 338.

② Ibid., p. 31.

③ Ibid., p. 278.

answer we can give is that "to mean" means the ability of any kind of data to be translated in a different language.①

"含义"是什么意思呢？对我来说，我们能给出的仅有答案是，"含义"意味着任何类型的数据都能够被转译成不同语言的能力。

（7）As a matter of fact, it was about the time when mythical thought—I would not say vanished or disappeared—but passed to the background in western thought during the Renaissance and the seventeenth century, that the first novels began to appear instead of stories still built on the model of mythology.②

实际上，神话思想就是在那个时候——我不能说它消失或者不见了——在文艺复兴时期和十七世纪退居为西方思想的背景化信息，那时最早的小说开始出现，而不再是那种仍然建立在神话原型基础上的故事。

（8）What I tried to show in *Totemism* and in *The Savage Mind*, for instance, is that these people whom we usually consider as completely subservient to the need of not starving, of continuing able just to subsist in very harsh material conditions, are perfectly capable of disinterested thinking; that is, they are moved by a need or a desire to understand the world around them, its nature and their society.③

我试图在《图腾制度》和《野性的思维》所表明的东西，例

① Claude Lévi-Strauss, *Myth and Meaning*, Routledge, 1978, p. 4.

② Ibid., p. 20.

③ Claude Lévi-Strauss. *Myth and Meaning*. Routledge, 1978, p. 5.

如，就是这样一些人，我们通常认为他们完全屈从于不必挨饿的需求，以及在恶劣的物质条件下继续生存的需求，他们完全有能力进行公正的思考；也就是说，他们被一种需求或是一种欲望驱动，他们想要了解身边的世界，世界的本质以及他们的社会。

（9） If the content of a myth is contingent, how are we going to explain the fact that myths throughout the world are so similar?①

如果一个神话的内容是偶然的，那么我们要怎么解释这个事实，即世界各地的神话都如此相似？

（10） The progress which humanity has made since its earliest days is so clear and so striking that an attempt to question it could be no more than an exercise of rhetoric. And yet, it is not as easy as it seems to arrange mankind's achievements in a regular and continuous series.②

自早期以来，人类取得的进步是显而易见的，那么任何对此表示质疑的尝试无非就是一种花言巧语的行为。然而，对人类的成就进行有规律、持续性的整理，这可不像看上去那么容易。

三、主要影响

（一）对结构主义的影响

列维-斯特劳斯的结构主义人类学思想，是 20 世纪社会科学

① Claude Lévi-Strauss, *Structural Anthropology*, Basic Books, 1963, p. 278.

② Claude Lévi-Strauss, *Race and History*, UNESCO, 1952, p. 20.

领域结构主义革命浪潮的一部分。在继承社会科学传统的基础上，结构主义提出了一种新的观念组织形式，丰富了社会科学的分析视角和研究方法。这对来自不同学科、不同领域的学者提供了启示，促进了现代人文科学的多样性。“整体—部分”的系统分析观点，体现了对分析客体整体性和各要素之间组织关系的重视。另外，列维-斯特劳斯吸取了数理逻辑、语言哲学等学科分析方法的长处，提升了理论形成与分析的水平，为社会科学的进一步研究提供了诸多便利。结构主义思想使得学者们对现实世界进行更为缜密的观察，并进行“逼真摹写”，以对复杂现象进行尽可能合理的解释。这种分析途径的最终目的在于推动对人类文化现象背后本质的探索，从大量的“个性”当中发现“共性”。索绪尔、雅各布森等语言学家的观点，还有列维-斯特劳斯对语言的论述，是语言学领域结构主义的体现，构成了20世纪西方哲学的新变化之一——语言学转向（linguistic turn）。自从20世纪60年代以来，这场“结构主义运动”扩展到了人类学、心理学、文学和史学等领域，甚至是艺术领域。在法国，产生了“后期结构主义”，例如让-弗朗索瓦·利奥塔（Jean-Francois Lyotard）、雅克·德里达（Jacques Derrida）、让·鲍德里亚（Jean Baudrillard）等著名学者，他们主张否定固定的结构，认为结构是不断变化发展的，可以说是在后现代情境下对前期结构主义观点的批判继承。后结构主义思潮一直持续至今，余威不减。

对结构主义的这种显著影响，不妨可以从列维-斯特劳斯创立结构主义人类学的过程当中进行考察；他的思想也深深地参与到了战后法国学术、思想界的活跃论争当中。首先，列维-斯特劳斯的理论在形成中受到了诸多流派的影响：孔德的实证主义、涂尔干的社会人类学分析方法、圣西门等空想社会主义者的法国人道主义理念、弗洛伊德的精神分析学、索绪尔的结构语言学理论，以及数学及自然科学中关于模式、矩阵、整体及结构的观念。从列维-斯特劳斯的结构主义思想发展历程来考虑，可以发现在他初涉人类学领域时，是通过大量的实证观察来初步地形成其结构主义学说；其次，在20世纪六七十年代，随着列维-斯特劳斯的大量著作问世，其结构主义思想得以正式确立与完善；最后是20世纪80年代以来直到他2009年逝世的那段时间，是结构主义思想进一步发展、传播的阶段，表现在与其他学说的结合。这体现了列维-斯特劳斯的结构主义思想对当代人文社会科学和理论的重要影响。

（二）对社会科学理论的影响

不可否认的是，列维-斯特劳斯的结构主义人类学思想对社会科学的各个部门均有相当的启示作用。与米切尔·兰德曼（Michal Landmann）等学者的文化人类学研究路径相似，列维-斯特劳斯的人类学观点更具文化色彩。他对19世纪至20世纪以来理性主义的盛行导致对人文科学独立性的质疑的现象表现出关注，并通过他的人类学研究对此加以弥补。列维-斯特劳斯的人类学研究是建立在对原始社会的生活、语言、神话、图腾等大量现象的长期观察基础上的。他创造性地将原始部落作为“镜子”，藉此考察当时欧洲的“文明”社会，在通过阐释文明—野性二元对立表象背后本质的过程中，考察所谓文明社会的缺陷，特别是西方现代文明的缺陷。这在当时无疑是一个理论创举，因而对人类文明发展的把握在一定程度上是有根据的。不过有批评者认为，这种结构主义的人类学有忽视现代人文科学理论全面性之嫌，并且借助“土著人”社会作为参照物来考察现代社会是不合适的。

从社会科学分析方法的角度来看，列维-斯特劳斯的理论贡献主要体现在对人类学大量观察资料的微观型、多维度分析。然而他对人文科学领域独立性的反对（也就是所谓泛科学主义）是受制于其研究领域专业经验的影响。而他的语言学研究观察，主要还是基于早年索绪尔、雅各布森等人的语言学论点，并且他的研究更为注重“实际”领域，而较少存在狭义的“形而上”哲学研究。

（三）对人类学的贡献

人类学研究的结构化，是列维-斯特劳斯的另一个重大理论贡献。他的最终目的是要创立关于人的“普遍科学”（scientiagene-ralis）。列维-斯特劳斯开创了人类学领域当中的文化人类学（cultural anthropology）、人种志学（ethnography）以及社会文化人类学等研究路径，汇集了大量的关注，并吸引了众多的追随者。列维-斯特劳斯人类学的研究目的是考察人类社会的共性与本质。通过对大量观察现象的总结与演绎推理，这种学说认为结构在人类社会中是无处不在的，并且具有相当程度的普遍性。

列维-斯特劳斯的人类学研究对象，主要是土著部落生活当中属于文化的方方面面。他的研究工作大体分为两个部分：亲族关系研究和图腾分类研究。关于亲族关系，他的观点是可以从语言的观察视角来探索人类自发展初期以来的婚姻制度和亲族系统。

另外，人所创造的语言与符号（徽识、文字等）可以用来进行沟通与交流，乃至文明的延续和传递工作。在研究关于人类传承之本的亲缘问题时，人类学家借用了结构主义语言学家的观点。人类学家通过对不同文明衣、食、住、行等生活方式的考察，来更多地体察人与周遭环境的关系以及人类之间的互动，而没有陷入自然主义或者经验主义研究途径通常遇到的问题。语言学家和人类学家的一个共同点，就是关心社会生活和语言的无意识基础。与结构思维的“分类”研究方法类似，人类学家研究部落、国族或者文化的语言、传承体系及其一般规律。通过“系统—要素”（System -Elements）的分析方法，列维-斯特劳斯等结构主义人类学家倾向于把研究对象细化为组成部分，然后找出其中之间的相互关系、排列顺序和结构变换。例如在结构主义人类学对亲族关系的考察中，认为其意义取决于这些成分所组成的结构，而并非单个成分本身。

有时，这种分析方法可以与结构主义语言学方法进行类比。亲族关系的组成部分——亲属，相当于语言学分析当中的词或者音素。将亲属范畴加以集合，其总和即为亲缘结构，这种结构是一种完整的体系，具有内在的逻辑关联。亲缘结构中的“亲属”，像语言中的词或者音素一样是有意义的；音素只有组成一个音节系统时才有意义，词只有组成一个句子时才能够完整地表达意思。亲族系统与音素系统一样，都是心灵在无意识的思想层级上建立的。在人类社会的各个历史时期，世界上的各个地区、各种文明中，社会形态是多样的，没有哪两种社会形态是完全相同的。然而亲族关系的形式、婚姻的规则，以及“伦理禁忌”等等社会现象，表现了无论是对于亲族还是语言来说，“可观察的现象都是通过普遍而隐蔽的法则活动产生的”。

四、启示

（一）洞察文本内容，挖掘潜在结构

对符号内容的考察构成了列维-斯特劳斯人类学的重要部分，明显地，这是受到匈牙利数理语言学派等语言学流派的影响。这些学派注重对语言结构进行考察并加以分析。结构主义观点把语言作为人类社会网络形成、组织并完善为完整社会结构系统的基本纽带。在日常生活中，语言起着潜移默化的重要作用，而作为文本结构的一种，语言结构在某种意义上乃是基本社会结构的典型模式，一切结构之所以可能，乃在于语言结构的沟通作用；反过来说，一切社会结构，归根到底都可以还原为语言的结构。这也就要求我们在阅读中挖掘文本的内在结构。人类社会文化的形成和发展，在某种程度上也可以称为语言作为仓库或储藏室而累积起来的成果的体现。从某种程度说，语言是文化发展的归宿点。

（二）注重人文关怀，维系文化传承

人类学是关于人类文化传承的学问。从人类学的本真角度，诸多学者进行了哲学层面的思考。在列维-斯特劳斯结构主义人类学的启示下，采纳结构主义观点的哲学家对“逻各斯中心主义”（Logocentrism）所代表的主体性原则进行反思和批判，并力图克服其对理论命题的阻碍作用。在后现代主义反对空泛、僵化的

形而上学思维的基调之下，这也有助于发展理论的多样性，打破“同一性”的理论思维定势，从人类社会的现象来考察其中的共性与本质，考察人的因素，特别是人类原始欲望和情感的因素。在20世纪60年代以来的思想争鸣中，德里达的解构主义（deconstructivism）、福柯的“知识考古学”（archaeology of knowledge）和“系谱学”（genealogy）、皮埃尔·布迪厄（Pierre Bourdieu）的“建构主义的结构主义”（constructivist structuralism）、路易斯·阿尔都塞（Louis Althusser）的结构马克思主义（structural marxism）等学说大放异彩，相互辉映与争鸣。还要看到结构主义在文化艺术领域的影响，例如在当代电影界、文化批评和文学评论等领域，结构主义范式虽屡遭挑战，却仍然占据着重要地位。

五、术语解读与语篇精粹

（一）结构主义（Structuralism）

1. 术语解读

从词源学意义上来看，“结构”（structure）一词的拉丁文是struere，首先是在建筑学意义上使用的，指的是一种建筑样式。到了文艺复兴之后的十七八世纪，结构的涵义开始超越其本来存在的领域，乃至有的学者把人体和语言都视为有结构性的。后来这一术语又被广泛应用于解剖学、心理学、地质学和数学等学科中，主要用来描述具体事物的各个部分以何种方式构成该事物的整体。在此之后，“结构”开始作为一种方法被引进到社会科学领域中，1895 年，法国社会学家涂尔干首次在社会科学著作中使用了“结构”这一术语，这标志着“结构”一词在社会学领域真正确立其地位。自从 20 世纪二三十年代以来，结构主义和语言学汇流到一起，使其得到了真正的发展。

就总体趋势而言，结构主义经历了向语言学、文艺理论、哲学领域的多源流演变过程。虽然索绪尔直接提到“结构”的地方并不多见，大部分时候他以“系统”来代替“结构”概念，这却构成结构主义语言学发展的滥觞。在此之后，随着布拉格学派等结构主义语言学派的诞生及其在人类学和文艺理论领域所产生的广泛影响，结构主义真正迎来了它的黄金时代。列维-斯特劳斯的结构主义人类学正是这一趋势的集中体现。

将“结构”作为一种思维方式或研究方法的观点是由来已久的，这从前面的词源学梳理可见一斑。列维-斯特劳斯在《神话与意义》一书中也明确地指出了这一点。学界普遍认为，以列维-斯特劳斯等人为代表的结构主义研究方法具有极大的创新性和革命性。他认为，作为一种科学方法论的结构研究法事实上早已经存在。例如以文化人类学的先驱者之一，18 世纪意大利历史哲学派的代表人物詹巴蒂斯塔·维柯（Giambattista Vico）为例，他在《新科学》(*New Science*，1725）一书中从共同人性论的立场出发着力探求不同民族在历史发展进程中表现出的共同规律性。在这部著作中，维柯试图构造的实际上是一门关于人类社会的共同的科学。在他看来，原始人对世界的反应并不是野蛮无知的，而是富有诗意的，他们具有一种“诗性的智慧”。当原始人无法理解事物时，他们就采取一种以己度物的隐喻方式，将自己的本性加到所要认识的事物上，“把自己当作衡量宇宙的标准”①。

就此而言，神话的产生实际上也是原始人“诗性智慧”的反映，它遵循感知上的真实原则。当原始人感知世界时，他实际上是将自己对世界的感知形式强加到具体事物之上，并以此作为具体事物的本来面貌。这种“诗性智慧”，究其本质而言，实际上就是一种结构的智慧，维柯的论述可看作是对原始人思维结构的探求，这深刻地启发了后世学者的结构研究。从结构视角出发的科学研究途径，被广泛应用于自然科学和人文社会科学的各个领域。

同时，结构主义也从社会科学的具体研究升华到哲学领域。哲学上的结构主义思潮或运动直接导源于结构方法在人文社会科学领域的广泛应用。列维-斯特劳斯的结构人类学在其中扮演了开拓者的角色。尽管列维-斯特劳斯一再强调他的结构主义主要是一种方法论，同哲学并无什么关联，但不可否认的是他的结构主义主张确实在结构主义运动中起到了推波助澜的作用。也正是在这个意义上，“有些论者把列维-斯特劳斯的结构人类学称为哲学结构主义”②。

这与弗洛伊德对人类心理无意识层面结构的观察具有相似之处。人类的心灵具有意识和无意识两大力量，然而人是社会动物：一些出自本能的意识会出于社会道德的理由而受到压抑。但是潜藏于心灵深处的无意识因素并未因被压抑而消失。弗洛伊德的生

① ［法］克洛德·列维-斯特劳斯：《结构人类学》，张祖建译，中国人民大学出版社，2006年，第25页。

② ［英］埃德蒙·利奇：《列维-斯特劳斯》，吴琼译，昆仑出版社，1999年，第21页。

存本能、死亡本能、破坏本能等概念都是为了解释这一点。而在列维-斯特劳斯看来，无意识总是虚空的；或者更确切地说，它外在于意象，犹如肠胃外在于穿肠而过的食物。无意识是一个具有特殊功能的器官，它仅止于把结构性法则，强加给来自别处的无序成分：冲动、情绪、表象、记忆等。“归根结底，它实际上是这些法则的总和。在这里，我们更多看到的是康德先验论的影子。”①

基于来自神话研究的非理性主义结构观，列维-斯特劳斯认为，语言和文化都是人类心智的表现，只不过是形式上的不同，都是更具根本性的人类内在心智活动的外在表现。由此看来，列维-斯特劳斯认为，应当在结构主义框架下促进人类学与语言学之间的交流。原因是二者具有共同的目标，也就是人们的心灵。总的来看，斯特劳斯力图把握隐含在每一种制度和习俗后面的无意识结构，“在他看来，结构研究将把人类学引向科学的坦途。语言学家和人类学家可以携手合作，把激励着人类心智的原动力的奥秘大白于天下”②。

结构主义学派的出现，还与西方思想界的去殖民化进程息息相关。在西方18世纪以来的人类学和人种志学传统中，民族学家们往往以启蒙者自居，“俯瞰”作为研究对象的殖民地（在今天，是第三世界国家），并带着这样的视角进行理论研究与实地调查。但是二战之后殖民地纷纷独立，这种研究视角也显得不合时宜。

① ［英］特伦斯·霍克斯：《结构主义和符号学》，瞿铁鹏译，上海译文出版社，1987年，第8页。

② ［法］弗朗索瓦·多斯：《从结构到解构：法国20世纪思想主潮》（上卷），季广茂译，中央编译出版社，2004年，第8页。

从那时开始，西方民族学家把研究的重点转向理论分析。结构主义正是迎合了这种转变的需要而产生，实际上是想在解决西方民族学走下坡路的问题上发挥作用。

2. 语篇精粹

语篇精粹 A

Logically, it cannot be regarded as a prior phenomenon. On the contrary, every ordered society, whatever its organization or degree of complexity, has to be defined, in one way or another, in terms of residence; and it is therefore legitimate to have recourse instead to a particular rule of residence as a structural principle.①

译文参考 A

从逻辑上讲，它不能被视为一种事先的现象。相反，每个秩序井然的社会，无论其组织或复杂程度如何，都要根据居住地原则，以某种方式加以定义。因此把一种具体的居住制度作为结构原则是合理合法的。

语篇精粹 B

But we know that a concrete society can never be reduced to its structure, or, rather, structures (since there are so many of them, located at different levels, and these various structures are themselves, at least partially, integrated into a structure). As I wrote in 1949, when criticizing that rudimentary version of structuralism called functionalism: "To say that a society functions is a truism; but to say that

① Claude Lévi-Strauss, *Totemism*, 1962, Merlin Press, 1991, p. 36.

everything in a society functions is an absurdity. ” ①

译文参考 B

但是我们知道，一个具体的社会永远不会被简化为它的结构，或者说，各种结构（因为有太多位于不同层次的结构，而这些不同的结构，至少部分地，将自己整合到一个结构中）。正如我在1949 年的作品中所写到的那样，那时在批判把结构主义称为功能主义的说法是不成熟的：“如果说一个社会具有功能性，这是不言而喻的；但是说任何事情都在社会功能当中，那就是荒谬的。”

语篇精粹 C

On the religious plane, however, the relation between god and animal is of a metonymic order, firstly because the *atua* is believed to *enter* the animal, but does not change into it; secondly because it is never the *totality* of the species that is in question but only a single animal (therefore a *part* of the species) which is recognized, by its unusual behavior, as being the vehicle of the god; lastly because this kind of occurrence takes place only intermittently and even exceptionally, while the more distant relation between vegetable species and god is of a more permanent nature. From this last point of view, one might almost say that metonymy corresponds to the order of events, metaphor to the order of structure.②

译文参考 C

然而，从宗教层面上看来，上帝与动物之间的关系是一种转

① Claude Lévi-Strauss, *Structural Anthropology*, Basic Books, 1963, pp. 327-328.

② Claude Lévi-Strauss, *Totemism*, 1962, Merlin Press, 1991, p. 27.

喻秩序。首先，因为人们认为阿图阿会成为一种动物，但是它还没有真正变成动物；其次，是因为物种的总体性从来就不会被质疑，反倒是一种单一的动物（因此是物种的一个部分）才是人值得关注的问题，因其异乎寻常的行为而成为上帝的工具；最后，虽然这种事件只是间歇性的，甚至鲜有发生，但是蔬菜品种和上帝之间所存在的较远关系却有一种更加永恒的本质。从最后一点来看，我们可以这样说，转喻对应着事件顺序，暗喻对应着结构秩序。

（二）神话（Myth）

1. 术语解读

“神话”一词源于古希腊的“mythos”，本意为“言说”“故事”等，无论是哪个文明的古典神话，都包括对其起源故事的叙述，以及古人对生活体验的无意识传承。列维-斯特劳斯对神话研究的创新之处，是采用结构主义的观念透镜，探究初民社会丰富神话资源背后的深层结构，从而更好地体悟当下的人类与社会情况。他的结构主义神话学思想受到前人的影响，从他在关于神话学的一系列著作中发表的观点看，影响主要来自索绪尔和雅各布森。

列维-斯特劳斯把神话比作梦境，表明其集体无意识的内涵，传达着人想要解决人类生存中关于生与死、时间与永恒等一系列根本性矛盾的无意识的信息。而且神话不可能是无缘无故产生的，其必然具有一定的意义，尤其是当同一个细节（例如大洪水）多次在不同民族、不同地域的神话当中出现的时候。因为每个细节意味着，它所出现的神话在这方面同一个或几个转换组相联系，而首先应当做的是重构这些转换组的总体性、多维度体系，总结出神话的“无意识结构”(unconscious structure)。

从列维-斯特劳斯的神话研究当中，我们可以得到这样的启示：神话是具有强烈对立结构的叙事；是人类科学思维产生的知识，其用途是解释世界的秩序、实在的本性、人的起源或者人的命运；神话并不是某种神圣且亘古不变的真理，而是人类无意识思维的产物。列维-斯特劳斯总结道：我们可以通过神话，就世界的秩序、实在的本性、人的起源和人的命运等获得教益。我们还可以了解神话的社会背景，并且发现社会遵循的内在动力，社会的信念、习俗和制度存在的理由。“更加重要的是，我们可以通过研究神话来发现人类心灵的某些运作模式，然后我们可以发现这些运作模式在其他社会里、心理活动的其他领域里也存在着。这是一种突破，对神话反思的突破，还是创立哲学结构主义的重要依据。”①

就列维-斯特劳斯本人的神话研究而言，一方面，通过对美洲神话的研究，列维-斯特劳斯的目的是从对神话本身的研究过渡到对人的研究，特别是对人心灵本质的研究，这是其人类学研究旨趣之体现；另一方面，列维-斯特劳斯在对艺术的研究过程中，又明确指出神话也是艺术作品的一种。这就将神话纳入文学艺术中，体现出鲜明的跨学科特色，这也是我们将神话研究列入列维-斯特劳斯艺术人类学思想的重要依据之一。列维-斯特劳斯

① ［法］克洛德·列维-斯特劳斯：《神话学：从蜂蜜到烟灰》，周昌忠译，中国人民大学出版社，2007年，第483页。

所开创的结构主义神话学研究模式，奠定了其在人类学领域的卓越地位。在我们看来，列维-斯特劳斯神话研究的意义并不仅仅限于上述两个方面，它同样也是列维-斯特劳斯艺术人类学思想的核心组成部分。这是由神话本身的特性决定的，神话本身作为一个跨学科的领域，既可归之于人类学领域，也可归之于民俗学领域，又可归之于文学艺术领域。尽管不同学科领域在神话研究上的侧重点有所不同，但就对神话本身的关注这一点而言却是高度一致的。

2. 语篇精粹

语篇精粹 A

When we consider one myth, let us say the emergence myth, the very striking thing is that among the Hopi the entire structure of the myth is organized in a genealogical way. The different gods are conceived as husband, wife, father, grandfather, daughter, and so on, to one another, more or less as it occurs in the Greek pantheon. Among the Zuni we do not find such a developed genealogical structure. Instead we find a kind of cyclical historical structure. The history is divided into periods, and each period repeats to some extent the preceding period.①

译文参考 A

当我们考虑一个神话的时候，就让我们来谈谈起源神话吧，最引人注目的是，在霍皮人当中，神话的整个结构是由宗谱学的

① Claude Lévi-Strauss, *Structural Anthropology*, Basic Books, 1963, p. 75.

方法组织的。不同的神灵被认为是丈夫、妻子、父亲、祖父、女儿，等等，彼此或多或少地就像在希腊万神殿中那样。我们没有在祖尼人当中找到这样一个发达的谱系结构。相反，我们发现了一种循环的历史结构。历史被划分为时期，每个时期在一定程度上重复了上一个时期。

语篇精粹 B

A myth explains that these five "original" clans are descended from six anthropomorphic supernatural beings who emerged from the ocean to mingle with human beings. One of them had his eyes covered and dare not to look at the Indians, though he showed the greatest anxiety to do so. At last, he could no longer restrain his curiosity, and on one occasion he partially lifted his veil, and his eyes fell on the form of a human being, who instantly fell dead "as if struck by one of the thunders". Though the intentions of this dread being were friendly to men, yet the glance of his eye was too strong, and it inflicted certain death. His fellows therefore caused him to return to the bottom of the great water. The five others remained among the lndians, and "became a blessing to them". From them originate five great clans or totoms: catfish, crane, loon, bear, and marten. In spite of the mutilated form in which it has heen handed down to us, this myth is of considerable interest.①

① Claude Lévi-Strauss, *Totemism*, 1962, Merlin Press, 1991, p. 19.

译文参考 B

有这样一个神话，五个“原始”氏族起源于六个人形模样的超自然存在，他们来自大海，又和人类融为一体。其中一个存在紧闭双眼，不敢看着印第安人，尽管他非常渴望睁开眼睛。最后，他再也抑制不住自己的好奇心，有一次略微掀起他的面纱，目光落到了一个人身上，那人瞬间“好像遭到雷击一般”死去。尽管这个可怕的存在本意上想对人类表示友好，但是他这一瞥太强烈了，反而造成人类的死亡。因此，他的同伴让他重返大海深处。其他五个存在仍然留在印第安人中，从而“成为他们的福祉”。从这五个存在中形成了五个大型的氏族和图腾：鲶鱼、鹤、潜鸟、熊和貂。尽管流传至今的神话形式已经残缺不全，但仍然具有重要意义。

语篇精粹 C

Now if it is true that these features of the kinshipsystem can be correlated with systems belonging to a completely different field, the field of mythology, we are entitled to ask the linguist whether or not something of the same kind does not show up in the field of language. And it would be very surprising if something— I do not know exactly what, because I am not a linguist— could not be found to exist, because if the answer should be in the negative, we should have to assume that, while fields that are so wide apart as kinship and mythology nevertheless succeed in remaining correlated, language and mythology, which are much more closely related, show no connection or no communication whatsoever.[①]

译文参考C

如果亲族关系体系的这些特点能够与一个完全不同领域的体系，也就是神话领域的体系产生联系，我们就可以问问语言学家，在语言领域是否有同样的东西出现。如果某种东西——我不知道它到底是什么，因为我不是一个语言学家——被发现并不存在，那会很令人讶异的，因为如果答案应该是否定的，我们就必须假定，正如亲族关系和神话那样，虽然两个领域间隔甚远，但仍然彼此关联。关系更为紧密的语言和神话之间却没有表现出任何联系和沟通。

（三）图腾（Totem）

1. *术语解读*

“图腾”来源于美洲印第安人的语言，具体而言，来自阿尔贡金部落方言“奥图特曼”（ototeman），具有“亲缘”和“标识”两种意涵。在万物有灵的原始信仰体系中，氏族部落的居民对周遭的自然现象与动植物之间存在着种种关系。随着时代的传承，在他们所传讲的许多图腾神话中，很多时候都认为自己的祖先就来源于某种动物或植物，于是某种动、植物便成了这个民族最古老的祖先，这使得对物的信仰与祖先崇拜发生了关系。图腾还起到类似标志的作用，它标志着部落的地缘与亲缘信息。在统一的标志之下，它具有团结群体、密切血缘关系、维系社会组织和互

① Claude Lévi-Strauss, *Structural Anthropology*, Basic Books, 1963, pp. 75-76.

相区别的职能。族人可获得图腾的认同，受到图腾的保护。图腾的作用体现在初民社会的各个方面。一般认为，1791 年英国商人兼翻译家约翰·朗（John Long）首先在其著作中使用了图腾这一术语。随后，这一术语也被众多旅行家、航海家、博物学者所使用。列维-斯特劳斯的人类学也接纳了这个概念。

由此不难看出，图腾这个概念具有广泛的内涵和外延，其至涵盖了亲属、祖先和神明的护佑。图腾的出现，标志着文化最初样态的形成和发展。随着聚落与社会的形成，最初的人类文化也出现了。运用图腾解释神话、古典记载及民俗民风，往往可获得举一反三之功。图腾的基本内涵大致由图腾徽记、图腾的宗教关系及图腾的亲属关系三个方面构成。随着历史的发展，这三方面是互相共生、彼此融合的。在列维-斯特劳斯看来，图腾制度就像精神病理学中的歇斯底里一样。弗洛伊德用一系列试验证明了所谓的精神健康和疾患之间并不存在本质上的差异，同样，图腾制度也不过是学者们人为划分的一种幻象。从其源头上来讲，图腾制度与宗教思想密不可分，因为人们一般将图腾制度视为外部世界在人类自身的投射。

列维-斯特劳斯对既往学者们为图腾制度所做的界定并不满意。他认为："所有图腾制度的定义要么太过特殊，把大量可以当作成'图腾'的体系都排除掉了，要么太过一般，把许多根本不能算作图腾的现象都包括了进来。"① 列维-斯特劳斯主张的是应该从逻辑的角度，而不是从生物学的角度看待图腾的起源问题。

① ［英］特伦斯·霍克斯：《结构主义和符号学》，瞿铁鹏译，上海译文出版社，1987 年，第 8 页。

在对图腾制度的基本问题进行上述清理的基础上，列维-斯特劳斯将其对图腾制度探究的视角转向学术史上人类学家们既有的图腾理论，在对这些理论进行批判继承的基础上，他得出了自己关于图腾制度的最终见解。

列维-斯特劳斯于1962年出版《图腾制度》一书，这也是其作品中最具人类学特点的著作，其主题是通过对图腾制度的考察来讨论人类的思维活动类型。列维-斯特劳斯认为，通过图腾制度，动物物种为人类提供了一种区分系统，或曰符号系统，动物的区分系列成为社会区分系列的图示。列维-斯特劳斯在图腾研究上，一是用动植物图腾说明人类先天的分类倾向，一是说明人类的二分对立法的天性。图腾崇拜不但是一种宗教形式，更是一种思维模式的表现。原始人类制定图腾是为了在自然和社会之间建立一个对立的关系，从而解释自然和社会关系。列维-斯特劳斯认为，图腾是最早出现的语言系统。它用比喻的表达方式，来阐释对自然和社会秩序的一种理解和感悟。

2. 语篇精粹

语篇精粹 A

When the totem is determined by the "conceptional" method, the situation becomes more complicated. Since residence is patrilocal in this case also, there is every chance that conception and birth shall occur in the territory of the paternal horde, thus preserving an indirect patrilineal rule of transmission of totems. Nevertheless, exceptions may occur, mainly when families are on the move, and in such societies it is merely probable that the totem the children shall still be one of those belonging to the paternal horde.①

译文参考 A

当图腾是用“概念的”方法来确定时，情况变得更加复杂了。既然是住在父系领地，在这种情况下，很有可能怀孕和分娩也会在父系部落的领土内发生，因而保留了一种图腾传承的间接父系制度。然而，例外也会发生，主要是在家庭迁移的过程中发生，而且在这样的社会中，只不过很可能孩子的图腾仍然是那些父系部落的图腾之一。

语篇精粹 B

Totemism is like hysteria, in that once we are persuaded to doubt that it is possible arbitrarily to isolate certain phenomena and to group them together as diagnostic signs of an illness, or of an objective institution, the symptoms themself vanish or appear refractory to any unifyiny interpration.②

译文参考 B

图腾制度和歇斯底里一样，因为我们曾经有理由怀疑，是否有可能把某些现象作为一种疾病或客观制度的特征性征兆，任意将其孤立并分组归类，这些征兆本身时而消失时而出现，很难让人给出任何统一的解释。

语篇精粹 C

The vogue of hysteria and that of totemism were contemporary, a-

---

① Claude Lévi-Strauss, *Totemism*, 1962, Merlin Press, 1991, p. 43.

② Ibid., p. 1.

rising from the same cultural conditions, and their parallel misadventures may be initially explained by a tendency, common to many branches of learning toward the close of the nineteenth century, to mark off certain human phenomena—as though they consitituted a nature entity—which scholars prefer to regard as alien to their own universe, thus protecting the attachment which they felt toward the latter.①

译文参考 C

歇斯底里和图腾制度的流行属于同一时期，源自相同的文化条件，它们相似的遭遇首先可以解释为一种趋势，这是十九世纪末很多学科分支的共性，标志某些人类现象——仿佛这些现象构成了一个自然实体——学者们更喜欢把这些人类现象当作和自身世界疏离的东西，这样就可以保护他们所迷恋的图腾制度了。

（四）结构人类学（Structural Anthropology）

1. 术语解读

结构人类学是文化人类学的一个重要研究流派，这个概念来自列维-斯特劳斯的构想，他认为人类会把世界上的东西以二元方式表述，譬如高与低、内与外、人与动物、生与死，而且这些概念具有一种普遍性，也就是在不同的文化领域都能被理解。结构人类学从结构语言学发展而来。在列维-斯特劳斯之前，英国学者詹姆斯·乔治·弗雷泽（James George Frazer）从心理学角度研究原始社会文化，英裔波籍学者马林诺夫斯基则以功能主义的

① Claude Lévi-Strauss, *Totemism*, 1962, Merlin Press, 1991, p. 1.

方法研究人类文化、习俗、制度。列维-斯特劳斯试图从人类社会、文化现象中探求其深层结构，并把这种结构看作人类社会、文化的根基，因此他的人类学称为“结构人类学”，其结构主义的方法主要来源于索绪尔的语言学理论和方法。

结构主义人类学的思想基础深刻植根于19世纪欧洲的语言学派，其偏重于研究语言的历史演化。索绪尔从语言系统的内部作横向的静态分析研究，探索要素之间的关系，这在一定程度上启发了结构主义的思维方式。世界是由各种关系而不是各种要素组成的。任何要素的意义是由它在既定处境中与其他要素之间的关系决定的，而不是由它自己本身的特性决定的。20世纪以来为其他结构主义语言学派别所运用和发挥，由布拉格学派代表雅各布森提出的“二元对立”(binary oppositions）学说直接被列维-斯特劳斯用于对人类文化进行结构分析。该派另一代表人物特鲁别茨伊的陈述则被列维-斯特劳斯归结为四个基本作用：从有意识语言现象的研究转向语言现象的无意识的基础研究，不把词项看作独立的实体，而看作分析词项之间关系的基础。引进系统概念，“结构语言学旨在发现一般规律，或通过归纳，或通过逻辑推演”①。

列维-斯特劳斯强调，社会人类学家的研究就是要从可观察到的社会文化现象的表面，向下挖掘那些被人们所忽视了的隐藏着的具有普遍意义的深层的东西。作为社会人类学家，列维-斯特劳斯偏重于从同时性方面理解人，反对把历史性看作优于同时

① ［法］克洛德·列维-斯特劳斯：《面具之道》，张祖建译，中国人民大学出版社，2008年，第25页。

性的存在，反对像存在主义那样把时间性看作理解人的唯一途径。为此，他选择排除历史影响的“无历史的社会”作为研究对象。那里的人认为自己的社会是没有发生过变化的，他们的文化是无时间的，它的过去就是现在，而现在就是过去的直接存在。他称这种社会为“冷”(cold）社会，以与具有历史进化的所谓“热”(hot）社会相对。

在列维-斯特劳斯看来，人通过创造符号与所要表达的意义进行“二元对立”，不断地进行隐喻和转喻的文化创造，并将时间与空间切割成一个个片段，把外在于人类心灵的客体世界分门别类，形成人类所看到的世界的样子。这个创造的过程并非人类有意为之，而是无意识的。因此，对于人类文化的研究不能只注意其外表，还要深入到其表象的深处去探索人类创造文化的过程。在列维-斯特劳斯看来，人类的心灵世界是一致的，无论地域还是时代发生了什么样的变化。并且这个一致的基础就是二元对立的非理性和无意识模式。列维-斯特劳斯的这种思想显然挑战了存在主义以及其他一切主体意识哲学的根基。从中可以看出，西方哲学从结构主义开始，发生了认识论的转向，占据崇高地位的理性意识范式第一次让位于非理性、无意识范式。这也揭开了后结构主义、后现代主义批判传统的序幕，把自尼采以来的文化清算运动发展到了顶峰。

2. 语篇精粹

语篇精粹 A

One may legitimately ask whether versions of “structuralism”, invented *a posteriori* by certain post-structuralist critics, have substituted themselves in the popular imagination at least, for the real thing. These caricatures sometimes present structural anthropology as a kind of quest for binary opposites or reproach it for its alleged formalism. It is seen, in such contexts, as a kind of decoding exercise, whereby signifiers are correlated on a one-to-one basis with their signifieds. In such contexts, post-structuralism is presented, in an equally caricatured way, as an exploration of the "unstable effect of a never ending process of signification".①

译文参考 A

一个人会有这样的疑问合情合理，即是否“结构主义”的说法，也就是某些后结构主义批评家创造出的一种后验，至少在大众想象中已经代替了现实。有时，这些讽刺性漫画会把结构人类学表现为对二元对立的一种寻求，或者针对结构人类学所谓的形式主义而对其指责批判。在这种情况下，它被视为一种解码活动，因此，能指及其所指在一对一的基础上相互联系。由此而论，后结构主义以一种讽刺性漫画的方式展现出来，探索“永不完结的意义进程所产生的不稳定影响”。

语篇精粹 B

However, at the same time, in other parts of his works, Lévi-Strauss suggests that humanism, in its oldest and most general forms, is by nature connected to the anthropological project of studying the di-

① Boris Wiseman, ed., *The Cambridge Companion to Lévi-Strauss*, Cambridge University Press, 2009, p. 2.

versity of human cultures. Kambouchner shows that structural anthropology, beyond this constitutive tension, despite its propensity to dissolve subjectivity in broader social structures, despite its rejection of any form of direct identification with the populations it studies, despite its negative (entropic) view of history, nevertheless may be seen to formulate a humanist ideal of sorts—one that provides a good basis for ecological thought, in a broad sense of the term.[①]

译文参考 B

但与此同时，列维-施特劳斯在其他著作中表明，从最古老和最普遍的形式来看，人道主义和研究人类文化多样性的人类学项目在本质上紧密相连。康布施奈认为结构人类学超越了构成的张力，尽管它倾向于将主观性融入更广泛的社会结构中，尽管它拒绝采用任何形式直接识别所研究的人群，尽管它的历史观很消极（混乱），但还是可以看出它表达了一种人道主义理想——一种从广义上为生态思想奠定良好基础的理想。

语篇精粹 C

The philosopher who claims to know what makes us human and what defines culture is in reality venturing beyond what he/she actually knows. On this same point, the attitude of structural anthropology is not that of negation, but of a suspension of judgement: structural anthropology is not based on a doctrine but rather, to us an expression of

① Boris Wiseman, ed., *The Cambridge Companion to Lévi-Strauss*, Cambridge University Press, 2009, p. 7.

which Le'vi-Strauss is fond, on a form of *agnosticism*.[①]

译文参考 C

有哲学家断言，自己清楚到底是什么才使我们成为人类，而且清楚是什么定义了文化，事实上这超越了他/她的实际认知范畴。在这一点上，结构人类学没有持否定态度，而是暂缓判断：结构人类学不是以教条为基础，而是以不可知论的形式为基础，对我们而言，这正是列维-斯特劳斯所喜欢的表达方式。

(五) 大众文化 (Mass Culture)

1. 术语解读

文化 (Culture) 一词，由于学科与研究角度的差异，以及研究深度的不同，导致了其作为规定性概念对应着非常多的能指。从历史与辞源学的意义上来考证，文化在基本原意上同耕种、养殖的农业相关。例如，文化在拉丁语和中古英语中通常具有掘种土地的意思。文化是人对人类之外的造物，比如植物、动物等的培育，后引申为知识与技能的代际传播过程，包括身体和精神两方面的培养。总之，文化体现了人类走向文明的程度。这个概念也经历了一个发展的过程。例如在现代对文化的定义中，其实已经暗含了某种精英阶层的特定立场，即对高雅文化、高等文化的肯定。[②] 在 20 世纪 50 年代，伯明翰大学的一批学者就开始涉足文

① Boris Wiseman, ed., *The Cambridge Companion to Lévi-Strauss*, Cambridge University Press, 2009, p. 28.

② [美] 弗雷德里克·詹姆逊：《语言的牢笼》，钱佼汝、李自修译，百花洲文艺出版社，2010 年，第 6 页。

化与大众文化的研究，雷蒙德·威廉斯（Raymond Williams）在1958年出版的《文化与社会》(*Culture & Society*）一书中，回顾了工业革命以来“文化”一词含义的变化，他是用popular culture代替mass culture的首创者。

大众文化是一个广泛流行的学术概念，众多的学者与研究机构都在关注这种重要的社会现象。早期的大众文化英语为mass culture，其含义为大量的、多数的、属于群众的文化。这个术语的流行是在20世纪30至50年代的文化批判思潮之中，用以指商业利益驱动的文化产品，特别是大众传播产业的典型产品和流行出版物等，它也被用来代指当时与传统文化不同的文化现象。在现当代情境下，西方文化事实上是有两种：其一是传统文化，可以叫作高雅文化，它主要见于教科书；其二是大众文化，是为市场而成批制作出来的。

列维-斯特劳斯结构主义文化观的一个突出特征，是把索绪尔的结构主义语言系统观延伸到对文化过程的分析与研究中。和索绪尔的观点类似，斯特劳斯认为，能指和所指的关系是任意的，事物的原因和结果之间的关系也是不确定的，因此我们要将事物的表层结构与深层结构相区别，前者根本无法反映事物的本质，而后者才是最终决定事物发展变化的因素，并且无意识地存在于人类的思维深处。就像索绪尔对语言和言语的区分一样，语言制约着言语，深层结构制约着表层结构。由此，人类学的主要任务就是揭示社会文化现象背后的无意识深层结构，对于大众文化来说，更像是一种集体无意识行为。从当今世界的种种文化现象可以看出，大众文化是强势话语的体现，具有支配性的力量。尽管从反精英文化的层面来看具有一定的进步意义，但它削弱了个体进行自由选择的动机，压抑了人的主体意识，以及创造性和想象力的自由发挥。这体现了无意识与非理性因素的增长，削弱了理性思维和批判精神。

2. 语篇精粹

语篇精粹 A

Now, these usages, whether also taken from our own culture or from that of Australian islanders, clearly derive from the same group as all those we have been considering; we observe the same equivalence between metonymical and metaphorical relations which has seemed to play the part of common denominator between them from the start. The names we take over from flowers to make into proper names have the force of metaphors: fair as a rose, modest as a violet, etc.①

译文参考 A

现在这些（词语的）用法，无论是源于我们自己的（大众）文化，还是澳大利亚岛民的文化，显然都是来自我们一直在考虑的同一组；我们观察转喻和隐喻的关系，似乎从一开始起他们之间的共同点部分就具有相同的等价性。我们将取自花朵的名字来作为具有隐喻力量的名字：比如玫瑰那样公平，紫罗兰那样谦逊，等等。

① Claude Levi-Strauss, *The Savage Mind*, The Garden City Press Ltd., 1962, p. 212.

语篇精粹 B

All this can be expressed in a different way. Castes, which are defined on the basis of a cultural model, really exchange cultural objects. But they have to pay a price for the symmetry they postulate between nature and culture: in that the castes are themselves composed of biological beings, they are constrained to conceive their natural product according to a natural world, since this product consists of women whom they both produce and are produced by. It follows that women are made diverse on the model of natural species and cannot be exchanged any more than species can cross with one another.[①]

译文参考 B

这一切可以换一种方式表达。种姓，是在一种文化模式的基础上被定义，可以真正和文化对象互换。但他们要为自然与文化之间存在对称性这一假设付出代价：因为种姓本身是由生物组成，他们就必须根据一个自然世界构想自然产物，该产物由那些既是生产者又是被生产的女性组成。随后，女性被作为自然物种的多样化模型，不能像那些彼此交叉的物种一样进行置换。

语篇精粹 C

Totemic groupings make the reverse sacrifice. They are defined on the basis of a natural model and exchange natural objects—the women they produce and are produced by naturally. The symmetry postulated between nature and culture involves in that case the assimulation of natural species to the cultural plane. In the same way that women who

---

① Claude Lévi-Strauss, *The Savage Mind*, The Garden City Press Ltd., 1962, p. 125.

are homogeneous so far as nature is concerned are declared to be heterogeneous from the point of view of culture, so natural species, which are heterogeneous so far as nature is concerned are proclaimed to be homogeneous from the point of view of culture: culture asserts them all to be subject to the same type of beliefs and practices since in the eyes of mass culture, they have the common feature that man has the power to control and increase them.[①]

译文参考 C

图腾部落做出反向牺牲。他们基于一个自然模型而被定义出来，可以和自然对象互换——这些自然对象就是他们生产出来的以及自然而然被生产出的女性。在这种情况下，假设的自然与文化之间的对称性涉及文化层面上对自然物种的同化问题。同样，在本质上具有同质性的女性在文化上却具有异质性，所以，在本质上具有同质性的自然物种在文化上也具有异质性：因为在大众文化看来，自然物种具有共性，即人类有权力控制它们，并增加它们的数量，因此文化认为它们从属于同种信仰和实践。

（六）野性的思维（The Savage Mind）

1. 术语解读

在科学主义与理性主义大行其道的 20 世纪中期，列维-斯特劳斯《野性的思维》一书，以及著作中提出的富有新意的概念受到了学界的广泛关注。20 世纪中叶以来，存在主义在法国的思想

① Claude Lévi-Strauss, *The Savage Mind*, The Garden City Press Ltd., 1962, p. 156.

界占据着主导地位；而以“野性的思维”这一概念的提出为分界点，结构主义人类学及其背后的结构主义本体论呈现出全面推进甚至取前者而代之的趋势。

列维-斯特劳斯在长期的人类学田野调查中，主要考察了原始社会的神话逻辑、亲属关系和图腾崇拜现象，进而推断出人类思维的某种结构性共性，这就是所谓“野性的思维”。尽管我们自我认同为现代人、文明人，但在原始人头脑中已存在的这种共性，会多多少少地传承到今天。

“野性的思维”是原始人的主要思维方式，首先与后来文明社会的人们发展出的抽象思维不同，这是一种具体的、感性的思维，主要借助区分和对立来达成对事物的认识。世界在原始人脑海中所呈现出的图景是未经加工的，即使表达为语言，也必然存在语义的不变项，它主宰着原始人对外部自然事物的初级理性认识。将具有有限性的具体事物进行无限组合的方法，恰与“野性的思维”这种逻辑类似。“野性的思维”通过将外部事物乃至自然事物同人类社会赋予某种相似性，将自然世界属人化，同时将人类社会自然化。在这种双向互动中，土著人完善了他们的知识和情感。列维-斯特劳斯的这一观点，是对现代科学思维片面强调知识性而相对忽视情感性的反拨。

其次，它是一种理智的“修补术”(bricolage)，这是列维-斯特劳斯从操作化的实践层面对这种思维方式特征的界定。由此可见，野性的思维所具有的理性性质同科学思维一道，构成了人类获取知识的两种路径。

最后，“野性的思维”既不是野蛮人的思维，也不是原始人或远古人的思维，它是一种未经驯化的思维，和那种经过驯化而产生效益的思维（即科学思维）截然不同，这就表明“野性的思维”也不总是土著人才有的思维，它也存在于现代人的思维中，是人类精神的一种普遍状态。尽管在现代社会，这种“野性的思维”备受那些被驯化的思维排挤和侵蚀，但是仍然占有一席之地。

列维-斯特劳斯认为，野性思维的特征是它与现代性情境下的时间与时间性之间的巨大鸿沟。野性的思维更为偏重初民对世界的直接感知，这导致了形象世界的传承，深化了自我对外界的知识，并且初步地建立了一套（暂时看来）能够自圆其说的对世界的解释体系，从而推进了对世界的理解。在这个意义上，“野性的思维可以说成是一种模拟式的思维。”① 总之，列维-斯特劳斯认为，原始人的思维并不是什么“突发奇想”或“胡思乱想”，而是同样具有逻辑性、抽象性的，是向现代思维演进中必不可少的基础性因素。他指出，野性的思维和现代的思维是人类历史上始终存在着的两种不同的科学思维方式，两种方式都起作用，但当然不是所谓人类心智发展的不同阶段的作用，而是对自然进行科学探究的两种策略平面的作用：其中一个大致对应着知觉和想象的平面，另一个则是离开知觉和想象的平面。似乎通过两条不同的途径都可以得到作为一切科学的不论是新石器时代的或是近代的对象的那些必要联系：这两条途径中的一条紧邻着感性直观，另一条则远离着感性直观。②

---

① ［美］乔纳森·卡勒：《结构主义诗学》，盛宁译，中国社会科学出版社，1991 年，第 24 页。

② ［法］克洛德·列维-斯特劳斯：《野性的思维》，商务印书馆，1997 年，第 49 页。

2. 语篇精粹

语篇精粹 A

The characteristic feature of the savage mind is its timelessness; its object is to grasp the world as both a synchronic and a diachronic totality and the knowledge which it draws therefrom is like that afforded of a room by mirrors fixed on opposite walls, which reflect each other (as well as objects in the intervening space) although without being strictly parallel. A multitude of images forms simultaneously, none exactly like any other, so that no single one furnishes more than a partial knowledge of the decoration and furniture but the group is characterized by invariant properties expressing a truth. The savage mind deepens its knowledge with the help of *imagines mundi*. It builds mental structures which facilitate an understanding of the world in as much as they resemble it. In this sense savage thought can be defined as analogical thought.①

译文参考 A

野性的思维的显著特征就是它的恒久性；它的对象认识到世界是一个共时性与历史性共存的整体，而且由此可知，这就好像一个房间在两面相对的墙壁上挂着镜子，它们虽然不完全平行，但是彼此反射（也反射介于二者空间的对象）。各种形象同时形成，其中没有任何两个会一模一样，以至于任何单一的形象都只是反映装饰或家具的局部知识，但是整体形象却具有一种不变的

① Claude Lévi-Strauss, *The Savage Mind*, The Garden City Press Ltd., 1962, p263.

属性，表达一种真理。野性的思维通过形象的世界深化了自己的认知。它建构了各种与世界十分相似的思想结构，从而更容易理解整个世界。从这个意义上看，野性思想可以定义为类比思想。

语篇精粹 B

The problem is to what extent thought that can and will be both anecdotal and geometrical may yet be called dialectical. The savage mind totalizes. It claims indeed to go very much further in this direction than Sartre allows dialectical reason, for, on the one hand, the latter lets pure seriality escape (and we have just seen how classificatory systems succeed in incorporating it) and, on the other, it excludes schematization, in which these same systems reach their consummation. In my view, it is in this intransigent refusal on the part of the savage mind to allow anything human (or even living) to remain alien to it, that the real principle of dialectical reason is to be found.①

译文参考 B

这一问题就是在什么程度上，这种能够或者将会兼具轶事趣闻和几何学的思想可以被称为辩证思想。野性的思维把二者汇总起来。的确，在这方面远比萨特给出的辩证理性更进一步，因为一方面，萨特的辩证理性避开了纯粹的连续性（我们只看到了各种分类体系成功地与其融合）；另一方面，它排除了图式化，其中这些同样的体系都得以完善。我认为，就野性的思维而言，正是这种决不妥协的拒绝，即不承认人类的（或者生物的）一切都和自己疏离，才使辩证理性的真正原理得以被发现。

---

① Claude Lévi-Strauss, *The Savage Mind*, The Garden City Press Ltd. , 1962, p245.

语篇精粹 C

The false antinomy between logical and prelogical mentality was surmounted at the same time. The savage mind is logical in the same sense and the same fashion as ours, though as our own is only when it is applied to knowledge of a universe in which it recognizes physical and semantic properties simultaneously. This misunderstanding once dispelled, it remains no less true that, contrary to Levy-Bruhl's opinion, its thought proceeds through understanding, not affectivity, with the aid of distinctions and oppositions, not by confusion and participation.①

译文参考 C

与此同时，逻辑和原逻辑思想之间的错误矛盾被攻克。野性的思维具有逻辑性，和我们的思维具有同样的意义和风格，尽管我们的思维只是体现在把知识应用于宇宙，在其中同时识别物理属性和语义属性。一旦这种误解消除了，这一点依然是正确的，和列维-布律尔的观点相反，原始思维的想法是通过理解而不是情感来推进的，它借助的是差异和对立，而不是混淆和参与。

（七）亲族关系（Kinship）

1. 术语解读

列维-斯特劳斯对文化人类学的研究，是发端自各种文化或制度，及其引致的种种社会现象的，比如语言、亲族关系、社会

① Claude Lévi-Strauss, *The Savage Mind*, The Garden City Press Ltd., p268.

组织、巫术、宗教、艺术、神话等，根据他的结构主义学说，这些要素都是人类心灵活动的外在投射或表现。对文化的分析将产生关于人的知识，提供关于人类心灵活动的线索。

列维-斯特劳斯把亲族关系看作最基本的人类关系，试图通过对它的分析进而发现人类社会秩序。亲族关系包括两个系统：一是称谓系统，即用各种称呼表达对应的家庭关系，即使用这些称呼的个人或个人的阶级，他们彼此的关系是受到被规定的行为（如尊敬或亲密，权利或义务，爱或恨）所限制的。这两个系统之间既有深刻的差异，又相互依赖，而这种依赖关系并非一一对应、相互关联，毋宁说，态度系统构成了称谓系统的动态的整合。

亲族关系中的一些现象在社会和文化形成中有着重要的作用。列维-斯特劳斯认为，任何社会或文化得以确立的基石或最具普遍性的规则便是伦理禁忌原则。这一原则禁止男子娶自己的亲姐妹，由此必然导致姐妹（妇女）的交换和婚姻关系规则的产生。妇女在这里起着中介作用，她在氏族（部落）、家族和家庭之间流通。通过婚姻的缔结，这种以妇女为中介的婚姻关系就形成了一系列的亲族关系，如夫妻、父子（女）、母子（女）、兄弟、姐妹、叔（伯）侄、舅甥等关系。因此，如果说亲族关系是人类最基本的关系的话，那么婚姻关系便是亲族关系的基本结构，人类正是藉此而由社会存在前的自然状态进入社会的和文化的状态。列维-斯特劳斯也看到还有许多别的交换和由此而形成的各种关系，如由物质的交换、服务的交换而形成的经济关系。而且，亲族关系并非对所有社会、文化都是同等重要的，在不同的社会、文化中，它的功能是大小不等的。可以将亲族关系类比为语言系统。在对亲族关系问题的研究中，人类学家发现自己处在与结构语言学家很相似的处境中。亲族关系的称谓像语言学中的音位一样，是意义的要素，它们只有在整合为系统时才获得意义。亲族关系系统也像音位系统一样，是在无意识思维层次上通过心灵而建立起来的。

亲族关系系统是符号（象征）系统，它们为人类学家提供了一个丰富的领域，使得人类学几乎能与一门最发展的社会科学即语言学相聚合。从这种聚合中希望能产生一种对人的更好的理解，而为了达到这种聚合，我们决不能忽视这一事实：人类学和语言学研究的本质，是从现象当中提炼符号，并对其进行深入解析。由此看来，亲族关系规则最终提供给社会的是一套差异的符号系统，该系统的“二元对立”逻辑在其它社会关系领域（宗教、艺术、民俗、烹饪、劳动和所有制制度）中也显示出来。这些社会关系系统，共同构成了一个完整的社会文化体系。所以文化也是一种符号系统。这样，对亲族关系的研究就证明文化并不是作为在经验环境内对外在刺激的反应，而是遵循理性的内在结构而组织起来的。这就是说，文化是人类心灵的产物，是人类心灵内在结构的外部投射。

2. 语篇精粹

语篇精粹 A

On the one hand, proper names are derived from totems and depend on sacred and esoteric knowledge; but, on the other, they are connected with social personality and are the occasion of customs, rites, and prohibitions. On both accounts they are inextricably associated with a more complex system of appellations, which includes the kinship terms normally used as terms of address, and therefore profanely, and sacred names which themselves include proper names and totemic appellations. But even granting this distinction between sacred and profane, it remains the case that proper names (sacred) and kinship terms (profane) used as terms of address are individual terms while totemic appellations (sacred) and kinship terms (profane) used as terms of reference are group terms.①

译文参考 A

一方面，专有名称来自于图腾，有赖于神圣和神秘的知识；但是另一方面，专有名称又和社会人格相关，关于习俗、仪式和禁忌等事务。就这两种观点来看，它们和一个更复杂的称谓系统有密不可分的关系，其中包括通常用作称谓的亲族关系，因此世俗或神圣的名称本身包括专有名称和图腾称谓。但即使承认神圣与世俗之间的差异性，用作称呼的专有名称（神圣的）和亲族称谓（世俗的）还是个体化的，而用作关联的图腾称谓（神圣的）和亲族术语（世俗的）则是群体性的。

语篇精粹 B

The whole cosmos of the Maori unfolds itself as a gigantic "kin", in which heaven and earth are first parents of all beings and things, such as the sea, the sand on the beach, the wood, the birds, and man. Apparently, he does not feel quite comfortable if he cannot—

① Claude Lévi-Strauss, *The Savage Mind*, The Garden City Press Ltd., 1962, p. 183.

preferably in much detail—give an account of his kinship whether to the fish of the sea or to a traveller who is invited to enter as a guest. With real passion the high-born Maori studies the genealogies, compares them with those of his guests, tries to find common ancestors and unravels older and younger lines.①

译文参考 B

毛利人的整个世界将自身展现为一个巨大的“家族”，其中天空和大地是世间万物，如海洋、沙粒、树林、鸟儿和人类的第一父母。显然，如果他不能——宁愿更详细——解释他和海里的鱼儿或者受邀做客的旅行者是否有亲族关系，他就会觉得很不自在。出身高贵的毛利人热衷于研究宗谱，还会和他的客人们的宗谱进行比较，试图发现共同祖先，解开老老少少的线索谜团。

语篇精粹 C

Contrarily, on the border of eastern Kimberley and the Northern Territory, there is reported a coalescence of social and religious structures; but, by this very fact, the former cease to ensure the regulation of marriage. There, it is as though the sub-sections, section and moieties were forms of totemism, and that they were just as much concerned with the ordering of man's relationships not only with society but with nature. Actually, in this region, the regulation of marriage is based not on membership of a group but on kinship.②

---

① Claude Lévi-Strauss, *Totemism*, 1962, Merlin Press, 1991, p. 30.

② Ibid., p. 41.

译文参考 C

反之，在东部金伯利和北领地的边界上，据说社会结构和宗教结构是合并而成的；但基于这一事实，社会结构就不能为婚姻法规提供保障了。在那里，仿佛一些次聚落、聚落以及各个分支都是图腾制度的形式，而且它们也涉及次序问题，这种次序不仅体现在人类与社会的关系上，也体现在人类与自然的关系上。其实，在该地区，婚姻法规并不是基于部落的成员关系，而是基于亲族关系。

参考文献

一、中文文献

1. [俄] 阿·古雷加：《他们发现了我——叔本华传》，冯申译，人民出版社，2007 年。

2. [法] 柏格森：《创造进化论》，肖聿译，商务印书馆，2004 年。

3. [法] 柏格森：《道德与宗教的两个来源》，王作虹、成穷译，译林出版社，2011 年。

4. [法] 柏格森：《时间与自由意志》，吴士栋译，商务印书馆，2013 年。

5. [法] 柏格森：《笑》，徐继曾译，北京十月文艺出版社，2005 年。

6. 车铭洲、王元明：《现代西方的时代精神》，中国青年出版社，1988 年。

7. 陈思和：《超人哲学浅说——尼采在中国》，江西高校出版社，2009 年。

8. 程志民、江怡：《当代西方哲学新词典》，吉林人民出版社，2001 年。

9. ［法］丹尼尔·哈列维：《尼采传——一个特立独行者的一生》，刘娟译，贵州人民出版社，2004 年。

10. ［法］德尼·贝多莱：《列维-斯特劳斯传》，于秀英译，中国人民大学出版社，2008 年。

11. ［美］杜威：《从绝对主义到实验主义》，单中惠编译，安徽教育出版社，1958 年。

12. ［美］杜威：《杜威全集——中期著作第 12 卷》，刘华初、马荣、郑国玉译，华东师范大学出版社，2011 年。

13. ［美］杜威：《经验·民主·教育：杜威教育哲学》，张云译，上海社会科学出版社，2007 年。

14. ［美］杜威：《民主主义与教育》，人民教育出版社，1990 年。

15. ［美］杜威：《民主主义与教育》，陶志琼译，中国轻工业出版社，2014 年。

16. ［美］杜威：《人的问题》，傅统先译，上海人民出版社，1956 年。

17. ［美］杜威：《我们怎样思维·经验与教育》，姜文闵译，人民教育出版社，1991 年。

18. 冯契：《外国哲学大辞典》，上海辞书出版社，2008 年。

19. ［法］弗朗索瓦·多斯：《从结构到解构：法国 20 世纪思想主潮》(上卷)，季广茂译，中央编译出版社，2004 年。

20. 季进、曾一果：《异邦的借镜》，文津出版社，2005 年。

21. 金炳华等：《哲学大辞典》，上海辞书出版社，2001 年。

22. [德] 康德:《纯粹理性批判》, 邓晓芒译, 人民出版社, 2004 年。

23. [法] 克洛德·列维-斯特劳斯:《结构人类学》, 张祖建译, 中国人民大学出版社, 2006 年。

24. [法] 克洛德·列维-斯特劳斯:《面具之道》, 张祖建译, 中国人民大学出版社, 2008 年。

25. [法] 克洛德·列维-斯特劳斯:《神话学: 从蜂蜜到烟灰》, 周昌忠译, 中国人民大学出版社, 2007 年。

26. [法] 克洛德·列维-斯特劳斯:《野性的思维》, 李幼燕译, 商务印书馆, 1987 年。

27. 刘华初:《实用主义的基础: 杜威经验自然主义研究》, 人民出版社, 2012 年。

28. [美] 罗伯特·威斯布鲁克:《杜威与美国民主》, 王红欣译, 北京大学出版社, 2010 年。

29. [美] 罗伯特·所罗门, 凯瑟琳·希金斯:《尼采到底说了什么》, 于卉芹译, 新华出版社, 2012 年。

30. [德] 尼采:《查拉斯图拉如是说》, 尹溟译, 文化艺术出版社, 1987 年。

31. [德] 尼采:《权力意志——重估一切价值的尝试》, 商务印书馆, 1991 年。

32. [德] 尼采:《快乐的科学》, 黄明嘉译, 华东师范大学出版社, 2007 年。

33. [德] 尼采:《善恶的彼岸》, 朱泱译, 团结出版社, 2001 年。

34. [美] 乔纳森·卡勒:《结构主义诗学》,盛宁译,中国社会科学出版社,1991 年。

35. 任宪宝:《弗洛伊德》,哈尔滨出版社,2001 年。

36. [法] 让-保罗·萨特:《存在与虚无》,陈宣良等译,生活·读书·新知三联书店,1997 年。

37. [法] 让-保罗·萨特:《萨特读本》,艾珉选编,人民文学出版社,2012 年。

38. [法] 让-保罗·萨特:《萨特自述》,黄忠晶等编译,天津人民出版社,2010 年。

39. [德] 叔本华:《充足理由律的四重根》,陈晓希译,商务印书馆,1996 年。

40. [德] 叔本华:《伦理学的两个基本问题》,任立、孟庆时译,商务印书馆,1996 年。

41. [德] 叔本华:《叔本华论说文集》,柯锦华、孟庆时译,商务印书馆,2000 年。

42. [德] 叔本华:《作为意志和表象的世界》,石冲白译,商务印书馆,1982 年。

43. 涂纪亮:《从古典实用主义到新实用主义——实用主义基础观念的演变》,人民出版社,2006 年。

44. 涂纪亮:《杜威文选》,社会科学文献出版社,2006 年。

45. 王国维:《王国维文学论著三种》,商务印书馆,2000 年。

46. 王志艳:《告诉你一个弗洛伊德的故事》,天津人民出版社,2013 年。

47. 吴光远：《不做好人，做强者》，新世纪出版社，2006年。

48. [奥] 西格蒙德·弗洛伊德：《弗洛伊德自传》，上海三联书店，2011年。

49. 徐崇温：《存在主义哲学》，中国社会科学出版社，1986年。

50. 于晓波：《世界著名心理学家弗洛伊德》，北京师范大学出版社，2013年。

51. 朱光潜：《悲剧心理学》，中华书局出版社，2008年。

二、外文文献

1. Arthur Schopenhauer, *Parerga and Paralipomena: Short Philosophical Essays*, Vol. 2, Clarendon Press, 1974.

2. Arthur Schopenhauer, *The Two Fundamental Problems of Ethnics*, Cambridge University Press, 2009.

3. Arthur Schopenhauer, *The World as Will and Representation*, Dover Publications, 1969.

4. Christopher Janaway, *The Cambridge Companion to Schopenhauer*, Cambridge University Press, 1999.

5. Claude Lévi-Strauss, *Structural Anthropology*, Basic Books, 1963.

6. Claude Lévi-Strauss, *The Savage Mind*, The Garden City Press Ltd., 1962.

7. Claude Lévi-Strauss, *Totemism*, Merlin Press, 1991.

8. Edmund Leach, *The Structural Study of Myth*, Routledge, 2004.

9. FE Baird, *From Plato to Derrida*, 6th ed., World Book Inc., 2012.

10. Friedrich Nietzsche, *Ecce Homo－How to Become What You Are*, Oxford University Press, 2007.

11. Friedrich Nietzsche, *The Birth of Tragedy and Other Writings*, Cambridge University Press, 1999.

12. Friedrich Nietzsche, *The Will to Power*, Random House, 1968.

13. Friedrich Nietzsche, *Thus Spoke Zarathustra*, Cambridge University Press, 2006.

14. Friedrich Nietzsche, *Twilight of the Idols*, Oxford University Press, 2008.

15. Gadner Murphy, *Phychological Thought from Pythagoras to Freud*, Harcourt, Brace & World, 1968.

16. Henry Bergson, *Time and Free Will*, Harper Torchbooks, 1960.

17. Henry Bergson, *Creative Evolution*, Random House, 1911.

18. Henry Bergson, *Laughter*: *An Essay on the Meaning of the Comic*, Dover Publications, 2005.

19. Immanuel Kant, *Critique of Pure Reason*, Penguin Classics, 2007.

20. Jean-Paul Sartre, *Being and Nothingness*, Washington Squ-

are Press, 1993.

21. Jean-Paul Sartre, *Nausea*, Penguin Classics, 2000.

22. Jean-Paul Sartre, *The Wall*, New Directions, 1969.

23. Jean-Paul Sartre, *The Words*, George Braziller, 1964.

24. Jean-Paul Sartre, *Existentialism Is a Humanism*, Yale University Press, 2007.

25. Jo Ann Boydston, *The latter works of John Dewey*, 1925-1953, 17 Vols, Southern Illinois University Press, 1981-1990.

26. John Dewey, *Democracy and Education*, A Penn State Electronic Classics Series Publication, 2001.

27. John Dewey, *Experience and Nature*, George Allen & Unwin Ltd., 1929.

28. John Dewey, *How We Think*, D. C. Heath & Co Publishers, 1910.

29. John Dewey, *Reconstruction in Philosophy*, Henry Holt and Company, 1920.

30. Julian Young, *Schopenhauer* (*Routledge Philosophers*), Routledge Press, 2005.

31. Margret Muckenhoupt, *Sigmund Freud: Explorer of the Unconscious*, Oxford University Press, 1997.

32. Nicholas Bumin, Jiyuan Yu, *The Blackwell Dictionary of Western Philosophy*, Blackwell Publishing Ltd., 2004.

33. *Oxford Dictionary of Philosophy*, Shanghai Foreign Language Education Press, 2001.

34. Samuel Enoch Stumpf and James Fieser, *Socrates to Sartre and Beyond: A History of Philosophy*, 8th ed., World Book Inc., 2012.

35. Sigmund Freud, *Beyond the Pleasure Principle*, Trans., James Strachey, W. W. Norton & Company, 1961.

36. Sigmund Freud, *The Interpretation of Dreams*, Trans., James Strachey, Basic Books, 2010.

37. Sigmund Freud, *Totem and Taboo*, Trans., James Strachey, Routledge, 1950.

38. Thomas Aquinas, *Summa Theologica*, Benziger Brothers, 1946.

39. Walter A. Kaufmann, Nietzsche, *Philosopher*, *Psychologist*, *Antichrist*, Princeton University Press, 2013.

40. William Gavin, *In Dewey's Wade: Unfinished Work of Pragmatic Reconstruction*, State University of New York Press, 2003.

41. William H, Schaberg, *The Nietzsche Canon: A Publication History and Bibliography*, University of Chicago Press, 1996.

后　记

“西方哲人智慧丛书”是我于2014年在美国佛罗里达州立大学（Florida State University）从事国际访问学者项目期间策划的选题，也是我在主持完成国家社会科学基金项目《西方后现代主义哲学思潮研究》（天津人民出版社，2003年）和天津市哲学社会科学重点项目《全球化与后现代思潮研究》（天津人民出版社，2012年）及《当代西方生态哲学思潮》（天津人民出版社，2017年）基础上继续探索的新课题。

我在美国从事国际访问学者项目期间，天津外国语大学原校长修刚教授、校长陈法春教授、原副校长王铭钰教授、副校长余江教授等对我和欧美文化哲学研究所的学科建设和科研工作给予了真挚的帮助，在此深表敬谢！本丛书得以出版要感谢天津外国语大学求索文库编委会的大力支持。

我在美国佛罗里达州立大学从事学术研究期间，得到了该校劳伦斯·C. 丹尼斯教授（Professor Lawrence C. Dennis）、斯蒂芬·麦克道尔教授（Professor Stephen McDowell）和国际交流中心交流访问学者顾问塔尼娅女士（Ms. Tanya Schaad，Exchange Visitor Advisor，Center for Global Engagement）的热情帮助，他们为我提供了良好的科研条件。佛罗里达州立大学图书馆为我从事项目研究，提供了珍贵的经典文献和代表性的有关资料。美国佛罗里达州立大学蓝峰博士和夫人刘姼（Dr. Feng Lan and Mrs. Duo Liu）等给予了多方面的关照和帮助，在此一并致谢。

天津外国语大学欧美文化哲学研究所设置的外国哲学专业于2006年获批硕士学位授权学科。2007年至2018年已招收培养11届共71名研究生。2012年外国哲学获批天津市“十二五”综合投资重点学科，2016年评估合格。在外国哲学学科基础上发展为哲学一级学科，主要有三个学科方向：外国哲学、马克思主义哲学、中国哲学。2017年获批“天津市高校第五期重点（培育）学科”。2018年获批教育部哲学硕士一级授权学科。

十余年的学科建设历程，我们得到了南开大学陈晏清教授、周德丰教授、阎孟伟教授、王新生教授、李国山教授、北京大学赵敦华教授、北京语言大学李宇明教授、中国社会科学院黄行研究员、山西大学江怡教授、北京师范大学王成兵教授、河北大学武文杰教授、中山大学陈建洪教授、天津大学宗文举教授、天津医科大学苏振兴教授、美国中美后现代研究院王治河教授、清华大学卢风教授、北京林业大学周国文教授、天津社联副主席张博颖研究员、原秘书长陈跟来教授、天津社科院赵景来研究员、秘书长李桐柏、天津市哲学社会科学工作领导小组办公室主任袁世军、天津社联科研处处长杨向阳等同志的关怀、帮助和支持，在此深表敬谢！

山西大学江怡教授（长江学者特聘教授、中国现代外国哲学学会荣誉理事长）在百忙之中应邀为本丛书作序，是对我团队全体编写人员的鼓励。江怡教授学识渊博，世界哲学视野宽广，富有深刻的哲学洞察力和严谨的逻辑思想，在学界享有赞誉，短短几天，洋洋洒洒万言总序，从宏观上对西方两千五百年的哲学史做了全面概括，阐述了深刻的哲学思想并做了实事求是的评价，值得我们认真学习。江怡教授对书稿有关内容提出了宝贵的修改意见，感谢江怡教授对我们工作的支持和鼓励！

特别要感谢授业恩师南开大学车铭洲教授对我一如既往的关怀和帮助。记得每次拜望车先生，聆听老人家对西方哲学的独到见解，总有新的收获。祝车先生和师母身体健康！

本丛书能顺利出版，要感谢天津人民出版社副总编王康老师。本丛书的出版论证、方案设计、篇章结构、资料引用、插图（包括图片收集的合法途径）及样稿等，均得到天津人民出版社的帮助和认可。特别要感谢王康老师曾把我们提交的样稿和图片咨询了天津人民出版社法律顾问和有关律师，目的是尊重知识产权，尊重前人成果，以符合出版规范和学术规范。天津人民出版社责任编辑郑玥老师、林雨老师、王佳欢老师等为本丛书的出版做了大量编审工作，在此深表敬谢！

我希望通过组织编写这套丛书，带好一支学术队伍，把“培养人才，用好人才”落实在学科建设中，充分发挥中青年教师的才智，服务学校事业发展，而我的任务就是为中青年才俊搭桥铺路。外国哲学的研究离不开外语资源，把哲学教师和英语教师及研究生组织起来，能够发挥哲学与外语学科相结合的优长，锻炼一支在理论研究和文献翻译方面相结合的队伍，在实践中逐步凝练天津外国语大学欧美哲学团队精神，“凝心聚力，严谨治学，实事求是，传承文明，服务社会”，同时为“十三五”学科评估积累科研成果，我的想法得到了学校领导和有关部门的大力支持和帮助，在此深表致谢！

编写这套丛书，自知学术水平有限，只有虚心向哲学前辈们学习，传承哲学前辈们的优良传统，才能做好组织编写工作。我们要求每一位参加编写的作者树立敬业精神，撰写内容必须符合学术规范和出版规范；要求每一位作者和译者坚持文责自负、译文质量自负的原则，签订郑重承诺，履行郑重承诺的各项条款，严格把好政治质量关和学术质量关。由于参加编写的人数较多，各卷书稿完成后，依照签订的承诺，验收“查重报告”，组织有关教师审校中文和文献翻译，做了数次审校和修改，以提高成果质量。历经五年多的不懈努力，丛书终于面世了，在此向每一位付出辛勤劳动的作者，深表感谢！

由于我们编著水平有限，书中一定存在诸多不足和疏漏之处，欢迎专家学者批评指正。

佟 立

2019 年 4 月 28 日